Greil/Greil (Hrsg.) · Steuerliche Verrechnungspreise

Zusätzliche digitale Inhalte für Sie!

Zu diesem Buch stehen Ihnen kostenlos folgende digitale Inhalte zur Verfügung:

- Online-Version ✓
- Online-Training
- Aktualisierung im Internet
- Zusatz-Downloads
- App
- Digitale Lernkarten
- WissensCheck

Schalten Sie sich das Buch inklusive Mehrwert direkt frei.

Scannen Sie den QR-Code **oder** rufen Sie die Seite **www.nwb.de** auf. Geben Sie den Freischaltcode ein und folgen Sie dem Anmeldedialog. Fertig!

Ihr Freischaltcode

BRPI-SIIY-XQTP-GCHJ-MNGM-ZX

www.nwb.de

Steuerliche Verrechnungspreise – Ein fallbasierter Einstieg

Greil/Greil (Hrsg.)

2. aktualisierte und erweiterte Auflage

nwb

ISBN 978-3-482-**67732**-8 – 2. Auflage 2022

Satz: SATZ-ART Prepress & Publishing GmbH, Bochum
Druck: Elanders GmbH, Waiblingen

Klimaneutral
Druckprodukt
ClimatePartner.com/16605-2105-1001

Scannen Sie den QR-Code oder besuchen Sie **Climate-Partner.com/16605-2105-1001** und erfahren Sie mehr zu unseren klimaneutralen Druckprodukten.

VORWORT ZUR 1. AUFLAGE

Das Gebiet der Verrechnungspreise wird als sehr komplex wahrgenommen und gleicht weltweit einem Regelungsgestrüpp, in dem sich nur noch Spezialisten auskennen, obwohl sich grundsätzlich alles auf einen weltweit vereinheitlichten Standard reduzieren lassen könnte: den Fremdvergleichsgrundsatz. Hiernach sollen grenzüberschreitende Geschäftsbeziehungen zwischen nahestehenden Personen bzw. Transaktionen zwischen verbundenen Unternehmen für steuerliche Zwecke und damit für die Zuordnung von Besteuerungsrechten zu verschiedenen Staaten so behandelt werden als würden sich fremde Dritte gegenüberstehen. Mithin soll ein marktkonformes Handeln in eine Unternehmensgruppe hineingetragen, die wirtschaftliche Einheit der Unternehmensgruppe in Teilen ignoriert und die einzelnen zugehörigen Unternehmenseinheiten auf Basis des *separate entity approach* besteuert werden. Um u. a. dies sicherzustellen, haben Staaten weltweit Regelungen erlassen und internationale Standardsetzer, wie OECD oder UN, umfangreiche Leitlinien erarbeitet.

Der Einstieg in dieses Themengebiet ist uns schwergefallen und wir hätten uns gewünscht, wenn es ein überschaubares und praxisorientiertes Buch gegeben hätte, welches uns den Einstieg erleichtert hätte. Vor diesem Hintergrund wollen wir mit diesem Buch einen kurzweiligen, praktischen und strukturierten Einstieg in die Welt der Verrechnungspreise bieten, der eine notwendige Orientierung und Sensibilisierung gewährleistet und sicherlich auch für Fortgeschrittene hilfreich sein kann.

Adressaten dieses Buches sind alle, die sich für das Thema interessieren (wollen): Einsteiger im Bereich der Verrechnungspreise, Student(inn)en insbesondere im Bereich der Rechts- und Wirtschaftswissenschaften, die sich dem Bereich des Steuerrechts bzw. der Steuerlehre widmen, SteuerberateranwärterInnen, AnwärterInnen für den Fachberater IStR, BeraterInnen im Bereich der Unternehmensbesteuerung und Verrechnungspreise, Bedienstete der Finanzverwaltung, Beschäftigte in Konzernsteuerabteilungen und im Controlling, StaatsanwältInnen und (Finanz-)RichterInnen.

Wir haben uns dabei bewusst dafür entschieden, ein Konzept zugrunde zu legen, welches den Fokus auf eine praktische Fallanwendung legt, um auf diese Weise den Zugang zum Thema zu erleichtern. Die hierfür ausgearbeitete Fallstudie soll eben jenen Einstieg in die Thematik schaffen. Gegenstand der Fallstudie ist eine fiktive Unternehmensgruppe und ihre grenzüberschreitenden Transaktionen. In jedem Kapitel werden spezifische Teilaspekte strukturiert adressiert, die sich alle auf den einen Ausgangsfall beziehen. Der Fokus liegt hierbei klar auf einer praxisorientierten Herangehensweise und umfasst vom Grundsatz her alle gängigen Themenbereiche. Entsprechend bleiben aber auch einzelne Spezialthemen der umfangreich vorhandenen Fachliteratur vorbehalten. Dessen sind wir uns bewusst, denn dafür ist das Themengebiet zu umfangreich und zu stark vom Einzelfall abhängig.

Sie werden nach Studium des Buches oder einzelner Kapitel aber in der Lage sein, sich durch das Regelungsgestrüpp manövrieren zu können, Verrechnungspreissachverhalte im Grunde einordnen und „lösen“ zu können, die richtigen Fragen zu adressieren und ein Risikobewusstsein entwickelt zu haben. Kurzum: das Buch dient als hilfreiches Rüstzeug für die praktische Arbeit. Dabei haben wir die beabsichtigten Änderungen durch das ATAD-UmsG, wie sie im Referentenentwurf vom 10.12.2019 vorgesehen sind, so weit wie möglich berücksichtigt.

Berlin im Februar 2020, Eva und Dr. Stefan Greil

VORWORT ZUR 2. AUFLAGE

Das Gebiet der Verrechnungspreise wird als sehr komplex wahrgenommen und gleicht weltweit einem Regelungsgestrüpp, in dem sich nur noch Spezialisten auskennen, obwohl sich grundsätzlich alles auf einen weltweit vereinheitlichten Standard reduzieren lassen könnte: den Fremdvergleichsgrundsatz. Der Einstieg in dieses Themengebiet ist uns schwergefallen und wir hätten uns gewünscht, wenn es ein überschaubares und praxisorientiertes Buch gegeben hätte, welches uns den Einstieg erleichtert hätte. Vor diesem Hintergrund wollten wir mit diesem Buch einen kurzweiligen, praktischen und strukturierten Einstieg in die Welt der Verrechnungspreise bieten, der eine notwendige Orientierung und Sensibilisierung gewährleistet und sicherlich auch für Fortgeschrittene hilfreich sein kann.

Anscheinend waren wir nicht die Einzigen, die einen solchen Wunsch hatten. Wir haben uns daher entschieden, nunmehr eine 2. Auflage herauszugeben. Diese berücksichtigt alle relevanten gesetzlichen Änderungen, neue Rechtsprechung des Bundesfinanzhofs, die neuen BMF-Schreiben im Bereich der Verrechnungspreise und auch Entwicklungen auf OECD-Ebene seit der 1. Auflage. Darüber hinaus haben wir einen weiteren Themenbereich, den Umgang mit Wirtschaftskrisen, aufgenommen, um das Buch inhaltlich abzurunden.

Wir bedanken uns vielmals für Ihr Vertrauen.

Berlin im Februar 2022, Eva und Dr. Stefan Greil

INHALTSÜBERSICHT

Vorwort zur 1. Auflage	V
Vorwort zur 2. Auflage	VII
Inhaltsübersicht	IX
Inhaltsverzeichnis	XI
Abkürzungsverzeichnis	XVII
Tabellenverzeichnis	XIX
Abbildungsverzeichnis	XXI
Ihre Herausgeber und Autoren	XXIII
1. Der Fremdvergleichsgrundsatz – Ein Einstieg	1
2. Der erste Schritt: Wertschöpfungsanalyse	35
3. Die Verrechnungspreismethoden	59
4. Vergleichbarkeitsanalyse	81
5. Warenlieferungen	95
6. Behandlung immaterieller Werte	107
7. Dienstleistungen	129
8. Konzernumlagen	153
9. Kostenumlagevereinbarungen	167
10. Funktionsverlagerungen	179
11. Wirtschaftskrisen	197
12. Finanzierungstransaktionen	209
13. Auswirkung der Digitalisierung	237
14. Behandlung von Betriebsstätten	255
15. Mitwirkungspflichten	265
16. Country-by-Country Reporting	281
17. Streitvermeidung und -beilegung	297
Verordnungen, Verwaltungsanweisungen und internationale Empfehlungen	311
Weiterführende Informationen	313

INHALTSVERZEICHNIS

Vorwort zur 1. Auflage V
Vorwort zur 2. Auflage VII
Inhaltsübersicht IX
Inhaltsverzeichnis XI
Abkürzungsverzeichnis XVII
Tabellenverzeichnis XIX
Abbildungsverzeichnis XXI
Ihre Herausgeber und Autoren XXIII

1. Der Fremdvergleichsgrundsatz – Ein Einstieg 1

1.1. Darstellung des Ausgangssachverhaltes 1
1.2. Rechtliche Grundlagen 13
1.3. Ökonomische Grundlagen 29
1.4. Weiterführende Literatur und Rechtsprechung 33

2. Der erste Schritt: Wertschöpfungsanalyse 35

2.1. Wertschöpfungsanalyse (Christian Schwarz und Stefan Stein) 35
2.2. Die Funktions- und Risikoanalyse 45
2.3. Weiterführende Literatur 57

3. Die Verrechnungspreismethoden 59

3.1. Darstellung des Sachverhaltes 59
3.2. Diskussion und Lösung (Katharina Becker) 61
3.2.1. Geschäftsvorfallbezogene Standardmethoden 62
3.2.1.1. Preisvergleichsmethode (Comparable Uncontrolled Price Method, CUP) 62
3.2.1.2. Wiederverkaufspreismethode (Resale Price Method, RPM) 64
3.2.1.3. Kostenaufschlagsmethode (Cost Plus Method, C+) 66

3.2.2. Geschäftsvorfallbezogene Standardmethoden 67
3.2.2.1. Geschäftsvorfallbezogene Nettomargenmethode (Transactional Net Margin Method, TNMM) 67
3.2.2.2. Geschäftsvorfallbezogene Gewinnaufteilungsmethode (Transactional Profit Split Method, TPSM) 70
3.2.3. Andere Methoden 73
3.2.3.1. Anerkennung sonstiger Methoden 73
3.2.3.2. Hypothetischer Fremdvergleich 73
3.2.3.3. Die sechste Methode (Commodity Rule) 74
3.2.4. Anwendung auf den Sachverhalt 75
3.3. Weiterführende Literatur und Rechtsprechung 78

4. Vergleichbarkeitsanalyse 81

4.1. Ein Überblick (Katharina Becker) 81
4.2. Weiterführende Literatur und Rechtsprechung 93

5. Warenlieferungen 95

5.1. Darstellung des Sachverhaltes 95
5.1.1. Lieferung RHB – I. 95
5.1.2. Lieferung RHB – II. 95
5.2. Diskussion und Lösung (Julian Maier) 96
5.2.1. Lieferung RHB – I. 100
5.2.2. Lieferung RHB – II. 102
5.3. Weiterführende Literatur 105

6. Behandlung immaterieller Werte 107

6.1. Darstellung des Sachverhaltes 107
6.1.1. Forschung und Entwicklung 107
6.1.2. Marketing, Marke und Firma 107
6.1.3. Markierungstechnik 108
6.2. Diskussion und Lösung (Christian Schwarz und Stefan Stein) 109
6.2.1. Forschung und Entwicklung 113
6.2.2. Marketing, Marke und Firma 120
6.2.3. Markierungstechnik 125
6.3. Weiterführende Literatur und Rechtsprechung 127

7.	**Dienstleistungen**	**129**
7.1.	Darstellung des Sachverhaltes	129
	7.1.1. Produktion	129
	7.1.2. Vertrieb	131
	7.1.3. Implementierung eines IT-Systems	131
7.2.	Diskussion und Lösung (Felix Loose)	132
	7.2.1. Produktion	133
	7.2.2. Vertrieb	141
	7.2.3. Implementierung eines IT-Systems	147
7.3.	Weiterführende Literatur und Rechtsprechung	151
8.	**Konzernumlagen**	**153**
8.1.	Darstellung des Sachverhaltes	153
8.2.	Diskussion und Lösung (Felix Loose)	154
8.3.	Weiterführende Literatur und Rechtsprechung	166
9.	**Kostenumlagevereinbarungen**	**167**
9.1.	Darstellung des Sachverhaltes	167
9.2.	Diskussion und Lösung (Stefan Greil)	167
9.3.	Weiterführende Literatur	177
10.	**Funktionsverlagerungen**	**179**
10.1.	Darstellung des Sachverhaltes	179
10.2.	Diskussion und Lösung (Stephan Rasch und Kerstin Daigfuß)	180
10.3.	Weiterführende Literatur	195
11.	**Wirtschaftskrisen**	**197**
11.1.	Darstellung des Sachverhaltes	197
	11.1.1. Produktionsausfall	197
	11.1.2. Vertriebsausfall	197
11.2.	Diskussion und Lösung (Achim Roeder)	198
	11.2.1. Produktionsausfall	198
	11.2.2. Vertriebsausfall	203
11.3.	Weiterführende Literatur und Rechtsprechung	207

12. Finanzierungstransaktionen 209

12.1. Darstellung des Sachverhaltes 209
12.1.1. Darlehensvergabe 209
12.1.2. Cash-Pool 210
12.2. Diskussion und Lösung (Stefan Greil) 210
12.2.1. Darlehensvergabe 210
12.2.2. Cash Pool 226
12.3. Weiterführende Literatur und Rechtsprechung 235

13. Auswirkung der Digitalisierung 237

13.1. Darstellung des Sachverhaltes 237
13.1.1. Datenlieferung und -auswertung 237
13.1.2. Vertrieb über einen Onlineshop 237
13.2. Diskussion und Lösung (Stefan Greil) 239
12.2.1. Datenlieferung und -auswertung 240
12.2.2. Vertrieb über einen Onlineshop 246
13.3. Weiterführende Literatur 253

14. Behandlung von Betriebsstätten 255

14.1. Darstellung des Sachverhaltes 255
14.2. Diskussion und Lösung (Eleonore Kaluza) 255
14.3. Weiterführende Literatur 264

15. Mitwirkungspflichten 265

15.1. Darstellung des Sachverhaltes 265
15.2. Diskussion und Lösung (Lars Wargowske) 265
15.2.1. Erweiterte Mitwirkungspflicht 266
15.2.2. Besondere Aufzeichnungspflicht 268
15.2.3. Mitwirkungspflichten im Rahmen der steuerlichen Außenprüfung 272
15.3. Weiterführende Literatur und Rechtsprechung 279

16. Country-by-Country Reporting 281

16.1. Darstellung des Sachverhaltes 281
16.2. Diskussion und Lösung 281
16.3. Weiterführende Literatur und OECD-Verlautbarungen 295

17. Streitvermeidung und -beilegung 297

17.1. Darstellung des Sachverhaltes 297
17.2. Diskussion und Lösung (Eva Greil) 297
17.3. Weiterführende Literatur und Rechtsprechung 308

Verordnungen, Verwaltungsanweisungen und internationale Empfehlungen 311
Weiterführende Informationen 313

ABKÜRZUNGSVERZEICHNIS

AG	Aktiengesellschaft
APA	Advance Pricing Agreement
BMF	Bundesministerium der Finanzen
BsGaV	Betriebsstättengewinnaufteilungsverordnung
BZSt	Bundeszentralamt für Steuern
EU-JTPF	EU Joint Transfer Pricing Forum
FVerlV	Funktionsverlagerungsverordnung
GAufzV	Gewinnabgrenzungsaufzeichnungs-Verordnung
GmbH	Gesellschaft mit beschränkter Haftung
MAP	Mutual Agreement Procedure
OECD	Organisation für wirtschaftliche Zusammenarbeit und Entwicklung
OECD-MA	OECD Musterabkommen
OECD-MK	OECD-Musterkommentar
OECD-TPCP	OECD Transfer Pricing Country Profiles
OECD-TPG	OECD Verrechnungspreisleitlinien für multinationale Unternehmen und Steuerverwaltungen
RHB	Roh-, Hilfs-, und Betriebsstoffe
UN	United Nations (Vereinte Nationen)
UN-MA	UN-Musterabkommen
UN-TP	United Nations Practical Manual on Transfer Pricing for Developing Countries 2017
VWG BsGa	Verwaltungsgrundsätze Betriebsstättengewinnaufteilung
VWG FVerl	Verwaltungsgrundsätze Funktionsverlagerung
VWG 2005	Verwaltungsgrundsätze-Verfahren 2005
VWG 1983	Verwaltungsgrundsätze 1983
VWG VP	Verwaltungsgrundsätze Verrechnungspreise
VWG 2020	Verwaltungsgrundsätze 2020

TABELLENVERZEICHNIS

Tabelle 1:	Produktsortiment Zeitgaist Unternehmensgruppe	2
Tabelle 2:	Übersicht über die Funktionen der Unternehmensgruppe	5
Tabelle 3:	Gewinn- und Verlustrechnung – Unternehmensgruppe	9
Tabelle 4:	Konzernbilanz	10
Tabelle 5:	Auszug aus dem länderbezogenen Bericht (CbCR) der Tabelle 1	11
Tabelle 6:	Auszug aus dem länderbezogenen Bericht (CbCR) der Tabelle 2	12
Tabelle 7:	Tatbestandsvoraussetzungen des § 1 Abs. 1 AStG	17
Tabelle 8:	Übersicht über Verordnungen und BMF-Schreiben	20
Tabelle 9:	Übersicht II über Verordnungen und BMF-Schreiben	22
Tabelle 10:	Beispielhafte, nicht abschließende Auflistung relevanter internationaler Dokumente	26
Tabelle 11:	Dimensionen der Wertschöpfung	36
Tabelle 12:	Die neun Schlüsselfaktoren der Zeitgaist Unternehmensgruppe	39
Tabelle 13:	Werttreiber der Zeitgaist Unternehmensgruppe	42
Tabelle 14:	Werttreiber hinsichtlich Werthaltigkeit	43
Tabelle 15:	Klassifikation von Werttreibern	44
Tabelle 16:	Six step approach	46
Tabelle 17:	RACI-Methode	48
Tabelle 18:	Gewinn- und Verlustrechnung – Schmiermittel AG	59
Tabelle 19:	Bilanz – Schmiermittel AG	60
Tabelle 20:	Gewinn- und Verlustrechnung der Schmiermittel AG	68
Tabelle 21:	Beispiel EBIT-Marge vs. Berry Ratio	70
Tabelle 22:	Vorgehensweise bei der Vergleichbarkeitsanalyse	87
Tabelle 23:	Unterteilung von immateriellen Werten	109
Tabelle 24:	Ausübungsformen der Entwicklung immaterieller Werte	113
Tabelle 25:	RACI-Analyse Forschung und Entwicklung	117
Tabelle 26:	Vergütung für die Forschung und Entwicklung in der Zeitgaist Unternehmensgruppe	119
Tabelle 27:	DEMPE-Funktionen in Bezug auf die Marken und Firma der Zeitgaist	124

Tabelle 28:	Datenbankstudie	130
Tabelle 29:	Voraussetzungen für verrechenbare Dienstleistungen	132
Tabelle 30:	Nicht verrechenbare Dienstleistungen	133
Tabelle 31:	Funktions- und Risikoprofil verschiedener Produktionstypen	135
Tabelle 32:	Übersicht Interquartilsbandbreite Kostenaufschlag (%) der Produktion	138
Tabelle 33:	Angewandte Vergleichbarkeitsfaktoren	138
Tabelle 34:	Funktions- und Risikoprofil verschiedener Vertriebstypen	143
Tabelle 35:	Übersicht Interquartilsbandbreite EBIT-Marge (%) des Vertriebs	145
Tabelle 36:	Angewandte Vergleichbarkeitsfaktoren	145
Tabelle 37:	Allokationsschlüssel	158
Tabelle 38:	Dienstleistungen mit geringer Wertschöpfung nach OECD	163
Tabelle 39:	Tatbestandsvoraussetzungen einer Funktionsverlagerung	182
Tabelle 40:	Bestimmung des Mindestpreises – Fallgruppen	185
Tabelle 41:	Öffnungsklauseln nach § 1 Abs. 3 Satz 10 AStG a. F.	187
Tabelle 42:	Vergütung Lohnfertiger	200
Tabelle 43:	Relativer Status von Unternehmenseinheiten und Rating – Schema von S&P	218
Tabelle 44:	Risikogewichte im KSA	222
Tabelle 45:	Berechnung Cash Pool – Variante 1	231
Tabelle 46:	Berechnung Cash Pool – Variante 2	233
Tabelle 47:	Berechnung Cash Pool – Variante 3	233
Tabelle 48:	Verteilung der Umsätze	238
Tabelle 49:	Verteilung der IP-Adressen	238
Tabelle 50:	CRISP-DM Ansatz	242
Tabelle 51:	Geografische Verteilung nach IP-Adressen und Umsatz	253
Tabelle 52:	Überblick über die Inhalte der GAufzV	269
Tabelle 53:	Formen des Datenzugriffs	273
Tabelle 54:	Grundfälle der Verpflichtung zur Erstellung und Abgabe eines CbCR	282
Tabelle 55:	Quantitative Kennzahlen des CbCR	288
Tabelle 56:	Anwendung des DBA SGP	300
Tabelle 57:	Übersicht über APA	303

ABBILDUNGSVERZEICHNIS

Abbildung. 1: Überblick Zeitgaist Unternehmensgruppe 3

Abbildung. 2: Überblick Zeitgaist Unternehmensgruppe – Europa 4

Abbildung. 3: SWOT Analyse 38

Abbildung. 4: Business Model Canvas und Geschäftsmodellanalyse 41

Abbildung. 5: Vereinfachte Darstellung Wertschöpfung 47

Abbildung. 6: Funktionale Wertschöpfung nach Komplexität und zeitlicher Dimension 48

Abbildung. 7: Bestimmung der funktionalen Wertschöpfung nach Verantwortlichkeiten 49

Abbildung. 8: Bestimmung der Risikomaterialität 50

Abbildung. 9: Bestimmung der Risikotragfähigkeit 51

Abbildung. 10: Wertschöpfung und Gewinn/Verlust 52

Abbildung. 11: Funktions-, Risiko und Werttreiberanalyse für Produktionsunternehmen 54

Abbildung. 12: Funktions-, Risiko und Werttreiberanalyse für Vertriebsunternehmen 56

Abbildung. 13: Verrechnungspreismethoden 61

Abbildung. 14: Interner und externer Preisvergleich 64

Abbildung. 15: Wiederverkaufspreismethode 65

Abbildung. 16: Anwendung der TNMM 68

Abbildung. 17: Gewinnaufteilungsmethode - Beitragsanalyse 72

Abbildung. 18: Gewinnaufteilungsmethode – Residualanalyse 72

Abbildung. 19: Beispiel Einigungsbereich – Hypothetischer Fremdvergleich 74

Abbildung. 20: Zusammenhang Gewinnpotenzial und Funktions- und Risikoprofil 85

Abbildung. 21: Prüfungsschema Verluste 86

Abbildung. 22: Stage-Gate-Modell 116

Abbildung. 23: Kostenaufschlag nach Branchen 139

Abbildung. 24: EBIT-Marge nach Branchen 145

Abbildung. 25: Prüfungsschema *shareholder activity* *149*
Abbildung. 26: Direkte Abrechnung (direkte Methode) 155
Abbildung. 27: Indirekte Abrechnung (Konzernumlage) 155
Abbildung. 28: Schema unternehmensgruppeninterne Dienstleistungen 156
Abbildung. 29: Kostenumlage 168
Abbildung. 30: Ermittlung des Einigungsbereiches 186
Abbildung. 31: Prüfungsschritte zur Beurteilung einer Funktionsverlagerung 193
Abbildung. 32: Cash Pool 227
Abbildung. 33: Ausgestaltung einer fremdüblichen Cash Pool-Struktur – Variante 1 231
Abbildung. 34: Ausgestaltung einer fremdüblichen Cash Pool-Struktur – Variante 2 232
Abbildung. 35: Smart devices 243
Abbildung. 36: Storefront Modell 250
Abbildung. 37: Steuerliche Betriebsstättengewinnabgrenzung in zwei Stufen 258
Abbildung. 38: Länderbezogener Bericht multinationaler Unternehmensgruppen 285
Abbildung. 39: Umsatzrendite 288
Abbildung. 40: Anteil der unternehmensgruppeninternen Umsätze an den Gesamtumsätzen 290
Abbildung. 41: Umsatz und sonstige Erträge pro Mitarbeiter 291
Abbildung. 42: Effektive Steuerquote 291
Abbildung. 43: Überblick nationaler Rechtsweg 299

IHRE HERAUSGEBER UND AUTOREN

Eva Greil, LL.M.

ist (Syndikus)-Rechtsanwältin und Geschäftsführerin im Institut Finanzen und Steuern (ifst). Zuvor war sie mehrere Jahre in der der politischen Interessenvertretung im Bereich der Unternehmensbesteuerung sowie in der Steuerberatung für internationale Konzerne im Bereich Transfer Pricing tätig. Sie ist daneben Leitern des Women of IFA Network in der Region Berlin-Brandenburg und Mitbegründerin der Tax Pioneers.

Dr. Stefan Greil

Dipl.-Kfm., LL.M. ist in der Finanzverwaltung tätig. Er ist daneben Lehrbeauftragter, Referent und Dozent für internationale Unternehmensbesteuerung und Außensteuerrecht, Delegierter der Working Party 6 sowie der Task Force Digital Economy (TFDE) der OECD, Autor zahlreicher Veröffentlichungen, in verschiedenen (wissenschaftlichen) Beiräten aktiv und war Mitglied im United Nations Subcommittee on Transfer Pricing.

Katharina Becker

Diplom-Volkswirt ist in der Finanzverwaltung Dozentin für internationales Steuerrecht und für Unternehmenssteuerrecht. Zuvor war sie ebenfalls in der Finanzverwaltung im Bereich der Verständigungs- und Schiedsverfahren sowie der Advance Pricing Agreements, der internationalen Amtshilfe und der internationalen Steuerpolitik tätig. Auslandserfahrungen hat sie im Steuersekretariat der OECD in Paris (Verrechnungspreise, Projekt gegen den schädlichen Steuerwettbewerb) und bei der EU-Kommission (Gemeinsame Konsolidierte Körperschaftsteuer-Bemessungsgrundlage (GKKB)) gesammelt. Zu Beginn ihrer beruflichen Laufbahn war Frau Becker Steuerberaterin in einer international tätigen Steuerkanzlei.

Kerstin Daigfuß

ist als Senior Associate im Bereich Transfer Pricing bei PricewaterhouseCoopers in München tätig. Vor ihrer Tätigkeit bei PwC, die sie im Januar 2018 begann, verfasste sie bereits ihre Masterarbeit zum Thema „Implementierung der neuen Verrechnungspreisdokumentationsregelungen in deutschen und österreichischen Unternehmen“. Kerstin Daigfuß hat sowohl in ihrem Bachelor- als auch ihrem Masterstudiengang der Betriebswirtschaft ihren Schwerpunkt auf die Bereiche Controlling, Finanzen, Rechnungswesen und Steuerrecht gelegt.

Eleonore Kaluza

Studium der Wirtschaftswissenschaften, M.Sc. Steuerlehre, ist in der Finanzverwaltung im Bereich internationale Unternehmensbesteuerung und Außensteuerrecht tätig. Daneben ist sie Gastdozentin für Außensteuerrecht an der Bundesfinanzakademie. Zuvor arbeitete Sie mehrere Jahre in der Steuerberatung für internationale Konzerne.

Felix Loose

Steuerberater, Dipl.-Kfm., LL.M. ist Director Transfer Pricing im Bereich International Tax and Transaction Services bei EY in Eschborn. Er betreut international ausgerichtete Mandanten zu verschiedensten Verrechnungspreisfragestellungen, hat vormals bei mehreren Industrieunternehmen Erfahrungen auch zu anderen steuerlichen Themen sammeln dürfen und tritt regelmäßig als Referent bei EY und verschiedenen Arbeitskreisen und Verbänden auf.

Dr. Julian Maier

(Syndikus-)Steuerberater, ist in der zentralen Steuerabteilung von Siemens im Bereich Business Group Tax tätig und befasst sich dort vor allem mit dem Bereich Verrechnungspreise. Zuvor war er mehrere Jahre bei verschiedenen Big-Four-Gesellschaften im Bereich der Verrechnungspreisberatung tätig. Er ist zudem Autor verschiedener Veröffentlichungen auf dem Gebiet der Verrechnungspreise.

Professor Dr. Stephan Rasch

ist Rechtsanwalt/ Fachanwalt für Steuerrecht und Transfer Pricing Partner bei PricewaterhouseCoopers in München, Honorarprofessor und Lehrbeauftragter an der Universität Augsburg sowie Mitherausgeber des Handbuchs „Internationale Verrechnungspreise" und der Zeitschrift Internationale Steuer-Rundschau (ISR). Bevor Prof. Dr. Rasch bei PwC Ende 2013 eingetreten ist, war er 13 Jahre bei einer anderen Big Four als Transfer Pricing Partner (seit 2008) tätig.

Dr. Achim Roeder

ist Diplom-Ökonom, Steuerberater und Partner bei KPMG im Bereich Global Transfer Pricing Services. Er ist Lehrbeauftragter an der Ruhr-Universität Bochum und seit 1995 schwerpunktmäßig auf dem Gebiet der Verrechnungspreise und des internationalen Steuerrechts tätig.

Dr. Sebastian Schulz

Dipl.-Kfm., Studium an der Universität Mannheim, Promotion durch die Universität Hohenheim, Mitarbeiter der Konzernsteuerabteilung der SAP SE mit dem Tätigkeitsschwerpunkt Verrechnungspreise.

Professor Dr. Christian Schwarz

vertritt im Rahmen einer Professur für empirische Wirtschaftsforschung und Entwicklung von Geschäftsmodellen an der Hochschule Düsseldorf das Forschungsfeld quantitative Methoden im Bereich Verrechnungspreise aktiv in der Wissenschaft. Daneben ist er Gesellschafter-Geschäftsführer bei der QUANTUM StB GmbH. Seine Verrechnungspreisschwerpunkte liegen in den Themenfeldern ökonomische Analyse, digitale Geschäftsmodelle, immaterielle Werte und Benchmarking. Er ist Autor zahlreicher Veröffentlichungen und referiert auch regelmäßig zu diesen Themen.

Dr. Stefan Stein

Dipl-WiWi, StB, FBIStR ist Gesellschafter-Geschäftsführer bei der QUANTUM StB GmbH und Partner bei der Stein & Partner PartG mbB. Er befasst sich mit aktuellen Fragestellungen zu Verrechnungspreisen und Betriebsstätten aus Sicht der steuerlichen Beratung und Wissenschaft. Seine Tätigkeitsschwerpunkte liegen in der Planung, Dokumentation und Verteidigung von Verrechnungspreisstrukturen sowie der Verrechnungspreisberatung zu immateriellen Werten und Betriebsstätten. Er ist Autor zahlreicher Veröffentlichungen zu Verrechnungspreisen und der Betriebsstättengewinnaufteilung und referiert auch regelmäßig zu diesen Themen.

Lars Wargowske

ist in der Steuerverwaltung des Landes Brandenburg eigens im Bereich der internationalen Unternehmensbesteuerung und des Außensteuerrechts tätig. Er ist zudem Lehrbeauftragter der Universität Hamburg, sowie als Dozent und Referent im Bereich des Steuerrechts tätig. Überdies ist er Autor steuerrechtlicher Aufsätze sowie Mitverfasser entsprechender Kommentare und Mitglied in verschiedenen wissenschaftlichen Beiräten.

Die Autorinnen und Autoren dieses Buches geben lediglich ihre persönliche Auffassung wieder. Die jeweiligen Beiträge reflektieren daher nicht notwendigerweise die Auffassung der jeweiligen Arbeitgeber oder Dienstherren.

1. Der Fremdvergleichsgrundsatz – Ein Einstieg

1.1. Darstellung des Ausgangssachverhaltes

Zeitgaist Unternehmensgruppe. Die Zeitgaist AG hat ihren Sitz und ihre Geschäftsleitung in Frankfurt am Main (Deutschland). Sie verfügt über mehrere Tochtergesellschaften und Betriebsstätten im Ausland und stellt die oberste Gesellschaft der multinational tätigen Unternehmensgruppe „Zeitgaist" dar. Die Unternehmensgruppe ist insbesondere spezialisiert auf die Herstellung und den Vertrieb von Uhren. Daneben produziert und vertreibt sie in einem geringen Umfang Accessoires, wie Taschen oder Gürtel. Mit ihren Produkten erwirtschaftet sie unter Einsatz von 1.740 Mitarbeitern einen konsolidierten Umsatz von ca. 1 Mrd. €.

Produktsortiment. Zu ihrem Produktsortiment gehören unter anderem Uhren dreier verschiedener Marken, die jeweils auf eine andere Zielgruppe ausgerichtet sind und die im Fokus der Fallstudie stehen[1]:

- **Uhren.** Unter der Marke „Fossa" werden Uhren im low budget Bereich bis ca. 1.000 € pro Stück für „Jedermann" vertrieben. Hierbei handelt es sich um eine seit Jahren bekannte Marke, die in der Schweiz registriert wurde. Die Marke genießt weltweiten Schutz.
- **Chronometer.** Unter der Marke „Molexx" werden Chronometer im Luxussegment ab 10.000 € pro Stück für eher wohlhabendere Personen, die sich was Besonderes gönnen wollen, vertrieben. Diese sehr traditionelle und klassische Marke wurde beim Deutschen Patentamt- und Markenamt (DPMA) eingetragen. Die Marke genießt weltweiten Schutz. Die Werke dieser Chronometer haben in einem Test bei einer offiziellen Prüfstelle eine festgelegte Ganggenauigkeit bewiesen.
- **Smartwatch.** Unter der Marke „SmartGaist" werden individualisierbare Smartwatches für alle, die mit der Zeit gehen wollen, angeboten. Hierbei handelt sich um eine neue Marke, die seitens der Zeitgaist Unternehmensgruppe erst vor vier Jahren im Geschäftsmodell aufgenommen wurde. Die Marke wurde in der Schweiz eingetragen. Die Marke genießt weltweiten Schutz.

1 Der Bereich der Accessoires wird im Rahmen der Fallstudie nicht weiter adressiert.

Tabelle 1:	Produktsortiment Zeitgaist Unternehmensgruppe			
Produktsortiment Zeitgaist Unternehmensgruppe				
Produkt	Uhren	Chronometer	Smartwatch	Accessoires*
Marke	Fossa	Molexx	SmartGaist	./.
Zielgruppe	Low Budget	Luxussegment	Modebewusste	./.
* nicht Gegenstand der Fallstudie				

Unternehmen der Unternehmensgruppe. Zur Zeitgaist Unternehmensgruppe gehören unter anderem folgende Unternehmen und Betriebsstätten:

- Zeitgaist AG (Frankfurt/Main, Deutschland, Headquarter (Konzernobergesellschaft) – Verwaltungszentrale und Vertrieb)
  - Betriebsstätte in Paris (Frankreich, Vertrieb)
  - Betriebsstätte in Dubai (Vereinigte Arabische Emirate [VAE], Vertrieb)
  - Betriebsstätte in New York City (USA, Vertrieb)
- Zeitgaist GmbH (Glashütte, Deutschland, Produktion und Montage)
- Zeitgaist Marken AG (Zürich, Schweiz, Markenverwaltung)
- ScienceLab AG (Basel, Schweiz, Konzept, Design sowie Forschung und Entwicklung)
- Southern Cape Proprietary Limited [Pty Ltd] (Kapstadt, Südafrika, Roh-, Hilfs- und Betriebsstoffe)
- Zeitgaist Commodity Wholly Foreign Owned Enterprises [WFOE] (Peking, China, Roh-, Hilfs- und Betriebsstoffe)
- Zeitgaist Distribution Incorporated [Inc.] (Washington, USA, Vertrieb)
- Zeitgaist Europe Besloten Vennootschap [B. V.] (Rotterdam, Niederlande, Vertrieb)
- Zeitgaist China (Peking, China, Vertrieb und auch Produktion)
- Zeitgaist Producción Sociedad de Responsabilidad Limitada [SRL] (Mexico-Stadt, Mexico, Produktion und Montage)
- Zeitgaist Production Private Limited Company (Yangon, Myanmar, Produktion und Montage)
- Zeitgaist Production Societate in nume colectiv (S.N.C.) (Timesoara, Rumänien, Produktion und Montage)
- Zeitgaist Inc. (Palo Alto, USA, Data Analytics, Forschung und Entwicklung)
- Zeitgaist Finance Limited Liability Company [LLC] (Singapur, Singapur, Finanzierung)
- Schmiermittel AG (Genf, Schweiz, Hersteller von Ölen, Fetten und Epilamen)

Abbildung 1: Überblick Zeitgaist Unternehmensgruppe

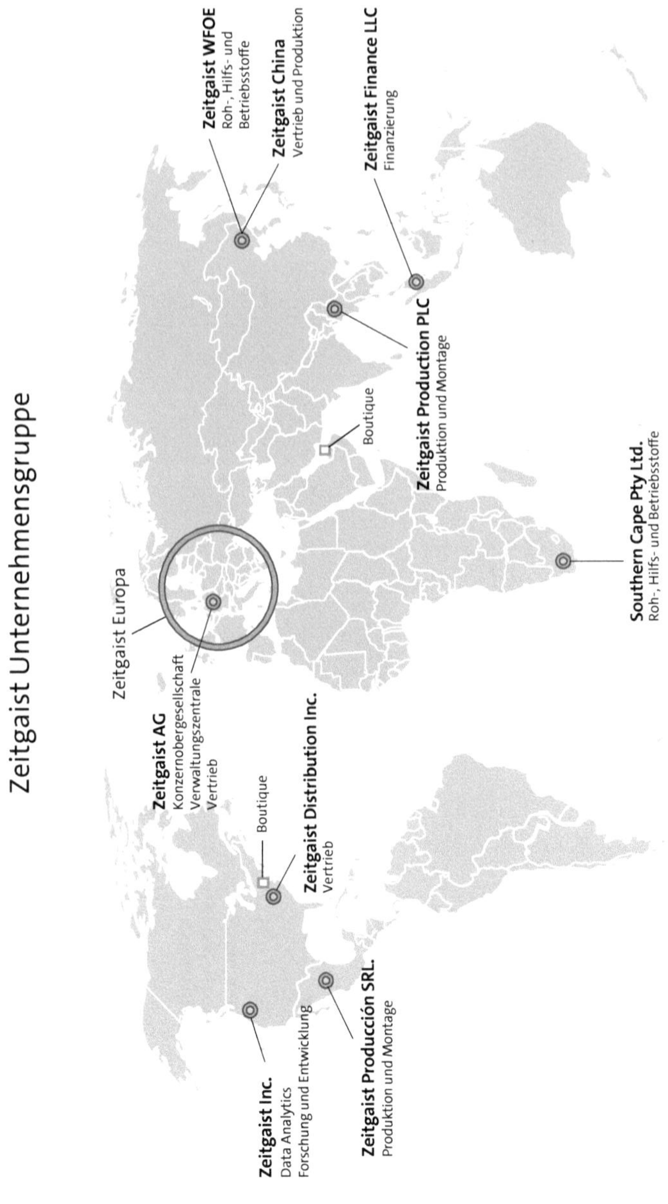

Abbildung 2: Überblick Zeitgaist Unternehmensgruppe – Europa

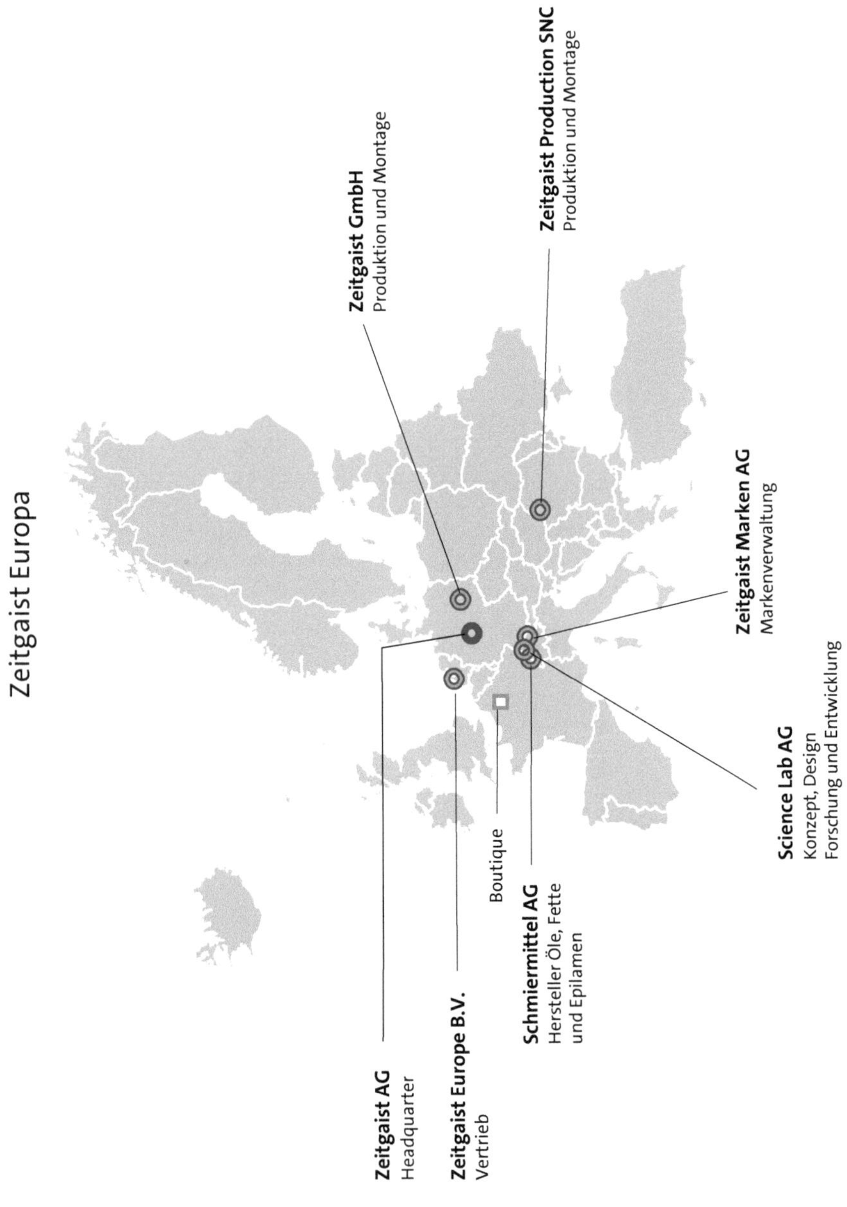

Tabelle 2:	Übersicht über die Funktionen der Unternehmensgruppe
Verwaltungszentrale	
Die **Zeitgaist AG** übernimmt als **Headquarter** für die Unternehmensgruppe die **Verwaltungszentrale** mit Stabsabteilung [Chief Executive Officer (CEO), Chief Financial Officer (CFO), Chief Information Officer (CIO), Chief Operating Officer (COO), Chief Branding Officer (CBO)], Personalabteilung, Finanzbuchhaltung, Rechnungswesen, Steuerabteilung, Treasury, Informationstechnik, zentraler Marketing- und Vertriebsabteilung, Forschung und Entwicklung sowie bis zu einem gewissen Grad den Einkauf.	
Personalabteilung, Finanzbuchhaltung, Rechnungswesen und Steuerabteilung ► übernehmen die Tätigkeiten für die Unternehmensgruppe zentral für alle gruppenzugehörigen Unternehmenseinheiten. In den einzelnen Ländern befinden sich, wenn überhaupt, lediglich wenige Personen, die diesen Abteilungen zuarbeiten.	
Treasuryabteilung ► Die Treasuryabteilung betreut und koordiniert die Liquiditätssteuerung (wie etwa Finanzierung der betrieblichen Einheiten, Aufnahme und Anlage am Geld- und Kapitalmarkt, Steuerung der Kundeneinzahlungen sowie der Auszahlungen), das finanzwirtschaftliches Risikomanagement (wie etwa Zins- und Währungsrisiken oder Liquiditätsrisiken) und das Reporting (wie etwa eines integrierten und vollständigen Finanzinformationswesens auf Unternehmensgruppenebene). Ziel der Treasuryabteilung ist die unternehmensweite Liquiditätssteuerung und ein finanzwirtschaftliches Risikomanagement. Entsprechend gehören zu den Aufgaben die Finanzierung der betrieblichen Einheiten, die Aufnahme und Anlage am Geld- und Kapitalmarkt, die Steuerung der Kundeneinzahlungen, die Steuerung der Auszahlungen sowie das Management von Zins- und Währungsrisiken, Vertragsrisiken und Liquiditätsrisiken.	
Marketing- und Vertriebsabteilung ► Die zentrale Marketing- und Vertriebsabteilung bestimmt das Preiskonzept und entwickelt grundsätzlich die Marketing- und Vertriebsstrategie für die Unternehmensgruppe.	
In einem geringfügigen Umfang erfolgt auch Forschung und Entwicklung sowie Einkauf.	
Konzept und Design	
Die **ScienceLab AG** (Schweiz) ist verantwortlich für das Konzept und das Design aller von der Zeitgaist Unternehmensgruppe vertriebenen Uhren. Produktdesigner, die mit jahrelanger Marktexpertise das digitale Prototyping durchführen, entwerfen Uhren und deren Bauteile mithilfe modernster Design-Software. Zum einen werden 3D-Druckverfahren genutzt, um anhand der digital erstellten Designs Prototypen zu erstellen. Zum anderen verwendet die ScienceLab AG für ihre Prototypen echten Edelstahl und einfache Uhrwerke. Eine **enge Zusammenarbeit mit den für Marketing zuständigen Personen** der Zeitgaist Unternehmensgruppe ermöglicht die Berücksichtigung von Kundenbedarfen. Sie arbeitet dabei mit der Zeitgaist AG eng zusammen.	

Forschung und Entwicklung
Die Forschung und Entwicklung erfolgt ebenfalls insbesondere durch die **ScienceLab AG** (Schweiz), da bei der Zeitgaist Unternehmensgruppe Konzept und Design sowie Forschung und Entwicklung nahezu aus einem Guss erfolgen sollen. Dabei erfolgt auch eine **enge Zusammenarbeit mit** den **Unternehmen der Zeitgaist Unternehmensgruppe**, um einen erfolgreichen Know-how-Transfer zu gewährleisten.
Insbesondere aber in Bezug auf die Uhren der Marke „SmartGaist" erfolgt die Forschung und Entwicklung in den USA (**Zeitgaist Inc.**). Hier liegt der Fokus insbesondere auf innovativen Technologien für Smartwatches.
In Deutschland wird vereinzelt noch Forschung und Entwicklung übernommen.
Die Ergebnisse der Forschungs- und Entwicklungstätigkeit werden an die Zeitgaist AG übertragen, sodass die Erkenntnisse in die Produktion, Montage sowie die Marketing- und Vertriebsstrategie einfließen können.
Datensammlung und Auswertung
Die unter „SmartGaist" vertriebene Smartwatch bietet den Kunden eine Technologie auf höchstem Niveau. Mit ihr können zum Beispiel Anrufe getätigt, Nachrichten in Form von Mails oder Mitteilungen aus Messenger Diensten gesendet und empfangen, andere smarte Geräte verbunden und gesteuert, Fitness- und Gesundheitsdaten erfasst und Musik wiedergegeben werden. Entsprechend werden mit dieser Smartwatch dauerhaft die Daten der Kunden, wie beispielsweise Standort, Puls, Körpertemperatur, Internetgewohnheiten oder E-Mailinhalte, erfasst.
Die Daten werden direkt an die **Zeitgaist Inc.** (USA) übermittelt und von dieser selbständig nach Maßgabe des Endbenutzer-Lizenzvertrags (EULA) ausgewertet. Dabei werden auch andere Daten von fremden Dritten, die zugekauft werden, verwendet. Die Auswertung erfolgt durch einen Algorithmus, den die Programmierer in den USA konzipiert und programmiert haben und ständig verbessern. Die hieraus gewonnenen Erkenntnisse werden – ebenso wie bestimmte Rohdaten – nach Rücksprache mit der Zeitgaist AG zum Teil an fremde Dritte verkauft und an die **Zeitgaist AG** übermittelt.
Die **Zeitgaist AG** nutzt die Erkenntnisse für die Marketing- und Vertriebsstrategie und für Forschung und Entwicklung. Relevante Daten werden auch an die **ScienceLab AG** (Schweiz) zwecks Forschung und Entwicklung sowie Konzept und Design weiteregegeben.
Einkauf von Roh-, Hilfs- und Betriebsstoffen
Die für die Produktion der Uhren benötigten Roh-, Hilfs- und Betriebsstoffe (wie etwa Edelmetalle, Metalle, Leder, Kunststoff, Kautschuk, Stoff oder Keramik) kommen aus Südafrika, China und Deutschland.
Die **Southern Cape Pty Ltd.** (Südafrika) beliefert die Zeitgaist GmbH z. B. mit Gold, Platin, Silber und Diamanten, die die Zeitgaist GmbH insbesondere zur Produktion der Uhren der Marke „Molexx" verwendet. Silber wird zum Teil auch in Uhren der Marke „Fossa" eingesetzt, weswegen sie auch die Zeitgaist Production S.N.C. beliefert.

Die Zeitgaist AG (Deutschland) ist darauf bedacht, dass hohe Qualitätsstandards eingehalten werden und beispielsweise keine Konfliktdiamanten Eingang in den Produktionsprozess erhalten.
Entsprechend kontrolliert sie die Einkaufspraktiken der Southern Cape Pty Ltd.

Zeitgaist Commodity WFOE (China) beliefert die Zeitgaist GmbH mit Metallen der Seltenen Erden. Auf diese ist die Zeitgaist GmbH angewiesen, wenn ihre Uhren der Marke „Molexx" weiterhin fälschungssicher ausgestaltet sein sollen; hierfür nutzt sie nämlich eine Markierungstechnik auf Basis von Seltenen Erden.

Produktion und Montage

Der Fertigungsprozess besteht aus mehreren parallel ablaufenden Vorgängen:

Die **Produktion** von i) Gehäusen und Armbändern, ii) Uhrwerken sowie iii) Zifferblättern und Zeigern.	Anschließend erfolgt die **Montage**: Bevor das Uhrwerk ins Gehäuse eingesetzt, Zifferblatt und Zeiger angebracht werden, finden zahlreiche Sichtprüfungen statt. Nach Einsetzung des Uhrwerks in das Gehäuse und dem Aufsetzen des Zeigers erfolgen verschiedene Testverfahren. Werden diese bestanden, werden die Uhren mitunter noch graviert, das Armband befestigt sowie eine visuelle und funktionelle Schlusskontrolle vorgenommen.

In der Unternehmensgruppe übernehmen die folgenden Gesellschaften die (Teil-)Produktion und Montage der Uhren:

- Uhren der Marke „Molexx" werden in Gänze von der **Zeitgaist GmbH** produziert, veredelt und montiert. Entsprechend werden sie mit dem Siegel „Made in Germany" vermarktet. Aufgrund des Einsatzes neuester Technologien und ihres guten Rufes übernimmt die Zeitgaist GmbH auch für fremde Ditte die Montage von Uhren.
- Die **Zeitgaist Production Private Limited Company** (Myanmar) produziert und montiert nach Vorgaben der Zeitgaist AG Uhren der Marke „Fossa", die speziell für den asiatischen Markt angepasst werden.
- Die **Zeitgaist Production S.N.C.** (Rumänien) sowie die **Zeitgaist Producción SRL** (Mexico) produzieren und montieren ebenfalls Uhren der Marke „Fossa".
- Die **Zeitgaist Production S.N.C.** ist dabei auf den europäischen Markt ausgerichtet und nimmt nach Vorgaben der Zeitgaist AG entsprechende Anpassungen der Uhren vor.
- Die **Zeitgaist Producción SRL (Mexico)** passt die Uhren speziell für den amerikanischen Markt an. Das dafür notwendige Marktwissen hat sich die Zeitgaist Producción SRL durch Markterkundungen angeeignet und entsprechend an die ScienceLab AG (Schweiz) rückgekoppelt.
- Uhren der Marke „SmartGaist" wurden im Jahr 2021 noch in Deutschland durch die **Zeitgaist GmbH** produziert und montiert. Aus Kostengründen sollen diese Uhren ab 2022 in Deutschland nur noch in einem gewissen Umfang final montiert werden. Die Einzelteilproduktion erfolgt dann durch die **Zeitgaist China**.

Marketing

Die Marketingzentrale befindet sich in Deutschland bei der **Zeitgaist AG**. Von dort aus wird die zentrale Marketingstrategie festgelegt und Marktforschung betrieben. Die weltweit tätigen Vertriebseinheiten tragen unterstützend dazu bei, indem sie Marktdaten liefern und Empfehlungen abgeben, wie die Marketingstrategie vor Ort anzupassen sein sollte.

Die **Zeitgaist Marken AG** (Schweiz) ist dabei zuständig für die Verwaltung der Marken „Fossa“ und „SmartGaist“.

Die Marke „Molexx“ hingegen wird von der **Zeitgaist AG** verwaltet.

Vertrieb

Die Zeitgaist Unternehmensgruppe unterhält **drei Vertriebstochtergesellschaften**:

- Die **Zeitgaist Distribution Inc.** (USA) bedient dabei den gesamten amerikanischen Markt (Nord- wie Südamerika).
- Die **Zeitgaist China** (China) bedient die gesamte Asien-Pazifik Region und die **Zeitgaist Europe**
- **B. V.** (Niederlande) den gesamten europäischen Markt (außer Deutschland).
- Die **Zeitgaist AG** selbst übernimmt den „Rest der Welt“, wie den deutschen, russischen, arabischen und afrikanischen Markt.

Der Verkauf erfolgt vorwiegend an gewerbliche Händler; ein direkter Kundenkontakt besteht daher überwiegend nicht. Die Ausnahme bilden **vier exklusive Boutiquen** in Frankfurt (Goethestraße), New York (Fifth Avenue), Paris (Avenue des Champs-Élysées) und Dubai (Dubai Mall). Diese Boutiquen sollen ein besonderes Einkaufserlebnis bieten und insbesondere die Marken „Molexx“ und „SmartGaist“ dem Kunden sachkundig nahbar machen.

Die Uhren der Marke „SmartGaist“ werden zudem über einen speziellen **Onlineshop**, der von der **Zeitgaist AG** betrieben wird, weltweit vertrieben. Hier haben die Kunden die Möglichkeit, ihre Smartwatch zu individualisieren.

Finanzierung

Die **Zeitgaist AG** (Deutschland) hat in Singapur zur Unterstützung ihrer Treasuryeinheit eine Treasurygesellschaft (**Zeitgaist Finance LLC**) gegründet, die dafür fünf Personen einsetzt.

- Die Haupttätigkeit wird von der Zeitgaist AG übernommen, die auch eine „Konzernrichtlinie“ diesbezüglich verfasste.
- Die Zeitgaist Finance LLC unterstützt die Zeitgaist AG in enger Abstimmung und orientiert sich an den Vorgaben der Zeitgaist AG

Gewinn- und Verlustrechnung, Konzernbilanz und Auszug aus dem CbCR. Die nachstehende Gewinn- und Verlustrechnung sowie Konzernbilanz umfassen alle Unternehmenseinheiten. Der länderbezogene Bericht enthält lediglich die Unternehmen und Staaten, die oben aufgeführt wurden.

Tabelle 3:	Gewinn- und Verlustrechnung – Unternehmensgruppe		
In €	**2019**	**2020**	**2021**
Nettoumsatz	855.603.840	891.254.000	971.120.000
Sonstige betriebliche Erträge	17.181.000	22.908.000	11.136.000
Veränderung Vorräte	7.991.830	8.239.000	8.466.000
Waren- und Rohmaterialeinkäufe	-210.586.500	-221.670.000	-234.225.000
Personalaufwand	-313.500.120	-323.196.000	-327.460.000
Abschreibungen und Wertminderungen auf Sachanlagen	-32.820.200	-33.490.000	-34.640.000
Abschreibungen und Wertminderungen auf immaterielles Anlagevermögen	-4.902.000	-4.902.000	-4.902.000
Sonstige betriebliche Aufwendungen	-259.065.450	-278.565.000	-305.019.000
Betriebsergebnis	59.902.400	60.578.000	84.476.000
Sonstiger Finanzertrag und -aufwand	-2.473.500	-2.550.000	-1.760.000
Zinsaufwand	-390.000	-390.000	-390.000
Anteil am Ergebnis von assoziierten Unternehmen und Joint Ventures	3.447.360	3.591.000	3.780.000
Ordentliches Ergebnis	60.486.260	61.229.000	86.106.000
Betriebsfremdes Ergebnis	126.000	140.000	75.000
Gewinn vor Ertragssteuern	60.612.260	61.369.000	86.181.000
Ertragssteuern	-13.940.820	-14.114.870	-19.821.630
Konzerngewinn	46.671.440	47.254.130	66.359.370

Tabelle 4: Konzernbilanz					
Aktiva	**2020**	**2021**	**Passiva**	**2020**	**2021**
Flüssige und geldnahe Mittel	107.920.000	125.227.000	Finanzverbindlichkeiten und derivative Finanzinstrumente	11.780.000	10.602.000
Wertschriften und derivative Finanzinstrumente	29.992.000	28.900.000	Verbindlichkeiten aus Lieferungen und Leistungen	43.608.000	44.044.080
Forderungen aus Lieferungen und Leistungen	110.166.000	129.120.00	Sonstige Verbindlichkeiten	17.762.000	17.406.760
Sonstiges Umlaufvermögen	17.625.000	18.506.250	Rückstellungen	9.130.000	9.221.300
Vorräte	644.677.000	688.662.000			
Aktive Rechnungsabgrenzungen	21.000.000	10.500.000			
Summe Umlaufvermögen	931.380.000	1.000.915.250	**Summe kurzfristige Verbindlichkeiten**	82.280.000	81.274.140
Sachanlagen	343.980.000	351.067.000	Finanzverbindlichkeiten	3.379.000	3.446.580
Immaterielles Anlagevermögen	19.880.000	20.286.000	Latente Steuerverbindlichkeiten	58.607.000	59.779.114
Beteiligungen an assoziierten Gesellschaften und Joint Ventures	1.475.000	1.653.000	Vorsorgeverpflichtungen	4.290.000	4.375.800
Sonstige langfristige Vermögenswerte	16.530.000	13.248.000	Rückstellungen	7.425.000	7.796.250
			Passive Rechnungsabgrenzungen	14.784.000	16.262.400
Summe Anlagevermögen	381.865.000	386.254.000	**Summe langfristige Verbindlichkeiten**	88.485.000	91.660.144
			Eigenkapital	1.142.480.000	1.214.234.966
Summe Aktiva	1.313.245.000	1.387.169.250	**Summe Passiva**	1.313.245.000	1.387.169.250

Tabelle 5: Auszug aus dem länderbezogenen Bericht (CbCR) der Tabelle 1

Name der multinationalen Unternehmensgruppe: Zeitgaist

Betrachtetes Steuerjahr: 1.1.2021-31.12.2021

Währung: Euro

Steuernummer: 12345/555/54321

Steuerhoheitsgebiet	Umsätze mit fremden Dritten	Umsätze mit nahestehenden Unternehmen	Umsatzerlöse und sonstige Erträge (Gesamt)	Jahresergebnis vor Ertragsteuern	Im WJ gezahlte Ertragsteuern	Im WJ für dieses WJ gezahlte und zurückgestellte Ertragsteuern	Eigenkapital	Einbehaltener Gewinn	Zahl der Beschäftigten	(Wert) der materiellen Vermögenswerte
CHE	68.209.440	90.978.400	159.187.840	15.918.784	795.939	811.857	106.125.226	9.829.849	108	37.143.829
CHN	157.160.960	227.258.460	384.419.420	3.459.774	726.552	704.756	98.850.708	1.093.288	220	44.482.818
DEU	343.789.600	79.071.608	422.861.208	14.800.142	4.588.044	4.771.565	422.861.208	510.604	178	122.629.750
FRA	4.911.280	-	4.911.280	1.571.609	440.050	440.050	3.492.465	22.631	10	2.270.102
MEX	-	70.722.432	70.722.432	3.536.121	1.131.558	1.063.665	29.467.680	120.228	188	16.207.224
MMR	-	125.728.768	125.728.768	6.286.438	1.571.609	1.634.473	41.909.589	-	338	23.050.274
NLD	117.870.720	-	117.870.720	10.254.752	1.230.570	1.242.876	85.456.272	1.353.627	85	21.364.068
ROU	-	128.184.408	128.184.408	6.409.220	1.025.475	1.035.730	64.092.204	269.187	244	35.250.712
SGP	-	10.125.000	10.125.000	759.375	129.093	134.257	3.796.875	47.271	5	569.531
USA	88.403.040	17.680.608	106.083.648	10.608.364	2.227.756	2.205.479	151.548.068	8.380.608	126	37.887.017
VAE	9.822.560	-	9.822.560	-3.634.347	-	-	2.500.000	-3.634.347	15	1.625.000
ZAF	49.112.800	36.834.600	85.947.400	3.437.896	962.610	972.236	38.198.844	2.475.285	128	954.971
Andere Staaten aggregiert	142.975.600	34.314.144	177.289.744	12.772.867	4.992.367	5.042.291	165.935.824	3.239.927	95	7.631.701
Summe	**982.256.000**	**820.898.428**	**1.803.154.428**	**86.180.995**	**19.821.623**	**20.059.235**	**1.214.234.963**	**23.708.158**	**1.740**	**351.066.997**

Tabelle 6: Auszug aus dem länderbezogenen Bericht (CbCR) der Tabelle 2

Steuerhoheitsgebiet	Ansässige Konzerneinheit	Research and Development	Holding or Managing Intellectual Property	Purchasing or Procurement	Manufacturing or Production	Sales, Marketing or Distribution	Administrative, Management or Support Services	Provision of Services to Unrelated Parties	Internal Group Finance	Regulated Financial Services	Insurance	Holding Shares or Other Equity instruments	Dormant	Other
CHE	Zeitgaist Marken AG		1											
CHE	ScienceLab AG	1												
CHE	Schmiermittel AG	1	1	1	1	1	1	1						
CHN	Zeitgaist Commodity Wholly Foreign Owned Enterprises			1										
CHN	Zeitgaist China				1	1								
DEU	Zeitgaist AG	1	1	1		1	1	1	1					
DEU	Zeitgaist GmbH				1									
FRA	Zeitgaist AG					1								
MEX	Zeitgaist Producción SRL				1									
MMR	Zeitgaist Production Private Limited Company				1									
NLD	Zeitgaist Europe B.V.					1								
ROU	Zeitgaist Production S.N.C.				1									
SGP	Zeitgaist Finance LLC								1					
US	Zeitgaist Distribution Inc.					1								
US	Zeitgaist Inc.	1												
US	Zeitgaist AG					1								
ARE	Zeitgaist AG					1								
ZAF	Southern Cape Pty Ltd.			1										

1.2. Rechtliche Grundlagen

Vorab. Einem Zusammenschluss von mehreren zivilrechtlich selbständigen Unternehmen ([multinationale] Unternehmensgruppe; siehe auch § 90 Abs. 3 Satz 3 AO) wird steuerlich keine eigene Rechtspersönlichkeit zuerkannt. Die einzelnen Unternehmen werden daher so besteuert, als wären sie rechtlich und wirtschaftlich selbstständig. Jedes Unternehmen einer Unternehmensgruppe hat daher die steuerliche Bemessungsgrundlage nach den (steuerlichen) Gewinnermittlungsvorschriften seines jeweiligen Sitzstaates zu ermitteln. Diese Bemessungsgrundlage wird unter Verwendung von Verrechnungspreisen der zwischen den verbundenen Unternehmen (bzw. nahestehenden Personen)[2] ausgetauschten Lieferungen und Leistungen beeinflusst.

Solchen Geschäftsvorfällen (Transaktionen)[3] können auch unübliche Bedingungen zugrunde liegen, da diese nicht unbedingt wie zwischen voneinander unabhängigen Dritten am Markt ausgehandelt werden müssen. Insbesondere die Vereinbarung von Verrechnungspreisen unterliegt der freien Bestimmung durch die Beteiligten. Daher werden mittels entsprechender Regelungen grenzüberschreitende Geschäftsvorfälle zwischen verbundenen Unternehmen erfasst (**internationale Einkunftsabgrenzung**).

Eine Überprüfung solcher Geschäftsvorfälle und diesen zugrundeliegenden Verrechnungspreisen auf ihre steuerliche Angemessenheit seitens der Steuerverwaltung findet grundsätzlich im Rahmen einer **Außenprüfung gem. § 193 ff. AO** statt.

Als Maßstab für die Beurteilung dem Grunde und der Höhe nach gilt der Fremdvergleich, wobei zu fragen ist, wie ordentliche, voneinander unabhängige und gewissenhafte Dritte den Geschäftsvorfall abgewickelt hätten. Als Konsequenz aus der Überprüfung der Angemessenheit der Verrechnungspreise können steuerliche Gewinnkorrekturen folgen. Hierfür bestehen **verschiedene Korrekturnormen** im deutschen Steuerrecht, wie etwa die verdeckte Gewinnausschüttung (vGA) gem. § 8 Abs. 3 Satz 2 KStG, die verdeckte Einlage (vE) gem. § 8 Abs. 3 Satz 3 KStG sowie § 1 AStG (Berichtigung von Einkünften). Im Ergebnis kann die Gewinnkorrektur zu einer Steuernachforderung, zu hierauf zu entrichtenden Zinsen gem. § 233a AO und ggf. zu Strafzuschlägen (bspw. § 162 Abs. 4 AO) führen.

Welche der vorgenannten Regelungen zur Gewinnkorrektur einschlägig ist, ist abhängig vom zugrunde liegenden Sachverhalt.

2 In § 1 AStG spricht man von nahestehenden Personen und im jeweiligen Doppelbesteuerungsabkommen von verbundenen Unternehmen. Die Begrifflichkeiten werden im Folgenden mitunter synonym verwendet.

3 In § 1 AStG spricht man von Geschäftsvorfällen Personen und im jeweiligen Doppelbesteuerungsabkommen von Transaktionen. Die Begrifflichkeiten werden im Folgenden mitunter synonym verwendet.

Nicht-DBA-Sachverhalt. Sofern für den zugrunde liegenden Sachverhalt kein Abkommen zur Vermeidung der Doppelbesteuerung auf dem Gebiet der Steuern vom Einkommen (DBA) zur Anwendung kommt, ist der Sachverhalt allein nach den auf dem Fremdvergleich basierenden nationalen Vorschriften, wie der vGA, der vE, der Entnahme sowie § 1 AStG zu beurteilen.

Verdeckte Gewinnausschüttung. Die vGA erfasst die Übertragung von Wirtschaftsgütern oder die Erbringung von Leistungen einer Gesellschaft an ihren Gesellschafter (**Vorteilszuwendung seitens der Gesellschaft an den Gesellschafter**), welche das Einkommen der Körperschaft nicht mindern darf (§ 8 Abs. 3 Satz 2 KStG). Eine vGA ist eine Vermögensminderung oder verhinderte Vermögensmehrung, die durch das Gesellschaftsverhältnis veranlasst ist, sich auf die Höhe des Unterschiedsbetrags i. S. des § 4 Abs. 1 Satz 1 EStG auswirkt und nicht auf einem den gesellschaftsrechtlichen Vorschriften entsprechenden Gewinnverteilungsbeschluss beruht (KStR R 8.5). Sie dient auch in grenzüberschreitenden Sachverhalten der korrekten Zuordnung des Gewinns beim Gesellschafter sowie der Gesellschaft und soll eine Verlagerung des Gewinns von der Gesellschaft auf den Gesellschafter verhindern. Ob und ggf. in welcher Höhe eine vGA vorliegt, ist anhand eines objektiven Missverhältnisses zwischen Leistung und Gegenleistung zu beurteilen.

Der Höhe nach erfasst diese Einkünftekorrektur in grenzüberschreitenden Sachverhalten zwischen nahestehenden Personen der Rechtsprechung des BFH folgend die Differenz zwischen dem tatsächlich vereinbarten und dem Preis, den voneinander unabhängige Vertragspartner unter vergleichbaren Umständen vereinbart hätten (**Fremdvergleichspreis**; BFH, Urteil v. 17.10.2001 - I R 103/00, BStBl 2004 II S. 171; KStH H 8.6). Daneben wird in den Körperschaftsteuer-Hinweisen danach differenziert, ob es sich um eine Hingabe von Wirtschaftsgütern und Nutzungsüberlassungen handelt (KStH H 8.6). Bei der Hingabe von Wirtschaftsgütern ist von deren gemeinem Wert (§ 9 Abs. 2 BewG), der durch den erzielbaren Erlös bestimmt wird, auszugehen. Bei Nutzungsüberlassungen ist ebenfalls von der erzielbaren Vergütung auszugehen.

Bei der Gesellschaft kommt es daher innerhalb der Steuerbilanz zu einer Vermögensminderung, die sich i. d. R. ergebnismindernd auswirkt. Außerhalb der Steuerbilanz erfolgt die Korrektur der vGA gem. § 8 Abs. 3 Satz 2 KStG. Der Gesellschafter bezieht in Höhe der vGA einen Beteiligungsertrag, der grundsätzlich gem. § 20 Abs. 1. Satz 2 EStG, § 8 Abs. 1 KStG, § 8b Abs. 1 und Abs. 5 KStG i. d. R. zu 5 % in die Bemessungsgrundlage einbezogen wird. Im Ergebnis wird die vGA wie eine offene Gewinnausschüttung behandelt.

Verdeckte Einlage. Bei einer vE erfolgt eine **Vorteilszuwendung seitens des Gesellschafters an die Gesellschaft**, welche keine Auswirkung auf den steuerpflichtigen Gewinn haben darf (§ 8 Abs. 3 Satz 3 KStG). Eine vE liegt vor, wenn ein Gesellschafter oder eine ihm nahestehende Person der Körperschaft außerhalb der gesellschaftsrechtlichen Einlagen einen einlagefähigen Vermögensvorteil zuwendet und diese Zuwendung durch das Gesellschaftsverhältnis veranlasst ist. Aus § 8 Abs. 1 KStG i. V. m. § 6 Abs. 1 Nr. 5 und Abs. 6 Satz 2 EStG folgt, dass bei einer vE – auch in ein ausländisches Gesellschaftsvermögen – die Bewertung grundsätzlich zum Teilwert zu erfolgen hat, der gemäß Rechtsprechung durch den Marktwert bestimmt wird. Dabei wird insbesondere darauf abgestellt, welchen Wert das einlagefähige Wirtschaftsgut im gesamten Unternehmen hat. Zu beachten ist, dass eine vE nach Auffassung des BFH (Urteil v. 19.6.2019 - I R 32/17) grundsätzlich eine „Geschäftsbeziehung" i. S. des § 1 Absatz 4 AStG darstellen kann, wenn sich die materielle Gesellschafterstellung (Beteiligungshöhe oder -rechte) nicht ändert. Ob sich die Gesellschafterstellung geändert hat, ist anhand des Gesellschaftsrecht der empfangenden Gesellschaft zu prüfen.

Die Rechtsfolgen sind auf Ebene der Gesellschaft und des Gesellschafters getrennt zu betrachten. Bei der Gesellschaft kommt es innerhalb der Steuerbilanz zu einer Vermögensmehrung, die sich in i. d. R. ergebniserhöhend auswirkt. Außerhalb der Steuerbilanz erfolgt die Korrektur der vE gem. § 8 Abs. 3 Satz 3 KStG. Zudem erfolgt in gleicher Höhe ein Zugang zum steuerlichen Einlagekonto nach § 27 KStG. Beim Gesellschafter erhöhen sich die Anschaffungskosten an der Tochtergesellschaft gem. § 6 Abs. 6 Satz 2 EStG um den Teilwert der vE.

Entnahme. Bei Einzelunternehmen und Personengesellschaften sind Entnahmen in Betracht zu ziehen. Gemäß § 4 Abs. 1 Satz 2 EStG gelten als Entnahme alle Wirtschaftsgüter, die der Steuerpflichtige dem Betrieb für sich, für seinen Haushalt oder für andere betriebsfremde Zwecke im Laufe des Wirtschaftsjahres entnommen hat. Als verdeckt gilt eine Entnahme dann, wenn es sich um ein teilentgeltliches Rechtsgeschäft handelt und somit die Bedingungen dieses Geschäfts nur zum Teil dem entsprechen, was zwei voneinander unabhängige Dritte untereinander vereinbart hätten. Der Zweck besteht demnach ebenfalls darin, dass eine nicht betrieblich veranlasste Minderung des Betriebsvermögens sich nicht auf den Gewinn auswirkt. Darüber hinaus soll die steuerliche Erfassung von stillen Reserven sichergestellt werden. Entnahmen nach § 4 Abs. 1 Satz 2 EStG sind gem. § 6 Abs. 1 Nr. 4 Halbsatz 1 EStG mit dem **Teilwert** zu bewerten. Die Regelung der vGA gem. § 8 Abs. 3 Satz 2 KStG geht bei Kapitalgesellschaften dem Entnahmetatbestand vor.

§ 1 AStG. Die Vorschrift des § 1 AStG fungiert in grenzüberschreitenden Sachverhalten als zusätzliche Rechtsgrundlage zur Einkünftekorrektur. Sie dient ausschließlich der Berichtigung von Einkünften bei grenzüberschreitenden Geschäftsbeziehungen zwischen nahestehenden Personen, wenn die Einkünfte im Inland aufgrund eines nicht fremdvergleichskonformen Verhaltens gemindert worden sind, mit dem Ziel den zutreffenden Inlandsgewinn zu erfassen, grenzüberschreitende Gewinnverlagerungen zu verhindern und setzt zugleich in einem DBA-Sachverhalt Art. 9 Abs. 1 OECD-MA um. § 1 AStG ist die einzige Vorschrift des deutschen Steuerrechts welche explizit auf das Verhalten voneinander unabhängiger Dritter abstellt (**Grundsatz des Fremdvergleichs**).

§ 1 AStG kommt grundsätzlich nur zur Anwendung, wenn die Berichtigungen nach § 1 AStG zu weitergehenden Berichtigungen führen als nach anderen Vorschriften. Die weitergehenden Berichtigungen sind dann neben den Rechtsfolgen der anderen Vorschriften durchzuführen (§ 1 Abs. 1 Satz 4 AStG). In besonderen Fällen ist § 1 AStG anstelle der anderen Korrekturnormen anzuwenden, soweit durch diese Korrekturnormen die Erfassung des zutreffenden Inlandsgewinns nicht sichergestellt wird.

Beispiel (verdeckte Gewinnausschüttung, entnommen aus dem BMF-Schreiben v. 14.7.2021, VWG VP, BStBl 2021 I S. 1098, Rz. 1.4): Die M-AG (Sitz im Ausland) liefert an ihre Tochtergesellschaft, die T-AG (Sitz im Inland), Waren zu einem Preis von zehn Millionen €. Festgestellt wird eine Bandbreite fremdüblicher Preise für diese Waren von fünf Millionen € bis sieben Millionen €. Der gemeine Wert soll sieben Millionen € betragen. Sämtliche Waren wurden sofort weiterveräußert, weitergehende innerbilanzielle Anpassungen sind daher nicht veranlasst. Im Rahmen der Regelungen zur verdeckten Gewinnausschüttung erfolgt nun eine Einkünftekorrektur auf den gemeinen Wert (hier sieben Millionen €), sodass eine Einkünftekorrektur in Höhe von drei Millionen € bei der T-AG nach § 8 Absatz 3 Satz 2 KStG vorzunehmen ist. Da der von der Steuerpflichtigen angesetzte Wert außerhalb der fremdüblichen Bandbreite liegt und die Steuerpflichtige keinen anderen dem Fremdvergleichsgrundsatz entsprechenden Wert glaubhaft gemacht hat, erfolgt eine weitergehende Berichtigung nach § 1 AStG auf den Median (§ 1 Absatz 3a Satz 4 AStG); hier annahmegemäß sechs Millionen €. Die weitergehende Berichtigung nach § 1 AStG beträgt damit eine Million €.

Dessen ungeachtet handelt es sich bei § 1 AStG um die in der Praxis bedeutendste Vorschrift zur Berichtigung von Einkünften bei grenzüberschreitenden Sachverhalten, da diese Vorschrift, die hierzu ergangenen Verordnungen und BMF-Schreiben den Fremdvergleichsgrundsatz versuchen, auszufüllen und auf diese Weise konkretisieren. Aufgrund der Komplexität eignet sich der Fremdvergleichsgrundsatz jedoch nicht zu einer weitreichenden und differenzierten Abbildung in Gesetzestexten und bleibt damit weitgehend unbestimmt, was zu einem flexiblen sowie zeit- und kontextabhängigen Auslegungsmaßstab führt.

Tabelle 7: Tatbestandsvoraussetzungen des § 1 Abs. 1 AStG		
Tatbestandsvoraussetzung (§ 1 Abs. 1 AStG)	**Erläuterung**	**Normiert in**
„Werden **Einkünfte**	Vorliegen von Einkünften nach § 2 i. V. m. §§ 13, 15, 18 oder 21 EStG. Für beschränkt Steuerpflichtige sind die im Inland steuerpflichtigen Einkünfte gem. § 49 EStG heranzuziehen.	§ 1 Abs. 4 Satz 1 Nr. 1 AStG
eines **Steuerpflichtigen**	Sämtliche im Inland steuerpflichtige Personen, unabhängig davon ob es sich um beschränkt oder unbeschränkt steuerpflichtige natürliche oder juristische Personen handelt.	§ 1 Abs. 1 Satz 1 AStG
	Personengesellschaften und Mitunternehmerschaften	§ 1 Abs. 1 Satz 2 AStG
	Unternehmen (Stammhaus/übriges Unternehmen) und Betriebsstätte	§ 1 Abs. 5 AStG
aus einer **Geschäftsbeziehung**	Einzelne oder mehrere zusammenhängende wirtschaftliche Vorgänge (Geschäftsvorfälle) zwischen einem Steuerpflichtigen und einer ihm nahestehenden Person, ► die Teil einer Tätigkeit des Steuerpflichtigen oder der nahestehenden Person sind, auf die die §§ 13, 15, 18 oder 21 des Einkommensteuergesetzes anzuwenden sind oder anzuwenden wären, wenn sich der Geschäftsvorfall im Inland unter Beteiligung eines unbeschränkt Steuerpflichtigen und einer inländischen nahestehenden Person ereignet hätte, und ► denen keine gesellschaftsvertragliche Vereinbarung zugrunde liegt; eine gesellschaftsvertragliche Vereinbarung ist eine Vereinbarung, die unmittelbar zu einer rechtlichen Änderung der Gesellschafterstellung führt. ► Geschäftsvorfälle zwischen einem Unternehmen eines Steuerpflichtigen und seiner in einem anderen Staat gelegenen Betriebsstätte (anzunehmende schuldrechtliche Beziehungen).	§ 1 Abs. 4 AStG

	Liegt einem Geschäftsvorfall keine schuldrechtliche Vereinbarung zugrunde, ist davon auszugehen, dass voneinander unabhängige ordentliche und gewissenhafte Geschäftsleiter eine schuldrechtliche Vereinbarung getroffen hätten oder eine bestehende Rechtsposition geltend machen würden, die der Besteuerung zugrunde zu legen ist, es sei denn, der Steuerpflichtige macht im Einzelfall etwas anderes glaubhaft.	
zum Ausland	Umkehrschluss zum Inlandsbegriff nach § 1 Abs. 1 Satz 2 EStG /§ 1 Abs. 3 KStG	§ 1 Abs. 1 Satz 1 AStG
mit einer ihm **nahestehenden Person**	Ein Nahestehen kann u. a. vorliegen bei:	§ 1 Abs. 2 AStG
	wesentlicher Beteiligung (25 %) zwischen dem Steuerpflichtigen und der Person	§ 1 Abs. 2 Nr. 1 Buchst. a AStG
	Anspruch auf mindestens 25 % des Gewinns oder Liquidationserlöses	§ 1 Abs. 2 Nr. 1 Buchst. b AStG
	durch beherrschenden Einfluss	§ 1 Abs. 2 Nr. 2 AStG
	durch wesentliche Beteiligung einer dritten Person an der Person und dem Steuerpflichtigen (Schwestergesellschaften)	§ 1 Abs. 2 Nr. 3 Buchst. a AStG
	durch besondere Einflussmöglichkeiten – bspw., wenn einer der Beteiligten andere Mittel besitzt, um Einfluss auf den Vertragspartner zu nehmen	§ 1 Abs. 2 Nr. 4 AStG
	durch Interessenidentität – bspw. durch eigenes Interesse an der Erzielung der Einkünfte des anderen.	§ 1 Abs. 2 Nr. 4 AStG
	Gegenüber der Person und dem Steuerpflichtigen können unterschiedliche Merkmale bestehen; so kann bspw. die dritte Person am Steuerpflichtigen wesentlich beteiligt sein und gegenüber der Person ein Anspruch auf ein Viertel des Liquidationserlöses bestehen. Umfasst werden daher auch sog. Dreiecksfälle, in denen eine dritte Person sowohl an dem Steuerpflichtigen als auch an dessen Geschäftspartner zu mehr als einem Viertel beteiligt ist.	§ 1 Abs. 2 Satz 2 AStG

	Bei der nahestehenden Person kann es sich dabei sowohl um natürliche als auch um juristische Personen handeln. Neben Kapitalgesellschaften können demnach auch Personengesellschaften sowie Mitunternehmerschaften nahestehende Personen sein.	§ 1 Abs. 1 Satz 2 Halbsatz 2 AStG
dadurch **gemindert,** dass er seiner Einkünfteermittlung andere **Bedingungen**, insbesondere Preise (Verrechnungspreise), zugrunde legt, als sie voneinander unabhängige Dritte unter gleichen oder vergleichbaren Verhältnissen vereinbart hätten (Fremdvergleichsgrundsatz),	Einkünfte des Steuerpflichtigen müssen durch fremdunübliche Bedingungen gemindert worden sein.	§ 1 Abs. 1 Satz 1 AStG
	Als Maßstab für die Beurteilung der Fremdüblichkeit dem Grunde und der Höhe nach gilt der Fremdvergleich, wobei zu fragen ist, wie ordentliche, voneinander unabhängige und gewissenhafte Dritte den Geschäftsvorfall abgewickelt hätten.	
	Zu den Bedingungen gehören alle möglichen Bedingungen, die zwischen den nahestehenden vereinbart werden können und in ihrer dispositiven Freiheit liegen, wie etwa Laufzeiten, Rabattkonditionen, Warenqualität, Preise etc.	
	Diese Bedingungen müssen fremdunüblich vereinbart worden sein und sich auf die Einkünfte mindernd ausgewirkt haben. Dabei ist im Einzelfall eine Gesamtbetrachtung der Bedingungen vorzunehmen,	
	Nicht zu den Bedingungen gehören grds. äußere Umstände, die die nahestehenden Personen nicht beeinflussen können, wie etwa zivilrechtliche Regelungen, die nur für Unternehmensgruppen/Konzerne gelten, oder die Tatsache, dass die nahestehenden Personen zu einer Unternehmensgruppe gehören. Hier allerdings fingiert der BFH jedoch eine vollständige Unabhängigkeit und ignoriert solche Umstände (s. bspw. BFH v. 18.5.2021, I R 4/17 und I R 62/17).	
sind seine Einkünfte unbeschadet anderer Vorschriften so anzusetzen, wie sie unter den zwischen voneinander unabhängigen Dritten vereinbarten Bedingungen angefallen wären.“	Rechtsfolge (siehe unten)	§ 1 Abs. 1 Satz 1 AStG

Von besonderer Bedeutung für die Bearbeitung von Verrechnungspreissachverhalten sind aus deutscher steuerrechtlicher Sicht die in der nachstehenden Tabelle nicht abschließend genannten Verordnungen und BMF-Schreiben/Merkblätter[4].

Tabelle 8:	Übersicht über Verordnungen und BMF-Schreiben
Verordnungen	
Betriebsstättengewinnaufteilungsverordnung v. 13.10.2014 (BGBl I S. 1603), die zuletzt durch Art. 5 der Verordnung v. 12.7.2017 (BGBl I S. 2360) geändert worden ist.	
Funktionsverlagerungsverordnung v. 12.8.2008 (BGBl I S. 1680), die durch Art. 24 des Gesetzes v. 26.6.2013 (BGBl I S. 1809) geändert worden ist.	
Gewinnabgrenzungsaufzeichnungs-Verordnung v. 12.7.2017 (BGBl I S. 2367).	
BMF-Schreiben/Merkblätter	**Inhalt**
BMF, Schreiben v. 25.10.2021 (Auslegung des Begriffs „Offener Fall" in Art. 97 § 31 Satz 3 EGAO) - IV B 5 - S 0302/19/10003:004, BStBl 2021 I S. 2020.	Umgang mit länderbezogenen Berichten und enthaltenen Fehlern.
BMF-Merkblatt zu internationalen Verständigungs- und Schiedsverfahren (Streitbeilegungsverfahren) auf dem Gebiet der Steuern vom Einkommen und vom Vermögen v. 27.8.2021 - IV B 3 -S 1366/21/10001 :002, BStBl 2021 I S. 1495.	Grundsätze für die Durchführung von Verständigungs- und Schiedsverfahren.
BMF, Schreiben v. 14.7.2021 (Verwaltungsgrundsätze Verrechnungspreise – Grundsätze für die Korrektur von Einkünften gemäß § 1 AStG; VWG VP) - IV B 5 - S 1341/19/10017 :001, BStBl 2021 I S. 1098.	Maßgebende Verrechnungspreisgrundsätze
BMF, Schreiben v. 3.12.2021 (Verwaltungsgrundsätze 2020; VWG 2020) - IV B 5 - S 1341/19/10018 :001, BStBl 2020 I S. 1325.	Mitwirkungspflichten des Steuerpflichtigen, Schätzungsbefugnis der Finanzbehörde und Erhebung von Zuschlägen
BMF, Schreiben betr. Betriebsstätten ohne Personalfunktion (sog. funktionslose Betriebsstätte) v. 17.12.2019 - IV B 5 - S 1341/19/10010 :003.	Umgang mit sog. funktionslosen Betriebsstätten.
BMF, Schreiben betr. Änderung des Anwendungs erlasses zur Abgabenordnung (AEAO) v. 27.9.2019, AEAO zu § 138a AO.	Konkretisierung des secondary mechanism.

4 Abgedruckt in: Schreiber/Nientimp, Verrechnungspreise, 8. Aufl. 2019. Zum Teil auch zu finden auf der Internetseite des Bundesfinanzministeriums: https://www.bundesfinanzministerium.de/Web/DE/Themen/Steuern/Internationales_Steuerrecht/Aussensteuerrecht/aussensteuerrecht.html.

BMF, Schreiben betr. Anforderungen an den länderbezogenen Bericht multinationaler Unternehmensgruppen (Country-by- Country Report) v. 11.7.2017 - IV B 5 - S 1300/16/10010 :002.	Hinweise in Bezug auf die länderbezogenen Berichte.
BMF, Schreiben „Verwaltungsgrundsätze Betriebsstättengewinnaufteilung – VWG BsGa" v. 22.12.2016 - IV B 5 - S 1341/12/10001 - 03, BStBl 2017 I S. 182.	Konkretisierung des AOA bzw. der BsGaV.
BMF, Schreiben betr. Veröffentlichung der BFH-Urteile v. 17.12.2014 - I R 23/13, und v. 24.6.2015 - I R 29/14; Nichtanwendung der Urteilsgrundsätze in vergleichbaren Fällen v. 30.3.2016 - IV B 5 - S 1341/11/10004 - 07, BStBl 2016 I S. 455.	Sog. Nichtanwendungserlass seitens des BMF der Urteile I R 23/23 und I R 29/14.
BMF-Schreiben betr. „Anwendung des § 1 Abs. 4 Außensteuergesetz" v. 4.6.2014 - IV B 5 - S 1341/07/10009, BStBl 2014 I S. 834.	Anwendung von § 1 Abs. 4 AStG.
BMF-Schreiben betr. „Grundsätze für die Prüfung der Einkunftsabgrenzung zwischen nahestehenden Personen in Fällen von grenzüberschreitenden Funktionsverlagerungen (Verwaltungsgrundsätze Funktionsverlagerung)" v. 13.10.2010 - IV B 5 - S 1341/08/10003, BStBl 2010 I S. 774.	Grundsätze für die Prüfung der Einkunftsabgrenzung zwischen international verbundenen Unternehmen in Fällen von grenzüberschreitenden Funktionsverlagerungen.
BMF-Merkblatt für bilaterale oder multilaterale Vorabverständigungsverfahren auf der Grundlage der Doppelbesteuerungsabkommen zur Erteilung verbindlicher Vorabzusagen über Verrechnungspreise zwischen international verbundenen Unternehmen (sog. „Advance Pricing Agreements" – APAs) v. 5.10.2006 - IV B 4 - S 1341 - 38/06.	Darlegung der Verwaltungspraxis zu Vorabverständigungsverfahren.
BMF-Schreiben betr. Grundsätze für die Prüfung der Einkunftsabgrenzung zwischeninternationalverbundenen Unternehmen in Fällen der Arbeitnehmerentsendung (Verwaltungsgrundsätze – Arbeitnehmerentsendung) v. 9.11.2001 - IV B 4 - S 1341 - 20/01, BStBl 2001 S. 796.	Umgang mit Arbeitnehmerentsendungen aus Verrechnungspreissicht.
BMF-Schreiben betr. Grundsätze der Verwaltung für die Prüfung der Aufteilung der Einkünfte bei Betriebsstätten international tätiger Unternehmen (Betriebsstätten-Verwaltungsgrundsätze) v. 24.12.1999 - IV B 4 - S 1300 - 111/99, BStBl I S. 1076.	Grundsätze der Aufteilung der Einkünfte bei Betriebsstätten vor (ohne) AOA.

Daneben sind auch BMF-Schreiben betreffend den Informationsaustausch für die Bearbeitung von Verrechnungspreissachverhalten relevant. Sie enthalten zum Beispiel Erklärungen und Hinweise, welche Mitteilungspflichten bestehen.

Tabelle 9:	Übersicht II über Verordnungen und BMF-Schreiben
BMF, Schreiben v. 10.7.2021 - IV B 6 - S 1315/19/10050 :006, BStBl 2021 I S. 1807.	Gemeinsame Erklärung der zuständigen Behörde der Bundesrepublik Deutschland und der zuständigen Behörde der Vereinigten Staaten von Amerika über die Durchführung des spontanen Austauschs länderbezogener Berichte für 2020 beginnende Wirtschaftsjahre
BMF, Schreiben v. 9.9.2019 - IV B 6 - S 1509/07/10001 :012, BStBl 2019 I S. 907.	Zentrale Sammlung und Auswertung von Unterlagen über steuerliche Auslandsbeziehungen – Beziehungen eines Steuerinländers zum Ausland und eines Steuerausländers zum Inland –.
BMF, Schreiben v. 5.2.2018 - IV B 5 - S 1300/07/10087 IV A 3 - S 0303/17/10001, BStBl 2018 I S. 289.	Mitteilungspflichten bei Auslandsbeziehungen nach § 138 Abs. 2 und § 138b AO in der Fassung des Steuerumgehungsbekämpfungsgesetzes (StUmgBG).
BMF, Schreiben v. 17.8.2017 - IV B 6 - S 1320/16/10002: 014, BStBl 2017 I S. 1228.	Merkblatt zum verpflichtenden automatischen und spontanen Austausch verbindlicher Auskünfte, verbindlicher Zusagen und Vorabzusagen zu Verrechnungspreisen im Zusammenhang mit grenzüberschreitenden Sachverhalten.
BMF, Schreiben v. 6.1.2017 - IV B 6 - S 1315/16/10016 :002, BStBl 2017 I S. 89.	Merkblatt über koordinierte steuerliche Außenprüfungen mit Steuerverwaltungen anderer Staaten und Gebiete.
BMF, Schreiben v. 23.11.2015 - IV B 6 - S 1320/07/10004: 007, BStBl 2015 I S. 928.	Merkblatt zur zwischenstaatlichen Amtshilfe durch Informationsaustausch in Steuersachen – Stand: 1.1.2013.
BMF, Schreiben v. 10.11.2015 - IV B 6 - S 1301/11/10002, BStBl 2016 I S. 138.	Anwendung der Abkommen über den steuerlichen Informationsaustausch (Tax Information Exchange Agreement – TIEA).

Rechtsfolge. Als Rechtsfolge ordnet § 1 Abs. 1 Satz 1 AStG eine Berichtigung der Einkünfte an, wie sie unter den zwischen fremden Dritten vereinbarten Bedingungen angefallen wären: *„(...) sind seine Einkünfte unbeschadet anderer Vorschriften so anzusetzen, wie sie unter den zwischen voneinander unabhängigen Dritten vereinbarten Bedingungen angefallen wären.“* Diese Berichtigung der Einkünfte findet **außerbilanziell** statt, die bestehende Gewinnermittlung wird hiervon nicht berührt. Die Höhe des Korrekturbetrages entspricht der eingetretenen Einkünfteminderung. Auf Basis des Fremdvergleichsgrundsatzes wird daher ein Betrag ermittelt, welcher den Einkünften des Steuerpflichtigen außerhalb der Bilanz hinzugerechnet wird. Dabei hat eine Korrektur nach § 1 AStG weder Auswirkungen auf die handelsrechtliche Ergebnisermittlung noch die zivilrechtliche Wirksamkeit von Geschäftsbeziehungen. Zugleich ist zu beachten, dass zum Beispiel bei der Ermittlung der sog. Hinzurechnungsbeträge der Fremdvergleichsgrundsatz ebenfalls zur Anwendung gelangt (siehe § 10 Abs. 3 Satz 1 AStG).

Weiterhin hat die Einkünftekorrektur in dem Veranlagungszeitraum zu erfolgen, in dem die Minderung eingetreten ist (**Prinzip der Abschnittsbesteuerung**). Maßgebend bei der Einkünfteermittlung durch Betriebsvermögensvergleich ist das Realisationsprinzip. Bei Gewinnermittlung durch Einnahmen-Überschussrechnung oder innerhalb der Überschusseinkunftsarten ist nach dem Fremdvergleich zu entscheiden, in welchem Zeitpunkt die Einkünfteminderung durch Abfluss oder fehlenden Zufluss eingetreten ist. Das soll jedoch nicht bedeuten, dass im Einzelfall eine periodenübergreifende Betrachtung zur Beurteilung der Angemessenheit von Geschäftsvorfällen sachgerechter ist.

Die Unüblichkeit der vereinbarten Bedingungen ist jedoch nur ein **Indiz**. Sie führt im Ergebnis zu einer Verlagerung der Darlegungslast. Derjenige, der sich unüblich verhält, muss darlegen, dass sein Verhalten dennoch wirtschaftlich sinnvoll ist. Es geht letztlich um die im Einzelfall zu treffende Feststellung, ob unübliche Bedingungen den Rückschluss auf eine Veranlassung durch das Verbundensein erlaubt. Ähnlich scheint das auch der EuGH (Urteil v. 21.1.2010 – C-311/08 MAAAD-38538, Urteil v. 31.5.2018 – C-382/16 PAAAG-86743 und Urteil v. 8.10.2020 – C-558/19 YAAAH-63700) zu beurteilen, der wirtschaftliche Gründe zulässt, um ein Abweichen vom Fremdvergleichsgrundsatz zu rechtfertigen. Mithin kann eine außersteuerliche, aber betriebswirtschaftliche Begründung vorgetragen werden. In diesem Zusammenhang basierte das zwischenzeitlich aufgehobene BMF-Schreiben v. 6.12.2018 – IV B 5 -S 1341/11/10004 - 09 (BStBl 2018 I S. 1305) auf dem Gedanken, dass ein Abweichen von fremdüblichen Bedingungen erforderlich sein kann, um eine wirtschaftlich bedrohliche Situation für die Unternehmensgruppe abzuwenden.

Konkurrenzverhältnis der nationalen Korrekturnormen. Das Konkurrenzverhältnis zu den anderen Vorschriften wird nach § 1 Abs. 1 Satz 4 AStG dahingehend gelöst, dass § 1 AStG dann zur Anwendung kommt, wenn die Anwendung des hierin festgehaltenen Fremdvergleichsgrundsatzes zu weitergehenden Berichtigungen führt. Diese sind dann neben den Rechtsfolgen der anderen Vorschriften durchzuführen („unbeschadet anderer Vorschriften"). Das bedeutet nicht, dass derselbe Betrag zweimal korrigiert wird, sondern nur die weiterreichende Rechtsfolge des § 1 AStG hinzutritt (s. auch Rz. 1.3 f. VWG VP).

In der Praxis relevante Beispiele sind die **Nutzungseinlage**, wie z. B. ein zinsloses Darlehen, sowie die **Mediankorrektur** des § 1 Abs. 3a Satz 4 AStG. So erfordert die verdeckte Einlage einen bilanzierungsfähigen Vorteil, der durch eine Nutzungseinlage nicht gegeben ist. In diesen Fällen kommt dann lediglich § 1 AStG zur Anwendung. Im Rahmen des § 1 Abs. 3a Satz 4 AStG ist auf den Median einer Bandbreite abzustellen, wenn der vom Steuerpflichtigen verwendete Wert außerhalb der Bandbreite liegt und der Steuerpflichtige nicht glaubhaft macht, dass ein anderer Wert innerhalb der Bandbreite dem Fremdvergleichsgrundsatz besser entspricht. Nach Grundsätzen der vGA wäre allerdings auf den für den Steuerpflichtigen günstigsten Wert abzustellen.

DBA-Sachverhalt. Erfolgt ein grenzüberschreitender Geschäftsvorfall zwischen verbundenen Unternehmen, deren Ansässigkeitsstaaten untereinander ein DBA abgeschlossen haben, ist insbesondere ein dem **Art. 9 OECD-Musterabkommen (OECD-MA)** nachgebildeter Artikel im betreffenden DBA zu beachten (**maßgebend ist immer das jeweils das anwendbare DBA**); insbesondere bei Betriebstättensachverhalten zusätzlich Art. 7 und 5 OECD-MA. Zur Interpretation der Artikel kommen dann insbesondere der OECD-Musterkommentar (OECD-MK) und die OECD-Verrechnungspreisleitlinien (OECD-TPG) infrage. DBA insbesondere mit Entwicklungs- und Schwellenländern orientieren sich am **UN-Musterabkommen (UN-MA)**. In diesem ist ebenfalls ein dem Art. 9 OECD-MA entsprechender Artikel enthalten. Das heißt, dass insbesondere bei neueren Abkommen mit diesen Ländern der offizielle UN-Kommentar sowie das **UN-Transfer Pricing Manual** (UN-TP) bei der Auslegung zu beachten sein können. Die deutsche Verwaltung orientiert sich bei ihren DBA-Verhandlungen an ihrer **deutschen Verhandlungsgrundlage**, die diese Artikel entsprechend übernommen hat.

Art. 9 Abs. 1 OECD-MA befasst sich mit der Gewinnberichtigung von verbundenen Unternehmen für steuerliche Zwecke unter Anwendung des Fremdvergleichsgrundsatzes als zugrundeliegenden Maßstab – *dealing at arm's length principle*; die Regelung setzt damit die Zuordnung des Besteuerungsrechtes aus Artikel 7 OECD-MA voraus.

Mittels Art. 9 OECD-MA und dem Fremdvergleichsgrundsatz als Rechtsfiktion sollen Besteuerungsrechte daher nach einem bestimmten Maßstab zugeordnet bzw. aufgeteilt werden: Unternehmensgewinne sollen dort besteuert werden, wo sie wirtschaftlich entstehen. Der Fremdvergleichsgrundsatz ist damit im internationalen Kontext **Ausdruck des Territorialitätsprinzips und dient dem Veranlassungsgrundsatz**. Er zielt auf eine zwischenstaatlich gerechte Verteilung von Besteuerungsrechten und soll sicherstellen, dass gleiche Wettbewerbsbedingungen zwischen unabhängigen und verbundenen Unternehmen gelten.

Damit einhergeht das eher sekundäre Ziel der **Vermeidung der wirtschaftlichen Doppelbesteuerung**.[5] Dieses soll insbesondere durch die Gegenberichtigung in Art. 9 Abs. 2

5 Eine **Doppelbesteuerung** ist gegeben, wenn mehrere Staaten aufgrund desselben Steuertatbestandes denselben Steuerpflichtigen für den gleichen Zeitraum zu einer gleichartigen Steuer heranziehen. **Wirtschaftliche Doppelbesteuerung** tritt ein, wenn zwar keine Steuersubjektidentität im juristischen, aber im wirtschaftlichen

OECD-MA gewährleistet werden, sofern der andere Staat dem Grunde und der Höhe nach die Ansicht des Erstkorrekturstaates teilt; mithin stellt die Vermeidung der Doppelbesteuerung ein Zusammenspiel von Art. 9 Abs. 1 und 2 OECD-MA dar.

Zugleich ergibt sich aus den Zielen der Vermeidung der Doppelbesteuerung, der fairen Aufteilung von Besteuerungsrechten und der damit verbundenen Besteuerung am Ort der wirtschaftlichen Tätigkeit/Wertschöpfung, dass zumindest Steuerhinterziehung bzw. Steuermissbrauch unerwünscht ist. Die **Verhinderung von Steuermissbrauch** ist damit lediglich **als** ein **Reflex** zum eigentlichen Ziel der Regelung der Aufteilung von Besteuerungsrechten zwischen den Vertragsstaaten und nicht als eigenständiger Zweck anzusehen. Damit ist der Fremdvergleichsgrundsatz auch **unabhängig von** irgendwelchen (Niedrig-)**Steuersätzen** immer gleich anzuwenden und zielt u. a. nicht darauf ab, Gestaltungen zu adressieren, die Präferenzregime oder niedrig besteuernden Staaten nutzen. Solange in diesen Staaten eine ökonomische Substanz vorhanden ist (in Form von Ausübung von Funktionen, Übernahme von Risiken und Einsatz von Vermögenswerten), wird auch diesen Staaten ein entsprechender Anteil des Gewinns der Unternehmensgruppe zugeordnet.

Die **Voraussetzungen** für eine solche Gewinnberichtigung sind das Vorliegen von verbundenen Unternehmen in den Vertragsstaaten, die in ihren kaufmännischen oder finanziellen Beziehungen an vereinbarte oder auferlegte Bedingungen gebunden sind, welche von denen abweichen, die unabhängige Unternehmen untereinander vereinbaren würden, wobei eines der beiden Unternehmen ohne diese Vereinbarungen höhere Gewinne hätte erzielen können. Die Tatbestandsvoraussetzungen sind damit vergleichbar zu denen des § 1 AStG.

Nach Art. 9 Abs. 1 OECD-MA wird nur das Recht zur Korrektur eingeräumt (**Erlaubniswirkung**), sodass die Gewinnberichtigung aus dem innerstaatlichen Recht des berechtigten Ansässigkeitsstaates zu erfolgen hat und auch nur möglich ist, wenn der betreffende Staat ein Besteuerungsrecht hat. Demnach setzt die Gewinnkorrekturvorschrift des Art. 9 Abs. 1 OECD-MA innerstaatliche Korrekturnormenvoraus, da sie keine selbstständige Rechtsgrundlage für die Erhöhung von Einkünften darstellt. Dennoch schränken abkommensrechtliche Vorschriften die Reichweite der Einkünftekorrektur ein (**Schrankenwirkung**). Hieraus folgt, dass innerstaatlich zulässige Korrekturen gesperrt werden, die den Maßstab des Drittvergleichs überschreiten.

Sinn vorliegt (z. B. bilden die verschiedenen rechtlich selbstständigen Gesellschaften einer Unternehmensgruppe ein Steuersubjekt im wirtschaftlichen Sinn).

Tabelle 10:	Beispielhafte, nicht abschließende Auflistung relevanter internationaler Dokumente	
Internationale Materialien	**Fundstelle**	**Kurzinhalt**
OECD-Verrechnungspreisleitlinien für multinationale Unternehmen und Steuerverwaltungen 2022 (OECD-TPG)	Abrufbar unter: https://www.oecd.org/tax/transfer-pricing/oecd-transfer-pricing-guidelines-for-multinational-enterprises-and-tax-administrations-20769717.htm	Die OECD-TPG erörtern die Anwendung des Fremdvergleichsgrundsatzes. Sie dienen zur international abgestimmten Anwendung, sind in Deutschland jedoch nicht rechtsverbindlich. Die Verwaltung bezieht sich jedoch in ihren VWG VP umfassend auf die OECD-TPG. In Anlage 1 sind die OECD-TPG aus dem Jahr 2017 samt Aktualisierungen abgedruckt; die Anlage entspricht daher grds. den OECD-TPG 2022.
OECD Transfer Pricing Guidance on Financial Transactions	Online abrufbar: http://www.oecd.org/tax/ beps/transfer-pricing-guidance-on-financial-transactionsinclusive-framework-on-beps-actions-4 - 8 - 10.pdf.	Ausführungen zur Behandlung von Finanzierungstransaktionen.
OECD Revised Guidance on the Application of the Transactional Profit Split Method	Online abrufbar: https://www.oecd.org/tax/ transfer-pricing/revised-guidance- on-the-application-of-the-transactional-profit-split-method-beps-action-10.pdf	Beschreibung der Anwendung der geschäftsvorfallbezogenen Gewinnaufteilungsmethode.
OECD Transfer Pricing Country Profiles	Abrufbar in englischer Sprache: https://www.oecd.org/germany/ transfer-pricing-country-profiles. htm.	Gibt eine Übersicht zu den verschiedenen Verrechnungspreisvorschriften der einzelnen Staaten.
OECD Employee Stock Option Plans: Impact on Transfer Pricing	Abrufbar in englischer Sprache: http://www.oecd.org/tax/transfer-pricing/33700408.pdf	Diese Studie enthält Aussage zu Verrechnungspreisaspekten im Hinblick auf stock options.
OECD-Musterkommentar	Online einsehbar: https://www.oecd.org/tax/ treaties/ model-tax-convention-on-income-and-on-capital-condensed-version-20745419. htm	Der OECD-Musterkommentar enthält die Kommentierung der Staatenvertreter zu den einzelnen Artikeln des OECD- Musterabkommens.

OECD-Bericht über die Zurechnung von Gewinnen zu Betriebsstätten	Online in deutscher und englischer Sprache abrufbar: https://www.oecd.org/ctp/ transfer-pricing/45689524.pdf.	Hinweise für die Auslegung eines Artikel 7 OECD-MA nachgebildeten Artikels im jeweiligen DBA.
Abschlussbericht zu BEPS Aktionspunkt 13 (Verrechnungspreisdokumentation und länderbezogene Berichterstattung)	Online einsehbar: ttps://www.oecd.org/tax/ verrechnungspreisdokumentation- und-landerbezogeneberichterstattung-ktionspunkt- 13-abschlussbericht-2015--9789264261013-de.htm	Hinweise für die Verrechnungspreisdokumentation und länderbezogene Berichterstattung.
Leitlinien zur Umsetzung der länderbezogenen Berichterstattung (CbCR)	Online in deutscher und englischer Sprache abrufbar: https://www. oecd.org/tax/beps/ guidance-on-country-by-country-reporting-beps-action-13.htm	Hinweise zur Ausgestaltung der CbCR sowie zu einheitlichen Definitionen der Angaben im CbCR.
Country-by-Country Reporting: Handbook on effective tax risk assessment	Online in englischer Sprache abrufbar: http://www.oecd.org/tax/beps/ country-by-country-reporting-handbook-on-effective-tax-risk-assessment.pdf	Hinweise zum Umgang mit den CbCR bzgl. eines Risikoassessments.
United Nations Practical Manual on Transfer Pricing for Developing Countries	Online in englischer Sprache abrufbar: https://www.un.org/development/desa/ financing/sites/www.un.org.development. desa.financing/files/2021 - 04/TP_2021_ final_web%20%281%29.pdf	Praktische Hinweise zur Anwendung des Fremdvergleichsgrundsatzes für Entwicklungs- und Schwellenländer.
United Nations Model Double Taxation Convention between Developed and Developing Countries	Online in englischer Sprache abrufbar: https://www.un.org/esa/ffd/ wp-content/ uploads/2018/05/ MDT_2017.pdf	Der UN-Musterkommentar enthält die Kommentierung der Vertreter von Entwicklungs- und Schwellenländern zu den einzelnen Artikeln des UN-Musterabkommens.
Leitlinien für konzerninterne Dienstleistungen mit geringer Wertschöpfung und mögliche Konzepte für EU-externe Dreieckskonstellationen[6]	Online abrufbar: https://ec.europa.eu/taxation_ customs/ sites/taxation/files/ resources/documents/ taxation/ company_tax/transfer_pricing/ forum/c_2011_16_de.pdf.	Leitlinien für die vereinfachte Bewertung bestimmter konzerninterner Dienstleistungen.

6 Das gemeinsame EU-Verrechnungspreisforum (JTPF) unterstützte und beriet die Europäische Kommission in steuerlichen Fragen im Zusammenhang mit Verrechnungspreisen. Auf der Internetpräsenz https:// ec.europa. eu/taxation_customs/business/company-tax/transfer-pricing-eu-context/joint-transfer-pricing-forum_de sind relevante Dokumente des JTPF abrufbar. Beispielhaft wird hier auf das in der Praxis häufig genutzte Dokument hingewiesen.

OECD-Verrechnungspreisleitlinien (OECD-TPG). Weder Art. 9 Abs. 1 OECD-MA (UN-MA) noch § 1 AStG enthalten eine konkrete Bestimmung des Fremdvergleichsgrundsatzes. Für eine Unternehmensgruppe wäre es nahezu unmöglich, eine zutreffende Gewinnzuordnung, zu jedem Unternehmen der Unternehmensgruppe vorzunehmen, ohne dass hieraus eine wirtschaftliche Doppelbesteuerung entsteht, wenn jeder Staat unterschiedliche Gewinnabgrenzungsregelungen etabliert hätte.

Entsprechend ist bspw. die OECD seit Jahren bemüht, für den Fremdvergleichsgrundsatz eine einheitliche Auslegung zu gewährleisten. Die **OECD-TPG**, unterteilt in derzeit zehn Kapitel, umfassen inklusive Anhang über 600 Seiten, auf denen versucht wird, die Anwendung des Fremdvergleichsgrundsatzes aufzuzeigen. Sie sollen sowohl den Steuerpflichtigen als auch den Steuerverwaltungen als Hilfe dienen, um befriedigende Lösungen für Verrechnungspreissachverhalte zu finden. Sie stellen jedoch auch heraus, dass es den einen Verrechnungspreis nicht gibt (*transfer pricing is not an exact science*, Tz. 1.13 OECD-TPG). Insbesondere in Kapitel I der OECD-TPG wird das *dealing at arm's length*-Prinzip als grundlegender Maßstab der Verrechnungspreisermittlung erörtert. Dabei wurden auch Verrechnungspreismethoden entwickelt, die der Anwendung des Fremdvergleichsgrundsatzes Rechnung tragen sollen, welche weitestgehende mit denjenigen Methoden nach AStG übereinstimmen.

Bei Sachverhalten, die **Entwicklungs- und Schwellenländer** betreffen, kann zusätzlich das **UN-TP** von Bedeutung sein. Dieses UN-TP soll insbesondere die Bedürfnisse von Entwicklungs- und Schwellenländern bei der Anwendung des Fremdvergleichsgrundsatzes berücksichtigen und eine praktische Umsetzung ermöglichen. Dabei soll die Anwendung inhaltlich konsistent mit den OECD-TPG sein. Allerdings stellen Brasilien, China, Indien, Kenia und Südafrika Auffassungen zu ihrer Interpretation des Fremdvergleichsgrundsatzes dar, die Unterschiede in der Anwendung dieses Grundsatzes gegenüber der Anwendung der OECD-Staaten zeigen.

Zu beachten ist die **rechtliche Qualität der OECD-TPG**: Sie sind insbesondere darauf ausgerichtet, im Rahmen von (Vorab-)Verständigungs- sowie Schiedsverfahren zwischen OECD-Mitgliedstaaten die Entscheidungen der zuständigen Behörden maßgeblich zu bestimmen. Sie entfalten **keine unmittelbare rechtliche Bindungswirkung**. Weder kann der Steuerpflichtige unmittelbar hieraus Rechte und Pflichten ableiten noch sind Gerichte hieran gebunden. Die Ausgestaltung des Fremdvergleichsgrundsatzes im AStG wird daher aufgrund der fehlenden Bindungswirkung der OECD-TPG von diesen nicht berührt. Im konkreten Einzelfall ist daher zu prüfen, ob in den nationalen Regelungen der Parteien eines DBA zum Fremdvergleichsgrundsatz (anderslautende) Auffassungen dargelegt wurden. Wenn diese von den in den OECD-TPG enthaltenen abweichen, gehen die nationalen

Regelungen den OECD-TPG vor. Anderenfalls können die OECD-TPG eine Auslegungshilfe für Art. 9 Abs. 1 OECD-MA nachgebildeter Artikel eines DBA darstellen.

Allerdings haben die OECD-TPG **erhebliche faktische Wirkung**. Sie stellen die internationale Basis für Verständigungs- und Schiedsverfahren dar. In diesen verliert eine nationale Interpretation mitunter an Bedeutung und die OECD-TPG gewinnen an Bedeutung. Entsprechend ist eine Ausrichtung der Verrechnungspreisbestimmung an den OECD-TPG (unter Beachtung nationaler Besonderheiten) sicherlich zielführend.

1.3. Ökonomische Grundlagen

Die ökonomischen Aspekte ergeben sich aus den Funktionen des Fremdvergleichsgrundsatzes bzw. folgen diesen. Wenn Unternehmensgewinne dort besteuert werden sollen, wo sie wirtschaftlich entstehen bzw. wo die Wertschöpfung generiert wird und damit entsprechend auch dafür Sorge getragen werden soll, dass gleiche Wettbewerbsbedingungen zwischen verbundenen und unverbundenen Unternehmen gelten sollen, dann determinieren ökonomische Überlegungen den jeweiligen Gewinn, der den Unternehmen zuzuordnen und entsprechend zu besteuern ist. Da hierüber unterschiedliche Ansichten existieren mögen, sollen zum Beispiel die OECD-TPG als auch das UN-TP Grundsätze aufzeigen, um im internationalen Kontext eine Lösung zu finden, die es auch erlaubt, die Doppelbesteuerung zu vermeiden.

Der Fremdvergleichsgrundsatz erfordert einen (hypothetischen) Vergleich der Bedingungen zwischen verbundenen Unternehmen zu den Bedingungen zwischen fremden Dritten in einer vergleichbaren Situation und die Analyse der Auswirkung auf den Gewinn. So wird in Art. 9 Abs. 1 OECD-MA auf vereinbarte oder auferlegte Bedingungen zwischen den verbundenen Unternehmen abgestellt, die von denen abweichen, die unabhängige Unternehmen für ihre kaufmännischen oder finanziellen Beziehungen miteinander vereinbaren würden. Mithin geht es um die **Bedingungen, die im Einflussbereich der verbundenen Unternehmen liegen** und dementsprechend vereinbart oder von einer Seite aus auferlegt werden können. Die äußeren, nicht beeinflussbaren Umstände sind damit grds. nicht Gegenstand des Fremdvergleichs. Sie sind als gegeben anzunehmen und ihre Auswirkungen sind bei der Führung des Fremdvergleichs zu berücksichtigen. Folge hieraus ist eine Art „begrenzter“ Fremdvergleichsgrundsatz und nicht eine Fiktion vollständig unabhängiger Unternehmen. Letztere würde dem Grundsatz der Sicherstellung gleicher Wettbewerbsbedingungen auch zuwiderlaufen, da gänzlich unvergleichbare Sachverhalte fiktiv verglichen würden und zudem ein fiktiver Sachverhalt zur Beurteilung herangezogen würde.

Hiernach ist bei der Führung des Fremdvergleichs nicht zu ignorieren, dass die verbundenen Unternehmen zu einer Unternehmensgruppe gehören und allein deswegen andere Umstände, wie etwa erhöhte Informationstransparenz oder gesetzliche Regelungen, die nur für Unternehmensgruppen gelten, zu berücksichtigen sind.

Allerdings nimmt der BFH wohl die Sichtweise der vollständigen Unabhängigkeit ein (Urteile vom 18.5.2021, I R 4/17 SAAAH-93024 und I R 62/17 UAAAH-93541).

Fraglich ist aber, ob für den Fremdvergleich auf vergleichbare Markttransaktionen abzustellen ist (**market approach**; auch konkreter Fremdvergleich) oder ob **hypothetische** Überlegungen (gedachtes ökonomisches Sollverhalten) basierend auf den internen Daten anzustellen sind. Verlangt wird zumindest ein Vergleich basierend auf den kaufmännischen oder finanziellen Beziehungen. Demzufolge gilt es, den tatsächlichen Sachverhalt festzustellen, der dann zu vergleichen bzw. ökonomisch zu würdigen ist. Sollten Marktdaten existieren, könnten diese einen überprüfbaren und objektiven Wertmaßstab bilden. So hat auch der BFH in seinem Urteil v. 6.4.2005 - I R 22/04 (BStBl II 2007, 658) angeführt, dass es richtig sei, „dass der steuerrechtlich maßgebliche Fremdvergleich nach Möglichkeit aus konkret festgestellten Vergleichswerten abgeleitet werden muss."

Scheinbar waren die USA 1968 und die OECD in ihrem Bericht von 1979 von der Annahme ausgegangen, dass verlässliche Vergleichswerte in ausreichender Anzahl gefunden werden könnten. Auch heute noch wird den Marktdaten und der sog. **Vergleichbarkeitsanalyse** (Kapitel III der OECD-TPG) eine herausragende Bedeutung im Fremdvergleich beigemessen. Hiernach soll ein Vergleich eines unternehmensgruppeninternen Geschäftsvorfalls mit einem Fremdgeschäftsvorfall oder Fremdgeschäftsvorfällen vorgenommen werden. Es stellt sich aber die Frage der Vergleichbarkeit der Daten. In den OECD-TPG wird diesbezüglich ausgeführt, dass unternehmensgruppeninterne Geschäftsvorfälle mit Fremdgeschäftsvorfällen dann vergleichbar sind, wenn keiner der Unterschiede zwischen den Geschäftsvorfällen den mit der Methode untersuchten Aspekt (z. B. Preis oder Marge) wesentlich beeinflussen kann oder wenn hinreichend genaue Anpassungen vorgenommen werden können, um wesentliche Auswirkungen dieser Unterschiede zu beseitigen (siehe Glossar der OECD-TPG).

Zur Überprüfung der Fremdüblichkeit von Verrechnungspreisen werden in der Praxis mitunter Renditekennzahlen „vergleichbarer" unabhängiger Unternehmen mit den Renditekennzahlen des betreffenden Unternehmens verglichen. Zur Bestimmung dieser Renditekennzahlen von unabhängigen Unternehmen werden öffentlich zugängliche Datenbanken verwendet und sog. **Benchmarkanalysen** erstellt. Diese lassen jedoch eine mehr oder weniger große und mitunter willkürliche Bandbreite von Vergleichswerten zu. Zudem bereitet die **quantitative Einschätzung der Zugehörigkeit zur Unternehmensgruppe** Schwierigkeiten, zu nennen sind hier insbesondere Synergie-, Netzwerkeffekte und

Informationssymmetrien, sodass Anpassungsrechnungen diesbezüglich in der Praxis regelmäßig nicht vorgenommen werden. Auch wird der Wertschöpfungsprozess der Unternehmensgruppe bei isolierter Betrachtung einzelner Transaktionen bzw. der Renditekennzahlen missachtet. Dies ist aber Grundvoraussetzung, um Unternehmensgewinne dort zu besteuern, wo sie wirtschaftlich entstehen bzw. wo die Wertschöpfung generiert wird. Ein unreflektierter Vergleich von an sich nicht vergleichbaren Sachverhalten (verbundene Unternehmen gegenüber unverbundenen Unternehmen) wird daher den Funktionen des Fremdvergleichsgrundsatzes nicht gerecht und führt auch zu Fehlallokationen und Steuergestaltungspotenzialen. Eine Begrenzung auf diesen Marktansatz erscheint daher kaum zielführend, selbst wenn hierdurch eine Objektivierung versucht wird.

Auch das ökonomische Nachdenken und, damit einhergehend, die Anwendung **ökonomisch fundierter und in der Fachöffentlichkeit anerkannter Vorgehensweisen** darf einem nicht verwehrt werden, um darzulegen, dass der Fremdvergleichsgrundsatz eingehalten wurde. Sind die betroffenen Unternehmen i. S. des Art. 9 Abs. 1 OECD-MA miteinander verbunden, so belegt der Ausdruck „vereinbaren würden", dass der vorzunehmende Fremdvergleich auf einem hypothetischen Denkmodell aufbaut. Es wird gedanklich eine Unabhängigkeit angenommen, die tatsächlich nicht besteht. Dies geht jedoch nicht soweit, dass ignoriert werden dürfte, dass die verbundenen Unternehmen zu einer Unternehmensgruppe gehören. Lediglich der „Interessengegensatz" ist zwischen den verbundenen Unternehmen herzustellen. Sodann werden die kaufmännischen oder finanziellen Beziehungen ermittelt, die untereinander unabhängige Unternehmen vereinbart hätten. Dies geschieht im Grundsatz durch Nachdenken und nicht durch Beweisaufnahme. Das Nachdenken orientiert sich an einem **Sollverhalten unabhängiger Unternehmen**, die Beziehungen untereinander zum Zwecke der Gewinnmaximierung bzw. zur Erzielung einer nachhaltigen Wertschöpfung unterhalten. Das Sollverhalten orientiert sich vor allem an dem **betriebswirtschaftlich Vernünftigen**. Man kann von Hilfskriterien sprechen, die den Rückschluss auf ein betriebswirtschaftlich vernünftiges Handeln zulassen, wobei das Abweichen von dem betriebswirtschaftlich vernünftigen Handeln als widerlegbarer Anhaltspunkt (Vermutung) für ein durch das Verbundensein veranlasstes Handeln angesehen wird. Der BFH (siehe dazu u. a. BFH, Urteil v. 17.5.1995 - I R 147/93, BStBl 1996 II S. 204) stellt dabei (gilt sowohl für den Marktvergleich als auch das Nachdenken) auf das Verhalten eines **doppelt ordentlichen und gewissenhaften Geschäftsleiters** ab, sodass immer mindestens zwei Parteien einzubeziehen sind, um den Interessengegensatz abzubilden.

Dabei geht aber eine streng **transaktionsorientierte Würdigung** und eine isolierte Betrachtung der einzelnen Transaktionen ökonomisch betrachtet fehl. Die Fokussierung auf die jeweilige Transaktion ist dabei auch nicht vom Wortlaut des Art. 9 Abs. 1 OECD-MA vorgesehen; vielmehr wird auf den Gewinn eines verbundenen Unternehmens abgestellt, selbst wenn die OECD-TPG immer wieder eine transaktionsorientierte Betrachtung festhalten. In § 1 Abs. 4 Satz 1 AStG wird zugleich auf „einzelne oder mehrere zusammenhängende wirtschaftliche Vorgänge (Geschäftsvorfälle) abgestellt. Damit ist ausdrücklich auch eine **Zusammenfassung von Geschäftsvorfällen** vorgesehen.

Es ist damit der Sachverhalt innerhalb der Unternehmensgruppe festzustellen und zu würdigen. Dies hat zur Folge, dass man sich mit der Unternehmensgruppe und deren Wertschöpfungskette, -netzwerk oder -shop vertraut zu machen hat und eine gesamte **Wertschöpfungsanalyse** vorzunehmen ist. Auf diese Weise werden die äußeren, nicht beeinflussbaren Umstände in den Fremdvergleich sachgerecht einbezogen. Erst dann ist es möglich, zu beurteilen, wie fremde Dritte den Sachverhalt beurteilt hätten und ob schließlich eine Gewinnminderung vorliegt. Was in einer Unternehmensgruppe wirtschaftlich abwegig und damit fremdunüblich sein mag, vermag in einer anderen Unternehmensgruppe wirtschaftlich zutreffend/sinnvoll und fremdüblich sein.

Einen Schritt in diese Richtung wird innerhalb der OECD-TPG mit der **transaktionsorientierten Gewinnaufteilungsmethode**, insbesondere in Form der Beitragsanalyse, unternommen. Hiernach wird der Gesamtgewinn aus unternehmensgruppeninternen Geschäftsvorfällen zwischen den verbundenen Unternehmen auf Basis des relativen Werts der von den einzelnen an den Geschäftsvorfällen beteiligten Unternehmen ausgeübten Funktionen (unter Berücksichtigung der genutzten Vermögenswerte und übernommenen Risiken) aufgeteilt. Diese Methode basiert vornehmlich auf internen Daten und innerhalb dieser Methode können auch sog. Bewertungstechniken, wie etwa Ertragswert- oder DCF-Verfahren, angewandt werden.

Sicherlich ist ein solch ökonomisches fundiertes Vorgehen mit subjektiven Spielräumen versehen und vermag deswegen Skepsis bei den Beteiligten hervorrufen und scheinbar die Anwendung des Fremdvergleichs verkomplizieren. Allerdings ist der **Rekurs auf Marktdaten** (in Form von Fremdgeschäftsvorfällen) weder rechtlich zwingend noch weniger subjektiv; vielmehr wird eine Scheingenauigkeit suggeriert, die eine Ankerfunktion übernimmt und auf diese Weise die Entscheidungen der beteiligten Personen beeinflusst. Diese Vorgehensweise ist allerdings **vorherrschende Meinung** und zumindest in den OECD-TPG als Standard angelegt.

Dessen ungeachtet ist es von entscheidender Bedeutung, sich mit dem Sachverhalt und den Gegebenheiten vollumfänglich auseinandergesetzt und aus einem wirtschaftlich fundierten Blickwinkel beurteilt zu haben. Nur dann kann eine haltbare und überzeugende Argumentationslinie aufgebaut werden.

1.4. Weiterführende Literatur und Rechtsprechung

Greil, Der Fremdvergleich bei grenzüberschreitenden Geschäftsvorfällen zwischen verbundenen Unternehmen, DStZ 2016 S. 910.

Greil/Greil, OECD-Verrechnungspreisleitlinien – Standard der Gewinnabgrenzung?, StuW 2018 S. 184.

Kraft, Außensteuergesetz Kommentar, § 1, 2. Auflage München 2019.

Kraft, Der Fremdvergleichsgrundsatz in der aktuellen EuGH- und BFH-Rechtsprechung, Ubg 2019 S. 605.

Navarro, The Arm's Length Standard and Tax Justice: Reflections on the Present and the Future of Transfer Pricing, World Tax Journal 2018 S. 351.

OECD, Transfer Pricing and Multinational Enterprises (OECD Report 1979).

Schwarz/Stein, Quantitative Verrechnungspreise – Wertschöpfung im Unternehmen verstehen, Verrechnungspreise aktiv gestalten und benchmarken, Weinheim 2018.

Schwarz/Stein/Holinski/Hoffmann, Der datenbankgestützte Fremdvergleich bei Produktionseinheiten, DB 2016 S. 2307.

Schwenke/Greil, Kommentierung des Artikels 9 OECD-MA, in Wassermeyer (Hrsg.), Doppelbesteuerung: DBA Loseblatt-Kommentar.

Vögele/Fischer/Raab, Rechtsquellen und Normengruppen zur Einkunftsabgrenzung, in: Vögele/Borstell/Engler (Hrsg.), Handbuch der Verrechnungspreise, 4. Aufl. München 2015.

BFH, Urteil v. 17.2.1993 - I R 3/92, BStBl 1993 II S. 457.

BFH, Urteil v. 17.10.2001 - I R 103/00, BStBl 2004 II S. 171. BFH, Urteil v. 6.4.2005 - I R 22/04, BStBl 2007 II S. 658.

BFH, Urteil v. 27.2.2019 - I R 73/16, BStBl 2019 II S. 394.

BFH, Urteil v. 19.6.2019 - I R 32/17, ECLI:DE:BFH:2019:U.190619.IR32.17.0 BAAAH-39357.

BFH, Urteil v. 18.5.2021 - I R 4/17, ECLI:DE:BFH:2021:U.180521.IR4.17.0 SAAAH-93024 .

BFH, Urteil v. 18.5.2021 - I R 62/17, ECLI:DE:BFH:2021:U.180521.IR62.17.0 UAAAH-93541.

EuGH, Urteil v. 21.1.2010 – C-311/08 „SGI", ECLI:EU:C:2010:26 MAAAD-38538.

EuGH, Urteil v. 31.5.2018, C-382/16 „Hornbach", ECLI:EU:C:2018:366 PAAAG-86743.

EuGH, Urteil v. 8.10.2020, C-558/19

„Impresa Pizzarotti", ECLI:EU:C:2020:806 YAAAH-63700.

2. Der erste Schritt: Wertschöpfungsanalyse

2.1. **Wertschöpfungsanalyse** (Christian Schwarz und Stefan Stein)

Grundlegendes Problem. Ein grundlegendes Verständnis der betrieblichen Wertschöpfung ist der initiale Startpunkt für die Verrechnungspreisanalyse. Dieser Grundsatz ist international anerkannt und wird in Tz. 1.51 der OECD-TPG wie folgt formuliert:

> *"In particular, it is important to understand how value is generated by the group as a whole, the interdependencies of the functions performed by the associated enterprises with the rest of the group, and the contribution that the associated enterprises make to that value creation."*

Die Grundidee besteht darin, dass sich die Besteuerung bzw. die Bestimmung der Verrechnungspreise an der ökonomischen Realität, mithin der sich in der Wertschöpfung widerspiegelnden Leistungsfähigkeit der einzelnen unternehmensgruppenzugehörigen Unternehmen, orientiert. Die Bestimmung der Wertschöpfung innerhalb einer Unternehmensgruppe kann hierbei auf betriebswirtschaftliche Methoden und Konzepte gestützt werden, bspw. mittels einer Analyse von Wertschöpfungsketten, der Geschäftsmodellanalyse oder der Untersuchung von Verantwortlichkeiten innerhalb unternehmerischer Prozesse.

Wo findet man was. Die OECD-TPG enthalten in Kapitel I Ausführungen zur Funktions- und Risikoanalyse sowie eine wertschöpfungsorientierte Betrachtungsweise. In der GAufzV wird ebenfalls eine wertschöpfungsorientierte Betrachtungsweise hervorgehoben; bspw. § 1 Abs. 3 Satz 4, § 4 Abs. 1 Satz 1 Nr. 3 Buchst. b, Nr. 2, 6, 7 und 10 Anlage zu § 5 GAufzV. Ebenso enthalten die VWG VP in Tz. 3.7 Ausführungen dazu.

Grundsätzliche Überlegungen. Grundsätzlich kann die **unternehmerische Wertschöpfung** aus verschiedenen Blickwickeln betrachtet und analysiert werden, wobei die folgenden vier **Dimensionen der Wertschöpfung** für die weiteren Überlegungen besonders herausgestellt werden:

- funktionale Wertschöpfung,
- organisatorische Wertschöpfung,
- werttreiberorientierte Wertschöpfung und
- geografische Wertschöpfung.

Jede einzelne dieser Dimensionen gibt zusätzliche Einblicke und wichtige Informationen hinsichtlich der Art und Weise der Wertschöpfung innerhalb einer Unternehmensgruppe und damit auch in Bezug auf die Fremdüblichkeit von Verrechnungspreisen.

In der Verrechnungspreispraxis bildet üblicherweise die Analyse der **funktionalen Wertschöpfung** (OECD-TPG, Tz. 1.51 ff.) den Ausgangspunkt. Diese beschreibt die Ausübung unterschiedlicher betrieblicher Funktionen in Anlehnung an die **Wertschöpfungskette nach Porter** (zum Beispiel Forschung und Entwicklung, Einkauf, Produktion, Vertrieb) innerhalb einer Unternehmensgruppe.

Die Dimension der funktionalen Wertschöpfung ist in weiteren Schritten um die weiteren Dimensionen der Wertschöpfung zu ergänzen. Dies geschieht beispielsweise dadurch, dass die Verantwortlichkeiten hinsichtlich der Planung und Risikosteuerung einzelner Funktionen oder Geschäftsvorfälle im Rahmen der betrieblichen Wertschöpfungskette untersucht werden. Denn die **organisatorische Wertschöpfung** ergibt sich bspw. aus der Ergreifung geeigneter Maßnahmen zur Verminderung von Risiken aber auch der abgewogenen Entscheidung, Risiken bewusst einzugehen (OECD-TPG, Tz. 1.56 ff.).

Die **werttreiberorientierte Wertschöpfung** bezieht sich auf die Wertschöpfung aus dem Einsatz und der Nutzung geschäftsmodellspezifischer Werttreiber (insbesondere immaterielle Werte und ökonomische Rahmenbedingungen) im Rahmen betrieblichen Wertschöpfungskette.

Zuletzt wird die **geographische Wertschöpfung** (OECD-TPG, Tz. 1.132 ff., Tz. 1.159 ff.) unterschieden, die sich auf die geographische Herkunft von Wertschöpfungsbeiträgen, bspw. der ökonomischen Rahmenbedingungen, wie etwa Lohnkostenniveau, Kaufkraft in einzelnen Ländern oder Regionen, bezieht.

Tabelle 11: Dimensionen der Wertschöpfung

Dimensionen der Wertschöpfung	
funktionale Wertschöpfung	Ausübung unterschiedlicher betrieblicher Funktionen in Anlehnung an die Wertschöpfungskette nach Porter
organisatorische Wertschöpfung	Verantwortlichkeiten hinsichtlich der Planung und Risikosteuerung einzelner Funktionen oder Geschäftsvorfälle im Rahmen der betrieblichen Wertschöpfungskette
werttreiberorientierte Wertschöpfung	Einsatz und Nutzung geschäftsmodellspezifischer Werttreiber
geographische Wertschöpfung	Geographische Herkunft von Wertschöpfungsbeiträgen

Die **geschäftsmodellspezifischen Werttreiber** (OECD-TPG, Tz. 1.36 ff.) sind Dreh- und Angelpunkt des betrieblichen Erfolgs. Insofern setzt deren sachgerechte Analyse und Einordnung ein gutes Verständnis für das eigene **Geschäftsmodell** voraus. Geschäftsmodelle beantworten die Frage nach den Kernelementen des eigenen Geschäfts. Dabei stellen sich insb. die folgenden Fragestellungen:

- Welchen konkreten Nutzen haben Kunden und die an der Wertschöpfung beteiligten Partner einer Unternehmensgruppe aus der Geschäftstätigkeit?
- Wie schafft die Unternehmensgruppe einen Mehrwert und wie macht sie diesen ihren Kunden zugänglich?
- Auf welche Art und Weise verdient die Unternehmensgruppe mit ihrer Geschäftstätigkeit Geld?

Ein klares **Verständnis des Geschäftsmodells** (OECD-TPG, Tz. 1.134 ff.) ist essenziell, um die eigenen Stärken weiter auszubauen, Schwächen zu reduzieren und auf Veränderungen im wirtschaftlichen Umfeld nachhaltig reagieren zu können. Denn so kann das eigene Profil gestärkt und eine gezielte Abgrenzung gegenüber Wettbewerbern erreicht werden. Das Wissen über das eigene Geschäftsmodell (zentrale Faktoren der Wertschöpfung, exogene ökonomische und regulatorische Einflussfaktoren und wesentliche Werttreiber) ist auch für die Verrechnungspreisanalyse von elementarer Bedeutung.

Ökonomische und regulatorische Einflussfaktoren (exogene Faktoren) setzen wichtige Leitplanken (OECD-TPG, Tz. 1.130 ff., Tz. 1.159 ff.), innerhalb derer Unternehmensgruppen ihr Geschäftsmodell umsetzen und ausführen. Sie sind eine zentrale Determinante für den unternehmerischen Erfolg oder Misserfolg. Trotz dessen, dass diese exogenen Faktoren nicht durch die Unternehmensgruppe beeinflusst werden können, müssen deren Implikationen für das jeweilige Geschäftsmodell berücksichtigt werden. Ziel ist es, die positiven exogenen Faktoren (wie günstiges Lohnniveau, geringer Wettbewerb, hohe Kaufkraft der Kunden) für sich zu nutzen und gleichzeitig die damit verbundenen Risiken zu managen. Andererseits sind die negativen exogenen Faktoren bestmöglich zu meiden bzw. deren nachteilige Auswirkungen auf das eigene Geschäftsmodell zu minimieren.

Neben den exogenen ökonomischen und rechtlichen Rahmenbedingungen sind auch fundierte Informationen über die Unternehmensgruppe und deren Unternehmenseinheiten (**unternehmensspezifische Einflussfaktoren**) sowie deren Einfluss auf die verfolgten Geschäftsmodelle ein wichtiger Baustein der Verrechnungspreisanalyse. Hierfür sind

- allgemeine Informationen (z. B. Portfolio eigener Produkte und Dienstleistungen, wichtige Märkte; OECD-TPG, Tz. 1.127 ff.),
- finanzielle Kennzahlen (z. B. Gewinn, Profitabilität, Auslastung) sowie
- individuelle Stärken und Schwächen bezogen auf das Geschäftsmodell und die eigenen Wertschöpfungsbeiträge

zu würdigen.

Für eine kombinierte Analyse der ökonomischen und regulatorischen Einflussfaktoren sowie der unternehmensspezifischen Einflussfaktoren kann auf verschiedene **betriebswirtschaftliche Methoden und Konzepte** zurückgegriffen werden, wie bspw. die die **SWOT-Analyse** (englisches Akronym für Strengths, Weaknesses, Opportunities, Threats). Diese Methodik ist einfach in ihrer Anwendung und adressiert vier grundsätzliche Fragestellungen: Die ersten beiden fokussieren auf eine Analyse der unternehmensinternen Stärken und Schwächen. Die weiteren Fragenstellungen fokussieren auf eine Analyse der Chancen und Risiken für das eigene Unternehmen aus den ökonomischen Rahmenbedingungen. Die folgende Abbildung 4 illustriert den schematischen Ansatz:

Abbildung 3: SWOT Analyse

Die **SWOT-Analyse** bietet zunächst die Möglichkeit einer klaren Trennung bei der Analyse interner und externer Faktoren, wobei für die externen Faktoren (Chancen und Risiken) auf die Erkenntnisse der Analyse der ökonomischen und regulatorischen Rahmenbedingungen zurückgegriffen werden kann. In einem zweiten Schritt sind die Wechselwirkungen zwischen internen und externen Faktoren, wie nachstehend skizziert, zu analysieren und deren Auswirkung und Konsequenzen für das eigene Geschäftsmodell zu erörtern.

Basierend auf einer allgemeinen Analyse der Umweltfaktoren für das eigene Geschäftsmodelle und den damit zusammenhängenden Chancen und Risiken aber auch den eigenen Stärken und Schwächen des Unternehmens kann eine zielgerichtete Analyse und Charakterisierung des eigenen Geschäftsmodells und den diesen zugrunde liegenden Werttreibern erfolgen. Hierzu eignen sich klassische Ansätze wie bspw. der **Business Model Canvas**. Dieser schematisiert mittels neun sog. Schlüsselfaktoren eine Vielzahl möglicher Geschäftsmodelltypen und identifiziert die Treiber des betrieblichen Erfolgs. Diese **neun Schlüsselfaktoren** sind:

Tabelle 12:	Die neun Schlüsselfaktoren der Zeitgaist Unternehmensgruppe	
Schlüssel-faktor	**Allgemein**	**Bezogen auf die Zeitgaist Unternehmensgruppe**
Schlüssel-partner	Je nach Geschäftsmodell können strategische Partnerschaften von Bedeutung sein, um die Effektivität des Unternehmens zu steigern und Risiken auf mehrere Schultern zu verteilen. Welche Partner sind von strategischer Bedeutung?	Im Segment Molexx Chronometer sind insbesondere die Zulieferer von Seltenen Erden von Bedeutung, da die darauf basierende Markierungstechnik die Uhren der Marke Molexx, im Gegensatz zur Konkurrenz, fälschungssicher machen.
Schlüssel-aktivitäten	Um ein Produkt herzustellen oder eine Leistung zu erbringen, sind bestimmte Schlüsselaktivitäten notwendig. Diese zielen auf die wichtigsten Aktivitäten für das Geschäftsmodell.	In allen Segmenten ist das Produktdesign von großer Bedeutung. Hier wird mittels Designsoftware zuerst ein digitales Prototyping durchgeführt. Darauf aufbauend werden auf Basis von 3D-Druckverfahren reale Ansichtsexemplare erstellt. Das Produktdesign interagiert eng mit dem strategischen Marketing und der Bedeutung bzw. Werthaltigkeit der Marken. Dieses umfasst u. a. eine global abgestimmte Marktforschung und Markenbildungsstrategie.
Schlüssel-ressourcen	Welche Ressourcen sind unverzichtbar für das Geschäftsmodell und die Leistungserbringung?	Die weltweit geschützten Marken (Fossa, Molexx und SmartGaist) bilden eine Schlüsselressource, da sie Ausfluss des global orchestrierten strategischen Marketings sind. Daneben sind das Produktdesign und möglicherweise auch die Erkenntnisse über neue Verfahren und Materialien (bspw. bei Molexx das Echtzeitszertifikat) – soweit diese zu einer relevanten Abgrenzung gegenüber Wettbewerbern führen – ebenfalls Schlüsselressourcen.

Nutzen-versprechen	Jede Leistung verfolgt einen Zweck und muss mit einem bestimmten Nutzenversprechen verbunden sein: Neuer, besser, günstiger oder einfach nutzerfreundlicher sind typische Attribute eines Nutzenversprechens. Welchen Nutzen haben Kunden, wenn sie das Produkt oder die Leistung beziehen?	Im Segment Fossa wird eine für „Jedermann" finanzierbare Lifestyleuhr bzw. ein *fashion item* angeboten. Demgegenüber stehen die Chronometer Molexx für ein Luxussegment mit einer sehr wertigen Anmutung. Die Smartwatch der Marke „SmartGaist" verspricht Individualität und Technologieaffinität. Alle drei Segmente sprechen unterschiedliche Kundensegmente an (Low-Budget Massenmarkt, Luxus-Segment, technologieaffiner Massenmarkt) und versprechen korrespondierend abgrenzbare Nutzenversprechen.
Kunden-beziehung	Der Aufbau und die Pflege der Kundenbeziehungen ist wichtig für die Bindung von Kunden an das eigene Unternehmen sowie die Generierung von Nach- und Folgekäufen. Die Art und Weise der Kundenansprache sowie die Pflege bestehender Kundenbeziehungen muss auf das Marktumfeld und die Kundengruppen abgestimmt sein. Wie können relevante Kunden gewonnen und gebunden werden?	Zeitgaist zielt bei Fossa auf einen Massenmarkt mit einer eher losen Kundenbeziehung. Bei Molexx hingegen steht eine langfristig ausgelegte nachhaltige Kundenbeziehung mit hoher Kundenbindung im Zentrum. Bei SmartGaist liegt der Fokus auf einer technologieaffinen Zielgruppe mit dem Ziel einer starken Kundenbindung vor, da die Uhren individualisiert werden können.
Vertriebs- und Kommunikations-Kanäle	Die angebotenen Produkte und Leistungen müssen auf geeignete Weise beworben und vermarktet sowie über geeignete Kanäle dem Kunden zugänglich gemacht werden. Wie erfahren Kunden von Leistungen oder Produkten des Unternehmens und wie gelangen diese zum Kunden?	Zeitgaist wählt klassische Vertriebskanäle wie Retail, Onlineshops oder exklusive Boutiquen, in denen die Uhren der Marke „SmartGaist" mittels 3D-Drucker individualisiert werden können.

Kundenarten	Der Verkauf von Leistungen erfordert die Ansprache bestimmter Kunden(-gruppen), etwa die Masse, eine Nische oder verschiedene Kundensegmente. Welches ist die Kundenzielgruppe?	Bei Fossa und SmartGaist wird einmal auf den Lifestyle Massenmarkt bzw. auf den technologieaffinen und auf Individualität wertlegende Massenmarkt abgezielt. Molexx fokussiert sich auf das Luxussegment als Nische.
Kosten	Welches sind die wichtigsten Kostenblöcke für das Geschäftsmodell?	Bei Zeitgaist fallen die größten Kosten im Bereich Produktdesign und Marketing an.
Einnahmequellen	Die Wege Geld zu verdienen sind vielfältig. Einnahmequellen können beispielsweise einmalig oder laufend zu Geldzuflüssen führen. So binden etwa Abonnements Kunden für eine längere Zeit an eine Leistung, allerdings zu günstigeren Konditionen als bei einer Einmalzahlung.	Im vorliegenden Fall liegt ganz klassisch eine Einmalzahlung beim Verkauf der jeweiligen Uhr vor.

Der folgende **Business Model Canvas** mit den neun Feldern („Schlüsselfaktoren") fasst das Geschäftsmodell über die drei Segmente Fossa, Molexx und SmartGaist zusammen.

Abbildung 4: Business Model Canvas und Geschäftsmodellanalyse

<table>
<tr>
<td rowspan="2">Partners:

Molexx:
Zulieferer der Seltenen Erden für Markierungstechnik</td>
<td>Aktivitäten:

Produktdesign und global abgestimmtes strategisches Marketing in allen Segmenten</td>
<td rowspan="2">Nutzenversprechen:

Fossa:
Lifestyle Uhr bzw. fashion item

Molexx:
Mid-/High-price segment mit wertiger Optik

SmartGaist:
individualisierbare Smart-Watch</td>
<td>Kundenbeziehungen:

Lifestyle (Fossa)

Premium (Molexx)

Technologisch (SmartGaist)</td>
<td rowspan="2">Kunden:

Massenmarkt (Fossa und SmartGaist)

Premiumsegment (Molexx)</td>
</tr>
<tr>
<td>Ressourcen:
Design und Marke</td>
<td>Vertriebskanäle:
Retail, Onlineshop, Influencer</td>
</tr>
<tr>
<td colspan="2">Kosten: Design und Marke</td>
<td colspan="3">Einnahmequelle: Uhrenverkäufe</td>
</tr>
</table>

Obwohl sich die einzelnen Segmente unterscheiden, wird deutlich, dass das Geschäftsmodell von Zeitgaist auf den folgenden beiden „**Epizentren**“ basiert:

- Die wichtigsten Aktivitäten sind im Bereich Produktdesign und Marketing angesiedelt und daraus leiten sich auch die Schlüsselressourcen ab (Produktdesign und Marke).
- Die Definition klar abgrenzbarer Kundensegmente (Low-Budget Massenmarkt, Luxussegment, technologieaffiner Massenmarkt) ist für Zeitgaist wichtig, so dass daraus wiederum klar abgrenzbare Nutzenversprechen korrespondieren.

Insgesamt ergibt sich für Zeitgaist ein Geschäftsmodell, dessen Werttreiber aus „der Mitte“ des Business-Modell Canvas den betrieblichen Erfolg generieren. Diesbezüglich wird von einem **kundenzentrierten und damit auf dem Nutzenversprechen gründenden Geschäftsmodell** gesprochen werden.

Im Folgenden werden die **verschiedenen Werttreiber** für Verrechnungspreiszwecke weiter klassifiziert. Es wird im Weiteren wie folgt unterschieden:

Tabelle 13: Werttreiber der Zeitgaist Unternehmensgruppe

Werttreiber	Allgemein	Bezogen auf die Zeitgaist Unternehmensgruppe
Immaterielle Werte	Sind nicht physische Werte, die im Eigentum/der Inhaberschaft oder unter der Kontrolle eines Unternehmens stehen; wie etwa Patente, Geschäftsgeheimnisse, Prozesse, Know-how, Markenrechte, Kundenstamm, Marketingkonzepte.	Bei Zeitgaist sind dies bspw. das Produktdesigns aber auch die Markenrechte (vgl. Kapitel 6).
Sonstige Wettbewerbsfaktoren	Sind nicht kontrollierbare Werttreiber in Form von exogenen Faktoren (wie Marktcharakteristika, Wettbewerbssituation, Kaufkraft, Lohnniveau) oder unternehmensspezifischen Faktoren (wie eingespielte Belegschaft, Synergien, Effizienz, Marktnähe).	Bei Zeitgaist sind dies bspw. die Produktdesigner, die mit jahrelanger Marktexpertise das digitale Prototyping durchführen (vgl. Kapitel 6).
Materielle Wirtschaftsgüter	Sind physische Werte, die ein zentrales Unterscheidungsmerkmal für das Geschäftsmodell sein können, zum Beispiel Immobilien in strategisch guter Lage.	Im vorliegenden Fall sind dies bspw. die etablierten Produktionsstätten.

Arten der Werttreiber. Die Differenzierung in immaterielle Werte, sonstige Wettbewerbsfaktoren und materielle Wirtschaftsgüter ermöglicht eine erste Schematisierung der Wertreiber. Je nach Strukturierung des Geschäftsmodells können diese weiter aufgegliedert werden, beispielsweise in Bezug auf die Schlüsselfaktoren des Geschäftsmodells oder der funktionalen Wertschöpfungskette.

Zur Quantifizierung von Wertbeiträgen können bspw. Scoring Modelle zur Anwendung kommen, welche ein eine weitergehende Analyse der **Ausprägung von Wertreibern** im eigenen Geschäftsmodell ermöglichen. Als Differenzierung bietet sich bspw. eine Unterteilung in **folgende drei Ausprägungen** an:

- **Schwach**: Der Werttreiber ist im Vergleich zum Branchendurchschnitt eher schwach ausgeprägt.
- **Durchschnittlich**: Der Werttreiber entspricht dem Branchendurchschnitt.
- **Stark**: Der Wertreiber ist überdurchschnittlich stark ausgeprägt.

Zur weiteren Differenzierung können die Arten von Wertreiber zusätzlich zu ihrer **Relevanz im eigenen Geschäftsmodell** in einer weiteren Dimension hinsichtlich ihrer **Werthaltigkeit** innerhalb einer bestimmten Branche unterteilt werden:

Tabelle 14:	Werttreiber hinsichtlich Werthaltigkeit
Unterstützende Wettbewerbsfaktoren	... für das eigene Geschäftsmodell, die allerdings leicht austauschbar sind und keinen Einfluss auf betriebliche Risiken haben.
Erforderliche Wettbewerbsfaktoren	... zur Ausübung des Geschäftsmodells, die allerdings in der Branche standardmäßig eingesetzt werden und kein Unterscheidungsmerkmal aufweisen.
Relevante Wettbewerbsfaktoren	... für die eigene Wertschöpfung, die auch in der Branche eingesetzt werden und eine gewisse Abgrenzung gegenüber Wettbewerbern erlauben. Konkurrenten stehen in Bezug auf diese Faktoren in einem Wettbewerb zueinander und möchten sich gegenseitig übertreffen.
Einzigartige Wettbewerbsfaktoren	... die bei Wettberbern nicht verfügbar sind und eine klare Abgrenzung gegenüber diesen ermöglichen.

Durch die **Kombination** der zwei dargestellten **Dimensionen** (**Ausprägung** der Wertreiber im eigenen Geschäftsmodell und **Relevanz** der Wertreiber innerhalb einer Branche) können die relevanten Wertreiber kategorisiert und strukturiert analysiert werden. In der Praxis werden hierfür häufig klassische Scoring Modelle angewandt. Eine mögliche Differenzierung könnte wie folgt lauten:

- **Lowperformer**: Werttreiber, die zwar notwendiger Bestandteil von Geschäftsmodellen sind, allerdings nur geringe Wertschöpfungsbeiträge liefern.
- **Marketperformer**: Werttreiber, die ein Geschäftsmodell prägen, in der Bandbreite allerdings üblicherweise in der Branche zum Einsatz kommen.
- **Outperformer**: Werttreiber mit Alleinstellungsmerkmal für das eigene Geschäftsmodell, die eine klare Abgrenzung gegenüber Wettbewerbern ermöglichen.

Im vorliegenden Sachverhalt soll die Systematik mittels drei exemplarischer Werttreiber illustriert werden.

- Die Produktionsstätten sind bspw. in der Dimension „Relevanz“ unterstützend, stellen aber gegenüber den Wettbewerbern kein Differenzierungsmerkmal dar. Insofern entsprechen sie dem Branchendurchschnitt. Dieses materielle Wirtschaftsgut könnte auf Basis eines einfachen Scoring Modells daher als **Lowperformer** klassifiziert werden.
- Die Marke „Fossa“ ist seit Jahren etabliert und bekannt als Lifestyleuhr bzw. *fashion item*. Insofern stellt diese gegenüber Wettbewerbern ein einzigartiges Abgrenzungsmerkmal dar und die Ausprägung der Marke ist gegenüber dem Branchendurchschnitt weit überdurchschnittlich. Die Kombination beider Dimensionen der Werttreiberanalyse führt zu einer Klassifikation des Werttreiber als **Outperformer**.
- Die Markierungstechnik bei „Molexx“ stellt letztlich die Echtheit der Uhr sicher und ist damit ein technisches Qualitätsmerkmal, welches in der Branche ein Differenzierungsmerkmal darstellt. Allerdings bildet die Markierungstechnik keinen zentralen Uhrenbestandteil, sodass die Wettbewerber zu diesem Werttreiber nicht in Konkurrenz stehen. Da die Markierungstechnik für das eigene Geschäftsmodell erforderlich und stark ausgeprägt ist, kann dieser immaterielle Wert als **Marketperformer** klassifiziert werden.

Die folgende Abbildung illustriert die Klassifikation der Werttreiber schematisch.

<table>
<tr><th colspan="2">Tabelle 15:</th><th colspan="4">Klassifikation von Werttreibern</th></tr>
<tr><td></td><td colspan="5">Relevanz</td></tr>
<tr><td rowspan="4">Ausprägung</td><td></td><td>Unterstützend</td><td>Erforderlich</td><td>Relevant</td><td>Einzigartig</td></tr>
<tr><td>schwach</td><td rowspan="3">Produktionsstätten</td><td rowspan="3">Markierungstechnik</td><td colspan="2"></td></tr>
<tr><td>durchschnittlich</td><td colspan="2" rowspan="2">Marken Fossa und Molexx</td></tr>
<tr><td>stark</td></tr>
</table>

Klassifikation	Lowperformer	Marketperformer	Outperformer

Fazit. Die vorstehenden Ausführungen haben einen Überblick darüber gegeben, wie ein grundlegendes Verständnis der unternehmerischen Wertschöpfung gewonnen werden kann. Dieses Verständnis sollte am Anfang einer jeden Verrechnungspreisbestimmung oder einer Verrechnungspreisprüfung stehen. Erst wenn ein grundlegendes Verständnis über das Geschäftsmodell und die werttreibenden Faktoren gewonnen worden ist, lässt sich eine Verrechnungspreisanalyse im Konkreten sachgerecht vornehmen. Es dient auch dazu, die verschiedenen Steuerverwaltungen abzuholen und mit einer gemeinsamen Sprache zu sprechen. Die angeführten Modelle und Methoden sind dabei ein möglicher

Weg. Weder die OECD noch die UN haben sich hierzu eindeutig geäußert und konkrete Vorgaben seitens des deutschen Gesetzgebers bestehen nicht.

Woran ist noch zu denken. In Betriebsprüfungen im Bereich der Verrechnungspreise empfiehlt es sich, gleich am Anfang gemeinsam mit der Finanzverwaltung ein gemeinsames Verständnis über die im Unternehmen verfolgten Geschäftsmodelle zu entwickeln.

Diese Geschäftsmodelle sind zumeist unternehmensspezifisch und es lohnt sich hier, Fragen oder Unklarheiten direkt am Anfang auszuräumen. Ein gutes gemeinsames Verständnis über die Wertreiber im Unternehmen strahlt in alle Verrechnungspreisfragestellungen aus und damit sind häufig Streitfragen schon „dem Grunde" nach ausgeräumt.

2.2. Die Funktions- und Risikoanalyse

Grundlegendes Problem. Für die Beschreibung der funktionalen und organisatorischen Wertschöpfung wird in der Verrechnungspreispraxis eine sog. **Funktions- und Risikoanalyse** durchgeführt. Die Funktions- und Risikoanalyse ist neben der Analyse der Werttreiber die zweite wichtige Säule für die Bestimmung von Wertbeiträgen und fremdüblichen Verrechnungspreisen. Sie dient der Bestimmung der ausgeübten Tätigkeiten und Verantwortlichkeiten auf Ebene der einzelnen Unternehmen und deren relativen Bedeutung hinsichtlich der transaktionsbezogenen Wertschöpfung der Unternehmensgruppe.

Seitens der OECD wurde ein sog. *six step approach* eingeführt (OECD-TPG, Tz. 1.60), der eine Leitlinie im Rahmen des Fremdvergleichsgrundsatzes vorgibt, Risiken zu identifizieren, darzustellen und zuzuordnen. Den Kern bildet der *risk-control-approach*, wonach eine Zuordnung von Risiken auf Grundlage von (Personal-)Funktionen zur Steuerung der Risiken sowie den finanziellen Mitteln zur Übernahme dieser Risiken abhängt. Kontrolle ist dabei grundsätzlich definiert als die Fähigkeit darüber zu entscheiden, Risiken einzugehen und Risiken zu managen, und diese Entscheidungsfunktion auch auszuüben (OECD-TPG, Tz. 1.65). Vertragliche Gestaltungen sind dabei nur Ausgangspunkt der Analyse. Maßgebend ist das tatsächliche Verhalten (*substance over form*). Es gilt daher zu analysieren, welche Gesellschaft(en) die personellen Ressourcen sowie die tatsächliche Möglichkeit zur Kontrolle von Risiken und die finanziellen Mittel zur Tragung von Risiken haben (OECD-TPG, Tz. 1.61). Voraussetzung hierfür ist grundsätzlich, dass die Entscheidungsträger die notwendigen Erfahrungen und Kompetenzen hierfür haben und über eine ausreichende Informationsbasis verfügen (OECD-TPG, Tz. 1.66). Fraglich ist, wie viel Substanz notwendig ist, um die Transaktionen zu untermauern. Sollte die vertragliche Risikoallokation von der tatsächlichen Möglichkeit zur Risikokontrolle und der finanziellen Risikotragfähigkeit abweichen, ist aus dem Blickwinkel des Fremdvergleichs eine Anpassung der vertraglichen Risikoverteilung vorzunehmen.

Tabelle 16:	Six step approach
Schritt 1	Identifizierung von wirtschaftlich bedeutenden Risiken
Schritt 2	Bestimmung der vertraglichen Übernahme des spezifischen Risikos
Schritt 3	► Funktionsanalyse in Bezug auf das Risiko: Bei der Analyse sollte untersucht werden, welches Unternehmen oder welche Unternehmen Kontroll- und Risikominimierungsfunktionen wahrnehmen, bei welchem Unternehmen oder welchen Unternehmen positive oder negative Konsequenzen möglicherweise auftreten und welches Unternehmen oder welche Unternehmen finanziell in der Lage sind, ein sich materialisierendes Risiko zu übernehmen. ► Kontrolle über das Risiko: Um das Risiko zu kontrollieren, sind Fähigkeiten und funktionelle Leistungen erforderlich.
Schritt 4	Interpretation der Schritte 1 - 3: In Schritt 4 wird festgestellt, ob die vertragliche Risikoübernahme auf das Verhalten der Parteien zutrifft.
Schritt 5	Verteilung des Risikos: Das Risiko sollte dem Unternehmen zugeordnet werden, das die Kontrolle ausübt und über die finanzielle Fähigkeit verfügt, das Risiko zu übernehmen.
Schritt 6	Bepreisung der Transaktion unter Berücksichtigung der Konsequenzen der Risikoallokation

Hierdurch kann in einer nachvollziehbaren Art und Weise analysiert werden, welche Funktionen von den betrachteten Unternehmen wahrgenommen, in welcher Eigenschaft die Funktionen erfüllt, welche Risiken übernommen und welche Mittel verwendet werden. Somit können die an der Transaktion beteiligten Unternehmen charakterisiert und der tatsächlich durchgeführte Sachverhalt festgestellt werden. Wurde der tatsächlich durchgeführte Sachverhalt festgestellt und die Substanz der kaufmännischen und finanziellen Beziehungen identifiziert, soll die Bepreisung dieser Feststellung folgen.

Wo findet man was. Die OECD-TPG enthalten in Kapitel I Ausführungen zur Funktions- und Risikoanalyse. In § 1 Abs. 3 Satz 2 AStG wird die Funktions- und Risikoanalyse an zentraler Stelle im deutschen Außensteuerrecht geregelt. Durch die Novellierung der gesetzlichen Regelungen seit dem 1.1.2022 wird diese sprachlich stärker hervorgehoben, ohne dass inhaltliche Änderungen damit einhergingen. Entsprechend enthalten auch die GAufzV (z. B. § 1 Abs. 3) und die VWG-VP (Tz. 3.5 - 3.8) Ausführungen dazu.

Grundsätzliche Überlegungen. Im konkreten Sachverhalt lässt sich zuerst die funktionale Wertschöpfung mittels einer klassischen Darstellung in drei „vereinfachte" Wertschöpfungsstufen illustrieren:

Abbildung 5: Vereinfachte Darstellung Wertschöpfung

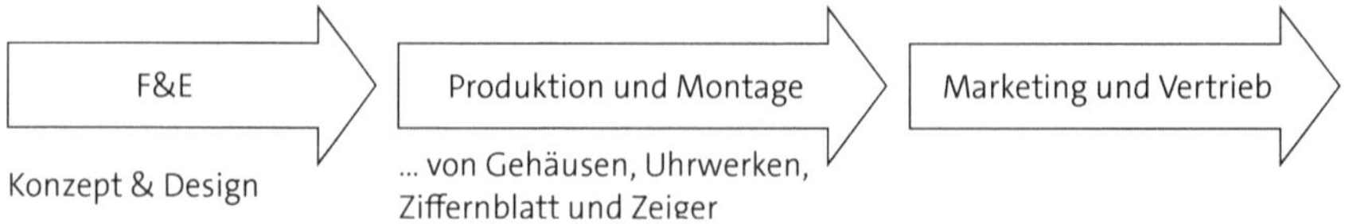

Funktionsanalyse. Im Rahmen einer Funktionsanalyse sind die funktionalen Wertschöpfungsbeiträge der einzelnen Unternehmen einer Unternehmensgruppe auf Basis der ausgeübten Tätigkeiten und eingebrachten Fähigkeiten zu bestimmen. Die Funktionsanalyse schafft die Grundlage dafür, dass die Ergebnisse der Geschäftsmodellanalyse weiter differenziert und auf die einzelnen Unternehmen heruntergebrochen sowie deren relative Bedeutung bestimmt werden können.

Als zentrale Parameter der **funktionalen Wertschöpfungsbeiträge** müssen die Funktionen und Verantwortlichkeiten der jeweiligen Unternehmen detailliert beschrieben und deren Bedeutung für die transaktionsbezogene Wertschöpfung der Unternehmensgruppe bestimmt werden.

Nachfolgend wird eine **dreistufige Funktionsanalyse** als erprobtes Verfahren in der Verrechnungspreispraxis dargestellt:

Schritt 1 – Bestimmung der Komplexität und zeitlichen Dimension. In einer ersten Dimension wird die **Komplexität** einer Funktion bestimmt. Diese wird oftmals durch die erforderliche Expertise und Qualifikation der Mitarbeiter zur Funktionsausübung determiniert und ist ein Indikator dafür, wie schwierig oder leicht eine Funktion übertragen werden kann. Daneben charakterisiert die **zeitliche Dimension** eine Funktion anhand ihres zeitlichen Wirkungsgrads, wobei grundsätzlich gilt, dass die Wertschöpfung mit zunehmender Fristigkeit steigt:

- **Kurzfristig-operative** Funktionen betreffen das Tagesgeschäft (bis ein Jahr) und setzen die taktische und strategische Planung operativ um.
- **Mittelfristig-taktische** Funktionen betreffen die periodenübergreifende Programm-, Kapazitäts- und Absatzplanung über einen Horizont von ein bis drei Jahren.
- **Langfristig-strategische** Funktionen betreffen die Weichenstellung für das Geschäftsmodell und haben einen langfristigen Horizont von mehr als drei Jahren.

Die folgende Abbildung illustriert diesen ersten Analyseschritt, wobei die funktionale Wertschöpfung bei dunkleren Feldern höher ist als bei weniger dunkel eingefärbten Feldern.

Abbildung 6: Funktionale Wertschöpfung nach Komplexität und zeitlicher Dimension

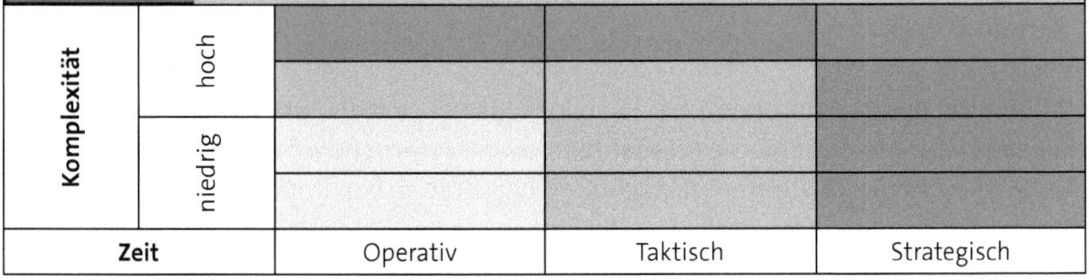

Schritt 2 – Bestimmung der Verantwortlichkeiten. In einem zweiten Schritt sind die Verantwortlichkeiten hinsichtlich der Einflussnahmemöglichkeiten in Bezug auf die funktionale Wertschöpfung für die jeweiligen Landesgesellschaften zu analysieren. Teilen sich mehrere Unternehmen die mit der Ausübung einer Funktion verbundenen Aufgaben und Verantwortlichkeiten, ist der individuelle Wertschöpfungsbeitrag zu bestimmen.

Die **RACI-Methode** (englisches Akronym für Responsible, Accountable, Consulted, Informed) ist ein möglicher Ansatz zur Charakterisierung von Verantwortlichkeiten im Zusammenhang mit einer Funktion:

Tabelle 17:	RACI-Methode
Responsible	Personen mit einer Durchführungsverantwortung für die operativen Aufgaben als Teil des Tagesgeschäfts.
Accountable	Personen mit einer Verantwortung für einen Teil der Geschäftstätigkeit, einschließlich der Kosten. Diese können operative Aufgaben unterbeauftragen, ohne dabei die Überwachung und Kontrolle der Ergebnisse zu delegieren.
Consulted	Personen mit wichtigen Informationen und Kenntnissen, die in beratender Funktion mitwirken.
Informed	Personen mit einem Informationsrecht über den Verlauf bzw. das Ergebnis einer betrieblichen Tätigkeit.

Die folgende Abbildung illustriert den zweiten Analyseschritt zusammen mit Schritt 1, wobei die funktionale Wertschöpfung bei dunkleren Feldern höher ist als bei weniger dunkel eingefärbten Feldern.

Abbildung 7: Bestimmung der funktionalen Wertschöpfung nach Verantwortlichkeiten

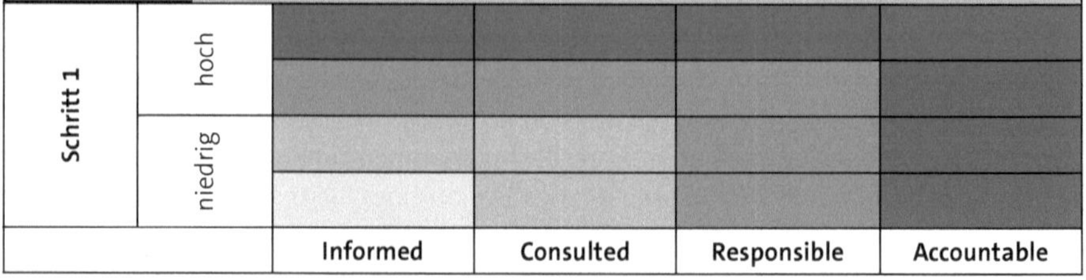

Schritt 3 – Aggregation. Abschließend sind die Ergebnisse der ersten beiden Analyseschritte der einzelnen Unternehmenseinheiten zu aggregieren. In Abhängigkeit von der Komplexität der unternehmensgruppeninternen Wertschöpfung kann es sinnvoll sein, die Ergebnisse der Funktionsanalyse in einem höheren/niedrigeren Detaillierungsgrad dazustellen. Eine Differenzierung der Funktionsanalyse kann beispielsweise in folgenden Dimensionen in Abhängigkeit des Einzelfalls anbieten:

- Transaktionsgruppen;
- Wertschöpfungsstufen;
- Geschäftsfelder;
- Produktlinien;
- Märkte.

Risikoanalyse. Die organisatorische Dimension der Wertschöpfung gründet darauf, dass die Zukunft unvorhersehbar und damit per Definition unsicher ist. Aus dieser Unsicherheit ergeben sich Chancen und Risiken für Unternehmen, da die zukünftige Realität auch von den besten Planwerten abweichen kann. Es gilt: Je größer die Unsicherheit, desto größer sind die möglichen positiven (Chancen) und negativen (Risiken) Abweichungen gegenüber den Erwartungswerten. Da Risiken häufig stärker bewertet werden als Chancen, steigt die Renditeerwartung mit zunehmender Risikostruktur. Durch die Ergreifung geeigneter Maßnahmen können die negativen Folgen von Risiken zum Teil reduziert werden. Aber auch die positive Entscheidung, Risiken einzugehen, ohne diese aktiv steuern zu können, kann einen positiven Wertschöpfungseffekt haben. Diese Überlegungen liegen grundsätzlich der Funktionsanalyse **komplementären Risikoanalyse** zu Grunde.

Nachfolgend wird eine **dreistufige Risikoanalyse** nach dem *risk-control-approach* – bei welchem maßgeblich auf die Personengruppen zur Steuerung und weniger auf die vertragliche Allokation von Risiken ankommt – als erprobtes Verfahren in der Praxis dargestellt:

Schritt 1 – Bestimmung der Risikomaterialität. Im ersten Schritt wird die Materialität einzelner Risiken anhand der Höhe des erwarteten Verlustpotenzials aus einer unternehmerischen Tätigkeit bestimmt. Dabei ist das absolute Verlustrisiko als Wert der negativen Abweichung der zukünftigen Realität von den Erwartungswerten zu bewerten. Im Grundsatz gilt, je langfristiger die Risikodimension ist, umso materieller sind die Risiken und umso tiefgreifender sind auch in der Regel die Maßnahmen zur Risikosteuerung und -vorsorge. Die Eintrittswahrscheinlichkeit der Realisation eines Risikos als zweiter Parameter der Risikokategorisierung kann beispielsweise auf Basis von Experteninterviews wie folgt grob untergliedert werden:

- unwahrscheinlich: Wahrscheinlichkeit < 15 %
- eher unwahrscheinlich: 15 % ≤ Wahrscheinlichkeit < 50 %
- eher wahrscheinlich: 50 % ≤ Wahrscheinlichkeit < 85 %
- wahrscheinlich: Wahrscheinlichkeit ≥ 85 %

Daraus ergibt sich eine **wahrscheinlichkeitsgewichtete Risikomaterialität**. Die folgende Abbildung illustriert die beiden Dimensionen und die Aggregation in eine wahrscheinlichkeitsgewichtete Risikomaterialität.

Abbildung 8: Bestimmung der Risikomaterialität

Absolutes Verlustrisiko		
moderat	hoch	**Wahrscheinlichkeit der Realisation**
niedrig	moderat	

Schritt 2 – Beurteilung der Risikotragfähigkeit. In einem zweiten Schritt ist die Risikotragfähigkeit einzelner Unternehmen in Abhängigkeit der Verantwortlichkeiten zur Risikosteuerung und Risikoprävention sowie den finanziellen Kapazitäten zur Übernahme von Risiken zu beurteilen. Hierbei sind finanzielle Kapazitäten zur Übernahme von Risiken die Voraussetzung für die Zuordnung von Risiken. Marktteilnehmer vertrauen auf die Risikotragfähigkeit nur, wenn auch ausreichende finanzielle Ressourcen zur tatsächlichen Übernahme von Risiken bei dem jeweiligen Unternehmen vorhanden sind.

Die Kompetenzen zur Risikosteuerung und -vorsorge beurteilen sich nach persönlichen und intellektuellen Ressourcen sowie den entsprechenden Kompetenzen und Erfahrungen bestimmter Personen(-gruppen) zur Risikosteuerung und -vorsorge. Basis für die Risikosteuerung ist die Versorgung mit den erforderlichen Informationen. Zur Analyse der Verantwortlichkeiten im Zusammenhang mit der Risikosteuerung kann wiederum auf das in der Funktionsanalyse dargestellte **RACI-Konzept** zurückgegriffen werden. Die folgende Abbildung illustriert den zweiten Schritt der Risikoanalyse, der in der Aggregation die Risikotragfähigkeit bestimmt.

Abbildung 9: Bestimmung der Risikotragfähigkeit

Finanzielle Kapazitäten		
moderat	hoch	**Kompetenzen zur Risikostreuung**
niedrig	moderat	

Schritt 3 – Aggregation. Zuletzt können auch bei der Risikoanalyse die Ergebnisse aus den ersten beiden Analyseschritten je Unternehmen sowie in einer unternehmensgruppenübergreifenden Betrachtung in einer zusammenfassenden Übersicht aggregiert werden. So ergibt sich für jedes Unternehmen ein entsprechendes Koordinatensystem für die Risikozuordnung. In Abhängigkeit von der Komplexität der gruppeninternen Wertschöpfung kann es sinnvoll sein, die Ergebnisse in einem höheren/niedrigeren Detaillierungsgrad dazustellen. Wie bei der Funktionsanalyse kann auch hier in Abhängigkeit des Einzelfalls eine weitere Differenzierung der Risikoanalyse in folgenden Dimensionen erfolgen:

- Transaktionsgruppen;
- Wertschöpfungsstufen;
- Geschäftsfelder;
- Produktlinien;
- Märkte.

Für Verrechnungspreiszwecke bietet sich üblicherweise eine Zusammenfassung der Risikoprofile der Unternehmen bezogen auf die einzelnen **Transaktionsgruppen** an.

Wertschöpfungsanalyse. Die Aufteilung des Gesamtergebnisses aus einer Transaktion korrespondiert unter dem Fremdvergleichsgrundsatz mit den individuellen Wertschöpfungsbeiträgen der beteiligten Unternehmen. Im Grundsatz gilt, je höher die funktionale, organisatorische und werttreiberorientierte Wertschöpfung eines Unternehmens ist, desto höher soll auch ihr Anteil am Gesamtgewinn oder -verlust sein.

Abhängig vom jeweiligen Einzelfall kann es sich anbieten, im Rahmen einer Wertschöpfungsanalyse die Ergebnisse der qualitativen Analysen der Werttreiber, Funktionen und Risiken (**Wertschöpfungsfaktoren**) zu konsolidieren und in quantitative Größen, bspw. mittels eines **Scorings**, zu überführen. Durch eine **Quantifizierung der qualitativen Analyseergebnisse** kann die Gesamtwertschöpfung systematisch auf einzelne Unternehmen heruntergebrochen und deren relativer Anteil an der Gesamtwertschöpfung bestimmt werden.

Wertschöpfungsbeitragsanalysen bergen allerdings eine gewisse Komplexität, weshalb es in einfachen Wertschöpfungsketten mit klaren Unterschieden in den Wertschöpfungsbeiträgen sachgerecht sein kann, auf eine Wertschöpfungsbeitragsanalyse zu verzichten und die weiteren Analysen auf die Ergebnisse der Werttreiberanalyse sowie der Funktions- und Risikoanalyse zu stützen.

Letztlich zielen alle Analysen darauf ab, die verschiedenen Dimensionen der Wertschöpfung in grobe Klassen wie gering, moderat und hoch zu aggregieren. Es gilt hierbei der Grundsatz, dass je höher die Wertschöpfung eines Unternehmens ist, desto höher soll auch ihr Anteil am Gesamtgewinn oder -verlust sein. Die folgende Abbildung illustriert diesen Zusammenhang noch einmal.

Abbildung 10: Wertschöpfung und Gewinn/Verlust

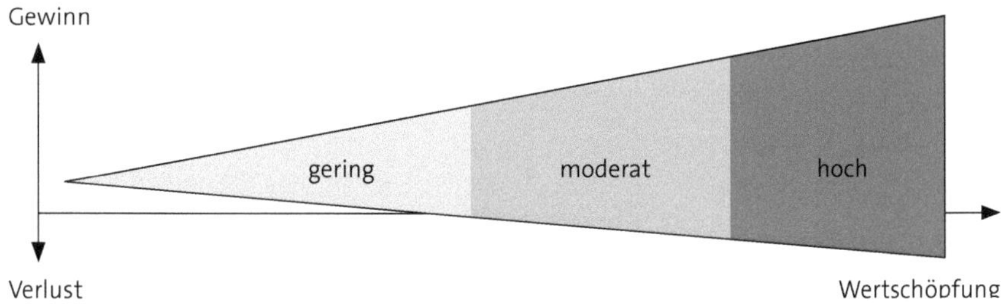

Die dargestellten Überlegungen hinsichtlich der Wertbeiträge einzelner Gruppengesellschaften sind auch zentrales Element für die Unternehmenscharakterisierung im Rahmen der Vergleichbarkeitsanalyse (vgl. Kapitel 4).

In Bezug auf den Sachverhalt wird in einem ersten Schritt für die **Produktionsunternehmen** exemplarisch eine Funktions- und Risikoanalyse durchgeführt. Hierbei wird in der Praxis häufig zwischen den folgenden „Unternehmenstypen" unterschieden:

- **Eigenproduzenten** planen, steuern, überwachen die elementaren Funktionen der Wertschöpfungskette, verfügen über die entsprechenden Entscheidungsbefugnisse und verfügen über die Werttreiber des Geschäftsmodells. Durch die Kompetenzbündelung können Eigenproduzenten autonom am Markt agieren und auf Veränderungen der ökonomischen Rahmenbedingungen reagieren.
- **Lizenzfertiger** weisen ein vergleichbares Profil wie der Eigenproduzent auf mit der Ausnahme, dass die zur Produktion notwendige Technologie lizenziert werden muss. Lizenzfertiger können daher weitestgehend autonom am Markt agieren, haben allerdings aufgrund der technologischen Abhängigkeit von Dritten einen eingeengten Spielraum auf technologische Veränderung autonom zu reagieren.
- Der **Auftragsfertiger** übernimmt einen abgegrenzten Teil der Produktion für einen Auftraggeber unter Bereitstellung der erforderlichen immateriellen Werte. Die Roh-

stoffe und Materialien beschafft er im eigenen Namen und auf eigene Rechnung. Er unterhält absatzseitig keine eigene Vertriebs- und Marketingstruktur, sondern produziert die bestellten Mengen ausschließlich für seinen Auftraggeber.

- Beim **IP-Auftragsfertiger** liegt die Besonderheit dieser Ausprägung des Auftragsfertigers liegt darin, dass der IP-Auftragsfertiger zwar vergleichbar einem typischen Auftragsfertigers eng in die Wertschöpfungskette eines Dritten eingebunden ist, allerdings Eigentümer/Inhaber von immateriellen Werten für den Produktionsprozess ist. Trotz des Eigentums/der Inhaberschaft an immateriellen Werten hat der IP-Auftragsfertiger aufgrund der engen Einbindung nur geringfügig Einflussmöglichkeiten auf das Geschäftsmodell.
- Vergleichbar zum Auftragsfertiger übernimmt der **Lohnfertiger** einen abgegrenzten Teil der Produktion für einen Auftraggeber, ohne Eigentum an den verarbeiteten Produkten zu erwerben (verlängerte Werkbank). Die erforderlichen Rohstoffe und Materialien werden vom Auftraggeber beschafft und dem Lohnfertiger beigestellt.

In der Zeitgaist Unternehmensgruppe sind verschiedene **Produktionsunternehmen** aktiv. Diese werden in der folgenden Übersicht schematisch dargestellt. Zur Klassifizierung der einzelnen Gruppengesellschaften wird wiederum auf ein Scoring Model zurückgegriffen.

- In einem ersten Schritt illustrieren die folgenden Darstellungen die farbliche Codierung die Wertigkeit einer Funktion, eines Risikos oder eines Werttreibers. Eine hohe Wertigkeit und damit in der Tendenz ein **Entrepreneurcharakter** wird durch eine graue Zahl und eine geringe Wertigkeit und damit in der Tendenz ein **Routinecharakter** durch eine schwarze Farbcodierung der Zahl dargestellt. Es gilt der Grundsatz: je mehr graue Zahlen, desto höher die Wertigkeit und gleichzeitig der Entrepreneurcharakter dieser Funktion, dieses Risikos und dieses Werttreibers.
- Im zweiten Schritt werden die verschiedenfarbigen Rechtecke in Abhängigkeit des Umfangs der Funktionsausübung, Risikoübernahme oder der Beiträge zur Entwicklung, Verbesserung, Werterhaltung, Patentierung und Verwertung eines immateriellen Werts ausgefüllt. Es ist nicht erforderlich, dass alle Rechtecke ausgefüllt sind.

Systematisierung bei der Produktion. Innovationstätigkeiten sind beispielsweise durch einen starken Entrepreneurcharakter gekennzeichnet. Insofern sind die Zahlen 2 bis 5 „grau" und damit mit durch einen hohen Entrepreneurcharakter gekennzeichnet. Der Eigenfertiger führt die Innovationstätigkeiten selbst aus, insofern sind die jeweiligen Rechtecke grau gefüllt. Bei den Auftragsfertigern oder Lohnfertigern wird keine Innovationsfunktion ausgeführt, insofern sind die grauen Zahlen in diesen beiden Unternehmenstypen nicht befüllt, diese Entrepreneuraktivitäten werden also nicht ausgeführt.

Abbildung 11: Funktions-, Risiko und Werttreiberanalyse für Produktionsunternehmen

Gesellschaft	Zeitgaist GmbH	Zeitgaist GmbH	Zeitgaist China (ab 2020)	Zeitgaist Private Limited Company	Zeitgaist Produccion SRL	Zeitgaist Production S.R.L
Land	Deutschland	Deutschland	China	Myanmar	Mexico	Rumänien
Segment	Molexx	SmartGaist	SmartGaist	Fossa	Fossa	Fossa
Typ	Eigenfertiger	Eigenfertiger	Auftragsfertiger	Lohnfertiger	Auftragsfertiger	Lohnfertiger
Funktionen						
Innovation	1 2 3 4 5	1 2 3 4 5	1 2 3 4 5	1 2 3 4 5	1 2 3 4 5	1 2 3 4 5
Einkauf	1 2 3 4 5	1 2 3 4 5	1 2 3 4 5	1 2 3 4 5	1 2 3 4 5	1 2 3 4 5
Logistik	1 2 3 4 5	1 2 3 4 5	1 2 3 4 5	1 2 3 4 5	1 2 3 4 5	1 2 3 4 5
Investitionsplanung	1 2 3 4 5	1 2 3 4 5	1 2 3 4 5	1 2 3 4 5	1 2 3 4 5	1 2 3 4 5
Produktstrategie	1 2 3 4 5	1 2 3 4 5	1 2 3 4 5	1 2 3 4 5	1 2 3 4 5	1 2 3 4 5
Preisstrategie	1 2 3 4 5	1 2 3 4 5	1 2 3 4 5	1 2 3 4 5	1 2 3 4 5	1 2 3 4 5
Produktionsplanung	1 2 3 4 5	1 2 3 4 5	1 2 3 4 5	1 2 3 4 5	1 2 3 4 5	1 2 3 4 5
Fertigung	1 2 3 4 5	1 2 3 4 5	1 2 3 4 5	1 2 3 4 5	1 2 3 4 5	1 2 3 4 5
Qualitätsmanagement	1 2 3 4 5	1 2 3 4 5	1 2 3 4 5	1 2 3 4 5	1 2 3 4 5	1 2 3 4 5
Lagerhaltung	1 2 3 4 5	1 2 3 4 5	1 2 3 4 5	1 2 3 4 5	1 2 3 4 5	1 2 3 4 5
Marketingstrategie	1 2 3 4 5	1 2 3 4 5	1 2 3 4 5	1 2 3 4 5	1 2 3 4 5	1 2 3 4 5
Vertrieb	1 2 3 4 5	1 2 3 4 5	1 2 3 4 5	1 2 3 4 5	1 2 3 4 5	1 2 3 4 5
Risiken						
Marktrisiko	1 2 3 4 5	1 2 3 4 5	1 2 3 4 5	1 2 3 4 5	1 2 3 4 5	1 2 3 4 5
Innovationsrisiken	1 2 3 4 5	1 2 3 4 5	1 2 3 4 5	1 2 3 4 5	1 2 3 4 5	1 2 3 4 5
Beschaffungsrisiken	1 2 3 4 5	1 2 3 4 5	1 2 3 4 5	1 2 3 4 5	1 2 3 4 5	1 2 3 4 5
Investitionsrisiko	1 2 3 4 5	1 2 3 4 5	1 2 3 4 5	1 2 3 4 5	1 2 3 4 5	1 2 3 4 5
Finanzierungsrisiko	1 2 3 4 5	1 2 3 4 5	1 2 3 4 5	1 2 3 4 5	1 2 3 4 5	1 2 3 4 5
Auslastungsrisiko	1 2 3 4 5	1 2 3 4 5	1 2 3 4 5	1 2 3 4 5	1 2 3 4 5	1 2 3 4 5
Produktionsrisiko	1 2 3 4 5	1 2 3 4 5	1 2 3 4 5	1 2 3 4 5	1 2 3 4 5	1 2 3 4 5
Umweltrisiko	1 2 3 4 5	1 2 3 4 5	1 2 3 4 5	1 2 3 4 5	1 2 3 4 5	1 2 3 4 5
Lagerrisiko	1 2 3 4 5	1 2 3 4 5	1 2 3 4 5	1 2 3 4 5	1 2 3 4 5	1 2 3 4 5
Qualitätsrisiko	1 2 3 4 5	1 2 3 4 5	1 2 3 4 5	1 2 3 4 5	1 2 3 4 5	1 2 3 4 5
Produkthaftungsrisiko	1 2 3 4 5	1 2 3 4 5	1 2 3 4 5	1 2 3 4 5	1 2 3 4 5	1 2 3 4 5
Währungsrisiko	1 2 3 4 5	1 2 3 4 5	1 2 3 4 5	1 2 3 4 5	1 2 3 4 5	1 2 3 4 5
Zahlungsausfallrisiko	1 2 3 4 5	1 2 3 4 5	1 2 3 4 5	1 2 3 4 5	1 2 3 4 5	1 2 3 4 5

Werttreiber																														
Geschützte gewerbliche Immaterielle Werte (z. B. Patente)	1	2	3	4	5	1	2	3	4	5	**1**	2	3	4	5	**1**	2	3	4	5	**1**	2	3	4	5	**1**	2	3	4	5
Ungeschützte gewerbliche immaterielle Werte (z. B. Markierungstechnik)	1	2	3	4	5	1	2	3	4	5	1	2	3	4	5	1	2	3	4	5	1	2	3	4	5	1	2	3	4	5
Geschützte marketingbezogene immaterielle Werte	1	2	3	4	5	1	2	3	4	5	**1**	**2**	3	4	5	**1**	**2**	3	4	5	**1**	**2**	3	4	5	**1**	**2**	3	4	5
Ungeschützte marketingbezogene immaterielle Werte	1	2	3	4	5	1	2	3	4	5	**1**	**2**	**3**	4	5	**1**	**2**	**3**	4	5	**1**	**2**	**3**	4	5	**1**	**2**	**3**	4	5
Produktionsspezifisches materielles AV	1	2	3	4	5	1	2	3	4	5	1	2	3	4	5	1	2	3	4	**5**	1	2	3	4	5	1	2	3	4	**5**

Neben den Produktionsunternehmen sind in der Zeitgaist Gruppe auch diverse **Vertriebsgesellschaften** von großer Bedeutung. Auch für die Vertriebsgesellschaften wird mittels der dargestellten Scoring Systematik und der grafischen Darstellung die Bedeutung der einzelnen Gruppengesellschaften anschaulich herausgearbeitet werden.

Dieser Darstellung wird jedoch noch eine klassische Unterscheidung von „**Unternehmenstypen“ im Bereich des Vertriebs** vorangestellt:

- **Eigenhändler** kaufen und verkaufen Produkte im eigenen Namen und auf eigene Rechnung. Sie haben hohe Freiheitsgrade bei der Ausgestaltung ihrer Vertriebs- und Marketingaktivitäten. In Abhängigkeit des Funktions-, Risiko- und Wertschöpfungsprofils sind in der Praxis allerdings unterschiedliche Ausprägungen des Eigenhändlers möglich.
- **Vertragshändler** als besondere Ausprägung der Eigenhändler sind in die Absatzorganisation sowie die Werbemaßnahmen des beliefernden Unternehmens eingebunden. Üblicherweise wird diesen ein Absatzgebiet unter Einräumung eines (Allein-) Vertriebsrechtes zugeteilt. Aufgrund der Abhängigkeiten ist der Vertragshändler zu umfassenden Berichten über die Vertriebsaktivitäten und Kunden verpflichtet.
- **Routinevertriebsgesellschaften** kaufen und verkaufen Produkte im eigenen Namen und auf eigene Rechnung, allerdings sind diese eng in die Absatzorganisation des beliefernden Unternehmens eingebunden. Die Abgrenzung zum Vertragshändler ist fließend, wobei Routinegesellschaften in der Tendenz geringere Risiken tragen.
- **Handelsvertreter** vermitteln in fremdem Namen und auf fremde Rechnung Geschäfte zwischen Kunden und Verkäufer. Kern ihrer Tätigkeit besteht in der Gewinnung und

Vermittlung von Kunden und Umsätzen. Vergleichbar hierzu ist auch die Geschäftstätigkeit des **Kommissionärs**, wenngleich er formal im eigenen Namen und lediglich auf Rechnung des Kommittenten agiert.

Für den Sachverhalt ergibt sich die folgende Übersicht.

Abbildung 12: Funktions-, Risiko und Werttreiberanalyse für Vertriebsunternehmen

Gesellschaft	Zeitgaist AG	Zeitgaist Distribution Inc	Zeitgaist China	Zeitgaist Europe BV
Land	Deutschland	USA	China	Niederlande
Vertriebsgebiet	Rest der Welt	Amerika	Asien	EU außer Deutschland
Typ	Eigenhändler	Routine-Vertrieb	Routine-Vertrieb	Routine-Vertrieb
Funktionen				
Marketing	1 2 3 4 5	1 **2** 3 4 5	1 **2** 3 4 5	1 **2** 3 4 5
Preisstrategie	1 2 3 4 5	1 **2** 3 4 5	1 **2** 3 4 5	1 **2** 3 4 5
Produktstrategie	1 2 3 4 5	1 **2** **3** 4 5	1 **2** **3** 4 5	1 **2** **3** 4 5
Absatzplanung	1 2 3 4 5	1 2 3 4 5	1 2 3 4 5	1 2 3 4 5
Entwicklung & Vertriebskanälen	1 2 3 4 5	1 2 **3** 4 5	1 2 **3** 4 5	1 2 **3** 4 5
Einkauf	1 2 3 4 5	1 2 3 4 5	1 2 3 4 5	1 2 3 4 5
Logistik	1 2 3 4 5	1 2 3 4 5	1 2 3 4 5	1 2 3 4 5
Customer Relationship Management	1 2 3 4 5	1 2 3 4 5	1 2 3 4 5	1 2 3 4 5
Preisverhandlung und Vertragsabschluss	1 2 3 4 5	1 2 3 **4** **5**	1 2 3 **4** **5**	1 2 3 **4** **5**
Auftragsabwicklung	1 2 3 4 5	1 2 3 **4** **5**	1 2 3 **4** **5**	1 2 3 **4** **5**
Rechnungsstellung	1 2 3 4 5	1 2 3 4 5	1 2 3 4 5	1 2 3 4 5
Forderungs-management	1 2 3 4 5	1 2 3 4 5	1 2 3 4 5	1 2 3 4 5
After Sales	1 2 3 4 5	1 2 3 4 5	1 2 3 4 5	1 2 3 4 5
Risiken				
Marktrisiko	1 2 3 4 5	1 2 3 4 5	1 2 3 4 5	1 2 3 4 5
Preisrisiko	1 2 3 4 5	1 2 3 4 5	1 2 3 4 5	1 2 3 4 5
Lagerrisiko	1 2 3 4 5	1 2 3 4 5	1 2 3 4 5	1 2 3 4 5
Logistikrisiko	1 2 3 4 5	1 2 3 4 5	1 2 3 4 5	1 2 3 4 5
Transportrisiko	1 2 3 4 5	1 2 3 4 5	1 2 3 4 5	1 2 3 4 5
Reputationsrisiko	1 2 3 4 5	1 **2** **3** 4 5	1 **2** **3** 4 5	1 **2** **3** 4 5
Gewährleistungsrisiko	1 2 3 4 5	1 2 **3** 4 5	1 2 **3** 4 5	1 2 **3** 4 5
Währungsrisiko	1 2 3 4 5	1 2 3 4 5	1 2 3 4 5	1 2 3 4 5
Zahlungsausfallsrisiko	1 2 3 4 5	1 2 3 4 5	1 2 3 4 5	1 2 3 4 5

	Werttreiber																			
geschützte marketingbezogene immaterielle Werte (z. B. Marke)	1	2	3	4	5	1	2	3	4	5	1	2	3	4	5	1	2	3	4	5
ungeschützte gewerbliche immaterielle Werte (z. B. Kundenstamm)	1	2	3	4	5	1	2	3	4	5	1	2	3	4	5	1	2	3	4	5

Fazit. Die vorstehenden Ausführungen haben einen Überblick darüber gegeben, wie ein grundlegendes Verständnis über das Funktions- und Risikoprofil gewonnen werden kann. Dieses Verständnis hat am Anfang einer jeden Verrechnungspreisbestimmung oder einer Verrechnungspreisprüfung stehen. Die angeführten Modelle und Methoden sind dabei ein möglicher Weg. Weder die OECD noch die UN haben sich hierzu eindeutig geäußert und konkrete Vorgaben seitens des deutschen Gesetzgebers bestehen (zurecht) nicht.

Woran ist noch zu denken. In steuerlichen Betriebsprüfungen im Bereich der Verrechnungspreise empfiehlt es sich, gleich am Anfang gemeinsam mit der Finanzverwaltung ein gemeinsames Verständnis über die jeweiligen Funktions- und Risikoprofile zu entwickeln. Die dargestellten Übersichten sind schematisch und sollten für den jeweiligen Sachverhalt angepasst werden. Funktions- und Risikoprofile stellen das Kernelement einer jeder Verrechnungspreisbestimmung und -prüfung dar. Entsprechend wird sich prinzipiell keine Lösung finden lassen, wenn man hier schon unterschiedlicher Auffassung ist.

2.3. Weiterführende Literatur

Oehlrich, Betriebswirtschaftslehre – Eine Einführung am Businessplan-Prozess, 2. Aufl., München 2010.

Osterwalder/Pigneur, Business Model Generation. Ein Handbuch für Visionäre, Spielveränderer und Herausforderer, Frankfurt, New York 2011.

Porter, Wettbewerbsstrategie (Competitive Strategy): Methoden zur Analyse von Branchen und Konkurrenten, 12. Aufl., Berlin 2013.

Porter, Competitive Advantage: Creating and Sustaining Superior Performance, New York 1985.

Schwarz/Stein, Quantitative Verrechnungspreise, Kapitel 2, Wiley Verlag.

Schwarz/Stein, in *Greil/Hummel*, Außensteuergesetz, Kommentar, § 1 Abs. 3, Dr. Otto Schmidt Verlag.

Wöhe, Einführung in die Allgemeine Betriebswirtschaftslehre, 26. Aufl., München 2016.

3. Die Verrechnungspreismethoden

3.1. Darstellung des Sachverhaltes

Die Schmiermittel AG (Schweiz) ist weltweit als ein führender Hersteller von Ölen, Fetten und Epilamen für Armbanduhren anerkannt. Sie wurde von der Zeitgaist AG Anfang der 2000er erworben und in die Unternehmensgruppe etabliert. Da sie auf ihrem Gebiet sehr erfolgreich und mit ihrem Namen im Markt bekannt ist, erfolgte keine Umfirmierung. Sie beschäftigt 2 % der Belegschaft der Zeitgaist Unternehmensgruppe (= 35 Beschäftigte), agiert nahezu selbständig (operative sowie strategische Ausrichtung), wobei sie an die Zeitgaist AG berichten muss, und tritt selbständig am Markt gegenüber fremden Dritten auf. Lediglich ca. 25 % des Umsatzes werden mit Unternehmen der Zeitgaist Unternehmensgruppe erzielt. Auf die Zeitgaist GmbH entfallen davon im Jahr 2021 3,1 Mio. €.

Tabelle 18: Gewinn- und Verlustrechnung – Schmiermittel AG

In €	**2020**	**2021**
Nettoumsatz	55.257.748	60.209.440
Sonstige betriebliche Erträge	274.896	133.632
Veränderung Vorräte	1.812.580	1.862.520
Waren- und Rohmaterialeinkäufe	-27.708.750	-26.935.875
Personalaufwand	-19.391.760	-18.010.300
Abschreibungen und Wertminderungen auf Sachanlagen	-1.172.150	-1.108.480
Abschreibungen und Wertminderungen auf immaterielles Anlagevermögen	-367.650	-318.630
Sonstige betriebliche Aufwendungen	-4.735.605	-4.575.285
Betriebsergebnis	3.969.309	11.257.022
Sonstiger Finanzertrag und -aufwand	-892.500	-616.000
Zinsaufwand	-975.000	-1.365.000
Anteil am Ergebnis von assoziierten Unternehmen und Joint Ventures	0	0
Ordentliches Ergebnis	2.101.809	9.276.022
Betriebsfremdes Ergebnis	0	0
Gewinn vor Ertragssteuern	2.101.809	9.276.022
Ertragssteuern	-262.762	-1.159.502
Gewinn	1.839.082	8.116.519

Tabelle 19:	Bilanz – Schmiermittel AG				
Aktiva	**2020**	**2021**	**Passiva**	**2020**	**2021**
Flüssige und geldnahe Mittel	9.766.760	11.333.043	Finanzverbindlichkeiten und derivative Finanzinstrumente	4.462.500	3.080.000
Wertschriften und derivative Finanzinstrumente	0	0	Verbindlichkeiten aus Lieferungen und Leistungen	7.500.000	8.000.000
Forderungen aus Lieferungen und Leistungen	12.118.260	14.203.200	Sonstige Verbindlichkeiten	177.620	174.067
Sonstiges Umlaufvermögen	1.410.000	1.480.500	Rückstellungen	383.460	387.294
Vorräte	51.574.160	55.092.960			
Aktive Rechnungsabgrenzungen	1.806.000	903.000			
Summe Umlaufvermögen	76.675.180	83.012.703	**Summe kurzfristige Verbindlichkeiten**	12.523.580	11.641.362
Sachanlagen	24.766.560	25.276.824	Finanzverbindlichkeiten	4.685.625	3.295.600
Immaterielles Anlagevermögen	1.431.360	1.460.592	Latente Steuerverbindlichkeiten	4.688.560	4.782.329
Beteiligungen an assoziierten Gesellschaften und Joint Ventures	0	0	Vorsorgeverpflichtungen	321.750	328.185
Sonstige langfristige Vermögenswerte	743.850	596.160	Rückstellungen	371.250	389.812
			Passive Rechnungsabgrenzungen	517.440	569.184
Summe Anlagevermögen	26.941.770	27.333.576	**Summe langfristige Verbindlichkeiten**	10.584.625	9.365.110
			Eigenkapital	80.508.745	89.339.806
Summe Aktiva	103.616.950	110.346.280	Summe Passiva	103.616.950	110.346.280

3.2. Diskussion und Lösung (Katharina Becker)

Grundlegendes Problem. Im vorliegenden Fall sind die Verrechnungspreise für die Geschäftsbeziehungen zwischen der Zeitgaist GmbH und der Schmiermittel AG unter Anwendung des Fremdvergleichsgrundsatzes zu ermitteln bzw. aus Sichtweise der deutschen Betriebsprüfung zu überprüfen. Denn im Jahr 2021 veräußert die Schmiermittel AG Öle, Fette und Epilame im Wert von 3,1 Mio. € an die Zeitgaist GmbH. Sollte dieser Betrag höher sein, als fremde Dritte für die gleichen Waren aufgewendet hätten, sind bei der Zeitgaist GmbH zu hohe Betriebsausgaben angefallen, so dass ihr Gewinn durch die Geschäftsbeziehung mit dem verbundenen Unternehmen Schmiermittel AG vermindert worden sein könnte. In diesem Fall wäre von der deutschen Finanzbehörde, meist im Rahmen einer Betriebsprüfung, eine Korrektur (hier gem. § 8 Abs. 3 Satz 2 KStG, verdeckte Gewinnausschüttung; Erlaubnisnorm Art. 9 Abs. 1 DBA Schweiz) vorzunehmen, deren Höhe nach dem Fremdvergleich und damit grundsätzlich mit Hilfe einer am besten geeigneten Verrechnungspreismethode zu ermitteln ist. Hierbei handelt es sich um die Methoden, die in den OECD-TPG und auch im UN-TP beschrieben sind. Die Schweizer Finanzbehörde wäre daher in der Lage, eine mögliche deutsche Korrektur anhand der OECD-TPG zu verifizieren, um ggf. eine entsprechende Gegenkorrektur vornehmen zu können.

Wo findet man was. Die Anwendbarkeit der sog. Verrechnungspreismethoden ist im nationalen Recht in § 1 Abs. 3 S. 5 AStG normiert. Ausführungen zu den Verrechnungspreismethoden enthalten die Verwaltungsgrundsätze Verrechnungspreise (Tz 3.9 - 3.17).

Auf internationaler Ebene sind Erläuterungen zu den Verrechnungspreismethoden in den OECD-TPG (Kapitel II) und im UN-TP (Kapitel 6) enthalten. Weiterhin hat das EU Joint Transfer Pricing Forum in zwei Berichten besondere Aspekte der Verrechnungspreismethoden analysiert (The Application of the Profit Split Method Within The EU, DOC: JTPF/002/2019/EN sowie Report on the use of economic valuation techniques in transfer pricing, DOC: JTPF/003/2007/FINAL/EN).

Grundsätzliche Überlegungen zur Lösung des Falles. Für die Ermittlung der fremdvergleichskonformen Verrechnungspreise (**Fremdvergleichspreis**) stehen grundsätzlich folgende fünf Methoden zur Verfügung:

Abbildung 13: Verrechnungspreismethoden

Verrechnungspreismethoden	
Geschäftsvorfallbezogene Standardmethoden	**Geschäftsvorfallbezogene Gewinnmethoden**
Preisvergleichsmethode (CUP) Wiederverkaufspreismethode (RPM) Kostenaufschlagsmethode (C+)	Nettomargenmethode (TNMM) Gewinnaufteilungsmethode (TPSM)

Dabei ist diejenige Methode zu verwenden, die unter Berücksichtigung der vorgenommenen Funktions- und Risikoanalyse die **am besten geeignete Methode** für den betreffenden Fall ist. Für die OECD und Deutschland gelten die Standardmethoden als diejenigen Methoden, mit denen sich am unmittelbarsten feststellen lässt, ob die Geschäftsbeziehungen zwischen verbundenen Unternehmen fremdvergleichskonform sind (OECD-TPG, Tz. 2.3). Können jedoch keine unmittelbar vergleichbaren Geschäftsvorfälle ermittelt werden, zeigen sich die geschäftsvorfallbezogenen Gewinnmethoden als geeigneter. Dies ist z. B. der Fall, wenn keine Bruttomargen ermittelt werden können oder wenn die Beteiligten einzigartige und wertvolle Beiträge zu den unternehmensgruppeninternen Geschäftsvorfällen leisten bzw. wenn sie sich in hoch integrierte Geschäftsbereiche einbringen.

Es steht Unternehmensgruppen nach den OECD-TPG sowie dem UN-TP frei, auch andere Methoden der Preissetzung anzuwenden, so lange sie dem Fremdvergleichsgrundsatz entsprechen. Hierzu gehört in Deutschland der in § 1 Abs. 3 Satz 7 AStG normierte hypothetische Fremdvergleich (siehe Erläuterung in Kapitel 3.2.3.2.). Dieser kommt dann zur Anwendung, wenn es an einer effektiven Vergleichsmöglichkeit zwischen unabhängigen Vergleichspartnern fehlt. Der **hypothetische Fremdvergleich** ist so in den OECD-TPG und in den UN-TP nicht enthalten. In den OECD-TPG werden zwar sog. *valuation techniques* angeführt (bspw. Tz. 6.4, 6.145 OECD-TPG), die mit dem hypothetischen Fremdvergleich vergleichbar sind, sie stellen jedoch keine eigenständige Verrechnungspreismethode dar. Sie basieren auf ertragswertorientierten Bewertungsverfahren (bspw. DCF-Verfahren) und sind (wohl) vornehmlich im Rahmen der Anwendung von Verrechnungspreismethoden zu integrieren; hierfür eignet sich besonders die geschäftsvorfallbezogene Gewinnaufteilungsmethode. Anderweitig können sie ein useful tool darstellen, das zuverlässiger ist als die Anwendung einer Verrechnungspreis methode. Das UN-TP enthält in Abweichung zu den OECD-TPG eine zusätzliche, sechste, Verrechnungspreismethode (siehe Abschnitt 3.2.3.3.)

3.2.1. Geschäftsvorfallbezogene Standardmethoden

3.2.1.1. Preisvergleichsmethode (Comparable Uncontrolled Price Method, CUP)

Bei der Preisvergleichsmethode (OECD-TPG, Tz. 2.14 ff.) wird der zwischen den verbundenen Unternehmen vereinbarte Verrechnungspreis mit Preisen verglichen, die bei vergleichbaren Geschäften unter vergleichbaren Umständen zwischen Fremden am Markt vereinbart worden sind. Die verglichenen Geschäfte sollen möglichst gleichartig sein. Unterschiede bei der konkreten Ausgestaltung der Geschäftsbeziehungen sind durch Anpassungsrechnungen zu eliminieren (**indirekter Preisvergleich**).

Bei der Ermittlung der fremdvergleichskonformen Verrechnungspreise ist grundsätzlich zwischen dem internen und dem externen Preisvergleich zu unterscheiden. Beim **internen Preisvergleich** werden Geschäftsvorfälle des Unternehmens mit verbundenen Unternehmen (sog. kontrollierte Transaktionen; *controlled transactions*) mit Geschäftsvorfällen des Unternehmens mit unverbundenen Unternehmen (sog. unkontrollierte Transaktionen; *uncontrolled transactions*) verglichen. Sind solche internen Vergleiche nicht möglich, sind die Geschäftsvorfälle des Unternehmens mit verbundenen Unternehmen mit solchen zwischen unabhängigen Unternehmen zu vergleichen (**externer Preisvergleich**). Hierbei gilt der interne Preisvergleich als der bevorzugte, da interne Preisvergleiche die direktere und engere Verbindung zu den zu untersuchenden Geschäftsvorfällen haben als ein externer Preisvergleich.

Die Preisvergleichsmethode ist zur Ermittlung von Fremdvergleichspreisen grundsätzlich am besten geeignet, weil sie dem tatsächlichen Marktgeschehen am nächsten kommt und weil bei dieser Methode die Geschäftsvorfallbezogenheit eingehalten wird. In Situationen, in denen die Preisvergleichsmethode und eine andere Verrechnungspreismethode gleichermaßen zuverlässig Anwendung finden können, ist die Preisvergleichsmethode daher vorzuziehen (OECD-TPG, Tz. 2.3). Die Preisvergleichsmethode setzt jedoch ein sehr hohes Maß an Vergleichbarkeit von Produkten und Bedingungen voraus. Die wichtigsten Vergleichbarkeitsfaktoren sind die Folgenden:

- Produkte bzw. Leistungen (z. B. Qualität, Lebenszyklus);
- Absatzvolumen (z. B. Kostendegressionseffekte, Vertriebsbündelung);
- Marktgegebenheiten (z. B. Wettbewerbssituation, politischer Rahmen);
- Vertragsbedingungen (z. B. Haftungsvereinbarungen);
- Geografische Kriterien (z. B. nationale Strukturen);
- Immaterielle Einflussfaktoren (z. B. Marken, Patente);
- Risiken (z. B. Inflationsrisiken, Währungsrisiken).

Um die Vergleichbarkeit herzustellen, sind bei unterschiedlichen Bedingungen, z. B. Absatzvolumen oder Vertragsbedingungen **Anpassungsrechnungen** erforderlich.

In der Praxis ist es jedoch häufig unmöglich, die Vergleichbarkeit der Geschäfte herzustellen, da sich nicht alle wertbeeinflussenden Faktoren (Bedingungen) quantifizieren und eliminieren lassen.

Anwendung kann die Preisvergleichsmethode jedoch bei Finanztransaktionen und bei Lizenzvereinbarungen finden, wenn z. B. auf Ratingdaten oder auf Lizenzdatenbanken zurückgegriffen werden kann, bei Rohstoffen, oder wenn ein interner Preisvergleich möglich ist.

Abbildung 14: Interner und externer Preisvergleich

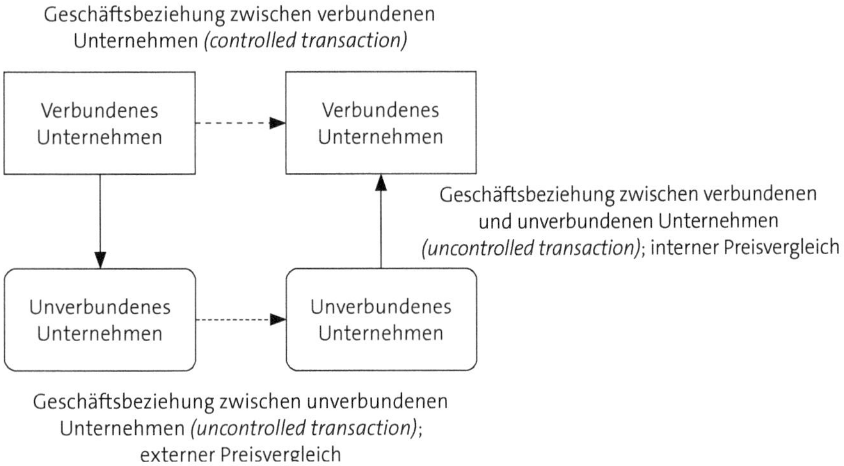

Am Beispiel der Zeitgaist GmbH könnte ein interner Preisvergleich möglich sein, denn die Schmiermittel AG liefert ihre Produkte sowohl an fremde Dritte wie auch an die Zeit gaist GmbH. Die Preise, die die Schmiermittel AG an fremde Dritte berechnet, könnten mit denen verglichen werden, die sie an die Zeitgaist GmbH berechnet. Voraussetzung ist hier zunächst, dass es sich bei den gelieferten Produkten um vergleichbare handelt und die Schmiermittel AG grundsätzlich auch an andere Uhrenproduzenten liefert.

Sollte es keine wesentlichen Produktunterschiede geben, ist zu prüfen, ob die weiteren Bedingungen der Geschäftsbeziehungen gleich sind, wie z. B. die Absatzmengen und ggf. die Vertragsbedingungen (z. B. Garantien). In diesem Fall ist zu überprüfen, ob Anpassungen möglich sind, um die unterschiedlichen Bedingungen auszugleichen. Dies kann z. B. dadurch vorgenommen werden, dass gewährte Mengenrabatte oder berechnete Garantien in den Preisen korrigiert werden.

3.2.1.2. Wiederverkaufspreismethode (Resale Price Method, RPM)

Die Wiederverkaufspreismethode (OECD-TPG, Tz. 2.27 ff.) geht von dem Preis aus, zu dem eine bei einem verbundenen Unternehmen gekaufte Ware an einen unabhängigen Abnehmer weiterveräußert wird. Dieser Preis wird durch eine angemessene **Bruttomarge** (Differenz zwischen Umsatzerlöse und Wareneinsatz/Umsatzerlöse) reduziert, die der Funktion und dem Risiko des Wiederverkäufers entspricht und die die Betriebsaufwendungen sowie den Gewinn des Wiederverkäufers umfassen sollte. Der Unterschiedsbetrag ist dann, nach Abzügen eventueller sonstiger mit dem Wareneinkauf verbundener Kosten, der Fremdvergleichspreis für die Transaktion zwischen den verbundenen Unternehmen: Es wird also die Bruttomarge aus dem Verkauf von Produkten, die von verbundenen Unternehmen bezogen wurden, mit Bruttomargen aus vergleichbaren Transaktionen zwischen unabhängigen Unternehmen verglichen:

Wiederverkaufspreis (Marktpreis) an fremde Dritte

./. marktübliche Bruttomarge (Handelsspanne) für den Wiederverkäufer

= Fremdvergleichspreis

Abbildung 15: Wiederverkaufspreismethode

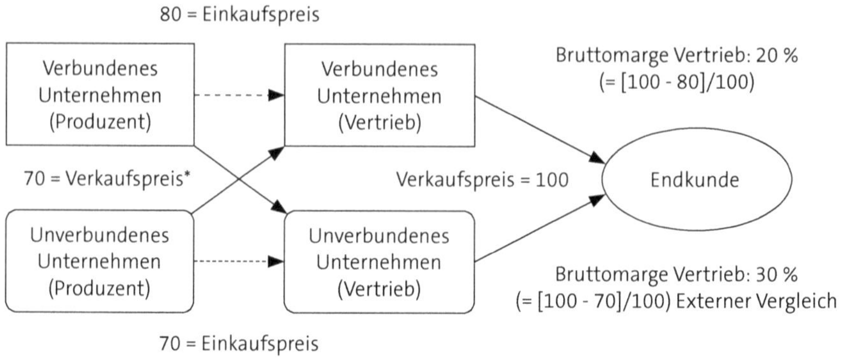

* Bruttomarge Vertrieb: 30 % (= [100 - 70]/100) Interner Vergleich

Wiederverkaufspreis (Marktpreis) an fremde Dritte = 100

./. marktübliche Bruttomarge (Handelsspanne) für den Wiederverkäufer = 30

= Fremdvergleichspreis = 70

Diese Methode eignet sich **insbesondere für Vertriebsgesellschaften**, die Produkte weiterverkaufen, ohne diese physisch zu verändern bzw. ihnen einen weiteren materiellen Wert hinzuzufügen. Für ein eher funktions- und risikoschwaches Unternehmen (*tested party*) wird hierbei eine Routinevergütung ermittelt (einseitige Methode). Dem anderen verbundenen Unternehmen wird der sog. Residualgewinn zugeordnet.

Der Vorteil gegenüber der Preisvergleichsmethode liegt dann darin, dass bei der Wiederverkaufspreismethode Produktunterschiede von untergeordneter Bedeutung sind. Denn die Vergütungen für die Ausübung gleicher Funktionen scheinen sich anzugleichen.

Schwierigkeiten bei der Anwendung der Wiederverkaufspreismethode ergeben sich jedoch dann, wenn Unternehmen neben dem Vertrieb weitere Funktionen ausüben, durch die der Wert des Produkts wesentlich erhöht wird. Eine Einordnung als funktions- und risikoschwach ist dann nicht mehr möglich.

Wenn aber ein Unternehmen vergleichbare Waren sowohl von verbundenen als auch unverbundenen Lieferanten unter gleichen Bedingungen einkauft und diese unverändert an fremde Dritte weitervertreibt (**interner Vergleich**), ist die Methode grundsätzlich anwendbar.

Bei einem **externen Vergleich** (Vergleich der kontrollierten Geschäftsbeziehung mit der unkontrollierten Geschäftsbeziehung zwischen unabhängigen fremden Dritten) liegt das Kernproblem in der Ermittlung der Bruttomarge. Hierbei treten Informationsdefizite auf, da potenzielle Vergleichsunternehmen um Abschirmung ihrer Bruttomargen bemüht sind und diese daher nicht aus öffentlichen Datenbanken ermittelt werden können.

Da die von der Schmiermittel AG an die Zeitgaist GmbH gelieferten Waren von dieser nicht weiterveräußert, sondern für die Produktion verwendet werden, handelt es sich bei der Zeitgaist GmbH nicht um einen Wiederverkäufer. Dies schließt die Anwendung der Wiederverkaufspreismethode aus.

3.2.1.3. Kostenaufschlagsmethode (Cost Plus Method, C+)

Die Kostenaufschlagsmethode (OECD-TPG, Tz. 2.45 ff.) wird für die risikoarme Auftragsfertigung oder die risikoarme Erbringung von Dienstleistungen innerhalb einer Unternehmensgruppe angewendet.

Ausgangspunkt sind die Herstellungs- bzw. Selbstkosten des liefernden oder leistenden Unternehmens, die um einen angemessenen, branchen- oder betriebsüblichen Gewinnaufschlag erhöht werden.

Selbstkosten des liefernden/leistenden Unternehmens

\+ angemessener/branchenüblicher Gewinnaufschlag

= Fremdvergleichspreis

Es werden zunächst die Kosten nach der Kalkulationsmethode ermittelt, wie sie auch bei einer Preispolitik gegenüber fremden Dritten angewendet werden würden. Die Addition aus den zugrunde gelegten Kosten und dem Kostenaufschlag ergibt den Fremdvergleichspreis. Der Gewinnaufschlag sollte idealerweise aus den Zuschlägen ermittelt werden, die das verbundene Unternehmen mit unverbundenen Unternehmen erhebt (**interner**

Vergleich). Andernfalls sind Kostenaufschläge von unverbundenen Unternehmen in der gleichen Situation zu ermitteln (**externer Vergleich**), z. B. mittels Datenbanken. Hierbei ist jedoch genau darauf zu achten, welche Kosten nach den unterschiedlichen Bilanzierungsregelungen in verschiedenen Staaten als Selbstkosten angesehen werden. Wenn der unternehmensgruppeninterne Geschäftsvorfall und der Fremdvergleichsgeschäftsvorfall in der Rechnungslegung unterschiedlich erfasst werden, sind bei den verwendeten Daten entsprechende Anpassungen vorzunehmen, um im Interesse einer einheitlichen Erfassung sicherzustellen, dass in allen Fällen dieselben Kostenarten verwendet werden, so dass die Bruttogewinnaufschläge beim verbundenen und beim unabhängigen Unternehmen einheitlich bemessen werden.

Grundsätzlich ist von **Vollkosten** auszugehen, in Ausnahmefällen kommen Grenz- oder Teilkosten in Betracht. Durch den Kostenaufschlag entsteht bei der Anwendung dieser Methode grundsätzlich kein Verlust beim leistenden Unternehmen.

Wie bei der Wiederverkaufspreismethode handelt es sich bei der Kostenaufschlagmethode um eine **einseitige Methode**. Dabei wird der einen Partei (*tested party*) eine Routinevergütung zugewiesen, die auch fremde Dritte mit ähnlich schwachen Funktionen und Risiken erzielen würden. Der anderen Partei, deren Funktionen und Risiken grundsätzlich nicht näher untersucht werden, wird der Restgewinn zugeordnet. Allerdings ist genau diese Vorgehensweise vor dem Hintergrund einer wertschöpfungsorientierten Betrachtungsweise fragwürdig (siehe Kapitel 1.3). So bräuchte man sich hierfür kein Bild über die Unternehmensgruppe verschaffen, sondern würde lediglich isoliert die einzelne Transaktion würdigen.

Die Kostenaufschlagsmethode ist im vorliegenden Sachverhalt ebenfalls wie die Wiederverkaufspreismethode nicht anwendbar, da die Produktion der Uhren wie auch der Schmiermittel keine Routinefunktionen darstellen, die mit einer Routinevergütung abgegolten werden könnten.

3.2.2. Geschäftsvorfallbezogene Standardmethoden

3.2.2.1. Geschäftsvorfallbezogene Nettomargenmethode (Transactional Net Margin Method, TNMM)

Bei Anwendung der TNMM (OECD-TPG, Tz. 2.64 ff.) wird die bei einer Geschäftsbeziehung mit einem verbundenen Unternehmen erzielte Nettogewinnspanne mit der Nettogewinnspanne, die das Unternehmen bei vergleichbaren Geschäften mit fremden Dritten erzielt hat (**interner Vergleich**) oder die unabhängige Unternehmen bei Geschäften untereinander unter vergleichbaren Bedingungen erzielt hätten (**externer Vergleich**), verglichen. Dazu muss der erzielte Nettogewinn (im Allgemeinen EBIT, *Earnings Before Interest* *and Taxes*) im Verhältnis zu einer geeigneten Bezugsgröße, z. B. Kosten, Umsatz oder Kapital, betrachtet werden:

Abbildung 16: Anwendung der TNMM

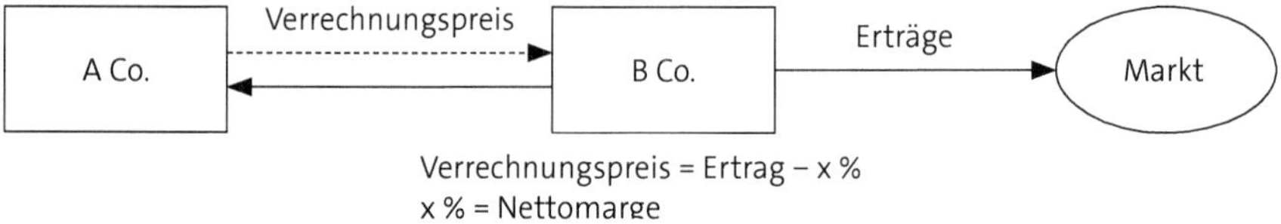

Am Beispiel der Gewinn- und Verlustrechnung der Schmiermittel AG beträgt die aggregierte EBIT-Marge (EBIT/ Umsatz) im Jahr 2020 7,2 % (= 3.969/55.257 x 100) und im Jahr 2021 18 %(= 11.257/60.209 x 100).

Tabelle 20: Gewinn- und Verlustrechnung der Schmiermittel AG

In €	**2020**	**2021**
Nettoumsatz	*55.257.748*	*60.209.440*
Sonstige betriebliche Erträge	274.896	133.632
Veränderung Vorräte	1.812.580	1.862.520
Waren- und Rohmaterialeinkäufe	-27.708.750	-26.935.875
Personalaufwand	-19.391.760	-18.010.300
Abschreibungen und Wertminderungen auf Sachanlagen	-1.172.150	-1.108.480
Abschreibungen und Wertminderungen auf immaterielles Anlagevermögen	-367.650	-318.630
Sonstige betriebliche Aufwendungen	-4.735.605	-4.575.285
Betriebsergebnis	*3.969.309*	*11.257.022*
Sonstiger Finanzertrag und –aufwand	-892.500	-616.000
Zinsaufwand	-975.000	-1.365.000
Anteil am Ergebnis von assoziierten Unternehmen und Joint Ventures	0	0
Ordentliches Ergebnis	2.101.809	9.276.022
Betriebsfremdes Ergebnis	0	0
Gewinn vor Ertragsteuern	2.101.809	9.276.022
Ertragsteuern	-262.762	-1.159.502
Gewinn	1.839.082	8.116.519

Da es sich bei der Schmiermittel AG nicht um eine funktions- und risikolose Gesellschaft handelt, ist eine TNMM nicht anwendbar, ihre EBIT-Marge ist aber ein guter Indikator für die Ertragslage der Gesellschaft.

Zur Ermittlung von Nettogewinnmargen fremder Dritter sind grundsätzlich Datenbankanalysen notwendig. Kommerzielle Datenbanken enthalten jedoch keine transaktionsbezogenen Daten, sondern i. d. R. die handelsrechtlichen Abschlüsse der Unternehmen, wie z. B. der von der Schmiermittel AG. Es ist daher vor einer Analyse zu prüfen, ob auch aggregierte Nettomargen als Vergleich zu Geschäftsvorfällen des verbundenen Unternehmens herangezogen werden können. Die internationale Ansicht ist grundsätzlich, dass die Transaktionsbezogenheit als Anhaltspunkt beibehalten werden soll. Eine **Zusammenfassung von Geschäftsvorfällen** soll jedoch dann möglich sein, wenn die aggregierten Transaktionen der Vergleichsunternehmen mit den aggregierten kontrollierten Geschäftsbeziehungen des zu testenden verbundenen Unternehmens vergleich bar sind.

Die **TNMM** stellt sich **technisch als** eine **Variante der Wiederverkaufspreis- oder der Kostenaufschlagsmethode** dar. Es handelt sich ebenfalls um eine einseitige Analyse, bei der dem funktions- und risikoarmen Unternehmen eine fremdvergleichskonforme Routinevergütung zugewiesen werden soll, während dem zweiten Unternehmen der Residualgewinn zugewiesen wird. Eine Funktionsanalyse der unternehmensgruppeninternen Geschäftsvorfälle und der Geschäftsvorfälle zwischen Fremden soll prüfen, ob sie vergleichbar sind und ob ggf. Anpassungen erforderlich sind.

Nach der Funktionsanalyse ist die **geeignete Gewinnkennziffer** zu wählen, die einen verlässlichen und belastbaren Vergleich zwischen den Nettogewinnen des zu untersuchenden Unternehmens und denen der Vergleichsunternehmen erlaubt. Beispiele sind die Folgenden:

Umsatzrendite = Operativer Gewinn (EBIT) / Umsatzerlöse

Die Umsatzrendite misst den operativen Gewinn im Verhältnis zu dem generierten Umsatz. Als Vergleichsgröße wird häufig der Gewinn vor Zinsen und Steuern (EBIT) genommen. Die Umsatzrendite ist vor allem für Vertriebsgesellschaften sinnvoll, bei denen der Umfang ihrer Geschäftstätigkeit in direktem Zusammenhang mit ihren Verkaufsumsätzen steht und bei denen das Betriebsvermögen keinen Einfluss auf die Profitabilität hat.

Berry Ratio = Bruttogewinn / Operative Kosten

Die Berry Ratio misst den Bruttogewinn im Verhältnis zu den operativen Kosten (*operating expenses* = OPEX) und damit eine Art Aufschlag, der aus dem Einsatz der operativen Kosten resultiert. Er bietet sich vor allem für Dienstleistungsunternehmen an, die keine Warenumsätze haben oder die, wie Kommissionäre, Warenumsätze nicht berichten und bei denen die Vertriebstätigkeit als Serviceleistung zu interpretieren ist. Zu den operativen Kosten gehören Roh-, Hilfs- und Betriebsstoffe für Zwecke der Produktion (Material aufwand), Personalkosten, Abschreibungen, Raumkosten und Lagerkosten (für Produktionslager).

Tabelle 21: Beispiel EBIT-Marge vs. Berry Ratio

Example	**1**	**2**	**3**
Umsatz	100	100	100
Cost of Goods Sold (COGS)	94	93	92
Bruttomarge	6	7	8
Operational Expenditures (OPEX)	5	5	5
EBIT	1	2	3
EBIT-Marge	1,0%	2,0%	3,0%
Berry Ratio (= Bruttomarge / OPEX)	1,20	1,40	1,60

Nettogewinnaufschlag = Operativer Gewinn (EBIT) / Operative Gesamtkosten

Der Nettogewinnaufschlag misst den operativen Gewinn im Verhältnis zu den operativen Gesamtkosten. Der Nettogewinnaufschlag ist hauptsächlich für Dienstleistungs- oder Produktionsunternehmen geeignet, bei denen sich die Geschäftstätigkeit primär in den Kosten widerspiegelt.

Kapitalrendite = Operativer Gewinn (EBIT) / Betriebsvermögen.

Die Kapitalrendite misst den operativen Gewinn im Verhältnis zum eingesetzten Betriebsvermögen. Dieses wird definiert als das Gesamtvermögen abzüglich Investitionen, wie solche in Tochterunternehmen und Wertpapiere. Die Kapitalrendite ist vorallem für Unternehmen geeignet, bei denen das Betriebsvermögen wie Grundstücke, Fabriken und Anlagen einen starken Einfluss auf die Profitabilität hat.

3.2.2.2. Geschäftsvorfallbezogene Gewinnaufteilungsmethode (Transactional Profit Split Method, TPSM)

Bei der geschäftsvorfallbezogenen Gewinnaufteilungsmethode (OECD-TPG, Tz. 2.114 ff.) wird der Gesamtgewinn, den verbundene Unternehmen aus einer gegenseitigen Geschäftsbeziehung erzielen, auf einer wirtschaftlich fundierten Basis so zwischen den Parteien aufgeteilt, dass das Ergebnis einer fremdvergleichskonformen Vereinbarung nahekommt. Die TPSM ist transaktionsbezogen vorzunehmen. Allerdings können vergleichbare Lieferungen oder Leistungen zu Transaktionstypen zusammengefasst werden.

Die TPSM wird dann die am besten geeignete Methode sein, wenn von den beteiligten verbundenen Unternehmen unique and valuable contributions geleistet werden. Die Beiträge sollen dann einzigartig sein, wenn keine vergleichbaren Beiträge von unverbundenen Unternehmen unter vergleichbaren Bedingungen geleistet werden. Werthaltig sollen sie dann sein, wenn sie Kernkomponente von aktuellen oder zukünftigen ökonomischen Vorteilen der betreffenden Geschäftstätigkeiten sind; dies ist insbesondere dann der Fall, wenn immaterielle Werte eingesetzt werden.

Daneben gelangt die TPSM insbesondere dann zur Anwendung, wenn die Geschäftstätigkeit hoch integriert ist. Hierunter wird verstanden, dass die Ausübung von Funktionen, der Einsatz von Vermögenswerten und die Übernahme von Risiken der beteiligten verbundenen Unternehmen dergestalt miteinander verbunden sind, dass sie nicht in isolierter Form bewertet werden können. Folgende Umstände können dazu führen, dass die TPSM als geeignetste Methode angesehen werden mag:

- Vorliegen einer hochintegrierten Wertschöpfungskette; verschiedene Unternehmenseinheiten leisten bedeutende Beiträge zu wertschöpfenden Funktionen;
- mehrere Unternehmenseinheiten tragen mit immateriellen Werten zum Erfolg bei;
- das Geschäftsmodell ist darauf ausgelegt, immaterielle Werte auszubeuten, zum Beispiel Lizenz- oder Franchisevereinbarungen;
- die Geschäftsbeziehung zu Kunden ist darauf ausgerichtet, ein Bündel von Produkten und Dienstleistungen anzubieten, die von mehreren Unternehmenseinheiten geleistet werden;
- Geschäftsvorfälle, bei denen wirtschaftlich signifikante Risiken von allen Beteiligten gemeinsam getragen werden.

Ein Nachteil der TPSM ist die Schwierigkeit, die detaillierten Informationen zu erhalten, die für eine zuverlässige Anwendung erforderlich sind.

Um die TPSM durchführen zu können, werden zwei Ansätze angeführt: die **Beitrags- und die Restgewinnmethode**. Unter der Beitragsmethode (*contribution analysis*) wird der gemeinsam erzielte Gewinn im Verhältnis der Beiträge der verbundenen Unternehmen zum Gesamtgewinn aufgeteilt. Der Umfang der Beiträge wird mittels einer Funktions- und Risikoanalyse der verbundenen Unternehmen festgestellt. Unter der Restgewinnmethode (*residual analysis*) wird die Aufteilung des gemeinsamen Gewinnes in zwei Schritten vorgenommen. Im ersten Schritt wird jedem verbundenen Unternehmen ein Gewinn zur Abgeltung der von ihm ausgeübten (Routine-)Funktionen zugewiesen; der verbleibende Restgewinn (oder Verlust) wird in einem zweiten Schritt aufgeteilt und zwar basierend auf einer Würdigung der Fakten und Umstände des Einzelfalles, aus denen abzuleiten ist, wie fremde Dritte den Restgewinn unter sich verteilen würden. In Fällen, in denen also ein Teil der Beiträge einer oder beider Parteien auch durch eine einseitige Methode ermittelt werden kann, kann auch die Anwendung einer Residualanalyse die geeignete Methode für die Gewinnaufteilung sein. Das EU-JTPF hat in seinem Bericht vom März 2019 praktische Hinweise zur Anwendung der TPSM gegeben (s. Abschnitt 3.2, wo findet man was).

Abbildung 17: Gewinnaufteilungsmethode - Beitragsanalyse

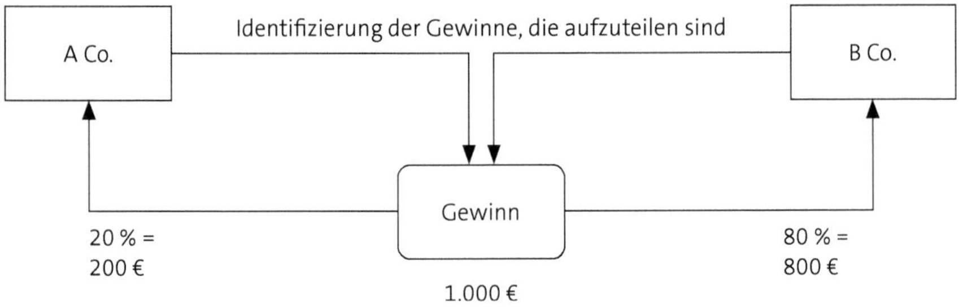

Allokationsschlüssel = Relativer Wert der einzigartigen und werthaltigen Beiträge basierend auf einer Wertschöpfungsanalyse

Abbildung 18: Gewinnaufteilungsmethode – Residualanalyse

Schritt 1: Identifizierung von Routineaktivitäten und Vergütung

A Co. | B Co.

Kosten A Co.: 400;
Anwendung C+: 5 % × 400 = 200

Kosten B Co.: 800;
Anwendung C+: 5 % × 800 = 40

Gewinn	1.000 €
Verteilt in Schritt 1	60 €
Verbleibender, zu verteilender Restgewinn	940 €

Schritt 2: Verteilung des Restgewinns

A Co. | B Co.

A Co.: 20 % = 188

B Co.: 80 % = 752

A Co. gesamt = 20 + 188 = 208

B Co. gesamt = 40 + 752 = 792

Die geschäftsvorfallbezogene Gewinnaufteilungsmethode erscheint für die Ermittlung der Fremdvergleichspreise zwischen der Schmiermittel AG und der Zeitgaist GmbH auf den ersten Blick nicht geeignet. Es handelt sich bei der Veräußerung und dem Erwerb der

Schmiermittel weder um hochintegrierte Geschäftsvorfälle noch scheinen die Schmiermittel einen außergewöhnlich hohen Beitrag für das Gesamtprodukt, die Uhren, zu leisten. Ein außergewöhnlicher Beitrag der Schmiermittel AG könnte allenfalls dann vorliegen, wenn es sich bei den Ölen, Fetten und Epilamen um einzigartige Produkte handelte, die in dieser Form weltweit nicht angeboten werden und auf die die Zeitgaist GmbH zwingend angewiesen wäre. In diesem Fall müsste der Gewinn, den die Zeitgaist GmbH durch den Verkauf ihrer Uhren erzielt, entsprechend der Wertschöpfungsbeiträge der Zeitgaist GmbH (Einkauf, Produktion) und der Schmiermittel AG (Produktion und Lieferung von Ölen, Fetten und Epilamen) aufgeteilt werden. Es bleibt jedoch festzuhalten, dass hier ganz besondere Nachweise erforderlich sind, um zu belegen, dass die Schmiermittel AG einen signifikanten Beitrag zur Wertschöpfung bei der Uhrenproduktion leistet.

3.2.3. Andere Methoden

3.2.3.1. Anerkennung sonstiger Methoden

Die OECD und die UN stimmen darüber überein, dass andere als die fünf beschriebenen Methoden anzuerkennen sind, wenn mit den fünf beschriebenen Methoden keine Fremdvergleichspreise ermittelt werden können und wenn mit anderen Methoden ein fremdvergleichskonformes Ergebnis erreicht werden kann (OECD TPG, Tz 2.9, UN TP, Tz 4.1.1).

3.2.3.2. Hypothetischer Fremdvergleich

Können keine vergleichbaren Fremdvergleichswerte festgestellt werden, ist zur Ermittlung des Verrechnungspreises oder des Entgelts für das Transferpaket bei einer Funktionsverlagerung nach deutschem Recht ein hypothetischer Fremdvergleich durchzuführen (§ 1 Abs. 3 Satz 7 AStG.). Der Fremdvergleichspreis wird in diesem Fall auf Grundlage einer Annahme über das Normverhalten zweier ordentlicher und gewissenhafter Geschäftsleiter ermittelt. Die Objektivierung der Sorgfalt der ordentlichen Geschäftsleiter führt zu dem Ergebnis, dass eine Angemessenheitsprüfung nach betriebswirtschaftlichen Kriterien erfolgt. Unter Beachtung der Fiktion der Kenntnis aller wesentlichen Umstände der Geschäftsbeziehung (**Informationstransparenz**; § 1 Abs. 1 Satz 3 AStG) wird dann auf der Grundlage von **Funktionsanalysen** und innerbetrieblicher **Planrechnungen** der Mindestpreis des leistenden bzw. verlagernden Unternehmens (Preisuntergrenze) und der Höchstpreis des empfangenden bzw. übernehmenden Unternehmens (Preisobergrenze) ermittelt (Einigungsbereich). Der Einigungsbereich wird von den jeweiligen Gewinnerwartungen (Gewinnpotenzialen) der Beteiligten bestimmt. Es ist der Preis im Einigungsbereich der Einkünfteermittlung zugrunde zu legen, der dem Fremdvergleichsgrundsatz mit der höchsten Wahrscheinlichkeit entspricht; wird kein anderer Wert glaubhaft gemacht, ist der Mittelwert des Einigungsbereichs zugrunde zu legen.

Abbildung 19: Beispiel Einigungsbereich – Hypothetischer Fremdvergleich

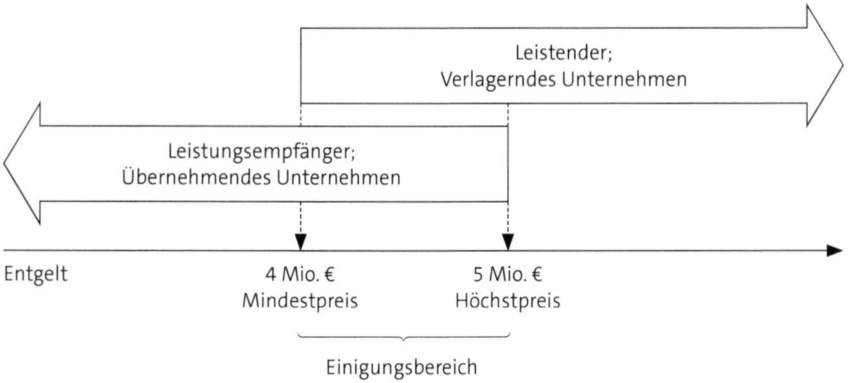

Es wird mit dem hypothetischen Fremdvergleich **keine bestimmte Bewertungsmethode** vorgeschrieben; vielmehr wird auf ökonomisch anerkannte Bewertungsmethoden abgestellt. Solche anerkannten Methoden sind insbesondere Ertragswertmethoden oder Discounted-Cashflow-Methoden, die auf innerbetrieblichen Planrechnungen beruhen. Entsprechend sind alle bewertungsrelevanten Parameter zu erfassen und in der Bewertung zu berücksichtigen.

Die OECD erkennt Bewertungsmethoden als nützliche Instrumente an (OECD-TPG, Tz. 6.145, 6.153). Dabei kann aus OECD-Sicht eine solche Bewertungsmethode im Rahmen einer Verrechnungspreismethode, insbesondere der geschäftsvorfallbezogenen Gewinnaufteilungsmethode, oder als eigenständige Bewertungstechnik angewendet werden.

3.2.3.3. Die sechste Methode (Commodity Rule)

Als weitere Verrechnungspreismethode werden im UN-TP Beispiele für die Anwendung einer sog. sechsten bzw. "commodity-Methode" aufgeführt (UN-TP, Abschnitt 4.7). Verschiedene Ausgestaltungen der Methode werden in Entwicklungsländern angewendet, insbesondere wenn Steuerpflichtige keine Dokumentationen vorlegen und auch die Finanzverwaltung Schwierigkeiten in der Sachverhaltsaufklärung hat. In diesen Fällen behelfen sich die Staaten mit an Börsen notierten Preisen, um entsprechende Warentransaktionen zwischen verbundenen Unternehmen zu bepreisen. Ursprünglich wurde die Methode nur für Transaktionen mit Rohstoffen angewendet. Mittlerweile ist ihre Verwendung auch für Handelswaren, für die es börsennotierte Preise gibt, üblich. Anwendung findet die Methode z. B. im Bereich des Exports von Getreide, Öl, Gas, Kohle oder von

Fischen, wenn der Export an eine verbundene Gesellschaft über eine Zwischengeslle-schaft abgewickelt wird, die keine wirtschaftliche Susbstanz hat und/oder niedrig besteu-ert wird.

Da der zugrunde liegende Sachverhalt für eine entsprechende Transaktion grundsätzlich nicht aufgeklärt ist, handelt sich bei der Methode eher um eine Missbrauchs- oder safe-harbour-Regel bzw. um eine fehlerhafte Preisvergleichsmethode.

Aus diesem Grunde finden sich in den OECD-TPG keine Hinweise auf die sechste Metho-de. Allerdings enthalten die Leitlinien Ausführungen zur Anwendung der Preisvergleichs-methode bei Rohstofftransaktionen. In diesem Fall können börsennotierte Preise für den Preisvergleich herangezogen werden, wenn die wirtschaftlich relevanten Merkmale des konzerninternen Geschäftsvorfalls und der Fremdgeschäftsvorfälle, die sich im notierten Preis widerspiegeln, vergleichbar sind. Hierbei handelt es sich insbesondere um die phy-sischen Eigenschaften und die Qualität des Rohstoffs, das gehandelte Volumen, die Lauf-zeit der Vereinbarungen sowie den Zeitpunkt und die Bedingungen der Lieferung (siehe OECD-TPG, Tz. 2.20 ff.)

3.2.4. Anwendung auf den Sachverhalt

Zur Bestimmung bzw. Überprüfung der Verrechnungspreise zwischen der Zeitgaist GmbH und der Schmiermittel AG ist die am besten geeignete Verrechnungspreismethode aus-zuwählen. Hierzu sind zunächst die Funktionen und die Risiken der beiden Gesellschaften zu ermitteln, siehe Kapitel 2.2. Bei der Schmiermittel AG handelt es sich nach dem unter Kapitel 3.1 beschriebenen Sachverhalt um ein Unternehmen mit Einkaufs-, Produktions- und Vertriebsfunktionen, das auch die entsprechenden Risiken trägt. Die Zeitgaist GmbH ist ein Unternehmen mit Einkaufs- und Produktionsfunktionen, das ebenfalls die entspre-chenden Risiken trägt. Beide Gesellschaften übernehmen damit keine Routinefunktionen und sind als Strategieträger zu bezeichnen. Ein Strategieträger ist ein Unternehmen, das als Ergebnis einer Funktions- und Risikoanalyse für den jeweiligen Geschäftsvorfall allein oder zusammen mit anderen Personen

a) die wesentlichen Funktionen ausübt,

b) die wesentlichen materiellen Wirtschaftsgüter und immateriellen Werte einsetzt und

c) die wesentlichen Risiken übernimmt.[1]

Da keines der beiden Unternehmen eine Routinefunktion übernimmt, können bei der Aus-wahl einer Verrechnungspreismethode einseitige Methoden, bei denen einem Unterneh-men ein fremdvergleichskonformes Routineergebnis zugewiesen wird und der Residual-

1 S. das Glossar in Verwaltungsgrundsätze Verrechnungspreise, Anlage 2

gewinn dem Strategieträger, ausgeschlossen werden. Von den geschäftsvorfallbezogenen Standardmethoden sind daher die Wiederverkaufspreis- sowie die Kostenaufschlagsmethode auszuschließen. Da die von der Schmiermittel AG an die Zeitgaist GmbH gelieferten Waren von dieser nicht weiter veräußert, sondern für die Produktion verwendet werden, handelt es sich bei der Zeitgaist GmbH nicht um einen risikolosen Wiederverkäufer. Auch die Kostenaufschlagsmethode ist nicht anwendbar, da die Produktion der Schmiermittel keine risikolose Routinefunktion der Schmiermittel AG darstellt.

In diesem Fall kann jedoch grundsätzlich die **Preisvergleichsmethode** angewendet werden. Die funktions- und risikostarke Schmiermittel AG veräußert einen Großteil ihrer Produktion auch an fremde Dritte. Hiermit sollte ein interner Preisvergleich möglich sein: Die Preise, die die Schmiermittel AG an fremde Dritte berechnet, können grundsätzlich mit denen verglichen werden, die die Schmiermittel AG an die Zeitgaist GmbH berechnet. Im Zweifel sind bei Unterschieden zwischen den Geschäftsvorfällen Anpassungsrechnungen vorzunehmen. Des Weiteren könnte ebenfalls ermittelt werden, zu welchem Preis die Zeitgaist GmbH ggf. Schmiermittel am Weltmarkt erwerben könnte. Auch hier müssten ggf. Anpassungsrechnungen vorgenommen werden.

Sollte ein Preisvergleich mangels Vergleichbarkeit auf keinen Fall möglich sein, sind die **geschäftsvorfallbezogenen Gewinnmethoden** zu prüfen:

Hier ist wiederum die geschäftsvorfallbezogenen Nettomargenmethode (TNMM) nicht geeignet. Es handelt sich bei der Zeitgaist GmbH, an die die Schmiermittel AG liefert, nicht um einen risikolosen Vertreiber der gelieferten Produkte. Die gelieferten Waren werden für die Produktion eingesetzt. Auch die geschäftsvorfallbezogene Gewinnaufteilungsmethode erscheint bei einem reinen Liefergeschäft nicht geeignet, ist jedoch unter besonderen Umständen in Betracht zu ziehen, insbesondere für den Fall, dass die Preisvergleichsmethode keine Anwendung finden kann (siehe Kapitel 3.2.2.2).

Fazit. Die Ermittlung von fremdvergleichskonformen Verrechnungspreisen (Fremdvergleichspreis) ist eng mit der Kenntnis der Industrien verbunden, in denen Unternehmen tätig sind. Denn nur durch diese Kenntnis ist auch eine Einschätzung der Wertschöpfungsbeiträge möglich, die die beteiligten Unternehmen leisten. Mit der Kenntnis der Wertschöpfungsbeiträge, die sich bereits durch eine sorgfältige Funktions- und Risikoanalyse (siehe Kapitel 2.2) zeigen sollten, kann dann auch eine passende Verrechnungspreismethode ermittelt werden. Hierbei ist zu berücksichtigen, dass es nicht möglich ist, für jeden Fall spezifische Regeln aufzustellen. Daher sollte versucht werden, mit ökonomischem Sachverstand und Industrieverständnis auch bei Ungenauigkeiten bei der Anwendung der Verrechnungspreismethoden vernünftige Lösungen zu finden.

Woran ist noch zu denken. Bei der Beurteilung der Fremdüblichkeit von Geschäftsbezie hungen sind selbstverständlich in einem ersten Schritt die Tatbestandsvoraussetzungen für eine mögliche Korrektur zu prüfen. Diese sind nach § 8 Abs. 3 Satz 2 KStG i. V. mit Abschnitt 8.5 der KStR (vGA) sowie nach Art. 9 Abs. 1 OECD-MA (hier Art. 9 Abs. 1 des DBA Schweiz) die Folgenden (siehe auch Kapitel 1.2):

- **Vermögensminderung oder verhinderte Vermögensmehrung:** Eine mögliche Vermögensminderung oder verhinderte Vermögensmehrung ist durch die Ermittlung der Fremdvergleichspreise zu ermitteln. Hierfür dienen die Verrechnungspreismethoden als internationaler Standard. Wie aber auch angeführt, ist eine Bindung an diese Methoden rechtlich nicht zwingend. Die Vermögensminderung oder die verhinderte Vermögensmehrung ist ebenfalls Voraussetzung für eine Verrechnungspreiskorrektur gem. Art. 9 Abs. 1 OECD-MA (Art. 9 Abs. 1 DBA Schweiz) bzw. des Art. 9 Abs. 1 UN-MA.
- **Durch das Gesellschaftsverhältnis veranlasst:** Die Schmiermittel AG ist eine 100 %ige Tochtergesellschaft der Zeitgaist AG und somit eine Schwestergesellschaft der Zeitgaist GmbH. Bei den beiden Gesellschaften handelt es sich daher gem. § 1 Abs. 2 Satz 1 Nr. 3 Buchst. a AStG um nahestehende Personen. Die Verbundenheit zwischen zwei Unternehmen wird gleichfalls gem. Art. 9 Abs. 1 OECD-MA (Art. 9 Abs. 1 DBA Schweiz) sowie gem. Art. 9 Abs. 1 UN-MA vorausgesetzt. Der OECD-Musterkommentar zu Art. 9 Abs. 1 versteht unter verbundenen Unternehmen Mutter-Tochter-Gesellschaften sowie solche unter gemeinsamer Kontrolle. Die nationalen wie auch die internationalen Voraussetzungen für eine Verbundenheit sind daher gleich.
- **Beruht nicht auf einem den gesellschaftsrechtlichen Vorschriften entsprechenden Gewinnverteilungsbeschluss:** Dies bedeutet im Umkehrschluss, dass es sich um **Geschäftsbeziehungen zwischen den beiden verbundenen Unternehmen handelt.** Dabei handelt es sich im vorliegenden Fall um die Veräußerung von Waren seitens der Schmiermittel AG, Schweiz, an die Zeitgaist GmbH, Deutschland. Geschäftsbeziehungen werden in § 1 Abs. 4 AStG definiert. Es handelt sich gem. Nr. 1 um einzelne oder mehrere zusammenhängende wirtschaftliche Vorgänge (Geschäftsvorfälle) zwischen einem Stpfl. und einer nahestehenden Person, a) die Teil einer Tätigkeit sind, auf die die §§ 13, 15, 18 oder 21 EStG anzuwenden sind oder anzuwenden wären, wenn sich der Geschäftsvorfall im Inland ereignet hätte , und b) denen keine gesellschaftsvertragliche Vereinbarung zugrunde liegt. Die Zeitgaist GmbH erzielt gem. § 8 Abs. 2 KStG grundsätzlich Einkünfte aus Gewerbebetrieb. Insofern ist auf die Geschäftsbeziehungen mit der Schmiermittel AG § 15 EStG anzuwenden. Gesellschaftsvertragliche Vereinbarungen sind nicht gegeben, so dass auch der Tatbestand der Geschäftsbeziehungen gem. § 1 Abs. 4 AStG erfüllt ist. Gemäß Art. 9 Abs. 1 OECD-MA (§ 9 Abs. 1 DBA Schweiz) sowie § 9 Abs. 1 UN-MA sind kaufmännische oder finanzielle Beziehungen für die Anwendung des Fremdvergleichsgrundsatzes erforderlich. Auch bei den Ge-

schäftsbeziehungen sind demnach die nationalen und internationalen Voraussetzungen für die Anwendung des Fremdvergleichs gleich.

Aus Sicht der Betriebsprüfung handelt es sich bei einem Verrechnungspreisfall um einen klassischen Prüfungsschwerpunkt; vgl. § 7 Satz 3 BpO. Dies bedeutet aber gleichwohl nicht, dass jede einschlägige Transaktion zwingend einer Prüfung unterzogen werden muss.

Aus dem vorliegenden Sachverhalt geht hervor, dass 25 % der Umsätze der Schmiermittel AG mit der Zeitgaist Unternehmensgruppe erfolgen. Im Jahr 2019 sind das ca. 15 Mio. €, davon fallen 3,1 Mio. € auf die Zeitgaist GmbH. Im Verhältnis zu den anderen Verrechnungspreissachverhalten der Unternehmensgruppe kann das so wenig sein, dass ein Aufgriff aus Kapazitäts- und Zeitgründen nicht zielführend erscheint. So empfehlen die OECD-Staaten aufgrund der Komplexität von Verrechnungspreissachverhalten, bei denen nicht für jeden Fall spezifische Regeln gelten können, mit der Vornahme von geringfügigen oder unwesentlichen Berichtigungen zurückhaltend zu sein. Im vorliegenden Fall wird ein Aufgriff unterstellt, zumal die Steuerlast der Schmiermittel AG (ca. 11 %) sehr wahrscheinlich geringer als die der Zeitgaist GmbH ist und sie gleichzeitig zumindest im Jahr 2019 eine relativ hohe Bruttorendite erzielt (2018: 7,2 %, 2019: 18 %). Die Steuerlast wie auch die Gewinnsituation sollten aber allein kein Grund sein, um nichtfremdvergleichskonforme Verrechnungspreise zu unterstellen. Im vorliegenden Fall könnte jedoch Anlass bestehen, zu vermuten, dass durch höhere Preise an die Zeitgaist GmbH Gewinne in die Schweiz verlagert werden.

Der Vermutung, dass durch höhere Preise Gewinne in die Schweiz verlagert werden, ist zunächst Anlass genug, im Rahmen einer steuerlichen Außenprüfung eine Verrechnungspreisdokumentation anzufordern (s. Kapitel 15).

3.3. Weiterführende Literatur und Rechtsprechung

Ahmadov, The “Most Appropriate Method” as the New OECD Transfer Pricing Standard: Has the Hierarchy of Methods Been Completely Eliminated?, International Transfer Pricing Journal 2011 (Volume 18), No. 3.

Baumhoff in Wassermeyer/Baumhoff (Hrsg.), Verrechnungspreise international verbundener Unternehmen, 1. Aufl. 2014, Kapitel 5: Methoden zur Ermittlung des angemessenen Verrechnungspreises.

Kroppen/Rasch in Kroppen/Rasch (Hrsg.), Verrechnungspreismethoden, Handbuch Internationale Verrechnungspreise (33. Erg.-Lfg. 2021).

Eigelshoven in Vogel/Lehner (Hrsg.), DBA, 7. Aufl. 2021, Art. 9 OECD-MA 2017 Rz. 71 - 96a.

Vögele/Raab/Braukmann, Verrechnungspreismethoden, in Vögele/Borstell/ Bernhard (Hrsg.), Verrechnungspreise, München 2020, Kapitel C. *Greil*, Fremdvergleich bei grenzüberschreitenden Geschäftsvorfällen verbundener Unter nehmen, DStZ 2016 S. 910.

Kraft in Kraft, Verrechnungspreismethoden, 2. Aufl. 2019, AStG, § 1 Rz. 237 - 249.

Jacobs/Endres/Spengel, Bestimmung des Verrechnungspreises, in Jacobs (Hrsg.), Internationale Unternehmensbesteuerung, 8. Aufl. 2016.

Kußmaul/Ruiner, Die sog. Standardmethoden zur Ermittlung fremdvergleichskonformer Verrechnungspreise – Preisvergleichsmethode, Wiederverkaufspreismethode und Kostenaufschlagsmethode, IStR 2010 S. 606.

Nientimp/Braun/Flanderová, Herausforderungen der transaktionsbezogenen Nettomargenmethode: Implementierung bei einer Vertriebsfunktion, DB 2019 S. 2087.

Pichhadze, The Arm's Length Comparable in Transfer Pricing: A Search for an "Actual" or a "Hypothetical" Transaction? World Tax Journal 2015 (Volume 7), No. 3.

Rasch, Die Bestimmung fremdvergleichskonformer Lizenzen – oder die Quadratur des Kreises?, ISR 2013 S. 31.

Scholz, Verrechnungspreisbestimmung bei funktionsschwachen Unternehmen, BB 2011 S. 1515.

Schwenke/Greil in Wassermeyer (Hrsg.), DBA (153. Erg.-Lfg. März 2021), Rz. 288 - 317.

Stein/Schwarz/Nientimp, Ist die Kostenaufschlagsmethode die Verrechnungspreismethode für konzerninterne Darlehen?, DB 2017 S. 1169.

Treidler, Transfer Pricing in One Lesson, Springer, 2020.

FG Münster, Urteil v. 7.12.2016 - 13 K 4037/13 K,F (anh. BFH I R 4/17).

FG München, Urteil v. 26.11.2019 - 6 K 1918/16 (anh. BFH I R 54/19).

BFH, Urteil v. 17.10.2001, I R 103/00 - BStBl 2004 II S. 171.

BFH, Urteil v. 6.4.2005, I R 22/04 BStBl 2007 II S. 658.

4. Vergleichbarkeitsanalyse

4.1. Ein Überblick (Katharina Becker)

Grundlegendes Problem. Es besteht internationaler Konsens darüber, die grenzüberschreitende Aufteilung von Unternehmensgruppengewinnen auf der Grundlage der Selbständigkeitsfiktion der zur Unternehmensgruppe zugehörigen Unternehmen (separate entity approach) vorzunehmen. Dieser Konsens über die Selbständigkeitsfiktion hat zur Folge, dass die Geschäftsbeziehungen innerhalb einer Unternehmensgruppe steuerlich danach zu beurteilen sind, wie sich fremde Dritte unter den Bedingungen des freien Wettbewerbs verhalten hätten (Fremdvergleichsgrundsatz, siehe § 1 Abs. 1 AStG, Art. 9 Abs. 1 OECD-MA und Art. 9 Abs. 1 UN-MA). Zur Ermittlung der Fremdvergleichspreise ist daher regelmäßig eine Untersuchung der unternehmensgruppeninternen Geschäftsbeziehungen, d. h. der Lieferungen, Leistungen, Finanzierungen etc. und der damit zusammenhängenden Umstände (Funktions- und Risikoanalyse) erforderlich, um sie dann mit denen von unabhängigen Unternehmen mit den gleichen Geschäftsbeziehungen unter den gleichen Bedingungen zu vergleichen. Eine solche Vergleichbarkeitsanalyse steht damit im Mittelpunkt der Anwendung des Fremdvergleichsgrundsatzes.

Zu unterscheiden ist dabei zwischen den Faktoren, nach denen die Vergleichbarkeit beurteilt wird (**Vergleichbarkeitsfaktoren**), und dem Prozess, wie vergleichbare Fremddaten ermittelt werden (**Vergleichbarkeitsanalyse**). Die OECD-, die UN- und auch die deutschen Regeln zur Vergleichbarkeit zeigen hier wesentliche Übereinstimmungen. Weiterhin ist der Umgang mit Bandbreiten und mit Zeitfragen bei der Vergleichbarkeit zu beachten.

Wo findet man was. Zur Vergleichbarkeitsanalyse finden sich national folgende Regelungen und Verwaltungsauffassungen:

- Verordnung zu Art, Inhalt und Umfang von Aufzeichnungen i. S. des § 90 Abs. 3 AO (Gewinnabgrenzungsaufzeichnungsverordnung – GAufzV) v. 13.11.2003, (BGBl 2003 I S. 2296), zuletzt geändert durch § 8 Satz 2 Gewinnabgrenzungsaufzeichnungs-Verordnung vom 12.7.2017 (BGBl 2017 I S. 2367), siehe hier insbesondere § 2 (Art, Inhalt und Umfang der Aufzeichnungen) sowie § 4 (Landesspezifische, unternehmensbezogene Dokumentation).
- Verwaltungsgrundsätze Verrechnungspreise, Kapitel III Abschnitt C.

Auf internationaler Ebene sind entsprechende Ausführungen in den OECD-TPG (Kapitel I Abschnitt D, Leitlinien für die Anwendung des Fremdvergleichsgrundsatzes sowie Kapitel III, Vergleichba keitsanalyse), dem UN-TP (Kapitel 3: Comparability Analysis) und beim EU Joint Transfer Pricing Forum (Report On The Use Of Comparables In The EU, DOC: JTPF/007/2016/ FINAL/EN) zu finden.

Grundsätzliche Überlegungen zur Lösung des Falles.

Vergleichbarkeitsfaktoren. Als wirtschaftlich relevant für einen Fremdvergleich haben sich in den letzten Jahren bei der OECD, den Vereinten Nationen, wie auch in den deutschen Verwaltungsgrundsätzen die folgenden **fünf Vergleichbarkeitsfaktoren** herausgebildet:

(1) Die vertraglichen Bedingungen des Geschäftsvorfalls.

(2) Die von den einzelnen am Geschäftsvorfall beteiligten Unternehmen ausgeübten Funktionen, unter Berücksichtigung der genutzten Vermögenswerte und übernommenen Risiken.

(3) Die Eigenschaften der übertragenen Wirtschaftsgüter oder der geleisteten Dienste.

(4) Die wirtschaftlichen Verhältnisse der Beteiligten und des Marktes, auf dem sie tätig sind.

(5) Die von den Beteiligten verfolgten Geschäftsstrategien.

Diese Informationen sind vom Steuerpflichtigen in Deutschland im Rahmen seiner Dokumentationspflichten als sog. *local file* (landesspezifische, unternehmensbezogene Dokumentation), siehe § 4 GAufzV, vorzuhalten (siehe Kapitel 15).

Die Analyse der **vertraglichen Bedingungen** steht am Anfang einer jeden Fremdvergleichsanalyse. Denn die vertraglichen Bedingungen sollten grundsätzlich die Bedingungen der Geschäftsvorfälle zwischen den verbundenen Unternehmen aufführen und somit erste Anhaltspunkte für die übernommenen Funktionen und Risiken geben. Allerdings sind diese vertraglichen Bedingungen nicht einfach ohne weitere Informationen maßgebend. Wenn wesentliche Abweichungen zwischen den Vertragsbedingungen und dem tatsächlichen Verhalten der verbundenen Unternehmen bestehen, sollten letztlich die von ihnen tatsächlich ausgeübten Funktionen, tatsächlich genutzten Vermögenswerte und tatsächlich übernommenen Risiken maßgeblich für die Bestimmung der Fremdvergleichspreise sein. Ob daher die tatsächlichen Gegebenheiten von den vertraglichen abweichen, ist im Rahmen der Funktions- und Risikoanalyse zu ermitteln.

Im Fall der Zeitgaist GmbH wäre z. B. ein Vertrag mit der Schmiermittel AG über die Lieferung von einer Einheit Schmiermitteln zu einem Preis von 1.000 € steuerlich nicht anzuerkennen, wenn die Schmiermittel AG Schmiermittel der gleichen Art regelmäßig an fremde Dritte zu einem Preis von 500 € pro Einheit veräußern würde. Hier müsste unabhängig von den vertraglichen Vereinbarungen auf der Basis der Vorschrift der verdeckten Gewinnausschüttung eine außerbilanzielle Hinzurechnung erfolgen mit der

Folge, dass der Zeitgaist GmbH ein fremdvergleichskonformer Kaufpreis von 500 € zugewiesen würde.

Im Hinblick auf die von den einzelnen am Geschäftsvorfall beteiligten Unternehmen ausgeübten Funktionen, unter Berücksichtigung der genutzten Vermögenswerte und übernommenen Risiken (**Funktions- und Risikoanalyse**) siehe Kapitel 2.2.

Die Analyse der Eigenschaften der übertragenen Wirtschaftsgüter oder der geleisteten Dienste ist vor allem bei der Anwendung der Preisvergleichsmethode wichtig. Denn hier können sich bereits die kleinsten Produktunterschiede auf den Preis auswirken. Insofern sind die genaue Analyse und Kenntnis der teilweise hochspezialisierten Produkte notwendig, um einen Vergleich mit den am freien Markt angebotenen Produkten vornehmen zu können. Bei allen anderen Verrechnungspreismethoden wird der produktbezogenen Vergleichbarkeit weniger Bedeutung beigemessen und mehr Gewicht auf die Bepreisung der Funktionen gelegt. Als Beispiel sei eine bestimmte niedrige Nettogewinnmarge für risikolose Vertreiber genannt, die ihnen aufgrund ihrer Routinefunktionen zugewiesen wird. Dabei ist es grundsätzlich unerheblich, welche Produkte sie genau veräußern.

Im Beispiel der Zeitgaist GmbH sind die Eigenschaften der übertragenen Wirtschaftsgüter für die korrekte Verrechnungspreisermittlung von besonderer Bedeutung. Denn die Schmiermittel, die die Zeitgaist GmbH von der Schmiermittel AG erwirbt, sollten qualitativ die gleichen sein, die die Zeitgaist AG an fremde Dritte veräußert. Wahrscheinlich werden auch hier eine genaue Kenntnis und Analyse der Schmiermittel erforderlich sein. Denn es kann z. B. ein großer Unterschied sein, ob Schmiermittel für die Uhrenproduktion oder für andere technische Geräte hergestellt werden.

Die wirtschaftlichen Verhältnisse der Beteiligten und des Marktes, auf dem sie tätig sind. Qualitativ gleiche Waren oder Dienstleistungen können auf unterschiedlichen Märkten zu unterschiedlichen Preisen angeboten werden. Daher ist es im Rahmen der Vergleichbarkeitsanalyse wichtig festzustellen, welches gleiche Märkte sind, auf denen gleichartige Waren oder Leistungen angeboten werden. Die OECD-TPG und auch das UN-TP zählen hierzu eine Reihe von Faktoren auf, die für eine Vergleichbarkeit in Betracht kommen und die je nach Fallgestaltung zu untersuchen sind, wie etwa:

- die geografische Lage,
- die Größe der Märkte,
- die Intensität des Wettbewerbs auf den Märkten und die jeweilige Wettbewerbsposition der Käufer und der Verkäufer,

- die Möglichkeit (das Risiko) einer Substituierung der Waren und Dienstleistungen,
- die Höhe von Angebot und Nachfrage auf dem Markt insgesamt und gegebenenfalls in bestimmten Regionen,
- die Kaufkraft der Konsumenten,
- Art und Umfang der staatlichen Regulierung des Markts.

Im Beispiel der Zeitgaist GmbH ist es demnach von Bedeutung, ob die Schmiermittel AG Schmiermittel an fremde Dritte im europäischen Markt oder nach Asien, Südamerika oder Afrika veräußert. Auch kann der deutsche Markt mehr Uhrenproduzenten haben als z. B. der britische Markt, sodass die Preise aufgrund der höheren Nachfrage in Deutschland tendenziell höher sein könnten als in Großbritannien, wo die Nachfrage tendenziell geringer ist. Sicherlich ist es auch wichtig, ob unterschiedliche Arten von Schmiermitteln verwendet werden können oder ob die Produktion der Uhren eine bestimmte Sorte benötigt, so dass die Zeitgaist GmbH auf die Lieferungen der Schmiermittel AG angewie sen wäre.

Ein besonderer international kontrovers geführter Diskussionspunkt ist und war im Zusammenhang der wirtschaftlichen Verhältnisse der Märkte regelmäßig die Frage, ob sich **Standortvorteile** auf die Höhe der Verrechnungspreise auswirken. Mit Standortvorteilen sind lokale niedrige Kosten für Arbeit oder Kapital gemeint. Diese Frage besitzt besonders vor dem Hintergrund der Verlagerung von Produktionstätigkeit in Niedriglohnländer eine große praktische Bedeutung. Denn die Anwendung einer rein kostenbasierten Entlohnung (Kostenaufschlagsmethode) der Produzenten in einem Niedriglohnland mit einem Standardgewinnaufschlag führt dazu, dass der Vorteil niedriger Lohnkosten allein dem Auftraggeber zugutekommt. Die Antwort der OECD und damit auch die deutsche Antwort ist eindeutig: Wenn fremde Dritte Standortvorteile aufgrund der Angebots- und Nachfragesituation und der Lage auf ihren Märkten nicht weitergeben (müssen), gilt dies auch für verbundene Unternehmen. Zwingt die Wettbewerbssituation jedoch dazu, Standortvorteile weiterzugeben, so hat dies auch innerhalb der Unternehmensgruppe zu erfolgen. Dies ist auch grundsätzlich die Auffassung der Vereinten Nationen im UN-TP, hiervon weicht jedoch China in großen Teilen ab.

Im Fall der Zeitgaist GmbH sollten Standortvorteile keine Rolle spielen, da nicht anzunehmen ist, dass die Schweiz für die Produktion von Schmiermitteln ein Niedriglohnsektor darstellt.

Die von den Beteiligten verfolgten Geschäftsstrategien. Der Einfluss von Geschäftsstrategien auf die Vergleichbarkeit von Transaktionen ist in der Praxis vor allem im Zusammenhang mit der Erschließung von neuen Märkten, der Erweiterung von bestehenden Märkten und der Markterhaltung relevant. Denn in diesen Situationen soll ein Markt über besonders niedrige Preise erobert, erweitert oder erhalten werden. Es stellt sich dann z. B.

die Frage, ob die Kosten dieser Strategien vom Hersteller, von der (ausländischen) Vertriebsgesellschaft oder von beiden zu tragen sind. Die Antwort gibt auch hier der Fremdvergleich nach einer besonderen Analyse der Funktionen und Risiken der beteiligten Parteien. Ist z. B. eine Vertriebsgesellschaft mit entsprechenden Funktionen ausgestattet, um Geschäftsstrategien zu entwickeln und durchzusetzen und hat sie auch die entsprechenden Risiken zu tragen, sind ihr auch die eventuell entstehenden **Gewinne und Verluste** zuzuordnen.

Abbildung 20: Zusammenhang Gewinnpotenzial und Funktions- und Risikoprofil

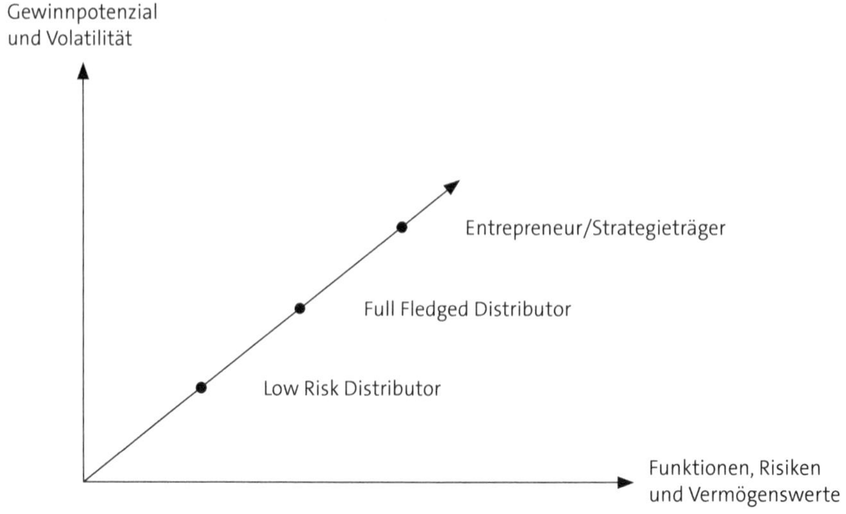

Verfügt ein Unternehmen aber weder über die maßgeblichen Entscheidungskompetenzen, Risiken einzugehen oder zu vermindern, noch über die finanzielle Kapazität, solche Risiken übernehmen zu können, ist eine Zuordnung von Risiken mit den daraus resultierenden Aufwendungen und Erträgen zu diesem Unternehmen mitunter fremdunüblich. Im Regelfall dürfte ein nicht als Strategieträger zu qualifizierendes Unternehmen keine **länger andauernde Verlustperiode** hinnehmen (OECD-TPG, Tz. 3.64), ohne einen angemessenen Totalgewinn innerhalb eines bestimmten überschaubaren Kalkulationszeitraums zu erwarten (BFH, Urteil v. 17.2.1993, I R 3/92, BStBl 1993 II S. 457; BFH, Urteil v. 17.10.2001, I R 103/00, BStBl 2004 II S. 171). Denn Unabhängige Unternehmen würden verlustbringende Geschäftsaktivitäten einstellen, wenn keine **vernünftige, betriebswirtschaftlich fundierte Erwartung** besteht, innerhalb eines überschaubaren Zeitraums einen angemessenen **Totalgewinn** erzielen zu können. Im Gegensatz dazu kann es für eine Unternehmensgruppe im Rahmen ihrer Geschäftsstrategie ökonomisch sinnvoll sein, wenn ein verbundenes Unternehmen seinen unrentablen Geschäftsbetrieb fortführt (siehe auch OECD-TPG, Tz. 1.129 - 1.131). Daraus folgt auch, dass ein Unternehmen, welches nicht als Strategieträger zu charakterisieren ist, grundsätzlich auch dann angemessen zu vergüten ist, wenn sich die Unternehmensgruppe insgesamt in wirtschaftlichen Schwierigkeiten befindet. Die angemessene Vergütung kann sich dabei auch aus einer zeitraumübergreifenden Betrachtung ergeben. Dementsprechend kann die Vergütung in wirtschaftlich schwierigen Zeiten der Unternehmensgruppe auch „null" betragen oder gar negativ sein.

Erleidet aber ein unternehmensgruppenzugehöriges Unternehmen, das nicht als Strategieträger zu qualifizieren ist, beispielsweise länger als drei Jahre ins Gewicht fallende Verluste (wegen Dokumentationserfordernissen, siehe § 4 Abs. 2 Nr. 5 GAufzV), wird mitunter widerleglich angenommen, dass die vereinbarten Verrechnungspreise unangemessen und durch das Gesellschaftsverhältnis veranlasst sind. Insbesondere kommt in Betracht, dass

- der gruppeninterne Liefer- bzw. Leistungsverkehr nicht angemessen abgerechnet wurde,
- Leistungen nicht vollständig identifiziert und entgolten wurden (z. B. Ausübung einer Funktion im Interesse der Unternehmensgruppe), oder
- Aufwendungen durch Interessen anderer Unternehmensgruppenmitglieder mitverursacht sind (z. B. Markenwerbung, Repräsentationsaufwand).

Abbildung 21: Prüfungsschema Verluste

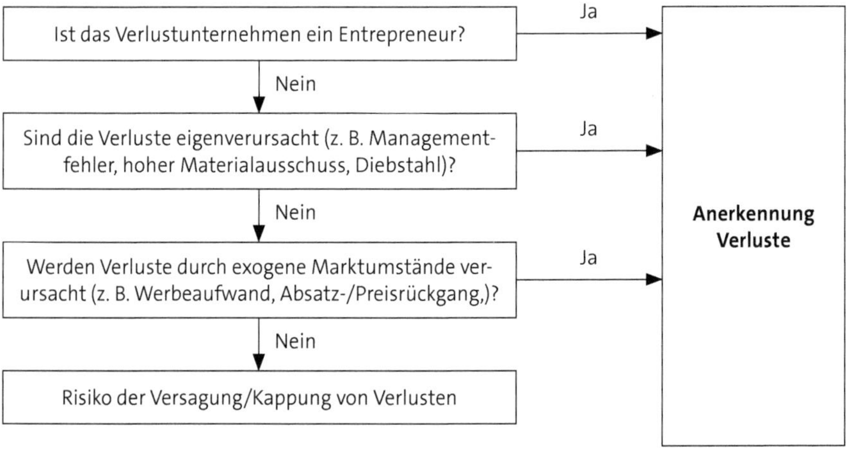

Auch im Fall der Zeitgaist GmbH ist der Punkt der Geschäftsstrategien zu beachten. Zu prüfen wäre also, ob die Schmiermittel AG ggf. fremde Märkte erobern, erweitern oder erhalten möchte und aus diesem Grund dort niedrigere Preise ansetzt als sie sie der Zeitgaist GmbH berechnet. Kann dies von der Schmiermittel AG nachgewiesen werden, dürften die allein aus diesem Grund festgesetzten niedrigeren Preise kein Korrekturgrund bei der Zeitgaist GmbH sein.

Vergleichbarkeitsanalyse. Die Verwaltungsgrundsätze Verrechnungspreise (siehe Tz 3.20), die OECD-TPG sowie das UN-TP enthalten die im Folgenden aufgeführten Schritte, die bei einer Vergleichbarkeitsanalyse für die Bestimmung von fremdvergleichskonformen Verrechnungspreisen vorzunehmen sind. Steuerpflichtige wie auch Betriebsprüfer(innen) haben sich nicht grundsätzlich an die Reihenfolge zu halten, allerdings sollten die im Folgenden erläuterten **neun Punkte/Schritte** bei der Ermittlung von fremdüblichen Verrechnungspreisen in Betracht gezogen werden:

Tabelle 22:	Vorgehensweise bei der Vergleichbarkeitsanalyse
1.	Festlegung der erfassten Jahre
2.	Breit angelegte Analyse der Umstände des Steuerpflichtigen
3.	Verständnis des bzw. der geprüften unternehmensgruppeninternen Geschäftsvorfälle, insbesondere auf der Basis einer Funktionsanalyse und ggf. Bestimmung eines der verbundenen Unternehmen als funktions- und risikoschwach (*tested party*) zur Anwendung einer einseitigen Verrechnungspreismethode
4.	Überprüfung der internen Vergleichswerte, falls vorhanden
5.	Ermittlung von externen Vergleichswerten, soweit erforderlich
6.	Auswahl der am besten geeigneten Verrechnungspreismethode
7.	Bestimmung der wichtigsten Merkmale, die Geschäftsvorfälle zwischen unabhängigen Unternehmen aufweisen müssen, um als potenziell vergleichbar ausgewählt zu werden
8.	Gegebenenfalls Bestimmung und Durchführung von Anpassungen zur Herstellung der Vergleichbarkeit
9.	Interpretation und Verwendung der gesammelten Daten, Ermittlung der fremdüblichen Vergütung

Festlegung der erfassten Jahre (Nr. 1). Dieser erste Schritt ist simpel, aber sehr wichtig: Im Rahmen der Vergleichbarkeitsanalyse werden regelmäßig dieselben Zeiträume verglichen. D. h. sämtliche Vergleichswerte von fremden Dritten sind nur dann für den Fremdvergleich brauchbar, wenn sie denselben Zeitraum wie den untersuchten bei den verbundenen Unternehmen betreffen.

Im Fall der Zeitgaist GmbH sind dies die Jahre 2020 und 2021.

Analyse der Umstände des Steuerpflichtigen (Nr. 2). Es handelt sich um eine grobe Analyse der Branche, der Wettbewerbssituation und weiterer wirtschaftlicher Faktoren, die ein Unternehmen und sein Umfeld betreffen. Dieser Schritt hilft, die Geschäftsaktivitäten des Unternehmens zu verstehen und einen Überblick über den Umfang der Geschäftsaktivitäten zu erhalten. In Deutschland gehört eine solche Analyse zur Sachverhaltsdokumentation und findet sich am Beispiel der Zeitgaist Unternehmensgruppe z. T. in Kapitel 1.1.

Analyse der konzerninternen Geschäftsbeziehungen auf Basis einer Funktionsanalyse für die Unternehmenscharakterisierung und für die Ermittlung einer geeigneten Verrechnungspreismethode (Nr. 3). Unter Schritt Nr. 3 sind auf Grundlage einer Funktions- und Risikoanalyse (siehe Kapitel 2.2) die unternehmensgruppeninternen Geschäftsvorfälle zu analysieren (Lieferung, Leistung, Finanzierung etc.). Hierbei ist auch festzustellen, ob ein geschäftsvorfallbezogener Fremdvergleich möglich ist oder ob einzelne Geschäftsvorfälle zusammengehören und als Einheit betrachtet werden sollten. Hierzu gehören z. B. langfristige Verträge über Lieferungen und Leistungen, Lizenzverträge oder Portfoliogeschäfte.

Auch **Vorteilsausgleichvereinbarungen** (*intentional set off*) können als Einheit überprüft und anerkannt werden, wenn sie ebenso zwischen unabhängigen Dritten abgeschlossen würden, wenn die Vor- und Nachteile quantifiziert werden können und eine Vorteilsverrechnung vereinbart oder vertraglich zu einem nachteiligen Geschäftsvorfall gehört. Auch fremde Dritte handeln betriebswirtschaftlich, wenn sie bei einzelnen Geschäften Nachteile in Kauf nehmen, um einen anderweitigen Vermögensvorteil zu erzielen.

Sog. **Palettengeschäfte** oder „Package-Deals" gelten als vereinfachte Form von Vorteilsausgleichvereinbarungen. Bei einem Palettengeschäft wird ein umfassendes „Paket" z. B. im Anlagebau oder in der Investitionsgüterindustrie angeboten und verrechnet.

Auf Basis der Funktions- und Risikoanalyse wird die Unternehmenscharakterisierung der beteiligten Unternehmen vorgenommen. Sie dient der Ermittlung ob und welches der beteiligten Unternehmen Routinefunktionen ausübt und als *tested party* zu qualifizieren ist oder ob beide Unternehmen mit wesentlichen Funktionen und Risiken ausgestattet sind. Ist ein Unternehmen als Routineunternehmen zu charakterisieren, das geringe Risiken trägt, kann eine einseitige Methode als Verrechnungspreismethode ausgewählt werden (Kostenaufschlags-, Wiederverkaufspreis- oder die geschäftsvorfallbezogene Nettomargenmethode). In diesem Fall wird dem Routineunternehmen ein fremdvergleichskonformes Routineergebnis zugewiesen, der Restgewinn verbleibt bei dem zweiten Unternehmen. Kann jedoch keines der beiden Unternehmen als Routineunternehmen charakterisiert werden und sind beide mit wesentlichen Funktionen und Risiken ausgestattet, ist auf eine zweiseitige Methode, die Preisvergleichsmethode oder die geschäftsvorfallbezogene Gewinnaufteilungsmethode zurückzugreifen.

Im Fall der Zeitgaist GmbH und der Schmiermittel AG kann keines der Unternehmen als Routineunternehmen gekennzeichnet werden. Daher ist hier die Preisvergleichsmethode oder im Zweifel auch die geschäftsvorfallbezogene Gewinnaufteilungsmethode anzuwenden.

Die Anwendung einer einseitigen Methode ist nur möglich, wenn Informationen über die Jahresabschlüsse der sog. *tested party* eingeholt werden können. Detaillierte Informationen über die Rechnungslegung des anderen Unternehmens sind dann nicht erforderlich. Bei der Anwendung einer zweiseitigen Methode, d. h. insbesondere der geschäftsvorfallbezogenen Gewinnaufteilungsmethode, sind detaillierte Informationen über die Rechnungslegung beider an dem Geschäftsvorfall beteiligten verbunden Unternehmen notwendig.

Interne Vergleichswerte (Nr. 4). Interne Vergleichswerte sind grundsätzlich den externen vorzuziehen, weil sie grundsätzlich einen direkteren Vergleich der unkontrollierten mit der kontrollierten Transaktion ermöglichen. Allerdings ist nicht jeder interne Vergleichswert verlässlich. Auch die internen Geschäftsvorfälle müssen den fünf Vergleichbarkeitsfaktoren entsprechen und wenn ja, sind ggf. Anpassungen zur Herstellung der Vergleichbarkeit erforderlich (siehe Schritt 8).

Im Falle der Zeitgaist GmbH könnten interne Vergleichswerte dann verwendet werden, wenn die Schmiermittel AG Schmiermittel in gleicher Qualität an fremde Dritte verkauft und auch die anderen Vergleichbarkeitsfaktoren zutreffen. Sollte es bei den Konditionen wie Zölle, Zahlungsziele oder Rabatte etc. Unterschiede geben, könnten sie durch Anpassungsrechnungen ausgeglichen werden.

Externe Vergleichswerte (Nr. 5). Liegen keine verlässlichen internen Vergleichswerte vor, ist es notwendig, externe Vergleichsdaten zu ermitteln. Eine gebräuchliche Informationsquelle sind hierfür kommerzielle Datenbanken. Ob und wie diese Datenbanken genutzt werden, ist sorgfältig zu prüfen, da sie grundsätzlich nicht für Verrechnungspreiszwecke erstellt werden.

Die deutsche Finanzverwaltung hat vom Grundsatz her keine Bedenken gegen den Einsatz von Datenbanken. Hierbei sind die besten Vergleichsdaten, die vorgelegt bzw. mit zumutbarem Aufwand ermittelt werden können, zu verwenden. Die Voraussetzung dafür, dass Daten aus Datenbanken anzuerkennen sind, ist jedoch, dass der durchgeführte Suchprozess nachvollziehbar und prüfbar ist (§ 4 Abs. 3 GAufzV).

Allerdings enthalten Datenbanken keine geschäftsvorfallbezogenen Daten von Unternehmen, sondern deren Bilanzen und GuV-Rechnungen. Wichtig ist es daher, Unternehmen in den Datenbanken zu finden, die vergleichbare Funktionen ausüben und keine offensichtlich anderen wirtschaftlichen Merkmale aufweisen als das zu überprüfende Unternehmen. Wenn ausgewählte Unternehmen nach den fünf Vergleichbarkeitsfaktoren mit dem zu überprüfenden Unternehmen vergleichbar sind, kann es im Einzelfall unerheblich sein, in welchem anderen Land sie tätig sind.

Für die Berücksichtigung oder die Verwerfung von Vergleichsunternehmen werden zusätzlich zu den fünf Vergleichbarkeitsfaktoren weitere quantitative und qualitative Kriterien herangezogen, so z. B.

- Die Größenverhältnisse eines Unternehmens, wie die Höhe des Umsatzes, der Vermögenswerte oder der Belegschaftsgröße: Hier ist z. B. zu entscheiden, ob ein Unternehmen, das Umsätze im mehrstelligen Millionenbereich tätigt, mit Unternehmen im einstelligen Millionenbereich vergleichbar ist. Das gleiche gilt für die Höhe der Vermögenswerte und die Belegschaftsgröße.
- Daten in Zusammenhang mit immateriellen Werten bzw. Forschung und Entwicklung: Unternehmen, die im Besitz von immateriellen Werten sind oder Forschung und Entwicklung betreiben, sind im Regelfall nicht mit solchen vergleichbar, die als *tested party* funktionsschwach und risikolos sind.
- Umfang der Exportaktivitäten: Unternehmen, die größtenteils im Export tätig sind, sind ggf. nicht mit solchen vergleichbar, die ihre Umsätze größtenteils auf dem regionalen Markt erzielen.
- Umfang der Lagerbestände: Unternehmen, deren Geschäftszweck es erfordert, einen hohen Umfang an Lagerbeständen aufzuweisen, sind ggf. nicht mit solchen zu vergleichen, die wenig oder keine Lagerbestände benötigen.
- Sondersituationen: Unternehmen in der Gründungsphase, insolvente Unternehmen oder andere Unternehmen, die sich in Sondersituationen befinden, sollten aus der Analyse herausgenommen werden.

Schließlich kommt es auch auf die Branche und die Produkte bzw. Dienstleistungen usw. an.

Auswahl der am besten geeigneten Verrechnungspreismethode (Nr. 6). Siehe hierzu die Beschreibung der Verrechnungspreismethoden unter Kapitel 3.

Auswahl der möglichen Fremdvergleichswerte auf Basis der Funktions- und Riskikoanalyse (siehe Schritt Nr. 3) und der fünf Vergleichbarkeitsfaktoren (Nr. 7). Unter Schritt sieben sollen nun die Vergleichswerte auf der Grundlage der vorgenommenen Vergleichbarkeitsanalysen ermittelt werden. Dieser Such- und Ermittlungsprozess muss nach deutschen Vorschriften transparent und nachvollziehbar dokumentiert werden.

Gegebenenfalls Bestimmung und Durchführung von Anpassungen zur Herstellung der Vergleichbarkeit (Nr. 8). In der Praxis wird eine Reihe von Anpassungsmöglichkeiten angewendet, um die Vergleichbarkeit von gefundenen Daten zu erhöhen. Die OECD-TPG verweisen insbesondere auf Anpassungen in der Rechnungslegung, die z. B. bei der Anwendung der Kostenaufschlagsmethode oder der TNMM erforderlich sein können. Aber auch unterschiedliche Konditionen wie Garantien oder Rabatte/ Boni, sind zu beachten. Dies bedeutet nicht, dass Anpassungen grundsätzlich zu erfolgen haben, sondern nur dann, wenn deutliche Unterschiede bei den Vergleichswerten korrigiert werden können.

Für den Fall, dass die Schmiermittel AG zum Preis von 1.000 €/kg Schmiermittel sowohl an die Zeitgaist GmbH veräußert als auch an fremde Dritte, d. h. die Preisvergleichsmethode Anwendung finden kann, ist zu überprüfen, ob auch die sonstigen Konditionen der Geschäftsbeziehung übereinstimmen. Sollten fremde Dritte einen sechsmonatigen Garantieanspruch erhalten, die Zeitgaist GmbH jedoch eine einjährige Garantie und sollten fremde Dritte im Unterschied zur Zeitgaist GmbH keinen Mengenrabatt erhalten, sind entsprechende Anpassungen vorzunehmen: Berechnet die Schmiermittel AG fremden Dritten für eine Garantieverlängerung ein Preisaufschlag von 50 €/kg und räumt sie bei ähnlicher Liefermenge einen Rabatt von 3 % ein, ist der Verrechnungspreis von 1.000 €/kg wie folgt zu korrigieren: Erhöhung um 50 €/kg durch die nicht berechnete Garantieverlängerung und Minderung um 30 €/kg durch den nicht gewährten Mengenrabatt. Der Fremdvergleichspreis wäre dann 1.020 €/kg.

Interpretation und Verwendung der gesammelten Daten, Ermittlung der fremdüblichen Vergütung (Nr. 9). Im neunten Schritt können die erhobenen Daten dahingehend ausge wertet werden, dass der korrekte Fremdvergleichspreis ermittelt werden kann.

Bandbreiten. In einigen Fällen kann durch eine Vergleichbarkeitsanalyse ein Wert ermittelt werden, der dem Fremdvergleichsgrundsatz entspricht. Da jedoch die Verrechnungspreisbestimmung keine exakte Wissenschaft ist, gibt es auch viele Situationen, bei denen die Anwendung der am besten geeigneten Methode eine Bandbreite von Werten ergibt, von denen alle mehr oder minder gleich zuverlässig sind. In diesen Fällen können die Unterschiede zwischen den Werten innerhalb der Bandbreite durch u. a. durch den Umstand verursacht sein, dass unabhängige Unternehmen, die vergleichbare Geschäftsvorfälle unter vergleichbaren Umständen tätigen, für einen solchen Geschäftsvorfall nicht genau den gleichen Preis festsetzen.

Beispiel: Bandbreite von Fremdvergleichspreisen für Schmiermittel:
1, 3, 4, 8, 10, 12, 15, 17

Liegt bei den Daten ein hoher Grad an Vergleichbarkeit vor, ist (jeder Fremdvergleichswert innerhalb der Bandbreite als fremdvergleichskonform anzusehen. Weisen nicht alle Vergleichsdaten ein hohes Maß an Vergleichbarkeit auf, können weniger vergleichbare Daten ausgesondert werden, so dass nur Werte in der Bandbreite verbleiben, die für einen Vergleich am besten geeignet sind. Verbleibt jedoch auch nach Ausschluss von Daten eine Bandbreite von Werten mit Vergleichbarkeitsmängeln, so sind die verbleibenden Daten durch an Mittelwerten orientierte statistische Methoden (Nichtberücksichtigung des Viertels der kleinsten und des Viertels der größten Werte, Interquartilsbandbreite; *interquartile range*) einzuengen.

Beispiel Schmiermittel (Einengung Bandbreite):
~~1, 3,~~ 4, 8, 10, 12, ~~15, 17~~

Liegt der vom Steuerpflichtigen für seine Einkünfteermittlung verwendete Wert außerhalb der uneingeengten oder der eingeengten Bandbreite ist der Median maßgeblich, wenn der Steuerpflichtige keinen anderen fremdvergleichskonformen Wert nachweist . Diese Vorgehensweise ist nach nationalen wie auch nach OECD-Regeln die gleiche.

Zeitliche Fragen. In Deutschland wie auch in vielen anderen Staaten herrscht das Prinzip der Abschnittsbesteuerung. Dies bedeutet grundsätzlich, dass auch Verrechnungspreise getrennt nach Steuerjahren zu ermitteln bzw. zu prüfen sind. Eine Überprüfung mehrerer zusammenhängender Jahre kann aber dann sinnvoll sein, wenn Wirtschaftsjahre mit untypischen Entwicklungen oder aber Wirtschafts- bzw. Produktzyklen festgestellt werden. Wenn dann der Durchschnitt mehrerer Jahre als fremdvergleichskonform angesehen werden kann, sollte nach Ansicht der OECD und auch Deutschlands von Korrekturen in Einzeljahren abgesehen werden. Auch die USA gehen zwar vom Grundsatz der Betrachtung des betreffenden Steuerjahres aus, halten jedoch in begründeten Fällen die Analyse mehrerer zusammengefasster Jahre für angemessen.

Für den Zeitpunkt der Datenerhebung beschreibt die OECD zwei anwendbare Methoden, den „**Price Setting Ansatz**", sowie den „**Outcome Testing Ansatz**". Nach dem Price Setting Ansatz wird die Verrechnungspreisdokumentation im Zeitpunkt der konzerninternen Geschäftsvorfälle erstellt bzw. der Verrechnungspreis anhand der zum Zeitpunkt des Geschäftsvorfalls vorhandenen Informationen exante festgesetzt. Grundlage sind sämtliche verfügbaren Daten wie vergleichbare Informationen aus früheren Jahren, wirtschaftliche Veränderungen, Marktveränderungen, Preisbudgetierungen etc., die fremde Dritte ebenfalls vorliegen hätten. Im Regelfall wird der Preisbildung eine Budgetierung zugrunde gelegt. Hier sind unterjährige Preisanpassungen nötig, wenn sich diese Daten verändern. Nach dem Outcome Testing Ansatz erfolgt die Festlegung des Verrechnungspreises erst nach Abschluss der betreffenden Transaktion. Demnach können in der Regel sämtliche, dem tatsächlichen Sachverhalt zugrunde liegenden Informationen bei der Verrechnungspreisbestimmung berücksichtigt werden. Hier sind keine unterjährigen Preisanpassungen erforderlich, da rückwirkende Anpassungen spätestens bis zum Zeitpunkt der Abgabe der Steuererklärung vorzunehmen sind.

Nach § 1 Abs. 3 GAufzV sind auch in Deutschland beide Ansätze möglich, wobei eine gewisse Präferenz für den Price Setting Ansatz erkennbar ist (§ 90 Abs. 3 Satz 2 AO; § 1 Abs. 3 Satz 4 AStG). Allerdings gibt es nach dem BFH-Urteil v. 11.10.2012 (BStBl 2013 II S. 1046) keine Vorrangstellung für einen der beiden Ansätze. Auch die Vereinten Nationen lassen beide Methoden zu. Da international beide Ansätze anzutreffen sind, können sich unterschiedliche Ergebnisse und damit Doppelbesteuerungen ergeben. Die OECD fordert die OECD-Mitgliedstaaten daher auf, sich nach Kräften um eine Lösung der sich daraus ergebenden Verständigungsverfahren zu bemühen.

Durch § 1 Abs. 3 Satz 4 AStG wird jedoch hervorgehoben, dass nur die zum Zeitpunkt der Vereinbarung des zu untersuchenden Geschäftsvorfalls vorhandenen und vorhersehbaren Informationen zur Fremdvergleichspreisermittlung herangezogen werden dürfen. Informationen, die zu diesem Zeitpunkt objektiv nicht hätten berücksichtigt werden können, dürfen sich nicht auf den Fremdvergleichspreis auswirken. Maßgebender Zeitpunkt für den Fremdvergleich ist der Abschluss des Vertrages, der der Gewährung des Vermögensvorteils zugrunde liegt (siehe auch OECD-TPG, Tz. 3.69, 5.27 ff.). Entsprechend hat sich auch die Steuerverwaltung daran zu halten und kann nicht mit Daten argumentieren, die dem Steuerpflichtigen nicht hätten vorliegen können. Wann aber die Bestimmung des Fremdvergleichspreises zu erfolgen hat, dazu trifft das Gesetz keine Aussage.

4.2. Weiterführende Literatur und Rechtsprechung

Vögele/Raab/Braukmann, Vergleichsanalyse in Vögele/Borstell/Bernhard (Hrsg.), Verrechnungspreise, 5. Aufl. 2020.

Chakravarty/Ray, AMP Expenditure, Location Savings and Guarantee Fee Aspects of Transfer Pricing, Asia-Pacific Tax Bulletin 2016 (Volume 22), No. 5.

Dawid/Renaud, Vergleichbarkeitsanalyse in Kroppen/Rasch (Hrsg.), Handbuch Internationale Verrechnungspreise (33. Erg.-Lfg. 2021)

Dawid/Dorner, Anpassungsrechnungen bei Anwendung der Preisvergleichsmethode im Rahmen der Bestimmung konzerninterner Verrechnungspreise, IWB 5/2002 S. 241.

Ebeling/Grundmann/Nolden, Wenn schon interner Preisvergleich, dann richtig, IStR 2018 S. 120.

Eigelshoven, in Vogel/Lehner (Hrsg.), DBA, Art. 9 OECD-MA 2017, 7. Aufl. 2021 Rz. 97d-102.

Eigelshoven/Totzek, Anpassungsrechnung für Länder- und Inflationsrisiken bei der Verrechnungspreisanalyse, IStR 2015 S. 540.

Heurung/Löckener/Paczkowski, Zeitpunkt der Verrechnungspreisbestimmung: Implementierung einer konzerninternen Verrechnungspreisrichtlinie anhand steuerrechtlicher Unternehmenscharakteristika, IStR 2018 S. 371.

Kraft, in Kraft (Hrsg.), AStG, 2. Aufl. 2019, § 1 AStG Rz. 270 - 284.

Li/Ji, Location-Specific Advantages: A Rising Disruptive Factor in Transfer Pricing, Bulletin for International Taxation 2017 (Volume 71), No. 5.

Peng, A Rethink of Location-Specific Advantages with an Analysis of the Chinese Approach, International Transfer Pricing Journal 2017 (Volume 24), No. 6.

Schwarz/Stein/Holinski/Hoffmann, Der datenbankgestützte Fremdvergleich bei Produk tionsunternehmen, DB 2016 S. 2307.

Weber, Internationale Verrechnungspreise zwischen nahestehenden Personen am Beispiel des Lohn- bzw. Auftragsfertigers, StBp 2019 S. 181.

FG Köln, Urteil v. 29.6.2017 - 10 K 771/16 DAAAG-63279 sowie BFH v. 18.5.2021, I R 62/17 UAAAH-93541.

FG Münster, Urteil v. 16.3.2006 - 8 K 2348/02 E, EFG 2006 S. 1562 AAAAB-89128. BFH, Urteil v. 17.2.1993 - I R 3/92, BStBl 1993 II S. 457.

BFH, Urteil v. 17.10.2001 - I R 103/00, BStBl 2004 II S. 171. BFH, Urteil v. 6.4.2005 - I R 22/04, BStBl 2007 II S. 658.

5. Warenlieferungen

5.1. Darstellung des Sachverhaltes

Die für die Produktion der Uhren benötigten Roh-, Hilfs- und Betriebsstoffe (wie etwa Edelmetalle, Metalle, Leder, Kunststoff, Kautschuk, Stoff oder Keramik) kommen aus Südafrika, China und Deutschland.

5.1.1. Lieferung RHB – I.

Die Southern Cape Pty Ltd. (Südafrika) beliefert die Zeitgaist GmbH z. B. mit Gold, Platin, Silber und Diamanten, die die Zeitgaist GmbH insbesondere zur Produktion der Uhren der Marke „Molexx" verwendet. Silber wird zum Teil auch in Uhren der Marke „Fossa" eingesetzt, weswegen sie auch die Zeitgaist Production S.N.C. beliefert.

Die Southern Cape Pty Ltd. agiert dabei nahezu unabhängig. Sie erwirbt selbständig am Markt die benötigten Rohstoffe, die sie dann insbesondere an die beiden Gesellschaften veräußert. Sie betreibt ihr Geschäftsmodell in einem geringeren Umfang auch mit fremden Dritten. Sie trifft damit alle Entscheidungen, nutzt das von ihr aufgebaute Lieferantennetzwerk und trägt alle Risiken, die mit ihren Entscheidungen verbunden sind. Die Zeitgaist AG ist darauf bedacht, dass hohe Qualitätsstandards eingehalten werden und beispielsweise keine Konfliktdiamanten Eingang in den Produktionsprozess erhalten. Entsprechend kontrolliert sie die Einkaufspraktiken der Southern Cape Pty Ltd.

Die Vergütung seitens der Zeitgaist GmbH für den Erwerb der Rohstoffe erfolgt zum tagesaktuellen Rohstoffpreis.

5.1.2. Lieferung RHB – II.

Die Zeitgaist Commodity WFOE (China) beliefert die Zeitgaist GmbH mit Metallen der Seltenen Erden. Auf diese ist die Zeitgaist GmbH angewiesen, wenn ihre Uhren der Marke „Molexx" weiterhin fälschungssicher ausgestaltet sein sollen; hierfür nutzt sie nämlich eine Markierungstechnik auf Basis von Seltenen Erden. Auch mit dieser Markierungstechnik hebt sich die Marke „Molexx" von ihren Konkurrenzprodukten ab. Die Zeitgaist Commodity WFOE ist grundsätzlich an die Entscheidungen der Zeitgaist GmbH gebunden, trägt grundsätzlich keine Risiken, wie etwa Lagerhaltungs- oder Abnahmerisiko, und sie betreibt auch keinen Handel mit fremden Dritten. Allerdings nutzt die Zeitgaist Commodity WFOE ihre Marktzugangslizenz, ihr Netzwerk und ihr Know-how, um die benötigten Metalle der Seltenen Erden kostengünstig und in einem ausreichenden Ausmaß zu erwerben.

Die Vergütung seitens der Zeitgaist GmbH für den Erwerb der Seltenen Erden erfolgt zum tagesaktuellen Marktpreis – also dem Preis, zu welchem sie diese selbst von Dritten erwirbt – zuzüglich eines Dienstleistungsentgeltes i. H. von 5 % auf die Istkosten der Zeitgaist Commodity WFOE.

5.2. Diskussion und Lösung (Julian Maier)

Grundlegendes Problem. Der zentrale Einkauf von Materialien, Vorprodukten oder Waren für andere unternehmensgruppenzugehörige Gesellschaften gehört zu der Art von Geschäftsvorfällen, die oftmals unter besonderer Beobachtung der Betriebsprüfung stehen. Grund hierfür ist, dass zentrale Einkaufsgesellschaften in Niedrigsteuerländern in der Vergangenheit oftmals Teil von Strategien zur Steuergestaltung waren. Rechtlich kann die unternehmensgruppeninterne Einkaufsfunktion entweder als Eigenhändler oder als Einkaufskommissionär bzw. Einkaufsagent strukturiert werden. Während der **Eigenhändler** auf eigene Rechnung und eigenes Risiko tätig wird und zumindest für eine logische Sekunde Eigentum an den eingekauften Materialien erwirbt, geben der **Einkaufsagent** und der **Einkaufskommissionär**, ersterer im Rahmen einer offenen Stellvertretung und letzterer nur wirtschaftlich durch Herausgabe des durch die Kommission Erlangten, das Ergebnis ihrer Einkaufstätigkeit unmittelbar an ihre Auftraggeber weiter.

Zentraler Streitpunkt bei der Bepreisung der erworbenen Materialien oder Waren ist oftmals die Frage, welche Verrechnungspreismethode anzuwenden ist, um die Vergütung der Einkaufsgesellschaft zu bestimmen. Hierfür gibt es im Grundsatz zwei unterschiedliche Ansätze:

1. Die Vergütung nach der **Kostenaufschlagsmethode** (siehe Kapitel 3.2.1.3), wobei die Kostenbasis in diesen Fällen nur aus den Kosten der Einkaufstätigkeit selbst (Gehälter der Einkäufer, Büromieten, Büroeinrichtung etc.) besteht. Der Preis der eingekauften Materialien gehört nicht zu den zu beaufschlagenden Kosten. Die erworbenen Materialien werden von der Einkaufsgesellschaft zum Einstandspreis weiterverkauft, sofern sich ein Durchreichen an den Auftraggeber nicht ohnehin aus der Strukturierung der Einkaufsfunktion als Einkaufsagent oder Einkaufskommissionär ergibt. Zur Bestimmung des in Prozent der Kostenbasis ermittelten Gewinnaufschlags ist in aller Regel eine Datenbankstudie zu erstellen. Einkaufsleistungen zählen nicht zu den sog. *low value adding services*, für welche ggf. bei Anwendung eines Gewinnaufschlags von 5 % auf eine Vergleichsstudie verzichtet werden kann (siehe OECD-TPG, Tz. 7.43 ff.[1]).

1 Siehe zu dem Themenbereich der low value adding services auch EU JTPF Report: Guideline on low value adding intra-group services, https://ec.europa.eu/taxation_customs/sites/taxation/files/docs/body/ jtpf_020_rev3_2009.pdf; Abruf am 25.12.2019

2. Die Vergütung anhand einer **Marge** (oftmals als Spread bezeichnet) **auf den Wert der eingekauften Materialien**. Diese Marge kann entweder auf Basis der Preisvergleichsmethode oder anhand der Margen unabhängiger Einkaufsgesellschaften bestimmt werden. Die Preisvergleichsmethode spielt insbesondere bei homogenen Gütern, wie Rohstoffen, eine wesentliche Rolle, bei welchen der Einkaufspreis zwischen den beteiligten Gesellschaften nach einem öffentlich notierten (Börsen-)Preis festgelegt werden kann. Liegen für die eingekauften Materialien keine solche notierten Preise vor, sind im Rahmen einer Vergleichsstudie entweder die von unabhängigen Einkaufsdienstleistern verlangten Handelsmargen oder deren Nettogewinne (bei Anwendung der geschäftsvorfallbezogenen Nettomargenmethode) aus Drittdaten abzuleiten.

Entscheidendes Kriterium dafür, welcher methodische Ansatz anzuwenden ist, sind die von der Einkaufsgesellschaft ausgeübten Funktionen und übernommenen Risiken. Bei einer solchen Funktionsanalyse sind insbesondere die folgenden Fragen zu betrachten:

a) Wer ist für die **Ermittlung von Beschaffungsquellen**, d. h. die Auswahl und Zulassung der Lieferanten und deren Qualifizierung, zuständig?

b) Ist die Einkaufsgesellschaft in die Auswahl der eingekauften Produkte eingebunden (**Beteiligung der Einkaufsgesellschaft an der Sortimentsgestaltung**, insbesondere relevant bei Handelsunternehmen)?

c) Wer führt die **Vertragsverhandlungen mit den Lieferanten** und entscheidet über die Annahme von einzelnen Angeboten bzw. welche Bedingungen und Preise allgemein akzeptiert werden können?

d) Wer plant und entscheidet über die **Disposition von Einkaufsvolumina zwischen verschiedenen Lieferanten**?

e) Ist die Einkaufsgesellschaft dafür verantwortlich die **Qualität der eingekauften Materialien** oder Waren und die **Termintreue der Lieferanten zu** überprüfen und inwieweit bestehen hierzu Vorgaben des Auftraggebers?

f) Wer ist für die Zahlungsabwicklung, ein eventuelles Hedging dieser Zahlungen und die Organisation des Transports verantwortlich?

Zudem sollte betrachtet werden, ob die Einkaufsgesellschaft über erworbene oder selbst geschaffene **immaterielle Werte** verfügt, die sie im Rahmen ihrer Einkaufstätigkeit einsetzt. Hierzu können bspw. besonderes Einkaufs-Know-how, ein stetig gepflegtes Netzwerk an zuverlässigen Lieferanten oder besondere, nur in sehr beschränktem Umfang vergebene Konzessionen gehören.

Auf Basis einer solchen Funktions- und Risikoanalyse sind die Tätigkeiten der unternehmensgruppeninternen Einkaufsgesellschaft einem der beiden folgenden zwei Grundfälle zuzuordnen:

1. **Routineeinkaufstätigkeiten**: Die Tätigkeiten einer Routineeinkaufsgesellschaft beschränken sich im Wesentlichen auf die Bündelung der Einkaufsvolumina der Unternehmensgruppe und die Durchführung der Einkaufstätigkeit. Dabei handelt die Routineeinkaufsgesellschaft nach detaillierten Vorgaben ihrer unternehmensgruppeninternen Auftraggeber. Diese geben die einzukaufenden Produkte vor, bestimmen die in Frage kommenden Lieferanten oder geben zumindest detaillierte Vorgaben zu deren Auswahl, haben das letzte Wort über die akzeptierten Lieferbedingungen und Preise und bestimmen die Grundsätze, nach denen die ausländische Gesellschaft ihre Einkaufsfunktion und damit verbundene Annexfunktionen ausübt. Die Erbringung der Einkaufsleistungen darf zudem nicht von der Verwendung eigener immaterieller Werte der Einkaufsgesellschaft abhängen. Sind diese Kriterien erfüllt, liegt eine Routineeinkaufsleistung vor, die nach der **Kostenaufschlagsmethode** zu vergüten ist.
2. **Unternehmerische Einkaufstätigkeiten**: Eine unternehmerisch tätige Einkaufsgesellschaft übernimmt mehr Aufgaben als eine Routineeinkaufsfunktion. Sie übt die Einkaufsfunktion weitgehend selbstständig aus, d. h. sie ist allein für die Vertragsverhandlungen mit ihren Lieferanten und deren Auswahl und Qualifizierung verantwortlich, organsiert ihr eigenes Sublieferantennetzwerk, überwacht die Qualität und Termintreue der Lieferungen und hat dazu eine ausreichende Anzahl spezialisierter Einkäufer. Die Leistungen einer solchen Einkaufsfunktion sollten wesentlich über ein bloßes Bündeln der Einkaufsvolumina der übrigen Konzerngesellschaften hinausgehen und beinhalten in aller Regel die Nutzung von substanziellem Einkaufs-Know-how. Eine unternehmerisch tätige Einkaufsgesellschaft erhält für ihre Tätigkeit eine Handelsmarge (in Prozent des Einkaufsvolumens), die entweder durch Anwendung der **Preisvergleichsmethode** auf die eingekauften Produkte (bspw. Ansatz des Börsenpreises im Land des Abnehmers) oder unter Anwendung der **Wiederverkaufspreismethode** (Anwendung der Handelsmarge unabhängiger Einkaufsgesellschaften) ermittelt wird. Wenn weder durch eine Datenbankstudie[2] noch auf sonstige Weise bestimmt werden kann, welche Spreads unabhängige Einkaufsdienstleister auf das von ihnen eingekaufte Volumen verlangen, können ersatzweise auch die EBIT-Margen (zumindest eingeschränkt) vergleichbarer unabhängiger Einkaufsdienstleister herangezogen werden. Um in diesen Fällen den in der unternehmensgruppeninternen Transaktion anzusetzenden Bruttoaufschlag zu ermitteln, werden die in der Datenbankstudie ermittelten EBIT-Margen anschließend um die geplanten Einkaufskosten

2 Zur Ermittlung des Spreads wird auf Aufschläge abgestellt, die unabhängige Einkaufsdienstleister in der entsprechenden Branche verlangen, die sich auf Basis des eingekauften Volumens vergüten lassen. Auch verschiedene Finanzverwaltungen haben schon solche Studien in Auftrag gegeben.

der Einkaufsgesellschaft in Prozent des Einkaufsvolumens erhöht. Tritt die Einkaufsgesellschaft als Agent oder Kommissionär auf, wird die Vergütung als Kommission auf das eingekaufte Volumen bestimmt. Kann keine dieser Methoden angewandt werden, ist zur Bestimmung der Vergütung der Einkaufsgesellschaft der hypothetische Fremdvergleich heranzuziehen. Der Aufschlag der Einkaufsgesellschaft ist dann unter Berücksichtigung der insgesamt erzielbaren Ersparnisse des zentralen Einkaufs in Prozent des Einkaufsvolumens als Obergrenze und einer Routinevergütung (wie unter 1. dargestellt, aber umgerechnet in Prozent des Einkaufsvolumens) als Untergrenze zu bestimmen. Im Zweifel ist der sich aus diesen beiden Werten ergebende Mittelwert anzusetzen (§ 1 Abs. 3a Satz 6 AStG). Auch wenn die Marge der Einkaufsgesellschaft auf Basis von Drittdaten ermittelt wird, ist stets im Rahmen der Dokumentation (siehe Kapitel 15) darzustellen, dass die aus der angesetzten Handelsmarge resultierende Verteilung der Erträge des zentralen Einkaufs auf die Einkaufsgesellschaft und ihre Abnehmer in einem angemessenen Verhältnis zu den jeweiligen Beiträgen zum Einkaufserfolg steht. Die aus der Bündelung der unternehmensgruppeninternen Einkaufvolumina resultierende verbesserte Verhandlungsposition (Mengenrabatte) ist dabei als Beitrag der unternehmensgruppeninternen Abnehmer zu behandeln.

Lässt sich eine Einkaufsfunktion im Rahmen der Funktions- und Risikoanalyse keinem der beiden Grundfälle zuordnen, muss eine Zuordnung **anhand ihrer überwiegenden Merkmale** vorgenommen werden. Eine relative Funktionsschwäche oder Funktionsstärke kann im Rahmen der sich ergebenden Bandbreite fremdüblicher Margen bei der Bestimmung des Kostenaufschlags bzw. des Spreads berücksichtigt werden, d. h. eine relativ funktionsstarke Routineeinkaufsgesellschaft erhält ggf. einen etwas höheren Kostenaufschlag und eine relativ funktionsschwache unternehmerische Einkaufsgesellschaft erhält ggf. einen etwas niedrigeren Spread.

Wo findet man was. Eine spezielle steuergesetzliche Rechtsgrundlage für die Bepreisung der Leistungen von Einkaufsgesellschaften existiert nicht. Die Tz. 1.179 bis 1.183 OECD-TPG und die beiden Beispiele in Tz. 1.188 und Tz. 1.199 OECD-TPG befassen sich mit der Aufteilung der Synergieeffekte eines zentralisierten Unternehmensgruppeneinkaufs. In Tz. 2.18 bis 2.22 OECD-TPG finden sich Vorgaben zur Anwendung der Preisvergleichsmethode beim Weiterverkauf von Rohstoffen, für die ein sog. notierter Preis, d. h. in der Regel ein Börsenpreis, vorliegt. Für die Einordnung von Konzessionen und staatlichen Lizenzen als immaterielle Werte der Einkaufsgesellschaft ist Tz. 6.24 OECD-TPG zu beachten. Die OEDC-TPG 2010 enthielten in Tz. 9.154 ff. OECD-TPG 2010 ein Beispiel zur Implementierung einer unternehmensgruppeninternen Einkaufsfunktion, welches es allerdings nicht in die heute gültigen OECD-TPG geschafft hat. Die darin dargestellten Grundsätze sind aber nach wie vor gültig.

Grundsätzliche Überlegungen zur Lösung des Falles. Unter Anwendung der zuvor dargestellten Grundsätze ist die Verrechnungspreisbestimmung beim Einkauf von der Southern Cape Pty Ltd. (Südafrika) und der Zeitgaist Commodity WFOE (China) folgendermaßen zu überprüfen:

5.2.1. Lieferung RHB – I.

Die Southern Cape Pty Ltd. (Südafrika) beliefert die Zeitgaist GmbH und die Zeitgaist Production S.N.C. mit Rohmaterialien, wie Gold, Platin, Silber und Diamanten, die diese im Rahmen ihrer Produktion einsetzen. Die Gesellschaft agiert als Eigenhändler, d. h. sie erwirbt selbst Eigentum an den weiterverkauften Rohstoffen. Zu klären ist die Frage, ob die Bepreisung der erworbenen Rohmaterialien zum tagesaktuellen Rohstoffpreis aus Verrechnungspreissicht angemessen ist. Dazu ist zunächst eine Funktions- und Risikoanalyse vorzunehmen und diese dann im Rahmen einer Methodendiskussion zu würdigen.

Funktions- und Risikoanalyse. Eine Funktions- und Risikoanalyse ergibt, dass die Gesellschaft ihre Einkaufstätigkeit weitgehend unabhängig ausübt. Insbesondere erwirbt die Southern Cape Pty Ltd. die benötigten Rohstoffe selbstständig, d. h. ohne Anleitung oder detaillierte Vorgaben der Zeitgaist GmbH. Sie trifft alle wesentlichen, mit dem Rohstoffeinkauf verbundenen Entscheidungen (Auswahl und Qualifizierung der Lieferanten, Vertragsverhandlung, Disposition von Einkaufsvolumina zwischen verschiedenen Lieferanten) selbst und hat mit 128 Mitarbeitern[3] auch die dazu notwendigen personellen Ressourcen. Die Tatsache, dass die Zeitgaist AG der Southern Cape Pty Ltd. Vorgaben zur Einhaltung von Qualitätsstandards macht, dieser bspw. vorschreibt keine Konfliktdiamanten einzukaufen, und die Einhaltung dieser Vorgaben auch kontrolliert, führt nicht dazu, dass die Southern Cape Pty Ltd. in ihrem Funktionsprofil eingeschränkt würde. Dies gilt zumindest dann, wenn die entsprechenden Vorgaben nicht wesentlich über das zwischen Dritten insoweit Übliche hinausgehen. Die Southern Cape Pty Ltd. trägt auch die mit ihren Einkaufstätigkeiten verbundenen Risiken, insbesondere das Risiko von Preisschwankungen und Lieferausfällen, selbst. Sie nutzt im Rahmen ihrer Tätigkeit ein von ihr selbst auf eigene Kosten aufgebautes Lieferantennetzwerk, welches einen werthaltigen immateriellen Wert darstellt. Schließlich unterstützt die Tatsache, dass die Southern Cape Pty Ltd. ihre Einkaufstätigkeiten auch gegenüber Dritten ausübt, ohne sich hierzu der Hilfe anderer unternehmensgruppenzugehöriger Gesellschaften bedienen zu müssen, die Schlussfolgerung, dass die Gesellschaft als unternehmerisch tätige Einkaufsgesellschaft auftritt.

3 Die Angabe ergibt sich aus dem Country-by-Country Report. In Anlage 1 des Reports sind 128 Mitarbeiter angeführt. In Anlage 2 ist ersichtlich, dass nur ein Unternehmen in Südafrika ansässig ist.

Verrechnungspreismethode. Der Einkauf der Rohstoffe durch die Zeitgaist GmbH bzw. die Zeitgaist Production S.N.C. erfolgt zum tagesaktuellen Rohstoffpreis. Als Verrechnungspreismethode zur Überprüfung der Angemessenheit der verwendeten Verrechnungspreise bietet sich damit insbesondere die **externe Preisvergleichsmethode** an. Die interne Preisvergleichsmethode, d. h. der Vergleich der unternehmensgruppen- intern verrechneten Verrechnungspreise mit den Preisen, die die Southern Cape Pty Ltd. an Drittkunden verrechnet, ist dagegen wohl nur bedingt anwendbar. Dies ergibt sich zunächst daraus, dass die gehandelten Rohstoffe erheblichen (Börsen-)Preisschwankungen unterworfen sind und ein nur gelegentlicher Verkauf an fremde Dritte daher keinen Rückschluss auf den fremdüblichen Preis in einer kurz vorher oder kurz nachher stattfindenden konzerninternen Transaktion zulässt. Zudem handelt es sich beim Verkauf an Dritte offenbar nur um ein in geringem Umfang (d. h. ggf. nur opportunistisch) betriebenes Zusatzgeschäft, sodass die hier verwendeten Preise ohnehin nicht ohne weiteres mit denen des Hauptgeschäfts, d. h. der laufenden Belieferung der konzerninternen Abnehmer, vergleichbar sind. Die an Drittkunden berechneten Preise können dennoch einen ersten Eindruck über die Preisgestaltung der Southern Cape Pty Ltd. vermitteln und einen Anhaltspunkt für eine fremdvergleichskonforme Preissetzung darstellen.

Für die Prüfung der angesetzten tagesaktuellen Rohstoffpreise, kommen insbesondere Börsenpreise (für Gold, Platin, Silber) oder beobachtbare Großhandelspreise (für Diamanten gibt es in Abhängigkeit von Schliffform, Farbe, Reinheit und Gewicht Referenzpreise verschiedener Diamantenbörsen) in Frage, da diese auch von fremden Dritten routinemäßig bei der Bestimmung der Preise für entsprechende Rohstoffe verwendet werden. Damit ein solcher Börsen- oder Großhandelspreis tatsächlich als tauglicher Fremdvergleichspreis herangezogen werden kann, müssen gem. OECD-TPG neben der Qualität der Rohstoffe und dem Transaktionszeitpunkt (OECD-TPG, Tz. 2.22) auch die übrigen wirtschaftlich relevanten Merkmale des unternehmensgruppeninternen Geschäftsvorfalls, bspw. das gehandelte Volumen, die Laufzeit der Vereinbarung und der Zeitpunkt und die Bedingungen der Lieferung, mit den Bedingungen des beobachteten Börsenpreises übereinstimmen (OECD-TPG, Tz. 2.20). Ggf. können Unterschiede, wie bspw. Transportbedingungen oder die Transaktionswährung, aber durch Anpassungsrechnungen beseitigt werden. Über die Herleitung der entsprechenden Rohstoffpreise sind für jede Einzeltransaktion Aufzeichnungen zu erstellen. Dies gilt insbesondere beim Bezug der Diamanten, bei denen die Preissetzung von den physischen Eigenschaften des einzelnen Steins abhängt.

Synergieeffekte. Der Gewinn der Southern Cape Pty Ltd. ergibt sich aus der Marge zwischen den tagesaktuellen Rohstoffpreisen und den von der Southern Cape Pty Ltd. mit ihren Lieferanten verhandelten Einkaufspreisen. Die Synergieeffekte aus der Bündelung des unternehmensgruppeninternen Einkaufs und dessen Durchführung direkt vor Ort in

Afrika und damit unter Vermeidung von Zwischenhändlern, verbleiben vollständig bei der Southern Cape Pty Ltd. Dies ist im vorliegenden Fall auch zutreffend, da die Southern Cape Pty Ltd. als unternehmerisch tätige Einkaufsgesellschaft die wesentlichen Beiträge zur Erzielung der entsprechenden Synergieeffekte leistet, indem sie alle wesentlichen Einkaufsfunktionen alleine übernimmt und dazu ihr eigenes Lieferantennetzwerks aufgebaut hat und pflegt. Die Leistungen der Southern Cape Pty Ltd. gehen damit wesentlich über eine bloße Bündelung der Einkaufsvolumina der beiden einkaufenden Gesellschaften hinaus. Da die Zeitgaist Unternehmensgruppe ansonsten weder über das notwendige Know-how verfügt noch Zugriff auf ein entsprechendes Lieferantennetzwerk hätte, um die Rohmaterialien direkt in Afrika einzukaufen, können die Produktionsgesellschaften der Unternehmensgruppe auch keinen Anteil an den erzielen Ersparnissen in Form niedrigerer Einkaufspreise beanspruchen. Die einzige Alternative zum Einkauf bei der Southern Cape Pty Ltd. besteht für die Produzenten der Zeitgaist Unternehmensgruppe darin, die entsprechenden Rohmaterialien direkt an den europäischen Rohstoffbörsen zum dann gültigen Börsenpreis einzukaufen. Die Frage, ob hierfür ggf. langfristigere Lieferverträge abgeschlossen werden könnten und ob dies ggf. für die Produzenten günstiger wäre, ist keiner steuerlichen Überprüfung zugänglich, sondern Gegenstand der unternehmerischen Dispositionsfreiheit.

5.2.2. Lieferung RHB – II.

Auch bei der Lieferung der Seltenen Erden von der Zeitgaist Commodity WFOE (China) an die Zeitgaist GmbH stellt sich die Frage, ob die Vergütung der Einkaufsgesellschaft aus Verrechnungspreissicht angemessen ist. Anders als die Southern Cape Pty Ltd. wird die Zeitgaist Commodity WFOE nicht auf Basis von Börsenpreisen vergütet, sondern verkauft die Metalle zum Marktpreis, d. h. zu dem Preis, zu welchem sie diese selbst von Dritten erwirbt, an die Zeitgaist GmbH weiter. Für ihre Einkaufstätigkeiten erhält die Gesellschaft zusätzlich eine Dienstleistungsvergütung in Höhe ihrer eigenen Ist-Kosten (d. h. ohne den Einkaufspreis der gehandelten Metalle) zuzüglich eines Gewinnaufschlags von 5 % dieser Kosten. Im Rahmen der Verrechnungspreisanalyse sind zunächst wieder die von der Zeitgaist Commodity WFOE ausgeübten Funktionen zu analysieren und die Bedeutung der Wertbeiträge der Einkaufsgesellschaft zu betrachten.

Funktions- und Risikoanalyse. Anders als die Southern Cape Pty Ltd. ist die Zeitgaist Commodity WFOE in der Ausübung ihrer Einkaufstätigkeiten an die Entscheidungen der Zeitgaist GmbH gebunden, d. h. im Ergebnis wählt die Zeitgaist GmbH die Lieferanten aus und genehmigt die jeweiligen Einkaufspreise und Einkaufsbedingungen. Zudem trägt die Zeitgaist Commodity WFOE grundsätzlich keine Risiken im Zusammenhang mit dem Einkauf, da die Zeitgaist GmbH ihr den tatsächlichen Einkaufspreis der Metalle erstattet und auch ansonsten durch die auf Ist-Kostenbasis bestimmte Vergütung alle Kosten der Einkaufstätigkeit übernimmt. Auch verkauft die Zeitgaist Commodity WFOE die Seltenen Erden nicht an fremde Dritte. Dies ist zwar kein entscheidendes Kriterium im Rahmen der Funktionsanalyse, allerdings unterstützt es die Schlussfolgerung, dass die Zeitgaist Commodity WFOE fest in die Prozesse der Zeitgaist Unternehmensgruppe eingebunden und funktionell unselbstständig ist. Dies spricht dafür, die Tätigkeiten der Zeitgaist Commodity WFOE als bloße Routineeinkaufsleistung zu qualifizieren.

Gegenargumente, die bspw. eine chinesische Betriebsprüfung gegen eine solche Einordnung vorbringen könnte, dürften wohl vor allem auf der Einschätzung beruhen, dass die Zeitgaist Commodity WFOE mit ihrer Exportlizenz, ihrem Lieferantennetzwerk und ihrem Einkaufs-Know-how bei ihrer Einkaufstätigkeit wertvolle immaterielle Werte einsetzt. Zudem könnte vorgebracht werden, dass die Seltenen Erden wesentlich zum Erfolg der „Molexx"-Uhren beitragen, da sie diese entscheidend von Konkurrenzangeboten abheben, was wiederum die Seltenen Erden und ihre Beschaffung zu einem zentralen Wertschöpfungsbeitrag mache. Außerdem findet beim Einkauf der Seltenen Erden, die nur von einer unternehmensgruppenzugehörigen Gesellschaft genutzt werden, keine Volumenbündelung statt, durch welche die anderen Gesellschaften die Verhandlungsposition der Zeitgaist Commodity WFOE stärken könnten.

Diesen Argumenten könnte allerdings wie folgt begegnet werden: Auch wenn Exportlizenzen für Seltene Erden durch die chinesische Regierung immer mal wieder verknappt wurden, ist es grundsätzlich noch immer für jeden Marktteilnehmer möglich, eine solche Exportlizenz zu erlangen. Die bestehende zahlenmäßige Beschränkung der Exportlizenzen geht damit nicht so weit, dass die Lizenz zum Exklusivrecht und damit zu einem immateriellen Wert im Sinne der Tz. 6.24 OECD-TPG wird. Zudem ist China zwar der größte, aber nicht der einzige Markt für Seltene Erden. Das Lieferantennetzwerk und das Einkaufs-Know-how stellen zwar ggf. tatsächlich werthaltige immaterielle Werte dar, allerdings beruht deren Entstehung im Wesentlichen auf von der Zeitgaist GmbH getroffenen Entscheidungen (Auswahl der Lieferanten, Genehmigung von Maßnahmen und Budgets zur Pflege und Weiterentwicklung des Lieferantennetzwerks und der Gewinnung von Erkenntnissen über den Beschaffungsmarkt). Zudem wurde die Schaffung dieser immateriellen Werte von der Zeitgaist GmbH bereits mittels der nach der Kostenaufschlagsmethode bestimmten Dienstleistungsgebühr bezahlt. Aufgrund ihrer Einbindung in die laufenden Einkaufsentscheidungen sollten der Zeitgaist GmbH zudem die Lieferanten und das entsprechende Einkaufs-Know-how selbst bekannt sein, sodass die Zeitgaist Commodity WFOE keine Möglichkeit hat, die Zeitgaist GmbH von der Nutzung dieser immateriellen Werte auszuschließen. Die Bedeutung der Seltenen Erden für die „Molexx"-Uhren ist in der Verrechnungspreisanalyse der Transaktion zwischen der Zeitgaist GmbH und der Zeitgaist Commodity WFOE kein entscheidendes Kriterium, da die Seltenen Erden nur das Mittel zur Erreichung der angestrebten Unterscheidungskraft und nicht deren

Grund sind. Vor diesem Hintergrund erscheint die Einstufung der Zeitgaist Commodity WFOE als **Routineeinkaufsgesellschaft** gerechtfertigt.

Verrechnungspreismethode. Da die Zeitgaist Commodity WFOE als Routineeinkaufsgesellschaft agiert, ist ihre Vergütung nach der **Kostenaufschlagsmethode** zu überprüfen. Dabei sind nur die Kosten der Einkaufstätigkeit selbst (Gehälter der Einkäufer, Büromieten, Büroeinrichtung, Kosten der Beziehungspflege zu den Lieferanten) als Dienstleistungskosten zu berücksichtigen. Der Preis der eingekauften Materialien gehört nicht zu den zu beaufschlagenden Kosten. Diese werden von der Zeitgaist Commodity WFOE damit richtigerweise zum Einstandspreis „durchgereicht". Der auf die verbleibende Kostenbasis angewandte Kostenaufschlagssatz von 5 % erscheint etwas gering und wäre mittels einer Datenbankstudie zu bestätigen. Um den zuvor erläuterten potentiellen Bedenken der chinesischen Finanzbehörden zumindest bis zu einem gewissen Grad Rechnung zu tragen, wäre unter praktischen Gesichtspunkten ggf. ein Kostenaufschlagssatz am oberen Ende der in der Datenbankstudie ermittelten Bandbreite anzusetzen.

Fazit. Wie gezeigt, ist bei der Bestimmung der Verrechnungspreise beim Einkauf von unternehmensgruppeninternen Einkaufsgesellschaften zwischen zwei unterschiedlichen Konstellationen zu unterscheiden: Eine unternehmerisch tätige Einkaufsgesellschaft, wie in unserem Beispiel die Southern Cape Pty Ltd., ist auf Basis der Marktpreise der eingekauften Produkte bzw. Rohstoffe beim Einkauf durch die unternehmensgruppeninternen Abnehmer oder auf Basis einer Marge auf das eingekaufte Volumen zu vergüten. Eine solche Einkaufsgesellschaft erhält damit oft einen wesentlichen Anteil der aus der Zentralisierung der Einkaufstätigkeiten resultierenden Synergiegewinne. Eine Routineeinkaufsgesellschaft, wie die Zeitgaist Commodity WFOE, erbringt hingegen eine auf Basis der Kostenaufschlagsmethode zu vergütende Routinedienstleistung und partizipiert nicht an den Ersparnissen des Zentraleinkaufs. Eine Einkaufsgesellschaft ist nur dann als unternehmerisch tätige Einkaufsgesellschaft zu qualifizieren, wenn sie mit eigenen Mitarbeitern und unter Einsatz eigener immaterieller Werte selbständig zur Realisierung der Ersparnisse des Zentraleinkaufs beiträgt und diese nicht nur im Wesentlichen auf eine Bündelung der konzerninternen Einkaufsvolumina zurückzuführen sind.

Woran ist noch zu denken. Im Rahmen der vorliegenden Fallbeispiele nicht näher zu untersuchen war die Frage, wie der Spread einer unternehmerisch tätigen Einkaufsgesellschaft zu bestimmen ist, wenn diese nicht allein für die Realisierung der Ersparnisse des Zentraleinkaufs verantwortlich ist bzw. die Ersparnisse des Zentraleinkaufs in wesentlichem Umfang eine Folge der konzerninternen Volumenbündelung sind. In diesem Fall ist eine detaillierte **Dokumentation der Ersparnisse des Zentraleinkaufs** vorzunehmen und darzustellen, zu welchem Anteil diese auf welchen Einzeleffekten beruhen. Anschließend ist der von der Einkaufsgesellschaft erzielte Spread so festzusetzen, dass sich die **Syner-**

giegewinne des Zentraleinkaufs entsprechend der ggf. geschätzten relativen Beiträge zum Einkaufserfolg auf die Einkaufsgesellschaft und ihre Abnehmer verteilen (OECD-TPG, Tz. 1.163). Eine durch eine Datenbankstudie ggf. ermittelte Bandbreite an fremdüblichen Spreads ist anhand einer solchen Betrachtung zu plausibilisieren bzw. einzuengen. Dabei sind neben den Gründen für die Ersparnisse des Zentraleinkaufs, die von den beteiligten Konzerneinheiten ausgeübten Funktionen und übernommenen Risken sowie die sich daraus ergebende relative Verhandlungsmacht der Beteiligten zu betrachten. Diese Aufteilung ist zu dokumentieren.

Jenseits der Verrechnungspreisbestimmung ist zu beachten, dass in **Niedrigsteuerländern** ansässige Einkaufstochtergesellschaften, die von einem in Deutschland unbeschränkt Steuerpflichtigen beherrscht werden, unter Umständen passive Einkünfte im Sinne der **Hinzurechnungsbesteuerung** erzielen (siehe § 7 Abs. 1, § 8 Abs. 1 Nr. 4 b AStG). Diesbezüglich ist aus Praxissicht insbesondere zu beachten, dass die (nicht nur unwesentliche) Beteiligung des deutschen Managements an Verhandlungen mit Lieferanten regelmäßig eine schädliche Mitwirkung im Sinne der Hinzurechnungsbesteuerung darstellen dürfte. Die Gründung einer Einkaufsgesellschaft im niedrigbesteuerten Ausland bzw. die Begründung einer Geschäftsbeziehung zu einer solchen Gesellschaft kann zudem ggf. eine „standardisierte Struktur" im Sinne des § 138e Abs. 1 Nr. 2 AO darstellen.[4]

5.3. Weiterführende Literatur

Rella, Central Procurement Operating Models in a Multinational Group, International Transfer Pricing Journal 2019 S. 333.

Schwarz/Stein, Quantitative Verrechnungspreise – Wertschöpfung im Unternehmen verstehen, Verrechnungspreise aktiv gestalten und benchmarken, Weinheim 2018.

Borstell/Hülster, Kapitel M: Lieferungen von Gütern und Waren, in Vögele/Borstell/Bernhardt (Hrsg.), Handbuch der Verrechnungspreise, 5. Aufl. 2020.

4 Vgl. BT-Drucks. 19/14685 S. 32.

6. Behandlung immaterieller Werte

6.1. Darstellung des Sachverhaltes

6.1.1. Forschung und Entwicklung

Die Forschung und Entwicklung erfolgt insbesondere durch die ScienceLab AG (Schweiz), da bei der Zeitgaist Unternehmensgruppe Konzept und Design sowie Forschung und Entwicklung nahezu aus einem Guss erfolgen sollen. So entwickelt die ScienceLab AG technisch innovative Uhrenprodukte, Untersysteme und Bauteile sowie die entsprechenden Herstellungstechnologien. Ebenso gehören das Auskundschaften von neuartigen Materialien und Verfahren, deren Marktüberwachung, Bewertung zum Portfolio der ScienceLab AG. Dabei erfolgt auch immer wieder ein Austausch und eine nicht institutionalisierte Zusammenarbeit mit anderen Unternehmen der Zeitgaist Unternehmensgruppe, um einen erfolgreichen Know-how-Transfer zu gewährleisten.

Insbesondere aber in Bezug auf die Uhren der Marke „SmartGaist“ erfolgt die Forschung und Entwicklung in den USA (Zeitgaist Inc.). Hier liegt der Fokus insbesondere auf innovativen Technologien.

Sowohl die ScienceLab AG als auch die Zeitgaist Inc. forschen und entwickeln sehr selbständig. Grundlegende Leitlinien werden seitens der Zeitgaist AG zwar vorgegeben und es ist ständig an die Zeitgaist AG zu reporten, jedoch sind die beiden Gesellschaften innerhalb eines von der Zeitgaist AG zur Verfügung gestellten Budgets frei in ihren Forschungs- und Entwicklungsaktivitäten. Die Ergebnisse der Forschungs- und Entwicklungstätigkeit werden anschließend an die Zeitgaist AG übertragen, sodass die Erkenntnisse in die Produktion, Montage sowie die Marketing- und Vertriebsstrategie einfließen können. Eine Patentierung der Entwicklungsergebnisse wird grundsätzlich nicht vorgenommen, damit Wettbewerber diese nicht einsehen können. Sollte im Einzelfall eine Patentierung erfolgen, wird die Zeitgaist AG ihre dafür spezialisierten Anwälte einsetzen.

Für die übernommenen Funktionen erhalten die ScienceLab AG und die Zeitgaist Inc. eine Vergütung auf Kostenbasis. Es werden ihnen alle für die Forschung und Entwicklung angefallenen Kosten ersetzt und ein Aufschlag von 15 % vergütet.

6.1.2. Marketing, Marke und Firma

Zum Produktsortiment der Zeitgaist Unternehmensgruppe gehören unter anderem Uhren dreier verschiedener Marken: „Fossa“, „SmartGaist“ und „Molexx“.

Bei der Marke „Fossa“ handelt es sich um eine seit Jahren bekannte Marke, die in der Schweiz registriert wurde (weltweiter Schutz). Bei der Marke „SmartGaist“ handelt es sich hingegen um eine neue Marke, die seitens der Zeitgaist Unternehmensgruppe erst vor vier Jahren im Geschäftsmodell aufgenommen wurde. Die Marke wurde ebenfalls in der Schweiz eingetragen (weltweiter Schutz). Zuständig für die Verwaltung beider Marken ist die Zeitgaist Marken AG (Schweiz). Sie selbst hat jedoch nicht dazu beigetragen, die Marke aufzubauen und zu entwickeln. Hierfür verantwortlich war und ist vielmehr die Zeitgaist AG (Deutschland). Sie betreibt die Marketingzentrale. Von dort aus werden die zentrale Marketingstrategie festgelegt und Marktforschung betrieben. Die weltweit tätigen Vertriebseinheiten (sowohl die Vertriebstochtergesellschaften als auch die Betriebsstätten) tragen unterstützend dazu bei, indem sie Marktdaten liefern und Empfehlungen abgeben, wie die Marketingstrategie vor Ort anzupassen sein sollte.

Die Zeitgaist Marken AG hat der Zeitgaist AG ein weltweites Nutzungsrecht der beiden Marken eingeräumt, sodass die Uhren entsprechend weltweit unter diesen Marken vertrieben werden können. Die Lizenzgebühr beträgt 7 % vom Umsatz.

Unter der Marke „Molexx“ werden Chronometer im Luxussegment vertrieben. Diese sehr traditionelle und klassische Marke wurde beim Deutschen Patentamt- und Markenamt (DPMA) eingetragen. Ein weltweiter Schutz ist gegeben. Die Werke dieser Chronometer haben in einem Test bei einer offiziellen Prüfstelle eine festgelegte Ganggenauigkeit bewiesen. Die Zeitgaist AG berechnet den Vertriebseinheiten für die „Nutzung“ dieser Marke keine Lizenz.

Allerdings stellt die Zeitgaist AG allen Unternehmenseinheiten für die Nutzung der Firma „Zeitgaist“ eine umsatzabhängige Lizenz i. H. von 0,5 % in Rechnung. Hintergrund ist, dass der Name „Zeitgaist“ weltweit bekannt sei und Vertrauen am Markt bei den Geschäftspartnern hervorrufe und entsprechend die Unternehmenseinheiten davon profitieren würden; bspw. längere Zahlungsziele, bessere Kreditkonditionen.

6.1.3. Markierungstechnik

Die Zeitgaist AG gestaltet die Uhren der Marke „Molexx“ fälschungssicher aus. Hierfür ist sie auf Seltene Erden angewiesen (siehe auch Kapitel 5.1.2.). Auch mit dieser Markierungstechnik hebt sich die Marke „Molexx“ von ihren Konkurrenzprodukten ab. Die Zeitgaist AG berechnet der Zeitgaist GmbH für die „Nutzung“ der Markierungstechnik keine Lizenz, obwohl die Zeitgaist GmbH diese Technik im Produktionsprozess einsetzt; die Zeitgaist GmbH ist verantwortlich für die Produktion der Uhren der Marke „Molexx“. Die Markierungstechnik selbst wurde von der ScienceLab AG entwickelt und hieran anschließend an die Zeitgaist AG ohne Entgelt übertragen (siehe auch Kapitel 6.1.1.).

6.2. **Diskussion und Lösung** (Christian Schwarz und Stefan Stein)

Grundlegendes Problem. Patente, Warenzeichen- und Gebrauchsmusterrechte, Bezugs- und Belieferungsrechte, Urheberrechte, Verlagsrechte, Erfindungen, Know-how, Software, Emissionsrechte, Kundenlisten und Marken stellen nur einen kleinen Auszug dessen, was unter immateriellen Werten zu verstehen ist dar. International definiert Kapitel VI der OECD- Verrechnungspreisleitlinien und national definiert § 1 Abs. 3c Satz 2 AStG **immaterielle Werte** als weder materielle noch finanzielle Vermögenswerte, die im Eigentum oder unter der Kontrolle eines Unternehmens stehen und deren Nutzung oder Erwerb sich fremde Dritte etwas kosten lassen (OECD-TPG, Tz. 6.6 ff.). In Abgrenzung dazu werden bei fehlender Möglichkeit zur Kontrolle immaterielle Werttreiber als Vergleichbarkeitsfaktoren (*comparability factors*) qualifiziert, welche allerdings selbst nicht Gegenstand einer Nutzungsüberlassung oder Einzelübertragung (z. B. spezifische Marktbedingungen und -charakteristika (etwa günstiges Lohnniveau, Marktnähe, Kaufkraft etc.), Standortvorteile oder eine eingespielte Arbeitnehmerschaft) sein können (OECD-TPG, Tz. 6.9). Zur Abgrenzung listet die OECD Negativbeispiele in den Textziffern 6.24, 6.27 - 6.31 OECD-TPG auf.

Weitergehend können **immaterielle Werte wie folgt unterteilt werden** (OECD-TPG, Tz. 6.16):

Tabelle 23: Unterteilung von immateriellen Werten

Gewerbliche immaterielle Werte	**Marketingbezogene immaterielle Werte**
umfassen jedwede immateriellen Werte, die für die Ausübung gewerblicher Aktivitäten (z. B. die Produktherstellung oder Dienstleistungserbringung) verwendet werden und umfassen bspw. Patente, Geschmacksmuster, Geschäftsgeheimnisse, Know-how etc.	stehen in einem engen Bezug zu den Marketing- und Vertriebsaktivitäten und haben entweder unmittelbar eine unterstützende Funktion bei der Verwertung von Produkten und Dienstleistungen oder leisten einen mittelbar verkaufsfördernden Beitrag. Marketingbezogene immaterielle Werte sind insbesondere für die Analyse von Vertriebsaktivitäten von Bedeutung und umfassen bspw. Markenrechte, Kundenstamm und Marketingkonzepte.

Neben der OECD Perspektive auf immaterielle Werte ist auch immer das nationale Recht zu berücksichtigen. Im deutschen Recht ist hier das sog. **Immaterialgüterrecht** maßgebend. Unter den Immaterialgüterschutz fallen in der Regel sogenannte Werke wie Texte oder Fotographien, Erfindungen (Patente), Marken, Gebrauchsmuster, Designs. Einen Überblick, was unter den einzelnen Begriffen zu verstehen ist und wie diese beispielsweise geschützt werden können, gibt das deutsche Patent- und Markenamt (DPMA). Grundsätzlich erfolgt eine Unterscheidung in den Schutz geistiger Schöpfungen (bspw. durch das Urheberrecht), sowie in die gewerblichen Schutzrechte (beispielsweise in Form von Patenten oder Gebrauchsmustern). Dabei müssen gewerbliche Schutzrechte regelmäßig in ein Register eingetragen werden, um Schutz zu erhalten, während das Urheberrecht automatisch entsteht.

Dabei ist es bedeutend, dass die in Kapitel VI OECD-TPG enthaltenen Leitlinien ausschließlich Verrechnungspreisfragen behandeln. Sie sollen nicht maßgebend für sonstige Steuerzwecke sein. So ist z. B. die Art und Weise, wie ein Geschäftsvorfall für Verrechnungspreiszwecke qualifiziert wird, nicht maßgeblich für die Frage, ob eine bestimmte Zahlung nach Artikel 12 eine Lizenzgebühr darstellt oder einer Quellensteuer unterliegen kann (OECD-TPG, Tz. 6.13).

Immaterielle Werte erlangen in der heutigen Zeit immer mehr an Bedeutung und haben einen bedeutsamen Einfluss auf die wirtschaftliche Entwicklung einer Volkswirtschaft. Entsprechend nehmen immaterielle Werte neben den Funktionen und Risiken **eine wichtige Rolle bei der Bestimmung von Wertschöpfungsbeiträgen** einzelner Unternehmen (siehe Kapitel 2, werttreiberorientierte Wertschöpfung) ein. Allerdings sind genau diese immateriellen Werte seit Jahren „ewige Sorgenkinder“[1]. Als nicht monetäre Vermögenswerte ohne physische Substanz stellen sie nicht nur den Rechnungslegenden im Gegensatz zu materiellen Werten vor eine größere Herausforderung, sondern auch die grenzüberschreitende Gewinnabgrenzung. Aufgrund ihrer Substanzlosigkeit und mangelnden Beobachtbarkeit haben sie keinen Aufenthaltsort, wie ein materieller Wert. Entsprechend kommen den Funktionen, die in Bezug zum immateriellen Wert tatsächlich ausgeübt werden, entscheidende Bedeutung für die grenzüberschreitende Gewinnzuordnung zu.

Entsprechend gilt eine **wirtschaftliche Betrachtungsweise**. Maßgebend ist, wer welche Funktionen und Risiken in Bezug auf den jeweiligen immateriellen Wert ausgeübt hat bzw. ausübt. Seitens der Steuerverwaltungen werden daher **schriftlich niedergelegte Vereinbarungen** dahingehend überprüft, ob diese mit der wirtschaftlichen Realität und den Wertschöpfungsprozessen (**wirtschaftliche Substanz**) im Einklang stehen. Die schriftlich niedergelegten Vereinbarungen bilden zwar weiterhin den Ausgangspunkt der Analyse und sind auch für Zwecke des Fremdvergleichs anzuerkennen, wenn die schriftlich niedergelegten vertraglichen Vereinbarungen – insbesondere die Vergütung der Innovationstätigkeit – im Einklang mit ökonomischen Grundsätzen, d. h. den Wertschöpfungsbeiträgen der einzelnen Unternehmen der Unternehmensgruppe, stehen (*substance over form Ansatz*). Hierfür sind zentrale Funktionen und die mit diesen verbundene Steuerung

1 So Moxter in Bezug auf das Bilanzrecht; Moxter, BB 1979 S. 1102.

von Risiken eingehend für den Innovationsprozess zu beurteilen und die Wertbeiträge einzelner Unternehmen der Unternehmensgruppe zu bestimmen.

Etwaige Abweichungen zwischen schriftlich niedergelegten vertraglichen Vereinbarungen und den ökonomischen Realitäten sind auf letztere zu adjustieren.

Grundsätzlich erfolgt die Zuordnung von Erträgen aus immateriellen Werten daher nach den übernommenen Funktionen und Risiken und deren Kontrolle. Dabei ist auf die Wertschöpfungsbeiträge, die aus der konkreten Ausübung von sog. **DEMPE-Funktionen** resultieren (OECD-TPG, Tz. 6.48 ff.; § 1 Abs. 3c Satz 4 AStG), abzustellen. DEMPE steht dabei für Development (Entwicklung), Enhancement (Verbesserung), Maintenance (Wartung), Protection (Schutz) und Exploitation (Verwertung). Für diese Analyse ist eine eigene Funktions- und Risikoanalyse erforderlich. Hierfür ist festzustellen, welche Gesellschaften in Bezug auf die Entwicklung, Verbesserung, Erhaltung, den Schutz und die Verwertung immaterieller Werte die maßgeblichen (Personal-)Funktionen ausüben, die personellen und finanziellen Kapazitäten zur Übernahme und Kontrolle der damit verbundenen Risiken haben und wertvolle immaterielle Werte einsetzen (OECD-TPG, Tz. 6.32).

In diesem Zusammenhang kann der in Kapitel 2 dargestellte *six step approach* wieder angewandt werden (OECD-TPG, Tz. 1.60). Auch bei immateriellen Werten ist zu analysieren, welche Gesellschaft(en) die personellen Ressourcen sowie die tatsächliche(n) Möglichkeit(en) zur Kontrolle von Risiken und die finanziellen Mittel zur Tragung von Risiken haben (OECD-TPG, Tz. 1.61). Voraussetzung hierfür ist grundsätzlich, dass die Entscheidungsträger die notwendigen Erfahrungen und Kompetenzen hierfür haben und über eine ausreichende Informationsbasis verfügen (OECD-TPG, Tz. 1.66).

Dies führt schließlich dazu, dass der Inhaber oder Eigentümer eines immateriellen Werts nicht zwingend berechtigt ist, die Erträge aus einem immateriellen Wert zu vereinnahmen bzw. für sich zu behalten. Üben andere Unternehmenseinheiten diesbezüglich Funktionen aus, sind diese vom Inhaber oder Eigentümer zu vergüten. Immaterielle Werte können dabei grundsätzlich wie folgt verwertet werden und entsprechend zur Wertschöpfung beitragen:

- Im Rahmen der **Eigennutzung** wird ein immaterieller Wert im eigenen Wertschöpfungsprozess eingesetzt. Durch die Verwendung des immateriellen Werts verspricht sich das verwertende Unternehmen einen Nutzenzufluss, entweder in erhöhten Umsatzerlösen oder reduzierten Kosten.
- **Eigentumsübertragung** stellt eine Verwertungsform dar, bei der das rechtliche oder wirtschaftliche Eigentum an einem immateriellen Wert gegen Entgelt übertragen wird. Die Eigentumsübertragung führt zu einem schnellen Liquiditätszufluss, wodurch die entstandenen Entwicklungskosten zeitnah amortisiert werden können.

Zugleich kommt es zur vollständigen Aufdeckung stiller Reserven. Des Weiteren partizipiert der Eigentümer nach der Eigentumsübertragung im Allgemeinen nicht mehr an den Risiken aus der (Weiter-)Entwicklung und der Verwertung des immateriellen Werts (siehe aber die gesetzliche Fiktion der Preisanpassungsklausel in § 1a AStG).

- Bei der **Nutzungsüberlassung (Lizenzierung)** räumt der Eigentümer als Lizenzgeber dem Lizenznehmer ein Nutzungsrecht an dem Lizenzgegenstand gegen Zahlung einer Lizenzgebühr ein. Dieses kann zeitlichen, sachlichen, persönlichen und räumlichen Beschränkungen unterliegen. Grundsätzlich bleibt der Lizenzgeber während der Nutzungsüberlassung rechtlicher und wirtschaftlicher Eigentümer des immateriellen Werts. Die Nutzungsüberlassung erfolgt üblicherweise in Form einer Pauschal-, Umsatz- oder Gewinnlizenz. Somit partizipiert der Lizenzgeber als Eigentümer auch an den künftigen Chancen und Risiken im Zusammenhang mit der Verwertung des immateriellen Werts durch die Höhe der Lizenzeinnahmen.

Demzufolge können immaterielle Werte selbst Gegenstand einer Geschäftsbeziehung i. S. des § 1 Abs. 4 AStG sein, weshalb diesen auch bei der Bestimmung fremdüblicher Verrechnungspreise aus der Nutzungsüberlassung (Lizenzierung) oder Übertragung eine wichtige Bedeutung zukommt.

Wo findet man was. Leitlinien zur Behandlung von immateriellen Werten findet man sowohl in Kapitel VI und ergänzend in Bezug auf Kostenumlagevereinbarungen in Kapitel VIII der OECD-TPG als auch in Anlehnung an die OECD-TPG in § 1 Abs. 3c AStG. Besonders relevant für immaterielle Werte sind der hypothetische Fremdvergleich gem. § 1 Abs. 3 Satz 7 AStG (Kapitel 3.2.3), die Preisanpassungsklausel gem. § 1a AStG und entsprechend auch die geschäftsvorfallbezogenen Gewinnaufteilungsmethode (siehe Kapitel 3.2.2.2).

Daneben sind besondere Aufzeichnungspflichten zu beachten, wie etwa in § 4 Abs. 1 Satz 1 Nr. 2 Buchst. b GAufzV, der eine Auflistung wesentlicher immaterieller Werte erfordert, § 4 Abs. 1 Satz 1 Nr. 3 Buchst. a Doppelbuchst. bb GAufzV, der Informationen über eingesetzte wesentliche Vermögenswerte im Rahmen der Dokumentation zur Funktions- und Risikoanalyse verlangt, und Nr. 9 bis Nr. 13 der Anlage zu § 5 GAuzfV, die unter anderem eine allgemeine Beschreibung der Gesamtstrategie der Unternehmensgruppe für immaterielle Werte sowie die Auflistung bedeutender immaterieller Werte für die Unternehmensgruppe verlangen. Ergänzend finden sich auch in den VWG VP an verschiedenen Stellen allgemeine Ausführungen zu immateriellen Werten (Tz. 3.47–Tz. 3.52) als auch Erläuterungen zum DEMPE Konzept (Tz. 3.53 und Tz. 3.54).

Zur Namensnutzung im Konzern und Hinweise zur Anwendung des § 1 AStG im Hinblick auf die Namensnutzung und der Überlassung von Markenrechten zwischen Steuerpflichtigen und einer ihm nahestehenden Person i. S. des § 1 Abs. 2 AStG sind auch Hinweise in den VWG VP (Tz. 3.55 bis Tz. 3.61) erhalten.

Bezüglich der Bewertung von immateriellen Werten lohnt sich auch ein Blick in den IDW Standard: Grundsätze zur Bewertung immaterieller Vermögenswerte (IDW S5).

6.2.1. Forschung und Entwicklung

Grundlegendes Problem. Die **Entwicklung immaterieller Werte** wird üblicherweise in **drei Ausübungsformen** in Abhängigkeit des Umfangs der ausgeübten Tätigkeiten, der Finanzierung und der damit verbundenen Risikotragung sowie der Anzahl der forschenden Unternehmen unterschieden (siehe bei mehreren gemeinsam forschenden Unternehmen mit Kostenumlagevereinbarungen Kapitel VIII OECD-TPG). Die drei Ausübungsformen werden im Folgenden kurz dargestellt:

Tabelle 24:	Ausübungsformen der Entwicklung immaterieller Werte
Eigenforschung	ist dadurch gekennzeichnet, dass das forschende Unternehmen die Entwicklungsziele selbst definiert und diese auf eigene Rechnung und Gefahr und grundsätzlich mit eigenen Sach- und Personalressourcen ausführt. Einen klar abgegrenzten Teil der Innovationstätigkeit kann an sog. Auftragsforscher ausgelagert werden. Der Eigenforscher wird Eigentümer der Innovation und kann – bei entsprechendem Schutz – Dritte von dessen Verwertung grundsätzlich ausschließen.
Auftragsforschung	zeichnet sich dadurch aus, dass ein Unternehmen eine wohldefinierte Innovationstätigkeit auf Rechnung und Gefahr eines beauftragenden Unternehmens durchzuführt. Aufgrund der Unsicherheiten in Bezug auf das Innovationsergebnis liegt der Auftragsforschung i. d. R. eine dienstvertragliche Vereinbarung zugrunde. Für die erbrachte Dienstleistung erhält das im Auftrag forschende Unternehmen üblicherweise, unabhängig vom Erfolg der Innovationstätigkeit, eine Kostenerstattung zuzüglich eines prozentualen Gewinnaufschlags. Das Eigentum an der Innovation steht damit dem Auftraggeber zu.
Gemeinschaftsforschung	unterscheidet sich dadurch, dass sich mehrere gleichberechtigte Unternehmen (Poolmitglieder) im gemeinsamen Interesse zu einem Forschungspool zusammenschließen, um die Innovationstätigkeit bei gemeinsamer Risikoübernahme zu koordinieren. Auf der Grundlage einer Kooperationsvereinbarung (Umlagevereinbarung) stellen die Poolmitglieder eigene Wirtschaftsgüter, Kenntnisse und Fertigkeiten dem Pool zur Verfügung, um wechselseitig einen Nutzen aus der Kooperation ziehen zu können. Jedes Poolmitglied erhält rechtliches bzw. wirtschaftliches Eigentum an der Innovation und kann dieses individuell verwerten.

Formen der Vergütung der Wertbeiträge zur Entwicklung immaterieller Werte. Forschende Unternehmen erhalten für ihre Innovationstätigkeit in Abhängigkeit der Art der Forschungs- und Entwicklungstätigkeit, den eingesetzten immateriellen Werten und den übernommenen Risiken eine **kostenorientierte oder erfolgsorientierte Vergütung**. Entsprechend den Ausprägungen der Entwicklung immaterieller Werte (insbesondere Eigenforschung oder Auftragsforschung) unterscheidet sich die Vergütung der Wertbeiträge zur Entwicklung immaterieller Werte.

Der **Eigenforscher** kann als Eigentümer der Innovation (immaterieller Wert) diese entweder durch Verwendung im eigenen Wertschöpfungsprozess, durch Nutzungsüberlassung oder durch Übertragung verwerten. In Abgrenzung dazu steht dem **Auftragsforscher** kein eigenes Verwertungsrecht für die Innovation zu, sondern er erhält eine angemessene, i. d. R. kostenorientierte Vergütung für seine Innovationsdienstleistung.

Für die jeweiligen Gruppengesellschaften ist hierbei in Bezug auf die DEMPE-Funktionen zu ermitteln, welche die maßgeblichen Funktionen ausüben, die personellen und finanziellen Kapazitäten zur Übernahme und Kontrolle der damit verbundenen Risiken haben und wertvolle immaterielle Werte einsetzen. Aus dieser **Analyse der DEMPE-Funktionen** können wichtige Informationen sowohl hinsichtlich der erbrachten und noch ausstehenden Wertschöpfungsbeiträge als auch zur Beurteilung des Projektstands gewonnen werden.

Der **Auftragsforscher** erhält klassischerweise eine Dienstleistungsvergütung auf Grundlage einer kostenorientierten Verrechnungspreismethode und partizipiert grundsätzlich nicht an den Entwicklungsrisiken. Entscheidend für die Bemessung einer fremdüblichen Vergütung ist aber die tatsächliche Funktionsausübung und Risikotragung seitens des Auftragsforscher. Sollte der Auftragsforscher die maßgebliche Innovationstätigkeit eigenständig ausüben und das beauftragende Unternehmen keine personellen Ressourcen zur Steuerung und Überwachung der Innovationstätigkeit unterhalten, dann dürfte der Auftragsforscher die maßgeblichen DEMPE-Funktionen ausüben.

Da in diesem Fall der Auftragsforscher die maßgeblichen DEMPE-Funktionen ausübt und der Auftraggeber lediglich die Finanzierung übernimmt, sind die vereinbarten vertraglichen Vereinbarungen durch fremdübliche Bedingungen zu ersetzen. Aufgrund der Ausübung der maßgeblichen Funktionen und der Steuerung der Entwicklungsrisiken kann es sachgerecht sein, dem Auftragsforscher anstelle eines kostenorientierten Entgelts eine gewinn- oder umsatzabhängige Beteiligung an den Verwertungserträgen unter dem Fremdvergleichsgrundsatz zuzurechnen. Dies führt dann dazu, dass die Ertragsposition beim Auftragsforscher unsicher ist und dieser vergleichbar dem Eigentümer an den Chancen und Risiken der Entwicklung und Verwertung eines immateriellen Werts partizipiert.

Dieser dienstvertragliche Anspruch auf eine Beteiligung an den Verwertungserträgen eines immateriellen Werts stellt beim Auftragsforscher eine Vermögensposition dar. In der Verrechnungspreispraxis wird in diesem Fall auch vom „funktionalen Eigentum" des Auftragsentwicklers an einem immateriellen Wert in Abgrenzung zum rechtlichen und wirtschaftlichen Eigentum gesprochen.[2] Dabei ist es bedeutend, dass die in Kapitel VI OECD-TPG enthaltenen Leitlinien ausschließlich Verrechnungspreisfragen behandeln. Sie sollen nicht maßgebend für sonstige Steuerzwecke, wie etwa § 39 AO, sein.

Die fremdvergleichskonforme Vergütung lässt das rechtliche Eigentum an einem immateriellen Wert unberührt und begründet auch keinen Rechtsanspruch des Auftragsentwicklers zur eigenständigen Verwertung; das Verwertungsrecht steht alleinig dem rechtlichen Eigentümer zu. Für Verrechnungspreiszwecke ist gegebenenfalls jedoch ein Teil der Verwertungserträge des rechtlichen Eigentümers dem Auftragsforscher zuzurechnen. Damit verbliebe im äußersten Fall dem Auftrag gebenden kein Ertrag (OECD-TPG, Tz. 6.42).

Quantifizierung der Wertbeiträge im DEMPE-Konzept. In der Praxis stellt sich regelmäßig die Frage, wie das DEMPE-Konzept letztlich umgesetzt werden kann. Vergleichbar zur Analyse von Geschäftsmodellen sind auch im Bereich des Innovationsmanagements und -controllings in forschenden Unternehmen verschiedene betriebswirtschaftliche Konzepte und Modelle zur Innovationssteuerung implementiert.

Vorhandene **betriebswirtschaftliche Modelle** können idealerweise direkt für steuerliche Zwecke zur Umsetzung des DEMPE-Konzepts nutzbar gemacht werden. Der große Vorteil der Nutzung implementierter Steuerungs- und Controllingtools besteht darin, dass diese aufgrund der Bedeutung für den unternehmerischen Wertschöpfungsprozess tatsächlich gelebt und nicht auf steuerlichen Vorgaben ausgerichtet sind. Daher ist zu erwarten, dass diese die wirtschaftliche Realität in der Regel sachgerecht abbilden und eine hohe Beweiskraft in steuerlichen Betriebsprüfungen aufweisen.

Zur Planung, Steuerung und Kontrolle der Innovationstätigkeit sind in forschenden Unternehmen oftmals Prozessmodelle (z. B. **Stage-Gate-Modell**) implementiert, welche für eine strukturierte DEMPE-Analyse und zur Dokumentation der Innovationsprozesse genutzt werden kann. Mithilfe derartiger **Prozess-Modelle** kann analysiert werden, welche Gesellschaften die maßgeblichen DEMPE-Funktionen ausüben, die personellen und finanziellen Kapazitäten zur Übernahme und Kontrolle der damit verbundenen Risiken haben und wertvolle immaterielle Werte einsetzen.

2 In der Verrechnungspreispraxis wird in diesem Fall auch vom „funktionalen Eigentum" des Auftragsentwicklers an einem immateriellen Wert in Abgrenzung zum rechtlichen und wirtschaftlichen Eigentum gesprochen, vgl. Stein/Schwarz/Holinski, DStR 2017 S. 118.

Im Rahmen dieser Prozessmodelle werden exante Meilensteine, Projektabschnitte und Zeitintervalle definiert und der Innovationsprozess in einzelne sequenzielle Phasen (**Stages**) aufgeteilt. Üblicherweise sieht das Stage-Gate-Modell am Ende einer jeden Teilphase Meilensteine (**Gates**) vor, in der Entscheidungsträger und Budgetverantwortliche den Zielerreichungsgrad feststellen. Diese Unterteilung ermöglicht eine dezidierte Auseinandersetzung mit den für einzelne Projektabschnitte und Zeitintervalle relevanten Personalfunktionen sowie im Rahmen der institutionalisierten Ergebniskontrollen mit der unternehmerischen Entscheidungsfindung hinsichtlich der mit der Schaffung des immateriellen Werts verbundenen Risiken und des aktiven Risikomanagements.

Die maßgebliche Konzeptionierung, Steuerung und Überwachung verbunden mit der Verantwortung zentraler Entwicklungsrisiken, mithin auch der Entscheidung eines Projektabbruchs, stellen u. E. in Einklang mit den allgemeinen Verrechnungspreisgrundsätzen die maßgeblich wertschöpfenden Funktionen dar.

Da es bei der Zuordnung von immateriellen Werten zu **Personalfunktionenkonkurrenzen** kommen kann, ist das Stage-Gate-Modell nützlich, um die konkurrierenden Personalfunktionen über den Lebenszyklus eines immateriellen Werts aufzuzeigen und die als Zuordnungsmaßstab relevante Personalfunktion zu identifizieren. Das folgende Schaubild veranschaulicht ein generisches Prozessmodell mit verschiedenen Stages und Gates.

Abbildung 22: Stage-Gate-Modell

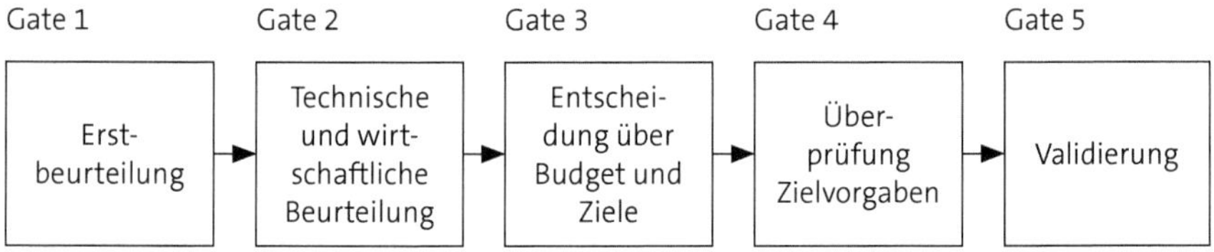

Der Informationsgehalt von Prozessmodellen kann mithilfe von **RACI-Analysen** (Responsible, Accountable, Consulted, Informed, vgl. Kapitel 2) weiter erhöht werden, indem die unterschiedlichen Rollen der beteiligten Gruppengesellschaften in Bezug auf die DEMPE-Funktionen und entlang des Lebenszyklus eines immateriellen Wertes strukturiert werden. Die vier namensgebenden Rollen im Rahmen der RACI Analyse, die als Unterscheidungskriterien herangezogen werden können, lassen sich in Bezug auf die Forschung und Entwicklung wie folgt konkretisieren:

Tabelle 25:	RACI-Analyse Forschung und Entwicklung
Responsible	Betriebsstätten oder Unternehmen mit einer Durchführungsverantwortung für die Forschungs- und Entwicklungstätigkeiten, welche verantwortlich für die operative Funktionsausübung sind.
Accountable	Betriebsstätten oder Unternehmen mit Kosten- bzw. Gesamtverantwortung, welche die Verantwortung für die Budgets und die Funktionsausübung der Forschungs- und Entwicklungstätigkeiten tragen und die funktionsspezifischen Risiken managen.
Consulted	Betriebsstätten oder Unternehmen, welche möglicherweise weder Durchführungsverantwortung oder eine Kosten- bzw. Gesamtverantwortung verfügen, allerdings wichtige Informationen und Kenntnisse für die Funktionsausübung haben oder operative Tätigkeit selbst ausführen.
Informed	Betriebsstätten oder Unternehmen mit einem Informationsrecht über den Verlauf bzw. das Ergebnis einer unternehmerischen Tätigkeit.

In einem ersten Schritt werden zunächst die für die Schaffung oder Anschaffung eines immateriellen Wertes relevanten Aufgaben und Tätigkeiten identifiziert. In Abhängigkeit von deren Komplexität kann es ratsam sein, diese weiter in einzelne Teilaufgaben und Entscheidungen zu untergliedern, sodass gewährleistet ist, dass alle Aspekte der Innovationsprozesse vollumfänglich und in ausreichender Detailtiefe Eingang in die Analyse finden. Anschließend werden den involvierten Gruppenunternehmen die zuvor definierten **RACI-Kriterien** mit dem Ziel zugewiesen, Wertschöpfungsbeiträge zu analysieren und die einschlägigen (maßgeblichen) Personalfunktion zu verorten.

Grundsätzliche Überlegungen zur Lösung des Falles. Die ScienceLab AG als auch weitere Unternehmen der Zeitgaist Unternehmensgruppe, insbesondere die Zeitgaist Inc. im Bereich SmartGaist, sind an der Entwicklung technisch innovativer Uhrenprodukte beteiligt. Des Weiteren werden neuartige Materialen, Verfahren und deren Marktüberwachung und Bewertung ausgekundschaftet. Sowohl die ScienceLab AG als auch die Zeitgaist Inc. erhalten für ihre Forschungs- und Entwicklungstätigkeiten ihre Kosten ersetzt und einen Gewinnaufschlag von 15 % von der Zeitgaist AG.

Annahmegemäß liegt ein zwischen den an der Forschung und Entwicklung beteiligten Unternehmen, insbesondere der ScienceLab AG und der Zeitgaist Inc., und der Zeitgaist AG, ein Dienstleistungsvertrag vor (klassische Auftragsforschungskonstellation).

Für die weitere Analyse sind **zwei mögliche Sachverhaltsdarstellungen** denkbar: laut Sachverhalt können sowohl die ScienceLab AG als auch die Zeitgaist Inc. gegeben der gestellten Budgets frei forschen und entwickeln. Es besteht lediglich eine Verpflichtung zum regelmäßigen Reporting an die Zeitgaist AG. Insofern werden die **DEMPE-Funktionen** in einem ersten Schritt durch die auftragsforschenden Gesellschaften ScienceLab AG und

Zeitgaist Inc. ausgeübt. Hingegen wird der rechtliche Schutz durch Patentierung sowie die Verwertung der immateriellen Werte (Exploitation) zentral durch die Zeitgaist AG ausgeführt und gesteuert.

Trotz der Möglichkeit des freien Entwickelns im Rahmen der vorgegebenen Budgets ist im Einzelfall festzustellen, in welchem Umfang die im Auftrag forschenden Unternehmen in die zentralen Entscheidungen über die Ausgestaltung und Anpassung der Innovationsvorgaben und dem Innovationsziel eingebunden sind. Differenzierte Erkenntnisse kann in diesem Fall ein **implementiertes Prozessmodell in Kombination mit einer RACI Analyse** geben:

Option 1: Stellt sich im Rahmen dieser Analyse heraus, dass die Vorgabe „frei forschen und entwickeln" tatsächlich bedeutet, dass die im Auftrag forschenden Unternehmen die gesamte Wertschöpfung eines immateriellen Wertes selbst maßgeblich verantworten und steuern, insbesondere die Vorgabe des Innovationsergebnisses, die laufende Steuerung und Überwachung, die Entscheidung zum Übergang in eine nachfolgende Entwicklungsphase, die Verlängerung der Projektlaufzeit, die Ausweitung von Budgets bei Planüberschreitungen sowie den Abbruch eines Innovationsprojekts, wenn dieses technologisch oder wirtschaftlich nicht mehr erfolgsversprechend ist. In diesem Falle übernehmen die im Auftrag forschenden Unternehmen in Bezug auf die strategischen Funktionen und Entscheidungen insbesondere die **Accountable** und **Responsible** Rollen im Sinne der RACI Analyse, während die Zeitgaist AG lediglich eine Informed Rolle einnimmt. Insofern würden die im Auftrag forschenden Unternehmen die maßgeblichen Wertbeiträge für die Innovationen leisten und sind unter Fremdvergleichsgesichtspunkten dafür angemessen, ggf. unter (signifikanter) Beteiligung an den künftigen Umsätzen oder Gewinnen, zu vergüten.

Option 2: Ergibt sich aus der Analyse hingegen ein Szenario, dass durch die Forschungs- und Entwicklungsleitlinien der Zeitgaist AG verbindliche Vorgaben erstellt werden und die Zeitgaist AG tatsächlich „tiefer" in die maßgeblichen Entscheidungsprozesse involviert ist, kann auch unter dem DEMPE-Konzept ein Auftragsforschungsverhältnis sachgerecht sein. Dies gilt insbesondere dann, wenn die Zeitgaist AG nur in Bezug auf die operative Innovationstätigkeit (Tagesgeschäft) zu informieren ist, allerdings alle zentralen Weichenstellung, die Planung, Steuerung und Kontrolle an den Gates und in regelmäßigen Steering Committees maßgeblich von der Zeitgaist AG übernommen wird (Accountable, Responsible Rollen im Sine der RACI Analyse) und diese auch die personellen Ressourcen für entsprechende Planungs-, Steuerungs- und Überwachungstätigkeiten zur Verfügung stellt. Denn das bloße Auslagern auch komplexer Innovationstätigkeiten wird auch unter fremden Dritten im Rahmen von Dienstleistungsverträgen unter Berücksichtigung einer kostenorientierten Vergütung vereinbart. Die folgende Tabelle fasst die Analyse zusammen.

Tabelle 26: Vergütung für die Forschung und Entwicklung in der Zeitgaist Unternehmensgruppe

Segment	**Fossa**	**Molexx**	**SmartGaist**
Fokus	Entwicklung technisch innovativer Uhrenprodukte, Untersysteme und Bauteile sowie die entsprechenden Herstellungstechnologien als auch das Auskundschaften von neuartigen Materialien und Verfahren, deren Marktüberwachung und Bewertung		Entwicklung technisch innovativer Uhrenprodukte.
Verrechnungspreismethode	C+ 15 %	C+ 15 %	C+ 15 %
Beteiligte	ScienceLab AG	ScienceLab AG	Zeitgaist Inc.
Rechtlicher Schutz	Grundsätzlich nicht	Grundsätzlich nicht	Grundsätzlich nicht
DEMPE-Funktionen			
Development/Entwicklung bzw. Erschaffung	ScienceLab AG	ScienceLab AG	Zeitgaist Inc.
Enhancement/Verbesserung	ScienceLab AG	ScienceLab AG	Zeitgaist Inc.
Maintenance/Erhalt/Wartung	ScienceLab AG	ScienceLab AG	Zeitgaist Inc.
Protection/Schutz	Wenn, dann: Zeitgaist AG	Wenn, dann: Zeitgaist AG	Wenn, dann: Zeitgaist AG
Exploitation/Verwertung	Zeitgaist AG	Zeitgaist AG	Zeitgaist AG

In der Fallkonstellation „Option 1“ ist die angewandte Kostenaufschlagsmethode üblicherweise nicht geeignet, eine fremdübliche Vergütung zu gewährleisten. Vielmehr müssen die maßgeblichen Wertbeiträge auch angemessen, bspw. mittels einer Beteiligung an den künftigen Umsätzen oder Gewinnen (bspw. im Rahmen eines sog. *relief from royalty* Ansatzes), vergütet werden. Im Rahmen dieses Ansatzes werden mittels eines Analogieschlusses die monetären zukünftigen Nutzenpotentiale eines immateriellen Wert, wie etwa eines Patents, durch (hypothetische) Lizenzentgelte approximiert, die dem Inhaber des immateriellen Werts durch die Inhaberschaft im Vergleich zu einem zu entrichtenden Lizenzentgelt eines nutzenäquivalenten immateriellen Werts erspart bleiben. Es kommt mithin zur Anwendung des hypothetischen Fremdvergleichs i. S. des § 1 Abs. 3 Satz 7 AStG; siehe Kapitel 3.

Bei der Option 2 hingegen korrespondiert die Kostenaufschlagsmethode mit dem Funktions- und Risikoprofil der DEMPE-Analyse. Ein Kostenaufschlagssatz der Höhe nach bestimmen gestaltet sich in Praxis schwierig, allerdings dürften die im Sachverhalt gegebenen 15 % eher am oberen Ende einer Interquartilsbandbreite angesiedelt sein.

Fazit. Je nach Ausgestaltung der DEMPE-Funktionen können in der gegebenen Sachverhaltsskizze zwei unterschiedliche Fallkonstellationen auftreten. Auf der einen Seite ein Eigenforscher, dessen maßgeblichen Wertbeiträge auch mit einer entsprechenden umsatz- oder gewinnabhängigen Vergütung korrespondieren. Andererseits die Auftragsforscherkonstellation, bei der eine Kostenaufschlagsmethode zu einem vergleichsweise niedrigen aber sicheren Gewinnelement führt. Um diese beiden Fallkonstellationen sauber auseinanderzuhalten, ist in der Praxis bei immateriellen Werten eine fundierte DEMPE-Analyse unerlässlich.

Woran ist noch zu denken. Laut Sachverhalt sind auch weitere Unternehmen der Zeitgaist Unternehmensgruppe an der Forschung- und Entwicklung beteiligt. Neben der ScienceLab AG und der Zeitgeist Inc sind daher auch deren Wertbeiträge im Hinblick auf die Know-how Transfers zu analysieren. Auch letztere sind zwischen verbundenen Unternehmen entgeltpflichtig. In der Praxis ist diese Analyse häufig sehr komplex und „technisch“, insofern hilft auch hier ein Rückgriff auf die im Unternehmen etablierten und gelebten Prozessmodelle.

6.2.2. Marketing, Marke und Firma

Grundlegendes Problem. Neben den zuvor ausgeführten Aspekten sind bei dem Thema Marketing, Marken und Firma Besonderheiten zu beachten. So dient eine Marke dazu, die Waren und Dienstleistungen eines Unternehmens von denjenigen anderer Unternehmen am Markt zu unterscheiden (§ 3 MarkenG). Marken können dadurch z. B. absatzfördernd (Mengenpremium) wirken oder dazu beitragen, dass die zur Marke gehörenden Produkte oder Dienstleistungen am Markt einen höheren Preis (Preispremium) erzielen und daraus resultierend einen wirtschaftlichen Nutzen. Werthaltige Marken sind dadurch gekennzeichnet, dass durch ein Mengen- oder Preispremium auch ein langfristige Umsatzwachstum oder eine überdurchschnittliche Profitabilität resultiert. Wichtig ist hierbei, dass bei dieser Betrachtung stets auch die Preiselastizität stets zu beachten ist und nicht ein Preispremium durch ein Mengendiscount überkompensiert wird.

Zu unterscheiden davon ist die Firma, also die Unternehmensbezeichnung. Eine Unternehmensgruppe hat keine Firma i. S. des §§ 17 ff. HGB, sondern jeweils nur das einzelne Unternehmen. Insbesondere um unter einer einheitlichen Bezeichnung am Markt in Erscheinung zu treten, kann innerhalb der Unternehmensgruppe entschieden bzw. gestattet werden, den Namen der Unternehmensgruppe als Bestandteil der jeweils eigenen Firma zu nutzen. Die „bloße“ Namensnutzung ist grundsätzlich nicht entgeltfähig, wenn sich allein aus der Namensnutzung keine wirtschaftlichen Vorteile ergeben, für die nach dem Fremdvergleichsgrundsatz der die Nutzung Gestattende ein Entgelt verlangen würde und für die der Nutzende bereit wäre, ein Entgelt zu bezahlen.

In beiden Fällen ist eine **Entgeltfähigkeit dem Grunde** nach in Betracht zu ziehen, wenn der Namensinhaber, der Inhaber der Marke oder des Unternehmenskennzeichens gegenüber einem Dritten das Recht oder die tatsächliche Möglichkeit hat, diesen von der Nutzung auszuschließen. Für erstere Voraussetzung gilt es, die **jeweilige nationale Rechtsordnung** zu beachten.

Eine **Entgeltfähigkeit der Höhe** nach ist nur dann anzunehmen, wenn der Nutzende aus einer tatsächlichen oder rechtlichen Einräumung der Nutzung einen wirtschaftlichen Vorteil erwarten kann, nach Auffassung der Finanzverwaltung unabhängig davon, ob dieser Vorteil tatsächlich eintritt (VWG VP, Tz. 3.49). Des Weiteren muss der Markeninhaber darlegen, dass er die maßgeblichen DEMPE Funktionen in Bezug auf die (Weiter) Entwicklung und den Erhalt der Marke ausübt. Die Bewertung richtet sich dann nach dem voraussichtlich eintretenden Nutzen.

Grundsätzliche Überlegungen zur Lösung des Falles. Die **Marke Fossa** ist seit Jahren im Markt bekannt und erfolgreich. In Kapitel 2 wurde diese als ein wichtiger Werttreiber im Rahmen der Wertschöpfungsanalyse identifiziert. Sie genießt weltweiten Schutz, wobei diese auf die Zeitgaist Marken AG eingetragen ist. Die Zeitgaist Marken AG ist somit Markenrechtsinhaberin und dementsprechend grundsätzlich ertragsberechtigt.

Die **Verrechenbarkeit einer Marke** ist eng an deren Werthaltigkeit geknüpft, mithin der Frage, ob diese sowohl für den Lizenzgeber als auch den Lizenznehmer einen wirtschaftlichen Vorteil stiftet. Hierbei ist bspw. zu analysieren, ob durch die Nutzung der Marke Fossa ein Nutzen durch die Realisierung von **Preis- oder Mengenpremien** erzielt werden kann. Zu beachten ist hierbei, dass bspw. ein höherer Angebotspreis noch keine Rückschlüsse auf einen wirtschaftlichen Nutzen zulässt, wenn aufgrund von Preiselastizitäten in einem wettbewerbsintensiven Markt der höhere Angebotspreis mit einem überschießenden Mengenrückgang verbunden ist.

Der Nutzen der Markenlizenzierung muss sich – zumindest im Zeitablauf – beim Lizenznehmer in einem **markenbezogenen Übergewinn** darstellen. Ist der Lizenznehmer hingegen nicht in der Lage, trotz der Nutzung der Marke im Zeitablauf einen Mehrgewinn gegenüber klassischen Routineunternehmen zu erzielen, so ist fraglich, ob aus der Nutzung der Marke ein wirtschaftlicher Vorteil erwartet werden kann (VWG VP, Tz. 3.51). Letztlich muss sich die Höhe der Markenverrechnung an den realistischerweise in der Erwartung **erzielbaren finanziellen** Überschüssen **aus der Markennutzung** orientieren. Sind diese sehr hoch, erscheint auch eine höhere Markenlizenz sachgerecht. Bei geringen oder gar negativen Margen hingegen ist der Nutzen für den Lizenznehmer nicht offensichtlich und muss ggf. dezidiert im Einzelfall dargelegt werden.

Nimmt man nun einen markenbezogenen Übergewinn an, der durch die Marke Fossa erzielt werden kann, so ist die Inhaberschaft der Marke für die grenzüberschreitende Gewinnabgrenzung allerdings nur ein erster Analysepunkt. Vielmehr ist eine **DEMPE-Analyse** durchzuführen, um den wirtschaftlichen Gehalt des Sachverhaltes zu eruieren. Die DEMPE-Funktionen, d. h. die Entwicklung, die Verbesserung, der Erhalt und die Verwertung der Marke wurde maßgeblich durch die Zeitgaist AG in Deutschland durchgeführt. Unterstützend waren hierbei die weltweit tätigen Vertriebseinheiten, die jeweils Daten bzw. Empfehlungen für lokale Marketingstrategien lieferten, involviert. Insofern werden im Fall von Fossa die **DEMPE-Funktionen**, außer dem rechtlichen Schutz, durch die Zeitgaist AG durchgeführt.

Demzufolge ist die derzeitige Vergütung der Zeitgaist Marken AG mittels einer umsatzabhängigen Lizenz (7 %) nicht geeignet, eine fremdvergleichskonforme Vergütung sicherzustellen. Vielmehr sollte diese ein Dienstleistungsentgelt für die DEMPE-Funktion Protection erhalten, das bspw. mittels einer Kostenaufschlagsmethode bestimmt werden könnte. Dieses Beispiel zeigt deutlich, dass nicht jede einzelne DEMPE-Funktion mittels einer umsatz- oder gewinnabhängigen Vergütung abgegolten werden muss oder zur Anwendung der transaktionsorientierten Gewinnaufteilungsmethode führt.

Die Vertriebseinheiten liefern lediglich Routinebeiträge, welche ggf. gesondert im Rahmen einer Dienstleistungsgebühr zu entlohnen sind, soweit diese über die übliche Weitergabe von Marktdaten durch Vertriebsgesellschaften hinausgehen. Die **lokalen Marketingstrategien** leiten sich aus der globalen Marketingstrategie ab und sind oftmals die taktische Umsetzung globaler strategischer Vorgaben im Rahmen der Operationalisierung. In Abhängigkeit der globalen Bekanntheit der Marke und der damit verbundenen Wirkung für den lokalen Markt, sind die **Marketingaktivitäten der lokalen Vertriebsgesellschaften** zu würdigen. Üben diese mehr als klassische operative Marketingtätigkeiten aus, sondern sind maßgeblich in die taktische und strategische Markenentwicklung involviert und leisten einen maßgeblichen Beitrag zum Aufbau bzw. dem Erhalt des Bekanntheitsgrads der Marke unter Tragung erheblicher eigener Kosten, so kann diesen unter dem DEMPE-Konzept eine Ertragsberechtigung an der Marke zugerechnet werden. Konkret kann sich dies in Abhängigkeit der lokalen Wertbeiträge im Verhältnis zu den zentralen Wertbeiträgen in reduzierten Lizenzen oder dem Verzicht auf die Verrechnung einer Markenlizenz auswirken.

Die **Marke SmartGaist** existiert erst seit kurzem am Markt. Insofern ist der Bekanntheitsgrad der Marke noch geringer als bei den anderen Marken und ist höchstwahrscheinlich noch nicht im vollen Umfang geeignet, ein erhebliches Preis- oder Mengenpremium gegenüber Konkurrenzprodukten zu realisieren. Allerdings könnten sich positive Abfärbewirkungen aus der Bekanntheit und der guten Assoziation der Kunden mit Produkten der

Zeitgaist Gruppe ergeben, welche dazu beitragen, dass sich die Werthaltigkeit der Marke schnell erhöht. Im Sinne der **DEMPE-Analyse** sind vergleichbar zur Marke Fossa die DEMPE-Funktionen überwiegend bei der Zeitgaist AG zu allokieren. Ebenso das Risikomanagement. Der rechtliche Schutz wird allerdings wiederum durch die Zeitgaist Marken AG durchgeführt. Ein rein rechtlicher Schutz ohne weitere DEMPE-Funktionen oder Risikomanagement alleine begründet i. d. R. keine maßgeblichen Wertbeiträge für den Aufbau und die Verwertung der Marke. Hierfür würden fremde Dritte eine entsprechende Routinevergütung bspw. im Sinne der Kostenaufschlagsmethode verlangen (vgl. vorherige Diskussion bei der Marke Fossa).

Für die **Marke Molexx** hat die Zeitgaist AG ein Markenrecht beim Deutschen Patentamt- und Markenamt eintragen lassen. Vergleichbar zur Marke Fossa existiert auch diese Marke seit langer Zeit sehr erfolgreich; allerdings hier im Luxussegment. In diesem Fall sind alle DEMPE-Funktionen durch die Zeitgaist AG erbracht; sie ist damit auch (rechtlich wie wirtschaftlich) ertragsberechtigt. Die Marke Molexx wurde als ein wichtiger Werttreiber in der Wertschöpfungsbeitragsanalyse identifiziert. Wie bei der Marke Fossa ist u. E. auch hier zu berücksichtigen, dass die Lizenzierung die Nutzenerwartung des Lizenznehmers zu berücksichtigen hat und diesem nach der Markenlizenzierung kein geringerer Ertrag als einem Routineunternehmen verbleiben sollte. Die Zeitgaist AG berechnet den Vertriebseinheiten für die Nutzung dieser Marke allerdings keine Lizenz. Da die Verwendung der Marke lediglich in Zusammenhang mit Vertriebsaktivitäten stattfindet und die Vertriebseinheiten Produkte der Zeitgaist Unternehmensgruppe vertreiben, kommt der Verwendung einer Marke im Regelfall auch keine eigenständige Bedeutung zu. Denn in den Einkaufspreisen der Waren, die durch den Verkauf an die Vertriebsgesellschaften in den Verkehr gebracht werden, ist die Vergütung für die Verwendung dieser immateriellen Werte bereits im Einkaufspreis des Vertriebsunternehmens enthalten und abgegolten. Etwas anderes würde gelten, wenn für die Vertriebseinheiten eine eigenwirtschaftliche Nutzung der Marke von Bedeutung wäre (vgl. VWG VP, Tz. 3.58). Da der Verkauf seitens der Vertriebsgesellschaften vorwiegend an gewerbliche Händler erfolgt und ein direkter Kundenkontakt überwiegend nicht besteht, erscheint der Verzicht auf eine Lizenzgebühr sachgerecht.

Bezüglich der **Firma „Zeitgaist"** sind die strategischen Marketingmaßnahmen seit Jahrzehnten durch die Zeitgaist AG als Headquarter erbracht worden. Durch den guten Namen können die einzelnen Unternehmenseinheiten bspw. längere Zahlungsziele vereinbaren oder erhalten bessere Kreditkonditionen. Die Nutzung von Namen bei verbundenen Unternehmen betrifft grundsätzlich nur die Firma i. S. von § 17 HGB. Die Nutzung von Namen darf daher nicht mit deren von Marken i. S. der §§ 1 Nr. 1, 3 MarkenG vermengt werden, da Marken sich auf die Waren und Dienstleistungen eines Unternehmens beziehen. Die Überlassung des Namens kann je nach Einzelfall entgeltpflichtig oder entgeltfrei sein. So kann die ausdrückliche Gestattung der Nutzung eines Namens, insbesondere einer Firma als geschäftliche Bezeichnung i. S. von § 5 MarkenG, des einen verbundenen Unternehmens an ein anderes verbundenes Unternehmen verstanden werden. Schließlich könnten eine solche Gestattung grundsätzlich auch Dritte erlangen – Einräumung eines Nutzungsrechts. Zum anderen kann aber auch die Duldung der Nutzung eines Namens durch ein anderes zum Unternehmensverbund zugehörigen Unternehmens hierunter verstanden werden. Dies wiederum ist grundsätzlich vergütungsfähig.

Eine **tatsächliche Vergütungspflicht** setzt aber voraus, dass der jeweilige Name tatsächlich einen Wert innehat, der am Markt zu erzielen ist und somit ein wirtschaftlicher Vorteil daraus erwartet werden kann (vgl. VWG VP, Tz. 3.56; siehe auch OECD-TPG, Tz. 6.81 f.). Wie bereits dargelegt wurde, ist u. E. die Werthaltigkeit einer Marke bereits für die Frage einer Verrechnung dem Grunde nach maßgeblich und stellt eine weitere notwendige Voraussetzung dar.

Im Sachverhalt stellt die Zeitgaist AG allerdings allen Unternehmenseinheiten für die Nutzung der Firma „Zeitgaist" eine umsatzabhängige Lizenz i. H. von 0,5 % in Rechnung. Dies erscheint in Anbetracht der Ausführungen kaum fremdüblich und wäre im Einzelfall unter Heranziehung der rechtlichen Gegebenheiten in den anderen Ländern zu prüfen. Existiert für „Zeitgaist" kein eigenständiger rechtlicher Schutz, können Dritte nicht von der Namensnutzung ausgeschlossen werden. Damit entfällt grds. die Entgeltfähigkeit dem Grunde nach.

Tabelle 27: DEMPE-Funktionen in Bezug auf die Marken und Firma der Zeitgaist

Produktmarken	**Fossa**	**Molexx**	**SmartGaist**	**Firma**
Verrechnungspreismethode	Royalty 7 %	-	Royalty 7 %	Royalty 0,5 %
Schutz im Gebiet	Weltweit	Weltweit	Weltweit	-
Rechtlicher Schutz	Zeitgaist Marken AG	Zeitgaist AG	Zeitgaist Marken AG	-
DEMPE-Funktionen				
Development/Entwicklung bzw. Erschaffung	Zeitgaist AG	Zeitgaist AG	Zeitgaist AG	Zeitgaist AG
Enhancement/Verbesserung	Zeitgaist AG	Zeitgaist AG	Zeitgaist AG	Zeitgaist AG
Maintenance/Erhalt/Wartung	Zeitgaist AG	Zeitgaist AG	Zeitgaist AG	Zeitgaist AG
Protection/Schutz	Zeitgaist Marken AG	Zeitgaist AG	Zeitgaist Marken AG	Zeitgaist AG
Exploitation/Verwertung	Zeitgaist AG	Zeitgaist AG	Zeitgaist AG	Zeitgaist AG

Fazit. Auch bei der Namennutzung im Konzern ist das DEMPE-Konzept zentraler Baustein zur Quantifizierung der Wertschöpfungsbeiträge. Eine tatsächliche Vergütungspflicht ist darauf aufbauend dem Grunde nach (Indiz der Ausschließbarkeit) als auch der Höhe nach separat zu prüfen.

Woran ist noch zu denken. In der Praxis sind oftmals auch sog. **Dachmarken** und deren Verrechnung in multinationalen Unternehmensgruppen zu beobachten. So wird eine Dachmarke zumeist angenommen, wenn sämtliche Produkte bzw. Leistungen einer Unternehmensgruppe unter einer einheitlichen Marke am Markt vertrieben werden bzw. wenn ein Erscheinungsbild in Verbindung oder parallel mit Einzelproduktmarken verwendet wird, um die Abstrahlkraft zu nutzen und die Produkte trotzdem separat zu markieren. Juristisch betrachtet, existiert dieser Begriff allerdings nicht, weswegen er in der Praxis auch unterschiedlich interpretiert wird. Man findet in der Praxis darunter auch, dass verschiedene immaterielle Werte, wie Marken, Firma, Store-, Logistik- und Qualitätssicherungskonzepte, Kundenkontakte, (technische) Handbücher, Server- und Programmierkapazitäten, Leitungs- und Speicherkapazitäten, Technologie und Fachkenntnisse bzw. Know-how, hierunter erfasst werden und eine Gesamtbewertung vorgenommen wird. Gerade bei einer solchen Vorgehensweise ist darauf zu achten, dass keine Vermengung bzw. Doppelverrechnung erfolgt. Hier ist auf eine nachvollziehbare Analyse und detaillierte Dokumentation (siehe Kapitel 15) besonderen Wert zu legen.

6.2.3. Markierungstechnik

Grundsätzliche Überlegungen **zur Lösung des Falles.** Für die **Markierungstechnik** hat die Zeitgaist AG keinen rechtlichen Schutz beantragt. Daher ist diese als **Geschäftsgeheimnis** ein nicht geschützter gewerblicher immaterieller Wert. Da diese Technologie annahmegemäß am Markt nicht bekannt ist, wäre ein fremder Dritte nicht bereit, diese Technologie unentgeltlich zu überlassen. Zugleich wäre ein potenziell nutzendes Unternehmen bereit, für die Technologie ein Entgelt entsprechend des mit der Nutzung der Technologie verbundenen Nutzens zu entrichten. Da die Markierungstechnik keine Kerntechnologie darstellt, ist davon auszugehen, dass die Vergütung dafür eher gering ist.

Aus der **kostenlosen Nutzungsüberlassung** seitens der Zeitgaist AG an die Zeitgaist GmbH, die die Markierungstechnik im Produktionsprozess einsetzt, können allerdings keine Rückschlüsse auf die Werthaltigkeit der Technologie gezogen werden. Vielmehr entspricht die kostenlosen Nutzungsüberlassung nicht dem Fremdvergleichsgrundsatz. Allerdings ist **mangels Einlagefähigkeit** keine steuerliche Korrekturnorm (verdeckte Einlage, § 8 Abs. 3 Satz 3 KStG) einschlägig, da es sich lediglich um einen rein nationalen Sachverhalt handelt. Im Unterschied dazu wäre eine entsprechende Nutzungsüberlassung im grenzüberschreitenden Kontext grundsätzlich nach § 1 AStG zu berichtigen (siehe auch EuGH, Urteil v. 31.5.2018 – C-382/16 „Hornbach-Baumarkt").

Für die **kostenlose** Übertragung **der Technologie** durch die ScienceLab AG an die Zeitgaist AG liegt hingegen eine verdeckte Gewinnausschüttung vor (§ 8 Abs. 3 Satz 2 KStG), da die kostenlose Übertragung eines werthaltigen immateriellen Werts nicht dem Fremdvergleichsgrundsatz entspricht. Entsprechend wäre der Wert der Technologie zu bestimmen. Grundsätzlich dürfte in einem solchen Fall der **hypothetische Fremdvergleich** zur Anwendung gelangen (siehe Kapitel 3), da von einem einzigartigen immateriellen Wert auszugehen ist und entsprechend keine Vergleichswerte vorliegen sollten (§ 1 Abs. 3 Satz 7, Abs. 3c AStG). Damit kämen **ertragswertorientierte Verfahren** zur Wertbestimmung in Betracht. Zu bedenken ist, dass eine zweiseitige Bewertung – also aus Sicht der ScienceLab AG und der Zeitgaist AG – zu erfolgen hat. Sollte es sich um einen wesentlichen immateriellen Wert handeln, ist zusätzlich noch die Preisanpassungsklausel des § 1a AStG zu beachten. Hier empfiehlt es sich, eine solche zu vereinbaren und fremdüblich auszugestalten.

Fazit. Die kostenlose Nutzungsüberlassung im grenzüberschreitenden Fall ist in der Praxis oftmals ein Streitpunkt zwischen Steuerpflichten und Finanzverwaltung. Selbst wenn die die Verrechnung dem Grund nach zu bejahen ist, muss die Werthaltigkeit der überlassenen Technologie im Gesamtkontext des Geschäftsmodells und der unternehmerischen Wertschöpfung analysiert und bewertet werden. Nicht in jedem Fall liegt dann tatsächlich ein echter wesentlicher immaterieller Werttreiber mit entsprechendem Vergütungsanspruch der Höhe nach vor.

Woran ist noch zu denken. Eine Korrektur nach § 1 Abs. 1 Satz 1 AStG könnte bei Sachverhalten mit EU-Mitgliedstaaten unterbleiben, soweit der Steuerpflichtige sachbezogene, wirtschaftliche Gründe nachweisen kann, die eine vom Fremdvergleichsgrundsatz abweichende Vereinbarung erfordern. Der EuGH hat in der **Rechtssache Hornbach** (EuGH, Urteil v. 31.5.2018 – C-382/16 „Hornbach-Baumarkt") diesbzgl. insbesondere auf sanierungsbedingte Maßnahmen Bezug genommen. Im vorliegenden Fall könnte eine kostenlose Nutzungsüberlassung im EU-Fall möglicherweise dann unter diese sachbezogenen wirtschaftlichen Gründe fallen, wenn die Produktion der Marke Molexx ohne die Markierungstechnik nicht mehr wirtschaftlich sinnvoll wäre und die beiden anderen Marken keinen positiven Ergebnisbeitrag liefern können.

Der BFH hat entschieden (bspw. I R 51/17, I R 73/16 und I R 32/17), dass das Unionsrecht einer Einkünftekorrektur nach § 1 Abs. 1 AStG bei Tochtergesellschaften aus Drittstaaten nicht entgegensteht. Ob im Zusammenhang mit Tochtergesellschaften aus EU-Mitgliedstaaten einer Korrektur nach § 1 Abs. 1 AStG der Verhältnismäßigkeitsgrundsatz des Unionsrechts entgegensteht, bestimmt sich nach einer Gesamtwürdigung der Umstände des jeweiligen Einzelfalls. Dabei sind das wirtschaftliche Eigeninteresse und die Finanzierungsverantwortung auf der einen Seite sowie die strukturelle Nähe zur Eigenkapitalausstattung und die Änderung des Vermögens- und Liquiditätsstatus des Darlehensgebers auf der anderen Seite zu berücksichtigen. Offen ist allerdings, ob dieses enge Verständnis des BFH auch von den Richtern in Luxemburg geteilt wird.

6.3. Weiterführende Literatur und Rechtsprechung

Greil/Schreiber, EuGH-Urteil ‚Hornbach': Wirtschaftliche Gründe für marktunübliche Verrechnungspreise – „Mach es zu deinem Projekt!", DB 2018 S. 2527.

Greil/Wargowske, Namensnutzung in multinationalen Unternehmensgruppen, IStR 2017 S. 12.

Nestler, Ermittlung von Lizenzentgelten, BB 2008 S. 2002.

Nestler, Übliche Markenlizenzraten" – die Suche nach belastbaren Quellen für einen angemessenen Wert, BB 2015 S. 811.

Stein, Verlagerung von Forschungs- und Entwicklungsfunktionen in multinationalen Konzernen – Eine entscheidungstheoretische Untersuchung von Outbound-Verlagerungen in die Niederlande, Köln/Lohmar 2014.

Stein/Schwarz, Bewertung schwer bewertbarer immaterieller Werte. Transfer Pricing International 2017 S. 239.

Stein/Schwarz, BMF-Schreiben zur Namensnutzung im Konzern: Das erwartet Steuerpflichtige in Betriebsprüfungen, BB 2017 S. 1566.

Stein/Schwarz/Holinski, Funktionales Eigentum und Wertschöpfungsbeitragsanalysen: Steuerliche Erfolgsermittlung bei immateriellen Werten mithilfe betriebswirtschaftlicher Konzepte, DStR 2017 S. 118.

Schwarz/Stein, Quantitative Verrechnungspreise, Kapitel 3, Wiley Verlag.

Stein/Schwarz, Das DEMPE-Konzept in der praktischen Umsetzung, IWB 2022 S. 151

Schwarz/Stein, in *Greil/Hummel*, Außensteuergesetz, Kommentar, § 1 Abs. 3c AStG, Dr. Otto Schmidt Verlag.

Wilmanns/Menninger/Lagarden, Marken in multinationalen Unternehmen – Verrechnungspreisaspekte aus dem Blickwinkel des nationalen und internationalen Steuerrechts, ifst-Schrift 505, 2015.

FG Münster, Urteil v. 14.2.2014 - 4 K 1053/11 E, EFG 2014 S. 921. BFH, Urteil v. 9.8.2000 - I R 12/99, BStBl II 2001 S. 140.

BFH, Urteil v. 21.1.2016 - I R 22/14, BStBl II 2017 S. 336. BFH, Urteil v. 27.2.2019 - I R 51/17, BFHE 264 S. 292.

BFH, Urteil v. 27.2.2019 - I R 73/16, BStBl II 2019 S. 394.

BFH, Urteil v. 19.6.2019 - I R 32/17, ECLI:DE:BFH:2019:U.190619.IR32.17.0.

EuGH, Urteil v. 31.5.2018 - C-382/16 „Hornbach-Baumarkt AG", ECLI:EU:C:2018:366.

US-Steuergericht in Ciba-Geigy Corp vs. Commissioner 85 T. C. 172 (1985), acp 1987 - 2 C.B 1.

7. Dienstleistungen

7.1. Darstellung des Sachverhaltes

7.1.1. Produktion

Die Zeitgaist Production Private Limited Company (Myanmar) produziert nach Vorgaben der Zeitgaist AG Uhren der Marke „Fossa“, die speziell für den asiatischen Markt angepasst werden. Dies betrifft dabei insbesondere die Produktion von Zifferblatt und Zeiger. Die dafür entsprechende Markterhebung wird seitens der Zeitgaist AG durchgeführt und von der ScienceLab AG im Konzeptionsprozess verwendet. Für die Produktion werden ihr alle Roh-, Hilfs- und Betriebsstoffe bereitgestellt. Sie trägt keine Produktionsrisiken, wie Absatz- oder Lagerrisiko, die Produkte werden nach einem vorgegebenen Muster produziert und nicht selbst entwickelt, sie ist weder Eigentümerin noch Inhaberin von immateriellen Werten, die für die Produktion erforderlich wären, und sie übernimmt auch keine Vermarktungsfunktionen.

Die Zeitgaist Production S.N.C. (Rumänien) sowie die Zeitgaist Producción SRL (Mexico) produzieren ebenfalls Uhren der Marke „Fossa“. Die Zeitgaist Production S.N.C. ist dabei auf den europäischen Markt ausgerichtet und nimmt nach Vorgaben der Zeitgaist AG entsprechende Anpassungen der Uhren vor. Die Zeitgaist Producción SRL passt die Uhren speziell für den amerikanischen Markt an. Das dafür notwendige Marktwissen hat sich die Zeitgaist Producción SRL durch Markterkundungen angeeignet und entsprechend an die ScienceLab AG rückgekoppelt.

Beide Gesellschaften nehmen keine Vermarktungsfunktionen wahr, tragen keine Markt- sowie Produktionsrisiken. Vom Funktions- und Risikoprofil her sticht die Zeitgaist Producción SRL dahingehend heraus, dass sie zuständig ist für den Einkauf und ihr damit die Roh-, Hilfs- und Betriebsstoffe nicht bereitgestellt werden. Die Rohstoffe und das Material werden im eigenen Namen und auf eigene Rechnung beschafft. Die Zeitgaist Production S.N.C. hingegen erhält die notwendigen Roh-, Hilfs- und Betriebsstoffe, aber auch teilweise die Produktionsanlagen von der Zeitgaist AG.

Die Vergütung der Gesellschaften wurde anhand einer Datenbankstudie ermittelt. 13 Vergleichsunternehmen wurden schließlich mittels eines quantitativen und qualitativen Screenings ausfindig gemacht und zum Vergleich herangezogen. Diese 13 Vergleichsunternehmen zeigen eine Interquartilsbandbreite (Vollkostenaufschlag) von 2,5 % bis 8,3 % mit einem Median von 5,1 %. Für den Teilkostenaufschlag beträgt die Interquartilsbandbreite 4,1 % bis 15,1 % mit einem Median von 9,3 %. Folgende Schritte wurden für die Datenbankstudie vorgenommen:

Tabelle 28: Datenbankstudie	
Filterschritte	
Quantitatives Screening	**Anzahl**
Unternehmensgröße: Sehr groß, groß oder mittlere Unternehmen	5.559.886
Regionale Eingrenzung auf Europa	3.733.034
Nur Unternehmen mit Bureau van Dijk Unabhängigkeitsindikator A+, A, A-	2.121.012
Nur aktive Unternehmen	2.023.153
Ausschluss von Unternehmen mit Anteilen von 25 bis 100 % an Tochterunternehmen	1.829.255
NACE Primary Codes: 265 "Manufacture of instruments and appliances for measuring, testing and navigation; watches and clocks"	5.250
Nur Unternehmen mit Gründungsjahr vor 2012	5.250
Umsätze mindestens 2 Millionen € in allen Jahren 2015, 2016 und 2017	2.128
Finanzdaten in allen Jahren 2015 bis 2017	2.121
Keine Unternehmen, die in allen Jahren Verluste erzielen.	1.829
Immaterielle Vermögensgegenstände müssen in allen Jahren kleiner als 5 % der Bilanzsumme sein	1.621
Qualitatives Screening	
Ausschluss von Unternehmen die nicht-vergleichbare Geschäftsaktivitäten ausführen, d. h. Unternehmen...	
die eigene Marken besitzen,	1.621
die Forschungs- und Entwicklungsaktivitäten ausführen,	1.398
die Vertriebsaktivitäten ausführen,	899
die signifikant Dienstleistungsaktivitäten ausführen,	821
die Retail-Aktivitäten ausführen,	89
die Immobilien-Aktivitäten durchführen,	89
die nicht unabhängig sind oder ein Merger/Akquisition durchgeführt haben, und	88
die nicht hinreichend vielen Informationen zur Verfügung zu stellen.	80
die signifikant unterschiedliche Produkte produzieren.	**13**

7.1.2. Vertrieb

Die Zeitgaist Unternehmensgruppe unterhält drei Vertriebstochtergesellschaften: Die Zeitgaist Distribution Inc. (USA) bedient dabei den gesamten amerikanischen Markt (Nord- wie Südamerika). Die Zeitgaist China (China) bedient die gesamte Asien-Pazifik Region und die Zeitgaist Europe B. V. (Niederlande) den gesamten europäischen Markt (außer Deutschland).

Die Vertriebstochtergesellschaften sind an die Vorgaben (Leitlinien) und Marketingstrategie der Zeitgaist AG gebunden. Sie unterliegen entsprechenden Preisbindungen, übernehmen keine Chancen sowie Risiken (z. B. Lagerrisiko). Innerhalb der Vorgaben (Leitlinien) übernehmen die Gesellschaften aber den Vertrieb und die entsprechende Ansprache von gewerblichen Händlern. Entsprechend haben alle Gesellschaften mittlerweile einen Kundenstamm aufgebaut. Sie stehen mit diesen Händlern auch in direktem Kontakt, wenn es beispielsweise um weiteren Service und Reparaturen geht. Der Kunde richtet sich mithin vornehmlich an den gewerblichen Händler, der sich wiederum an die Vertriebsgesellschaft wendet. Diese übernimmt Servicefunktionen, wie etwa Garantieleistungen, oder auch eigenständig kleinere Reparaturen, wie etwa ausbessern des Armbandes oder Wechsel der Batterie. Bedeutendere Reparaturen werden von der Zeitgaist AG vorgenommen.

Die Vergütung aller drei Unternehmen erfolgt seitens der Zeitgaist AG dynamisch angelehnt an die EBIT-Marge der Unternehmensgruppe (2020: 6,8 %; 2021: 8,7 %).

7.1.3. Implementierung eines IT-Systems

Die Zeitgaist AG stellt 2021 ihr IT-System in der gesamten Unternehmensgruppe auf ein einheitliches IT-System um. Dafür beschäftigte die Zeitgaist AG ein externes Unternehmen. Die Investitionskosten einschließlich der Durchführung eines Vorprojektes betragen 105 Mio. €. Hiervon entfallen 500.000 € auf Eigenleistungen der Zeitgaist AG. Aufgrund der Umstellung werden aber Einsparungen für die gesamte Unternehmensgruppe erwartet; entsprechend auch für die einzelnen Einheiten der Unternehmensgruppe. Die Zeitgaist AG stellt daher jeder Unternehmenseinheit anteilig (im Verhältnis zur Gesamtanzahl der Unternehmen in der Unternehmensgruppe) die Investitionskosten in Rechnung (105 Mio. €) und erhebt für die Organisation noch einen Aufschlag in Höhe von 2 % auf die Investitionskosten.

7.2. Diskussion und Lösung (Felix Loose)

Vorab. Dienstleistungen stellen in vielen Unternehmensgruppen ein beachtliches internes Transaktionsvolumen dar. Die Finanzverwaltungen sowohl der leistungserbringenden als auch der empfangenden Gesellschaften hinterfragen kritisch, welche Leistungen tatsächlich erbracht werden, wer Nutznießer ist, welche Aufwendungen dafür angefallen sind und wie die Leistungen letztlich verrechnet werden. Darüber hinaus wird hinterfragt, ob die Empfänger die Leistung ohne den Dienstleister hätten selbst erbringen oder zukaufen müssen, ob die empfangenen Leistungen evtl. eine **Duplizierung** bereits eigens erstellter Arbeit darstellen, ob die Vorteile für die Empfänger rein zufälliger und damit nicht vergütungspflichtiger Natur sind (***incidental benefits***) und ob ggf. ein Teil der Aufwendungen beim Gesellschafter als Anteilseigner- bzw. Shareholderkosten verbleiben müssten.

Vorwegzunehmen ist daher die Unterteilung in **verrechenbare** und **nicht verrechenbare Dienstleistungen**. Verrechenbar ist eine Dienstleistung grundsätzlich, wenn eine betriebliche Veranlassung gegeben ist, ein Nutzen **für den Empfänger** gestiftet wird und sie abgrenzbar/messbar ist.

Tabelle 29:	Voraussetzungen für verrechenbare Dienstleistungen
Betriebliche Veranlassung	Ob eine unternehmensgruppeninterne Dienstleistung dem Grunde nach verrechenbar ist, kann unter Bezugnahme auf die betriebliche Veranlassung beim Leistungsempfänger bestimmt werden. Von dieser ist auszugehen, wenn die verrechneten Dienstleistungen objektiv mit dem Betrieb zusammenhängen und subjektiv dem Betrieb zu dienen bestimmt sind. Sind dann tatsächlich Leistungen erbracht worden, so ist von einer Verrechenbarkeit dem Grunde nach auszugehen.
Nutzenprinzip	Eine weitergehende Konkretisierung erfährt die Voraussetzung der betrieblichen Veranlassung durch das Nutzenprinzip. Dieses fordert, dass die Dienstleistungen (zumindest zum Teil) im Interesse des Leistungsempfängers erbracht wird. Hiervon ist auszugehen, wenn im Zeitpunkt der Leistungserbringung ein Nutzen für den Leistungsempfänger in Form von Vorteilen oder der Ersparnis igener Kosten vernünftigerweise erwartetet werden kann.
Abgrenz- und Messbarkeit	Grundsätzlich ist jede Dienstleistung dem Grundsatz der Einzelerfassung folgend für sich zu analysieren. Die Umsetzung dieser Forderung ist in der Praxis bei unternehmensgruppeninternen Dienstleistungen nicht immer problemlos möglich, da häufig nur ein Leistungsfluss festgestellt werden kann, innerhalb dessen eine einzelne Dienstleitung kaum mehr nachweisbar ist. Deshalb ist auch eine vereinfachenden Dienstleistungsumlage (**Konzernumlage**) nach der indirekten Methode möglich.

Nicht verrechenbar sind hingegen der Rückhalt im Konzern, Shareholderkosten und duplizierende Dienstleistungen.

Tabelle 30:	Nicht verrechenbare Dienstleistungen
Rückhalt im Konzern	Der Rückhalt im Konzern umfasst Vorteile eines Unternehmens, die sich allein aus der rechtlichen und wirtschaftlichen Zugehörigkeit zu einer Unternehmensgruppe ergeben. Insoweit tragen alle Unternehmen zum Rückhalt im Konzern bei und profitieren auch von selbigem (etwa höhere Bonität aus Gruppenrating).
Shareholderkosten	Eine Gesellschafteraktivität (*shareholder activity*) ist eine Tätigkeit, die ein unternehmensgruppenzugehöriges Unternehmen (üblicherweise die Muttergesellschaft oder eine regionale Holdinggesellschaft) nur wegen seiner Beteiligung an einem oder mehreren unternehmensgruppenzugehörigen Unternehmen durchführt, d. h. in seiner Eigenschaft als Gesellschafter. Dafür aufgewandte Kosten (Shareholderkosten) entstehen ausschließlich aus Gründen der Sicherstellung und Verwaltung von Beteiligungen. Sie stiften keinen unmittelbaren Nutzen für die Beteiligungen und sind daher von den aufwendenden Unternehmen (üblicherweise der Muttergesellschaft oder einer regionalen Holdinggesellschaft) zu tragen.
Duplizierende (doppelte) Dienstleistungen	Duplizierende Dienstleistungen beschreiben Dienstleistungen, die ein anderes Unternehmen bereits in Eigenleistung erbracht oder von einem anderen Unternehmen bezogen hat. Aufgrund des duplizierenden Charakters fehlt es bei dem empfangenden Unternehmen im Allgemeinen an dem für eine Verrechnung notwendigen Nutzen.

7.2.1. Produktion

Grundlegendes Problem. Bei der Zeitgaist Unternehmensgruppe sind die Produktionsgesellschaften mit eingeschränktem Funktions- und Risikoprofil sowie mit begrenzten materiellen und immateriellen Vermögenswerten ausgestattet. Sie sind daher im Rahmen der Wertschöpfungskette der Zeitgaist Unternehmensgruppe als Dienstleister, namentlich als Auftrags- bzw. als Lohnfertiger, tätig und arbeiten im Auftrag der Zeitgaist AG, des unternehmensgruppeninternen Entrepreneurs. Dadurch ergeben sich hinsichtlich der anwendbaren Verrechnungspreismethoden als auch hinsichtlich der erwarteten Profitabilität Besonderheiten. Sofern Fremdvergleichspreise für die Beiträge der drei Produktionsgesellschaften nicht vorliegen, wird für Lohn- und Auftragsfertiger häufig die **Kostenaufschlagsmethode** zur Anwendung kommen, deren Aufschlag dann mittels der transaktionsbezogenen Nettomargenmethode und einer kostenbasierten Renditekennziffer bestimmt oder verprobt wird (s. Kapitel 3.2.1.3).

Die Verifizierung der tatsächlichen **Unternehmenscharakterisierung** anhand einer sorgfältigen **Funktions- und Risikoanalyse** (s. Kapitel 2.2) und ein Vergleich mit den unternehmensgruppeninternen vertraglichen Vereinbarungen stellen neben der Überprüfung der angemessenen Vergütung regelmäßig Schwerpunkte in den Betriebsprüfungen im In- und Ausland dar. Da der Gewinnaufschlag häufig anhand von Datenbankstudien ermittelt wird und deren Qualität durch die teilweise mangelnde Verfügbarkeit an Daten und durch die unterschiedliche „handwerkliche Sorgfalt" bei der Durchführung mitunter stark schwankt, sind diese Analysen ebenfalls regelmäßig Prüfungsbrennpunkte.

Wo findet man was. Die OECD-TPG behandeln im Kapitel I die Grundsätze des Fremdvergleichs und geben erste Hinweise auf die Relevanz und die Inhalte der Vergleichbarkeitsfaktoren, die hier für die Charakterisierung der Produktionsgesellschaften wichtig sind. Das Kapitel III zur Vergleichbarkeit beschäftigt sich in den Tz. 3.29 ff. detaillierter mit dem Einsatz von Datenbankstudien für den externen Fremdvergleich. Die deutsche Finanzverwaltung hatte dazu in den durch die VWG VP mittlerweile aufgehobenen VWG 2005 in den Tz. 3.4.12 ff. die Vorgehensweise bei der Durchführung von Datenbankstudien in Anlehnung an die Empfehlung der OECD näher ausgeführt. Dies ist nun durch den direkten Verweis auf die OECD-TPG sowie den § 1 Abs. 3a AStG und die Tz. 3.29 - 3.30 der VWG VP ersetzt. Verkürzt durch Verweise auf die OECD-TPG sind in den VWG VP auch die relevanten Hinweise zur Anwendung der geeignetsten Verrechnungspreismethode sowie der Überprüfung und Dokumentation der Fremdüblichkeit im Hinblick auf die Unternehmenscharakterisierung.

Grundsätzliche Überlegungen zur Lösung des Falles. In der Praxis finden sich in Abhängigkeit von der Branche, der Unternehmensstrategie, des Grads der Integration in der Wertschöpfungskette aufgrund eigener Fähigkeiten sowie diverser Anforderungen durch Kunden und Lieferanten usw. sehr viele unterschiedliche Ausprägungen von Produktionstätigkeiten. Für Verrechnungspreiszwecke werden anhand der ausgeübten Funktionen, der übernommen Risiken und der eingesetzten Wirtschaftsgüter häufig folgende **Charakterisierungen von Produktionstätigkeiten** unterschieden (s. Erläuterungen in Kapitel 2.2).

Am unteren Ende des Spektrums haben wir die hier im Sachverhalt genannten **Lohn- und Auftragsfertiger**, die typischerweise als Produktionsdienstleister mit eingeschränktem Funktions- und Risikoprofil für einen (unternehmensgruppeninternen) Auftraggeber arbeiten. Die Unterscheidung dieser beiden Typen beruht typischerweise darauf, dass der Lohnfertiger auch die Roh-, Hilfs- und Betriebsstoffe und teilweise die Maschinen beigestellt bekommt und der Auftraggeber das Absatzrisiko weitestgehend übernimmt.

In Abgrenzung dazu findet man in der Praxis regelmäßig noch die sog. **Eigenproduzenten** und Lizenzfertiger. Die Abstufung der einzelnen Charakterisierung erfolgt hier typischerweise auf den entwickelten und eingesetzten (immateriellen) Vermögenswerten und den übernommenen Risiken. Dem liegt die Annahme zugrunde, dass verschiedene Produzenten zwar ähnliche Funktionen ausüben und ähnliche Maschinen, Werkzeuge und Materialien nutzen mögen, sich der Grad der Verantwortung, der Innovation, der Entscheidungskompetenzen und des Risikomanagements aber deutlich unterscheiden können. Der Eigenproduzent würde demnach die wesentlichen Geschäftsstrategien und Produktentwicklungen verantworten, entsprechende immaterielle Vermögenswerte generieren und nutzen sowie die wesentlichen Risken entlang der Wertschöpfungskette tragen.

Der **Lizenzfertiger** würde in Abgrenzung dazu wichtige immaterielle Vermögenswerte nicht selbst entwickeln, sondern hinzulizenzieren müssen, was in puncto strategische Flexibilität, Innovationskraft und Risikotragung eine Charakterisierung unterhalb des Eigenproduzenten bedeutet. Beide würden jedoch gemeinhin als **Entrepreneure** bezeichnet.

Zwischen diesen beiden Entrepreneuren und den beiden Dienstleistern wird mitunter noch der „**IP-Auftragsfertiger**" genannt, der grundsätzlich im Auftrag eines oder mehrerer Prinzipale tätig ist, jedoch im Produktionsprozess eigene immaterielle Vermögenswerte einsetzt.

Da dies nur eine von vielen denkbaren Mischformen ist, soll die folgende Tabelle die Unterschiede im Funktions- und Risikoprofil exemplarisch und vereinfachend für die vier erstgenannten Typen aufzeigen. Die in Klammern gesetzten Angaben sollen mögliche Nuancen im Profil und potenziell mittelfristig eintretende Effekte aufzeigen.

Tabelle 31: Funktions- und Risikoprofil verschiedener Produktionstypen

Funktionen	**Eigenproduzent**	**Lizenzfertiger**	**Auftragsfertiger**	**Lohnfertiger**
F&E	ja	nein	nein	nein
Fertigung	ja	ja	ja	ja
Investitions- und Produktionsplanung	ja	ja	(ja)	(nein)
Einkauf	ja	ja	ja	nein
Logistik	ja	ja	(ja)	(nein)
Lagerhaltung	ja	ja	ja	(nein)
Produktstrategie	ja	ja	nein	nein
Preisstrategie	ja	ja	nein	nein
Marketingstrategie	ja	ja	nein	nein
Vertrieb	ja	ja	nein	nein

Risiken				
Innovationsrisiko	ja	(nein)	nein	nein
Marktrisiko	ja	ja	(ja)	(nein)
Investitions-/ Finanzierungsrisiko	ja	ja	(ja)	(nein)
Auslastungsrisiko	ja	ja	(ja)	(nein)
Lagerhaltungsrisiko	ja	ja	(ja)	nein
Qualitäts- und Produkthaftungsrisiko	ja	ja	(nein)	nein
Währungsrisiko	ja	ja	(nein)	nein
Forderungsausfallrisiko/ Delkredere	ja	ja	nein	nein
Eingesetzte Vermögenswerte				
Produktionsanlagen	ja	ja	ja	ja
Roh-, Hilfs-, und Betriebsstoffe	ja	ja	ja	nein
Wesentliche immaterielle Vermögenswerte	ja	ja	(nein)	nein

Die im Sachverhalt genannten Merkmale sprechen für die Charakterisierung der Zeitgaist Production Private Limited Company (Myanmar) und der Zeitgaist Production S.N.C. (Rumänien) als **Lohnfertiger** und für die der Zeitgaist Producción SRL (Mexiko) als **Auftragsfertiger** (s. auch Kapitel 2.2). Annahmegemäß gibt es keine Fremdvergleichspreise für die Transaktionen zwischen den Produktionsgesellschaften und der Zeitgaist AG. Während alle drei Gesellschaften als Dienstleister für die Zeitgaist AG tätig sind und operational alle mit der Kostenaufschlagsmethode vergütet werden können, ist es international üblich, den Angemessenheitsnachweis für deren Tätigkeiten mittels **Datenbankstudien** auf Basis der TNMM mit einer kostenbasierten Renditekennziffer zu führen.

Die im Sachverhalt genannte Vorgehensweise entspricht dabei der in Europa gängigen Praxis. Die wesentlichen quantitativen (in der Datenbank selbst) und qualitativen Schritte (in den Beschreibungen der Datenbank und zusätzlich per Internetrecherche) sind und sollten in der **Suchstrategie** enthalten sein. Zu beachten ist, dass in anderen Regionen wie Nord- und Lateinamerika und Südostasien mitunter eine andere Vorgehensweise hinsichtlich der Unabhängigkeit der Vergleichsunternehmen und der Transaktionsbezogenheit gewählt wird. So dürfen beispielsweise auch Konzernobergesellschaften mit ihren konsolidierten Ergebnissen einbezogen werden, sofern das Tätigkeitsprofil der Gruppe hinreichend mit der zu testenden Gesellschaft übereinstimmt. Dies hängt auch mit der teils limitierten Datenverfügbarkeit und der Akzeptanz seitens der Finanzverwaltungen zusammen.

In diesem Zusammenhang ist darauf zu achten, dass es gemäß **§ 4 Abs. 3 GAufzV** erforderlich ist, bei Verwendung von Datenbanken die verwendete Suchstrategie, die verwendeten Suchkriterien, das Suchergebnis und den außerhalb der Datenbank durchgeführten weiteren Selektionsprozess (Suchprozess) umfassend offenzulegen. Der gesamte Suchprozess des Steuerpflichtigen muss nachvollziehbar und zum Zeitpunkt der Außenprüfung prüfbar sein (s. auch Kapitel 15).

Ein **kritischer Punkt der vorliegenden Studie** betrifft die Region, aus der die Vergleichsunternehmen stammen (s. Zeile 2 der Studie „Regionale Eingrenzung auf Europa"). Zwar möchten viele Finanzverwaltungen gerne lokale Vergleichsunternehmen sehen, eine paneuropäische Studie wird jedoch häufig akzeptiert, sofern ersichtlich ist, dass eine geographisch nähere Auswahl nicht möglich war. Für die Beurteilung der Vergütung für die Gesellschaften in Myanmar und Mexiko wäre diese Studie allerdings nicht gut geeignet. Zwar ist auch die Zeitgaist AG Transaktionspartner und in Europa ansässig, für die Beurteilung des relevanten Marktes wird aber gemeinhin auf die Lokation der *tested party*, also der weniger komplexen Routinegesellschaften, abgestellt.

Bei der Frage, welche Renditekennziffer besser geeignet ist, sollte grundsätzlich der **Vollkostenaufschlag** bevorzugt werden. Der Teilkostenaufschlag könnte ggf. zur Anwendung kommen, sofern im zu beurteilenden Unternehmen mehrere Aktivitäten ausgeübt werden und eine zuverlässige segmentierte, d. h. transaktionsbezogene Vollkostenermittlung nicht gegeben ist. Dann könnte der (höhere) Teilkostenaufschlagssatz z. B. auf die direkten Kosten der Produktion angewandt werden.

Für die Frage, auf **welchen Punkt in der Bandbreite** die Vergütung ausgesteuert werden soll, gibt es keine verpflichtende Antwort. Grundsätzlich sind bei uneingeschränkt vergleichbaren Werten alle Punkte in der Bandbreite als fremdüblich anzusehen. Bei eingeschränkt vergleichbaren Werten, und davon ist bei Datenbankstudien regelmäßig auszugehen, ist – wie im Sachverhalt angegeben – auf die eingeengte Bandbreite abzustellen. International üblich und durch § 1 Abs. 3a AStG als Regelfall kodifiziert, sofern die Vergleichswerte aus der Datenbankstudie selbst keine Anhaltspunkte für eine andere Art der Einengung bieten, ist die Einengung auf die sog. Interquartilsbandbreite. Die Punkte innerhalb dieser Bandbreite gelten grundsätzlich alle als fremdüblich, es sei denn, es erscheint ein bestimmter Wert mit höherer Wahrscheinlichkeit als fremdüblich. Der Steuerpflichtige hat also einen gewissen Spielraum, sollte jedoch beachten, dass ein tatsächliches Ergebnis, das außerhalb der (eingeengten) Bandbreite liegt, nach deutschen Vorschriften auf den Median angepasst werden kann, sofern „der Steuerpflichtige nicht glaubhaft macht, dass ein anderer Wert innerhalb der Bandbreite dem Fremdvergleichsgrundsatz besser entspricht" (§ 1 Abs. 3a Satz 4 AStG).

Die nachstehenden Tabellen und Abbildung zeigen auf Basis einer von *Schwarz/Stein* durchgeführten Untersuchung indikative Wertbandbreiten für einen bestimmten Zeitraum. Außerhalb dieser Bandbreiten sollte bei der Bestimmung eines Verrechnungspreises zusätzlich dokumentiert werden, da es mitunter wahrscheinlicher wird, dass Nachfragen gestellt werden. Vor dem Hintergrund möglicher steuerlicher Unsicherheiten in Bezug auf die Wahl des Zeitpunkts der Ermittlung von Fremdvergleichspreisen (Price Setting Approach vs. Outcome Testing Approach – s. Kapitel 4.1; siehe auch § 1 Abs. 3 Satz 4 AStG und § 90 Abs. 3 Satz 2 AO), sollte zumindest an einen gewissen Risikopuffer für den sog. Hindsight-Effekt gedacht werden. Empirisch erscheint dabei ein Risikopuffer von einem halben Prozentpunkt sinnvoll. Im vorliegenden Sachverhalt vermag zwar die Datenbankstudie sicherlich kritische Punkte enthalten, die zu Diskussionen Anlass geben können. Wurde aber ein Wert innerhalb der Bandbreite (2,5 % bis 8,3 %; Vollkostenaufschlag) gewählt, sieht man, dass sich das Korrekturpotenzial in Grenzen halten dürfte. Damit ist aber nicht gesagt, dass eine Finanzverwaltung auf eine Datenbankstudie verzichten würde.

Tabelle 32: Übersicht Interquartilsbandbreite Kostenaufschlag (%) der Produktion

Kennzahl	**1. Quartil**	**Median**	**3. Quartil**
Vollkostenaufschlag	2.1%	4.4%	8.7%

Tabelle 33: Angewandte Vergleichbarkeitsfaktoren

Vergleichbarkeitsfaktoren	
Regionen	Pan-Europäischer Ansatz
Branche	Alle Branchen
Größenunterschiede	Umsatz größer gleich 10 Mio. €
Zeitpunkt	Überprüfung / Outcome Testing
Kennzahl	Vollkostenaufschlag auf eigene Kosten
Zeitraum	2014 bis 2016

Abbildung 23: Kostenaufschlag nach Branchen

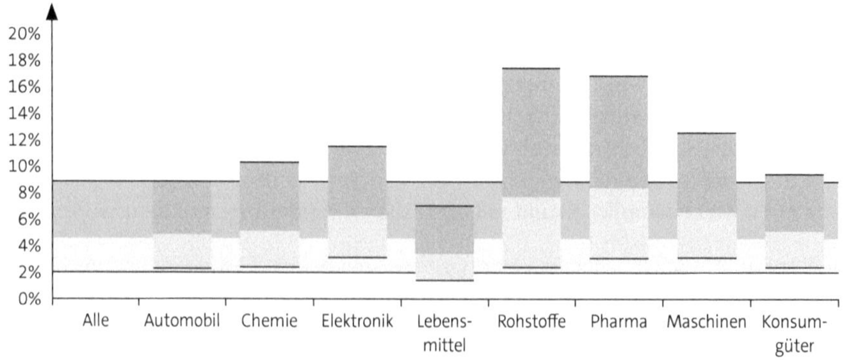

Quelle: Schwarz/Stein, Quantitative Verrechnungspreise, 2018.

Dass die Ergebnisse der Datenbankstudie grundsätzlich, also abgesehen von der Geografie, auf Tätigkeiten von Lohn- und Auftragsfertigern gleichermaßen anwendbar sind, obwohl sich deren Maschinen- und Materialeinsatz unterscheidet, entspricht der Grundidee, dass die in der Wertschöpfung des Unternehmens ausgeübten Funktionen und eingesetzten Wirtschaftsgüter gleichsam angemessen vergütet werden. Es können sich dadurch jedoch in den Renditen der Vergleichsunternehmen (der sog. *comparables*) Unterschiede ergeben, die dann durch Anpassungsrechnungen beim Benchmarking-Ergebnis zu berücksichtigen sind. Damit wird z. B. ein Ausgleich für eine anzunehmende Kapitalverzinsung durch mehr oder weniger Anlage- oder Umlaufvermögen geschaffen, d. h. die Ergebnisse der Vergleichsunternehmen werden basierend auf einem Angleichen ihrer Bilanzdaten mit denen der *tested party* angepasst.

Hinsichtlich der praktischen Anwendungen der Kostenaufschlagsmethode ergibt sich in der Praxis häufig das Problem, dass die Verrechnungspreise in der unterjährigen Verrechnung häufig auf der Vorausschau (dem *forecast*) bzw. auf sog. Standardkosten beruhen. Dadurch wird es fast immer zu Unterschieden zwischen den unterjährig verrechneten Beträgen und den tatsächlich angefallenen Aufwendungen kommen. In Abhängigkeit vom vereinbarten Risikoprofil des Lohn- oder Auftragsfertigers wird im Allgemeinen eine Aktualisierung der Berechnungen mit entsprechenden Nachbelastungen oder Gutschriften vereinbart, ein sog. ***True-up***. Mit dieser Nachkalkulation sollen die finanziellen Folgen von Mehr- oder Minderauslastungen und Varianzen in den Produktionskosten ausgeglichen werden und den Produzenten eine Nettorendite innerhalb der fremdüblichen Bandbreite ermöglicht werden.

Typischerweise wird man in der Praxis unterschiedliche Berechnungsmodelle finden, die unterschiedliche Risikoprofile reflektieren. So wird der Lohnfertiger zumeist für alle Schwankungen einen Ausgleich erfahren, während der Auftragsfertiger ggf. nur zu gewissen Schwellenwerten einen Ausgleich erfährt oder die Kostenbasis nur beim Überschreiten von bestimmten Werten angepasst werden darf. Die Durchführung solcher Anpassungen sollte auf **vertraglich im Vorhinein** festgelegten Parametern beruhen, mathematisch eindeutig nachvollziehbar sein sowie möglichst zeitnah und periodengerecht, idealerweise unterjährig und prospektiv, erfolgen. Letzteres ist auch im Zusammenhang mit **umsatzsteuerlichen und zollrechtlichen Anforderungen** zu befürworten.

Fazit. Lohn- und Auftragsfertigungstätigkeiten stellen eine besondere und wichtige Art der unternehmensgruppeninternen Dienstleistungen dar. Deren Vergütung wird operational häufig durch die Kostenaufschlagsmethode inklusive eines *True-up* Mechanismus bewerkstelligt, dessen Ausgestaltung von der Charakterisierung des Dienstleisters und den Umständen des Einzelfalls abhängen wird. Datenbankstudien spielen für die Angemessenheitsanalyse eine bedeutende Rolle und deren Qualität steht dann wiederum häufig im Mittelpunkt der Betriebsprüfungsdiskussionen.

Woran ist noch zu denken. In der Praxis ist mitunter zu beobachten, dass **Auftrags- oder Lohnfertigungsverhältnisse im Zeitablauf** dahingehend **ausgeweitet werden**, dass beispielsweise Auftragsfertiger, die ursprünglich nur für ihren einen Prinzipal fertigten, andere Kunden in der Unternehmensgruppe oder auch fremde Dritte beliefern, ihre Waren auch diesen neuen Kunden in Rechnung stellen und die daraus resultierende Marge realisieren. Die Gründe dafür können Kundenwünsche, logistische Vereinfachungen oder auch eine schleichende interne Veränderung des Funktions- und Risikoprofils sein. Da insbesondere der Auftragsfertiger eigene Materialien, selbst entwickeltes Know-how, aber typischerweise eben auch immaterielle Vermögenswerte des Prinzipals nutzt, stellt sich die Frage nach der Vergütung für diese immateriellen Vermögenswerte und es ist auch zu untersuchen, ob die Direktlieferungen ggf. eine Funktionsverlagerung vom Prinzipal an den Auftragsfertiger auslösen.

Ein weiterer Aspekt, der im vorliegenden Fall noch keine besondere Rolle spielte, betrifft die wachsende Relevanz von **datengestützten und digital vernetzten Produktionsabläufen** und zunehmender Automatisierung. Mitunter wird die traditionelle kostenbasierte Vergütungsmethodik dahingehend kritisiert, dass Effizienzgewinne durch den Einsatz neuer Technologie einseitig dem Entrepreneur zugutekommen. Dabei wird zwar einerseits übersehen, dass genau das Folge der Funktions- und Risikoallokation in der Unternehmensgruppe sein kann; andererseits ist auch zu prüfen, ob technologische Weiterentwicklungen und mithin immaterielle Vermögenswerte ggf. in Produktionseinheiten erarbeitet werden, die vordergründig und vertraglich nur als Auftragsfertiger tätig sind und auch nur dafür entlohnt werden, die aber ggf. schleichend umfangreichere Verantwortlichkeiten übernommen und sich bedeutenderes Know-how erarbeitet haben.

Ein Aspekt, der im Fall von potenziellen Streitigkeiten zur Vergütung des rumänischen Lohnfertigers (Zeitgaist Production S.N.C.) theoretisch eine Rolle spielen könnte, betrifft dessen Gesellschaftsform. Die **Zeitgaist Production S.N.C. entspricht** nach deutschem Verständnis **einer Personengesellschaft, ähnlich einer deutschen OHG**. Personengesellschaften können aus deutscher Sicht zwar Personen i. S. d. DBA sein (Artikel 3 Absatz 1 Buchstabe a OECD-MA), jedoch mangels eigener Einkommen- bzw. Körperschaftsteuerpflicht keine ansässigen Personen (Artikel 4 Absatz 1 OECD-MA). Als ansässige und damit abkommensberechtigte Personen sind die Gesellschafter anzusehen, soweit sie nicht selbst Personengesellschaften sind. Damit wäre die Zeitgaist Production S.N.C. typischerweise **nach deutschem Verständnis nicht abkommensberechtigt**, sondern die einzelnen Gesellschafter.

Speziell in **Rumänien** gelten jedoch Gesellschaften wie die S.N.C. („societate in nume colectiv") und die S. C. S. („societate in comandita simpla"; ähnlich einer deutschen KG) für steuerliche Zwecke als juristische Personen, unterliegen der rumänischen Gewinnsteuer und sind nach dortigem Verständnis auch **abkommensberechtigt**. Das DBA Rumänien und dessen Streitbeilegungsmechanismen wären damit anwendbar. Das Gleiche sollte für die Anwendung der Streitbeilegungsrichtlinie (2017/1852) vom 10. Oktober 2017 gelten. Für den Fall deutscher Gesellschafter würden die Gewinne der Zeitgaist Production S.N.C. grundsätzlich als Unternehmensgewinne (**Artikel 7**) qualifizieren und ihren jeweiligen Gesellschaftern ausländische **Betriebsstättengewinne** vermitteln.

Schließlich führen die Beiträge und Interaktionen mit der ScienceLab AG (Übertragung von Marktwissen aufgrund von Markterkundungen seitens der Zeitgaist Producción SRL an die ScienceLab AG) zu Dienstleistungsverrechnungen.

7.2.2. Vertrieb

Grundlegendes Problem. Auch beim Vertrieb sind die genannten Unternehmen der Zeitgaist Unternehmensgruppe mit eingeschränktem Funktions- und Risikoprofil ausgestattet und es stellt sich erneut die Frage nach der geeigneten Verrechnungspreismethode und der angemessenen Höhe der Vergütung. Der Sachverhalt enthält den Hinweis, dass die Vergütung „dynamisch angelehnt an die EBIT-Marge der Unternehmensgruppe" festgesetzt wird. Zu diskutieren ist, ob der Zusammenhang mit der Unternehmensgruppenprofitabilität eine adäquate Reflektion der Rolle der Vertriebseinheiten in der Wertschöpfungskette darstellt.

In der Praxis ist mitunter zu beobachten, dass die Interpretation der Unternehmenscharakterisierung von Vertriebsgesellschaften und die zugehörige Beurteilung der Vergütungshöhe unterschiedlich ausfällt, je nachdem ob es sich um einen Inbound- oder einen Outbound-Fall handelt. Dies geschieht durchaus auf beiden Seiten, d. h. seitens der Steuerpflichtigen und seitens der Finanzverwaltung, und sorgt in Betriebsprüfungen regelmäßig für Diskussionsbedarf.

Wo findet man was. Die OECD-TPG (speziell in den Kapiteln II, III und V) geben gute Hinweise zur Methodik, zur Vergleichbarkeit und der Dokumentation des Sachverhalts und der Angemessenheit der Verrechnungspreise bzw. der erzielten Vergütung der Vertriebsgesellschaften.

Für den Fall von sich abzeichnenden Streitigkeiten in der Betriebsprüfung empfiehlt sich ggf. ein proaktives Handeln während der Betriebsprüfung mit der Anfrage nach einer sog. koordinierten Außenprüfung, siehe dazu das zugehörige Merkblatt über koordinierte steuerliche Außenprüfungen mit Steuerverwaltungen anderer Staaten und Gebiete vom 6.1.2017 (IV B 6 - S 1315/16/10016 :002, BStBl. I 2017, 89). Bei drohenden oder bereits erfolgen Verrechnungspreisanpassungen sollte ein Blick in das Merkblatt zu internationalen Verständigungs- und Schiedsverfahren vom 27.8.2021 (IV B 3 - S 1304/21/10004, BStBl 2021 I S. 1495) geworfen werden. Im Rahmen des Risikomanagements kommen für materielle und im Zeitablauf gleichbleibende Transaktionen ggf. auch Vorabverständigungsverfahren (sog. Advance Pricing Agreements) in Frage; siehe dazu § 89a AO und das noch geltende Merkblatt vom 5.10.2006 (IV B 4 - S 1341 - 38/06, BStBl 2006 I S. 594); siehe dazu auch Kapitel 17.

Grundsätzliche Überlegungen zur Lösung des Falles. In der Praxis finden sich viele verschiedene Vertriebsformen und -bezeichnungen, die für Verrechnungspreiszwecke im ersten Schritt in Tätigkeiten von **Eigenhändlern** und **Agenten** bzw. **Kommissionären** unterteilt werden können (s. Erläuterungen in Kapitel 2.2 sowie 5.2). Diese untergliedern sich weiter in verschiedenen Funktionsabstufungen angefangen bei Marketing- und Vertriebsgesellschaften, über Vertragshändler und stark funktions- und risikoreduzierte Vertriebsgesellschaften bis hin zu Kommissionären, Handelsvertretern/Agenten und lediglich vertriebsunterstützenden Einheiten und Repräsentanzen.

Die nachstehende Tabelle zeigt exemplarisch und vereinfachend die für Eigenhändler und Kommissionäre/Handelsvertreter mögliche Abgrenzung in Abhängigkeit von Funktionen, Risiken und eingesetzten Vermögenswerten, wobei die einzelnen Merkmale in der Praxis bzgl. Ausprägung, Zusammensetzung und in der Intensität variieren können. Die in Klammern gesetzten Angaben sollen mögliche Nuancen im Profil und potenziell mittelfristig eintretende Effekte aufzeigen.

Tabelle 34: Funktions- und Risikoprofil verschiedener Vertriebstypen

	Marketing- und Vertriebs-gesellschaft („fully-fledged“)	Vertragshändler/VG mit umfangreichem F&R-Profil nur bei Vertrieb	Vertriebsgesellschaft mit sehr eingeschränktem F&R-Profil („LRD“)	Kommissionär/ Handelsvertreter
Funktionen				
Kundenakquise, Vertragsanbahnung	Ja	ja	ja	ja
Vertragsverhandlungen, Abschluss	Ja	ja	(ja)	(ja)/nein
Einkauf, Auftragsbearbeitung/-abwicklung	Ja	ja	ja	(ja)/(nein)
Absatzplanung, Sales Strategien	Ja	ja	(ja)	(nein)
Marketing, Produktmix- und Preisstrategie	Ja	(nein)	nein	nein
Marktforschung; Werbemaßnahmen	ja	(ja)	(ja)	(ja)
Preisstrategie	ja	ja	nein	nein
After Sales Services	ja	ja	(nein)	nein
Logistik, Lagerhaltung	ja	ja	(nein)	nein
Verwaltung; Debitorenmanagement	ja	ja	(ja)	(nein)
Risiken				
Markt-/Absatzrisiko	ja	ja	(nein)	(nein)
Lagerhaltungsrisiko	ja	ja	nein	nein
Transport/Logistik	ja	ja	(nein)	nein
Fremdwährungsrisiko	ja	ja	(nein)	nein
Forderungsausfallrisiko	ja	ja	(ja)	nein
Gewährleistung-/ Produkthaftungsrisiko	(ja)	(ja)	(nein)	nein
Eingesetzte Vermögenswerte				
Marke	ja	(ja)	(ja)	nein
Kundenstamm	ja	ja	ja	(ja)/nein
Vertriebs-/ Zulassungsrechte	ja	ja	ja	nein
Vertriebs-Know-how	ja	ja	ja	ja

Die im Sachverhalt angegebenen Merkmale deuten auf eine Charakterisierung der Zeitgaist Vertriebsgesellschaften als Routinevertriebsgesellschaften mit schwachem Funktions- und Risikoprofil, sog. **LRDs**, hin (s auch Kapitel 2.2). Die dynamisch an die EBIT-Marge der Unternehmensgruppen angelehnte Vergütung erscheint bei dieser Charakterisierung als LRD nicht sachgerecht. Während regelmäßige Überprüfungen der Fremdüblichkeit und ggf. Anpassungen der Zielmargen empfehlenswert sind, entspricht die Anlehnung an die Gesamtprofitabilität der Gruppe nicht der Verteilung von Chancen und Risiken im Verrechnungspreismodell der Unternehmensgruppe.

Typischerweise würde das Residual des Unternehmensgruppengewinns (oder des Verlusts) dem Prinzipal in der Gruppe zustehen, während die Routinevertriebsgesellschaften bei gegebenem schwachen Funktions- und Risikoprofil eine kleine, aber stabil positive Marge innerhalb einer fremdüblichen Bandbreite erhalten. Diese würde zwar auch in geringem Umfang mit der Geschäftsentwicklung „atmen“, dabei aber weniger volatil als die Marge der Gruppe insgesamt und vor allem weniger volatil als die des Prinzipals sein. Entsprechend **sollte** die **EBIT-Marge der Unternehmensgruppe beachtet werden**. Einer Vertriebseinheit zum Beispiel eine 4%ige EBIT-Marge zuzusprechen, wenn die Unternehmensgruppe selbst nur eine erheblich geringere Marge aufweist (bspw. 1 %) oder eine erheblich höhere Marge (bspw. 15 %) wird Fragen aufwerfen. Mithin sind die Vergütungen auch immer im Gesamtkontext und damit auch vor dem Hintergrund der Unternehmensgruppe zu sehen, sodass das Gesamtbild stimmig ist.

Sollte es für diese Margen keinen verlässlichen internen Fremdvergleich geben, was häufig der Fall ist, würde typischerweise mittels Datenbankstudien eine Bandbreite möglicher Vergleichswerte ermittelt. Da die Vergleichsunternehmen, deren Profitabilitätskennziffern bzw. Nettorenditen die Bandbreite ergeben, üblicherweise nur eingeschränkt vergleichbar sind, kommt auch hier typischerweise eine eingeengte Bandbreite, z. B. die sog. **Interquartilsbandbreite**, zum Einsatz. Die tatsächlich von den Vertriebsgesellschaften erzielten Renditen werden dann gegen die Ergebnisse der Datenbankstudie verprobt und somit die Fremdüblichkeit für die Angemessenheitsdokumentation analysiert. Für diese Analyse ist es grundsätzlich zulässig, auch Mehrjahresvergleiche durchzuführen und qualitative Argumente, die im Einzelfall Erklärungsbeiträge für ein Abweichen von den ermittelten Fremdvergleichswerten liefern können, in die Angemessenheitsdokumentation aufzunehmen.

Für den hier gegebenen Fall von Routinevertriebsgesellschaften und unter der Annahme, dass keine Fremdvergleichspreise vorliegen, kommt typischerweise die **Wiederverkaufspreismethode** für die Verrechnungspreisbestimmung zur Anwendung. Die **transaktionsbezogene Nettomargenmethode (TNMM)** wird dann mittels Datenbankstudien die Angemessenheitsanalyse über eine umsatzabhängige Nettomarge, z. B. **EBIT-Marge**, ermöglichen. Bei stark reduziertem Funktions- und Risikoprofil erscheint auch eine Verprobung mit einer kostenbasierten Nettorendite wie dem **net cost plus mark-up** oder der **Berry-Ratio** (Bruttomarge/operative Kosten) möglich.

Die nachstehenden Tabellen und Abbildung zeigen auf Basis einer von *Schwarz/Stein* durchgeführten Untersuchung indikative Wertbandbreiten für einen bestimmten Zeitraum. Außerhalb dieser Bandbreiten sollte man sich bei der Bestimmung eines Verrechnungspreises mitunter „unwohl" fühlen. Da die Vergütung aller drei Unternehmen seitens der Zeitgaist AG dynamisch angelehnt an die EBIT-Marge der Unternehmensgruppe (2020: 6,8 %; 2021: 8,7 %) erfolgte, kann davon ausgegangen werden, dass eine Betriebsprüfung (in diesem Fall die deutsche Finanzverwaltung) einen solchen Sachverhalt aufgreifen dürfte.

Tabelle 35: Übersicht Interquartilsbandbreite EBIT-Marge (%) des Vertriebs

Kennzahl	**1. Quartil**	**Median**	**3. Quartil**
EBIT-Marge	0,8 %	2,1 %	4,2 %

Tabelle 36: Angewandte Vergleichbarkeitsfaktoren

Vergleichbarkeitsfaktoren	
Regionen	Pan-Europäischer Ansatz
Branche	Alle Branchen
Größenunterschiede	Umsatz größer gleich 2,5 Mio. €
Zeitpunkt	Überprüfung / Outcome Testing
Kennzahl	operative EBIT-Marge
Zeitraum	2014 bis 2016

Abbildung 24: EBIT-Marge nach Branchen

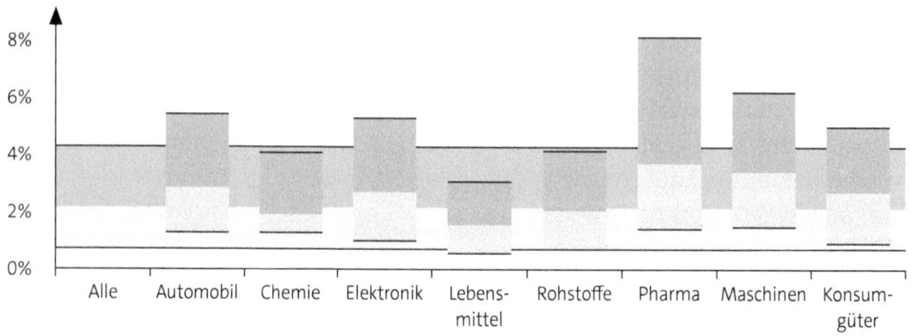

Quelle: Schwarz/Stein, Quantitative Verrechnungspreise, 2018.

Fazit. Auch für die Vertriebstätigkeiten ist die genaue Unternehmenscharakterisierung für die Wahl der Methode und die Höhe der Vergütung entscheidend. Da Unternehmensgruppen mitunter bewusst Geschäftsmodelle mit funktions- und risikoarmen Vertriebseinheiten und entsprechend niedriger Vergütung wählen, ist einem regelmäßigen Monitoring und zeitnahen Preisanpassungen hohe Bedeutung beizumessen, damit die tatsächlich erzielten Vertriebsmargen nicht aus dem Ruder laufen und die angemessenen Bandbreiten verfehlen. Für langfristig stabile und mit hohem Transaktionsvolumen ausgestaltete Modelle kommt ggf. ein Vorabverständigungsverfahren (*Advance Pricing Agreement*) verbunden mit Jahresendpassungen in Betracht.

Woran ist noch zu denken. Sofern die Profitabilität der Vertriebsgesellschaften mit **Jahresendanpassungen** ausgesteuert werden soll, ist darauf zu achten, dass auch **zoll- und umsatzsteuerliche Aspekte** beachtet werden. Grundsätzlich muss bei einer Anpassung der Vergütung ein Bezug zu den einzelnen Transaktionen hergestellt werden; in Abhängigkeit von den betroffenen Jurisdiktionen sind ggf. Vereinfachungen möglich. Es kommt bei nachträglichen Anpassungen der Zollwerte mitunter vor, dass zusätzliche Zahlungen geleistet werden müssen, potenzielle Gutschriften jedoch nicht durchsetzbar sind. Auch wenn materiell keine zusätzlichen Zahllasten oder Ansprüche entstehen, sind typischerweise **Meldepflichten** zu erfüllen.

Die deutsche Finanzverwaltung, aber auch deren ausländische Kollegen, werden speziell **Verlustsituationen** kritisch hinterfragen (s. auch Kapitel 4). Die besprochenen Charakterisierungen erlauben zwar im Einzelfall, dass auch negative Ergebnisse hingenommen werden müssen; je reduzierter das Funktions- und Risikoprofil vereinbart und je niedriger die dafür angemessene Vergütung ausgesteuert wird, desto weniger sollten allerdings Verlustsituationen auftreten. Auch hohe Anlaufverluste, die sich bei solchen Konstellationen nie wieder „aufholen" lassen, werden typischerweise nicht als fremdüblich anzusehen sein.

Wichtig zu wissen ist noch, dass ein Ergebnis des BEPS-Projektes ist, speziell durch Aktionspunkt 7, dass unternehmensgruppeninterne Vertriebsmodelle mit Agenten und Kommissionären **betriebsstättenbegründend** sein können. Im internationalen Kontext ist darüber hinaus zu beachten, dass das rechtliche Konzept eines Kommissionärs, der in eigenem Namen aber auf fremde Rechnung agiert, in den sog. „Common Law" Ländern etwas anders verankert ist. Dort ist von *disclosed* und *undisclosed* agents die Rede.

7.2.3. Implementierung eines IT-Systems

Grundlegendes Problem. Die Implementierung eines IT-Systems gehört häufig zu den zentral gesteuerten Projekten in einer Unternehmensgruppe, da die Einhaltung gewisser Standards in der Gruppe, Sicherheit, Konsistenz, ein gut abgestimmter Roll-out und Skaleneffekte kritische Erfolgsaspekte sind, deren Einhaltung für eine zentrale Koordinierung und zumindest vordergründig für eine im ersten Schritt zentrale Kostentragung spricht.

Während solche IT-Projekte häufig von einer internen Stabsabteilung mit Hilfe von externen Beratern und entsprechenden IT-Anbietern durchgeführt werden und diese interne Tätigkeit typischerweise unterstützenden Routinecharakter hat, gibt es natürlich auch Fälle, in denen die IT zur Kernkompetenz des Unternehmens zählt oder in denen die IT als **Profit Center** organisiert ist. Dies kann dann für das Funktions- und Risikoprofil und mithin für die Wahl der Verrechnungspreismethode und die Vergütung wichtige Auswirkungen haben. Dies ist im vorliegenden Fall allerdings nicht so.

Bei der Verrechnung der Investitionskosten durch die Zeitgaist AG wird es Anteile geben, die den Einheiten der Gruppe direkt zuordenbar sind und solche die im Rahmen einer Umlage verteilt werden. Dafür wird der **tatsächliche oder auch der erwartete Nutzen für die beteiligten Leistungsempfänger eine zentrale Rolle** spielen. Dabei ist allerdings zu beachten, dass sich der Nutzen auf Ebene der Gesellschaften, in denen das neue IT-System implementiert wird, typischerweise stark unterscheiden wird. Die Messung des tatsächlichen bzw. des erwarteten Nutzens und die darauf basierende direkte Kostenzuordnung oder auch die indirekte Verrechnung mit der notwendigen Wahl eines wirtschaftlich angemessenen Allokationsschlüssels können die Unternehmen vor erhebliche Herausforderungen stellen und werden angesichts der Größenordnungen in den Betriebsprüfungen oft hinterfragt.

Wo findet man was. Dienstleistungen sind in Kapitel VII der OECD-TPG behandelt. Darin berücksichtigt sind Aspekte wie der ***Benefit Test***, Zahlungsbereitschaft der Empfänger, Gesellschafteraktivitäten (*shareholder activities*), zufällig entstehende Vorteile, Verrechnungspreismethoden, und die Ermittlung der angemessenen Kostenbasis und des Gewinnaufschlag beim Einsatz der Kostenaufschlagsmethode behandelt. Relevant wird hier besonders die Frage sein, auf welche Kostenbasis ein Aufschlag erhoben werden sollte oder gerade nicht; siehe Tz. 7.34 der OECD-TPG.

Für Dienstleistungen mit nur geringen Wertschöpfungsbeiträgen, sog. low value-adding services, geben die OECD-TPG in Kapitel VII und die Arbeiten des EU Joint Transfer Pricing Forums[1] wichtige Hinweise, die verkürzt auch in die VWG VP übernommen wurden. Hin-

1 https://ec.europa.eu/transparency/regdoc/rep/1/2011/EN/1 - 2011 - 16-EN-F1 - 1.Pdf.

sichtlich der allgemeinen Grundsätze, der Methodenwahl und der Hinweise zur Vergleichbarkeit und zur Dokumentation sei aber auch auf die Kapitel I-III und V verwiesen. Die Gewinnabgrenzungsaufzeichnungsverordnung (GAufzV) benennt in § 4 Absatz 2 Satz 1 Nr. 2 die speziell für Umlagen zu dokumentierenden Informationen.

Grundsätzliche Überlegungen zur Lösung des Falles. Die Zeitgaist AG hat mit der Verrechnung der Investitionskosten in Höhe von 105 Mio. € zzgl. eines Aufschlags von 2 % (= 2,1 Mio. €) an alle ihre Einheiten zu gleichen Teilen ein **Umlageverfahren** gewählt. Eine detaillierte Erläuterung zu Konzernumlagen, und auch zu laufenden IT-Dienstleistungen, folgt im Kapitel 8; allerdings lassen sich hier bereits einige „DOs" und „DONTs" der unternehmensgruppeninternen Dienstleistungsverrechnung aufzeigen.

Unabhängig davon, ob und wo Teile der Investitionskosten aktivierungspflichtig sind und ggf. erst über die Abschreibung verteilt werden sollten, ist die **Umlage** von 107,1 Mio. € zu gleichen Teilen auf alle Einheiten **sicher nicht angemessen**. Ob bewusst der Begriff „Einheit" im Sachverhalt verwendet wurde und somit auch die Betriebsstätten einschließt, wird am Ende mathematisch relevant, ändert aber nichts am Befund, dass eine **Gleichverteilung über alle Gesellschaften** ohne Unterscheidung nach ihrer Größe, ihrer Funktion oder ihrer Anzahl an Mitarbeitern oder Nutzern **nicht sachgerecht** sein kann.

Ein weiterer Aspekt, der gegen eine Umlage an sich spricht, hängt mit den notwendigen Anpassungen für lokale Anforderungen zusammen. Neben den einheitlichen Standards, die für alle Gruppengesellschaften gelten und nutzbar sind, gehen unternehmensgruppenweite IT-Projekte regelmäßig mit einer großen Zahl von lokalen Anpassungen und Sonderwünschen einher. Diese münden zumeist in sog. ***Change Requests***, die mittels separater Entscheidungs- und Bearbeitungsprozesse erfüllt oder eben nicht erfüllt werden. Der zugehörige Aufwand sollte nach Möglichkeit den **verursachenden Einheiten direkt zugeordnet** werden.

Auch der zu verteilende Gesamtbetrag ist zu hinterfragen. Die Zeitgaist AG wird in nicht unerheblichem Maße einen Vorteil aus einem einheitlichen System für ihre Rolle als Obergesellschaft der Zeitgaist Unternehmensgruppe ziehen. Dies betrifft das Beteiligungscontrolling, das Berichtswesen, die gruppenweite Finanzierung sowie die Informationsbereitstellung für Sonderprojekte wie M&A-Aktivitäten. Kosten im Zusammenhang mit Aktivitäten der Zeitgaist AG in ihrer Rolle als Anteilseignerin (***shareholder activities***) sollten nicht an die Gruppengesellschaften weiterbelastet werden.

Die ***shareholder activities*** beziehen sich auf Tätigkeiten, die häufig das Mutterunternehmen selbst nur aufgrund seiner Gesellschafterstellung als Konzernobergesellschaft erbringt. Mit diesen Tätigkeiten sind typischerweise keine direkten Vorteile für die anderen unternehmensgruppenzugehörige Unternehmen verbunden und entsprechende Kosten sollten aus dem zu verteilenden Betrag ausgeschieden werden. Folgendes Schema verdeutlicht die in den OECD-TPG genannten Stichpunkte und Fragestellungen für den vorliegenden Fall:

Abbildung 25: Prüfungsschema *shareholder activity*

Gesamtkosten IT-Implementierung

./. Kosten im Zusammenhang mit der Legalstruktur des Konzerns, z.B. Anwendungen, die Maßnahmen wie Gesellschafterversammlungen, aktienrechtliche Veränderungen und Aufsichtsratstätigkeiten unterstützen

./. Kosten im Zusammenhang mit Systemen bzw. Modulen, die den Berichtspflichten der Muttergesellschaft, der Konsolidierung, der Konzernabschlussprüfung und dem Beteiligungscontrolling dienen

./. Kosten im Zusammenhang mit Anwendungen, die die Kommunikation mit Anteilseignern, potenziellen Investoren und Analysten sowie konzernweite strategische und finanzierungsbezogene Aufgaben unterstützen

./. Kosten im Zusammenhang mit der Erarbeitung einer konzernweiten IT-Strategie, die einheitliche Standards ermöglichen, die Einhaltung einer globalen Corporate Governance und Compliance sicherstellen und die Reputation des Konzern schützen soll

= **verrechenbare Kosten** für IT-Dienstleistungen mit erwartetem Nutzen für die Gruppengesellschaften

Weiterhin lässt sich argumentieren, dass es auch Teil der damit verbundenen **Koordinationsfunktion** ist, eine Machbarkeitsstudie, im Sachverhalt als Vorprojekt bezeichnet, durchzuführen. Damit ließe sich rechtfertigen, die dafür anfallenden Kosten nicht an die anderen Gruppengesellschaften zu verteilen. Aus Sicht letzterer sind mit diesen Kosten im Zweifel keine für sie greifbaren Vorteile verbunden, da ja speziell die von der Obergesellschaft angestrebte Einheitlichkeit und Standardisierung auf unterer Ebene keinen oder nur eingeschränkten Nutzen stiftet. Das mag allerdings von den Umständen des Einzelfalls abhängen.

Der gewählte Aufschlag von 2 % bzw. in Höhe von 2,1 Mio. € ist zudem zu hoch. Es spricht zwar nichts dagegen, die eigenen Aufwendungen für das Management und die Organisation dieses Projektes zwecks Abrechnung in einen Aufschlag umzurechnen. Letztlich sollte die Zeitgaist AG nur die **Kosten für ihre eigene Leistung zzgl. eines Aufschlags** verrechnen dürfen. Allerdings bezieht sich der Aufschlag auf die Investitionskosten in Höhe von 105 Mio. € für das Projekt und nicht für die Aufwendungen für das Management und die Organisation dieses Projektes (laut Sachverhalt 500.000 € Ein Gewinnaufschlag auf die vom externen Unternehmen in Rechnung gestellten Beträge hat jedenfalls nicht erfolgen, da es sich lediglich um vermittelte und weitergeleitete Wertschöpfungsbeiträge handelt, in die keine hinreichende Eigenleistung eingeflossen ist. Entsprechend wären nur die Kosten der Zeitgaist AG für ihre eigene Leistung heranzuziehen (500.000 € für die ein Aufschlag zu berechnen wäre.

Fraglich ist, wie die zusätzlichen IT-Kosten im Rahmen der anderen Vergütungen für bspw. Produktion, Auftragsentwicklung und Vertrieb behandelt werden. Vordergründig könnte man meinen, dass sich mit einer effektiven Aussteuerung der Nettorenditen der Routinegesellschaften das Problem potenziell unangemessener IT-Belastungen erledigen könnte, da die Zeitgaist AG letztlich wieder einen erheblichen Teil der Kosten zurückbekommt. Das muss allerdings nicht so sein. In manchen Betriebsprüfungen und in manchen Ländern würden ggf. bei ausreichender Marge einzelne Posten der Gewinn- und Verlustrechnung nicht näher hinterfragt. Grundsätzlich sind aber Verrechnungspreise transaktionsbasiert zu bestimmen und eine ausreichende Gesamtmarge schützt nicht davor, dass einzelne Betriebsausgaben als steuerlich nicht abzugsfähig behandelt werden.

Fazit. Die von der Zeitgaist AG gewählte Vorgehensweise hat gleich mehrere wichtige Problemstellungen nicht gut gelöst. Gerade bei solch umfangreichen und kostenintensiven Projekten, die die Finanzdaten der beteiligten Unternehmen erheblich beeinflussen können, sind gründliche Überlegungen zum erwarteten Nutzen aller Beteiligten, zur angemessenen Zuordnung der Kosten inklusive der geeigneten Balance zwischen direkter Kostenzuordnung und vereinfachender Umlage sowie zu den vertraglichen Vereinbarungen inklusive möglicher Rückwirkungen auf das Verrechnungspreissystem insgesamt unabdingbar.

Woran ist noch zu denken. IT-Implementierungsprojekte dauern häufig längere Zeit, sind häufig kostspielig und gehen mit mehr oder weniger signifikanten Anpassungen des Budgets und des Scopes einher. Es ist daher empfehlenswert, den **Verrechnungspreisrahmen frühzeitig** vertraglich zu regeln, eine **begleitende Richtlinie** zu nutzen und die Prozesse und Tätigkeiten im Roll-out regelmäßig zu monitoren und gut zu dokumentieren. Wichtig sind in diesem Zusammenhang auch Regelungen zur Frage, wer für Fehler bzw. Schäden haftet und wer die Kosten möglicher Budgetüberschreitungen zu tragen hat.

Hinsichtlich der Dokumentation und der quantitativen Beurteilung der Belastungen an die empfangenden Einheiten stellen Finanzverwaltungen mitunter die Behauptung auf, die lokale Gesellschaft hätte ein für sie ausreichendes System lokal viel günstiger erwerben können. Dies ist zwar im Allgemeinen mangels Vergleichbarkeit nicht sachgerecht, auch weil Unternehmensgruppen ihre Kosten generell minimieren wollen und es damit lediglich um die angemessene Aufteilung gehen kann; Plausibilitätsüberlegungen was die Kostentragfähigkeit einzelner Gesellschaften anbelangt, zusätzliche Vergleichsangebote oder Nutzendokumentationen können aber nicht schaden. Zugleich gilt es aber auch zu bedenken, dass die **Zugehörigkeit zu einer Unternehmensgruppe nicht gänzlich ausgeblendet werden kann**. Ein günstigeres System muss sich in die Unternehmensgruppe integrieren lassen bzw. mit dem System der Unternehmensgruppe schnittstellenfrei und reibungslos funktionieren, damit es als Alternative überhaupt in Betracht kommen kann.

Bei IT-Projekten kann es bei der Unterlizenzierung von Software, aber auch bei Erbringung von technischen Dienstleistungen in einigen Ländern zu **Quellensteuereinbehaltungspflichten** der Leistungsempfänger kommen. Im ersten Schritt ist darauf zu achten, dass sich alle beteiligten Parteien mit den notwendigen Ansässigkeits- und Freistellungsbescheinigungen austauschen, um die Belastung im Vorhinein zu senken oder abzuwenden. Da für den Zahlungsgläubiger häufig im Ansässigkeitsstaat eine vollständige Anrechnung der im Ausland einbehaltenen Steuer nicht möglich sein wird, ist auch anzudenken, die Leistungsbestandteile vertraglich und abrechnungstechnisch zu trennen. Damit kann ggf. das als **technische Dienstleistung** oder als **Lizenz** „infizierte" Vergütungsvolumen verringert werden.

7.3. Weiterführende Literatur und Rechtsprechung

Ditz/Tcherveniachki, Anwendung des § 1 AStG bei Personengesellschaften, Der Betrieb 2014, 203.

Elbert/Gotsis/von Jesche, Handbuch der Verrechnungspreise, hrsg. v. Vögele/Borstell/Engler, Dienstleistungen, 5. Auflage, München, 2020.

Greil/Greil, Handbuch Internationale Verrechnungspreise, hrsg. von Heinz-Klaus Kroppen, Kommentierung des Kapitels VII „Dienstleistungen" der OECD-Verrechnungspreisrichtlinien, Loseblattsammlung., Otto-Schmidt Verlag.

Macho/Steiner/Spensberger, Case Study 30: Benchmarking mittels Datenbankscreening oder – Ergebnisermittlung durch Würfeln? & Case Study 31: Datenbankstudie in der Rezession oder – How comparable are Comparables?, Case Studies, 2. Auflage, Linde, Wien, 2014.

Schwarz/Stein, Quantitative Verrechnungspreise – Wertschöpfung im Unternehmen verstehen, Verrechnungspreise aktiv gestalten und benchmarken, Weinheim, 2018.

Schwarz/Stein, Benchmarking von Verrechnungspreisen, Der Betrieb 2019, 1217.

Schwarz/Stein/Holinski/Hoffmann, Die Vergleichbarkeit von Unternehmen bei pan-europäischen Benchmarkstudien. Die Unternehmensbesteuerung 2017, 149.

Schwarz/Stein/Holinski/Hoffmann, Kostenaufschläge bei der Verrechnung von konzerninternen Dienstleistungen. Der Betrieb 2016 S. 2857.

Schwarz/Stein/Holinski/Hoffmann, Der datenbankgestützte Fremdvergleich bei Produktionseinheiten. Der Betrieb 2016, 2307.

Schwarz/Stein/Flanderova/Hoffmann, Hindsight bei Verrechnungspreisen, Die Unternehmensbesteuerung 2017, 638.

Treidler, Transfer Pricing in One Lesson – A Practical Guide to Applying the Arm's Length Principle in Intercompany Transactions, Berlin, 2020.

BMF, Schreiben v. 14.7.2021, Verwaltungsgrundsätze Verrechnungspreise; IV B 5 – S 1341/19/10017, BStBl 2021 I S. 1098, Tz. 3.64 - 3.79.

BFH v. 6.4.2005, I R 22/04, BStBl. II 2007, 658.

BFH v. 17.10.2001, I R 103/00, BStBl II 2004, 171.

8. Konzernumlagen

8.1. Darstellung des Sachverhaltes

Die Zeitgaist AG übernimmt als Headquarter für die Unternehmensgruppe die Verwaltungszentrale mit Stabsabteilung, Personalabteilung, Finanzbuchhaltung, Rechnungswesen, Steuerabteilung und Informationstechnik. Dabei übernehmen die Personalabteilung, die Finanzbuchhaltung, das Rechnungswesen und die Steuerabteilung die Tätigkeiten für die Unternehmensgruppe zentral für alle gruppenzugehörigen Unternehmenseinheiten. In den einzelnen Gesellschaften vor Ort befinden sich, wenn überhaupt, lediglich wenige Personen, die diesen Abteilungen zuarbeiten.

So beschäftigt die Zeitgaist AG beispielsweise 12 Personen in ihrer Steuerabteilung. Die Aufwendungen **für Personal und sonstige Aufwendungen belaufen sich auf** 2.104.125 €; Aufwendungen für die Hinzuziehung von externen Beratern sind hierin nicht enthalten. Die Aufteilung nach Gehaltssegmenten ergibt folgendes Bild:

Gehaltssegment	Bereich (in € p. a.)	Anzahl Beschäftigte
Unteres	40.000 - 55.000	5
Mittleres	80.000 - 105.000	4
Oberes	140.000 - 275.000	3

Die Steuerabteilung ist vornehmlich – im Umfang von 60 % – für die Zeitgaist AG tätig. Die Beschäftigten sind angehalten, ihre Stunden den einzelnen Unternehmen zuzuordnen, sodass ermittelt werden kann, in welchem Umfang jemand für welches Unternehmen tätig war. So beanspruchte zum Beispiel die Zeitgaist Marken AG 5 % der gesamten Arbeitsstunden für relativ einfache Tätigkeiten und die Zeitgaist Inc. 7,5 % für meist sehr komplexe Sachverhalte. Die Zeitgaist AG stellte der Zeitgaist Marken AG dementsprechend 105.206 € in Rechnung und der Zeitgaist Inc. 157.809 €

Die Zeitgaist AG beschäftigt ferner 21 Personen in der Personalabteilung, die für alle Personalangelegenheiten weltweit zuständig ist. Die Aufwendungen **für Personal und sonstige Aufwendungen belaufen sich auf** 3.176.625 € Die Aufteilung nach Gehaltssegmenten ergibt folgendes Bild:

Gehaltssegment	Bereich (in € p. a.)	Anzahl Beschäftigte
Unteres	25.000 - 65.000	11
Mittleres	80.000 - 100.000	6
Oberes	125.000 - 325.000	4

Die Personalabteilung führt keine spezifische Zeiterfassung. Ihren Aufwand legt sie am Jahresende den einzelnen Gesellschaften nach Anzahl der durchschnittlich Beschäftigten im Jahr um.

In der zentralen IT-Abteilung der Zeitgaist AG sind 25 Personen beschäftigt. Die Aufwendungen **für Personal und sonstige Aufwendungen für Hard- und Software, die diese** 25 Personen benötigen, belaufen sich auf 8.120.625 €[1]. Die IT-Abteilung gewährleistet einen 24-Stunden-Notfallservice für all ihre Gesellschaften. Sobald ein Problem mit der IT bestehen sollte, ist der Notfallservice in Anspruch zu nehmen. Die Beschäftigten der Hotline werden dann erste Hilfestellungen geben. Können sie nicht weiterhelfen, wenden sie sich an ihre KollegInnen, die dann vor Ort beim „Kunden“ Hilfestellung leisten. Die Aufwendungen für Personal und sonstige Aufwendungen für die Hotline belaufen sich auf 6,98 % (= 567.000 €) der Aufwendungen für die IT-Abteilung. Die Zeitgaist AG legt die Kosten der IT-Abteilung in Höhe von 8.120.625 € mittels eines Schlüssels nach Anzahl der Beschäftigten um und erhebt hierauf einen Gewinnaufschlag von 15 %. Der Gewinnaufschlag stammt dabei aus Branchenkenntnissen des Leiters der IT-Abteilung. Die Zeitgaist Unternehmensgruppe beschäftigte im Jahr 2019 1.740 Personen. Entsprechend stellte sie z. B. der Southern Cape Pty Ltd. (128 Beschäftigte = 7,36 % der gesamten Belegschaft der Zeitgaist Unternehmensgruppe) 686.986 € in Rechnung.

8.2. **Diskussion und Lösung** (Felix Loose)

Grundlegendes Problem. Zentral erbrachte Dienstleistungen stellen in vielen Unternehmensgruppen ein beachtliches internes Transaktionsvolumen dar. Die Finanzverwaltungen sowohl der leistungserbringenden als auch der empfangenden Gesellschaften hinterfragen kritisch, welche Leistungen tatsächlich erbracht werden, wer Nutznießer ist, welche Aufwendungen dafür angefallen sind und wie die Leistungen letztlich verrechnet werden. Darüber hinaus wird hinterfragt, ob die Empfänger die Leistung ohne den zentralen Dienstleister hätten selbst erbringen oder zukaufen müssen, ob die empfangenen Leistungen evtl. eine **Duplizierung** bereits eigens erstellter Arbeit darstellen, ob die Vorteile für die Empfänger rein zufälliger und damit nicht vergütungspflichtiger Natur sind (***incidental benefits***) und ob ggf. ein Teil der Aufwendungen bei der Zeitgaist AG als Anteilseigner- bzw. Shareholderkosten verbleiben müssten. Siehe dazu auch Kapitel 7.

Häufig wird bei der Wahl der Methode der erste Blick auf die Preisvergleichsmethode fallen, diese jedoch bei näherer Betrachtung zumeist als nicht durchführbar oder zielführend fallen gelassen. Es mögen zwar vermeintlich vielversprechende interne und externe Fremdvergleichspreise für Beratungs- und Unterstützungsleistungen in den Bereichen

1 Dementsprechend sind hierin nicht die Aufwendungen für die IT-Struktur der Unternehmensgruppe enthalten.

Finanzen, Rechnungswesen, IT, Recht, Steuern, HR, Logistik usw. existieren, diese sind jedoch meist mit den zentral erbrachten unternehmensgruppeninternen Leistungen, vor allem den Stabsfunktionen in Unternehmensgruppen, nicht vergleichbar. Während extern am Markt tätige Unternehmen ihre Leistung als Kernkompetenz mit einem vor allem hinsichtlich der Risiken völlig anderen Funktionsprofil ausüben, werden solche Tätigkeiten in einer Unternehmensgruppe zumeist nicht als **Profit Center,** sondern als **Cost Center** erbracht.

Aus Gründen der Verwaltungseffizienz und aufgrund der Tatsache, dass die Ergebnisse aus den Zentralabteilungen nicht nur einem Empfänger, sondern im besten Fall allen Gruppengesellschaften zugutekommen, bietet sich eine kostenbasierte **Umlage** inklusive eines angemessenen Gewinnaufschlags an, um den angemessenen Fremdvergleichspreis zu approximieren. Für Bereiche, in denen eine individuelle Zuordnung von Leistungen und den damit verbundenen Kosten mit vertretbarem Aufwand möglich ist, sollte jedoch der **direkten Verrechnung** der Vorzug vor der Umlage gegeben werden.

Abbildung 26: Direkte Abrechnung (direkte Methode)

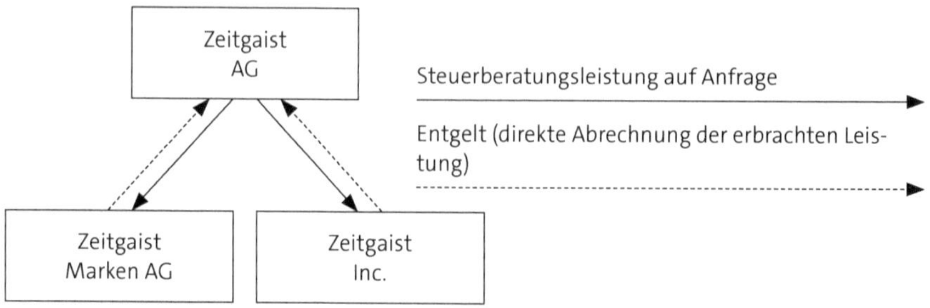

Abbildung 27: Indirekte Abrechnung (Konzernumlage)

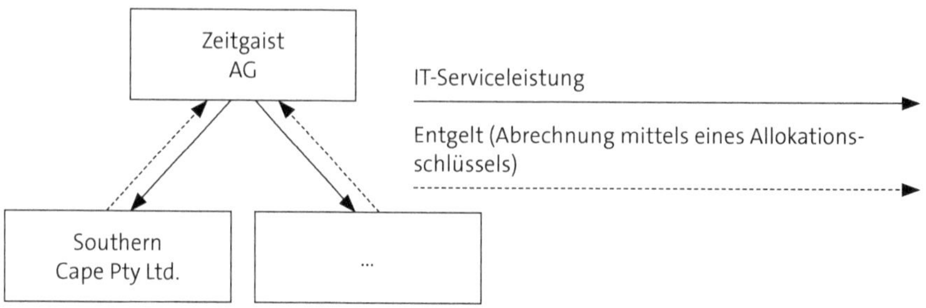

Zu beachten ist in diesem Zusammenhang auch noch die begriffliche Abgrenzung der Konzernumlage von der Kostenumlage (s. Kapitel 9). Die **Konzernumlage** stellt eine besondere Art der Verrechnung von Dienstleistungen einer Gesellschaft an eine oder mehrere andere Gesellschaften dar. Diese Leistung muss zwar keine Kernfunktion des Unternehmens sein, wird in der Verrechnungspreispraxis aber regelmäßig mit Gewinnerzielungsabsicht verknüpft.

Im Gegensatz dazu werden bei einer **Kostenumlage** Leistungen in diversen Gesellschaften gemeinschaftlich abgestimmt erbracht, alle beteiligten Gesellschaften benötigen die entsprechenden Arbeitsergebnisse für ihr jeweiliges Geschäft, sie teilen sich Chancen und Risiken sowie letztlich die angefallenen Aufwendungen nach nutzenorientiertem Schl**üssel. Unter gewissen Voraussetzung**en ist hier die Verrechnung einer Gewinnkomponente entbehrlich.

Folgendes Schema veranschaulicht die o. g. Aspekte:

Abbildung 28: Schema unternehmensgruppeninterne Dienstleistungen

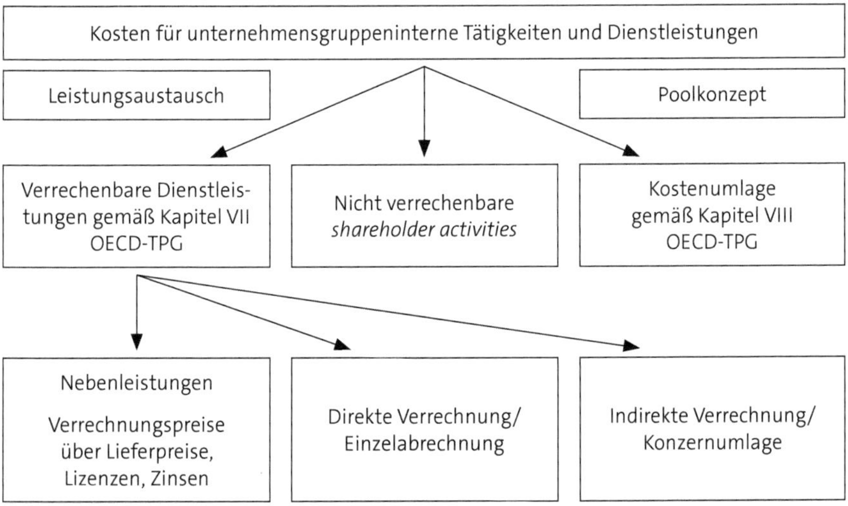

Wo findet man was. Dienstleistungen sind in Kapitel VII der OECD-TPG behandelt. Darin werden auch Aspekte wie ***Benefit Test***, Zahlungsbereitschaft, Shareholderaktivitäten bzw. Kontrollkosten, Duplikation von Leistungen, zufällig entstehende Vorteile, Verrechnungspreismethoden, und die Ermittlung der angemessenen Kostenbasis und des Gewinnaufschlag beim Einsatz dΔer Kostenaufschlagsmethode behandelt. Für Dienstleistungen mit nur geringen Wertschöpfungsbeiträgen, sog. *low value-adding services*, geben die OECD-TPG in Kapitel VII und die Arbeiten des EU Joint Transfer Pricing Forums[2] wichtige Hinweise, verkürzt übernommen auch in den Tz. 3.74 - 3.77 der VWG VP.

Hinsichtlich der allgemeinen Grundsätze, der Methodenwahl und der Hinweise zur Vergleichbarkeit und zur Dokumentation sei aber auch auf die Kapitel I-III und V OECD-TPG verwiesen. Die GAufzV benennt in § 4 Absatz 2 Satz 1 Nr. 2 die speziell für Umlagen zu dokumentierenden Informationen.

Grundsätzliche Überlegungen zur Lösung des Falles. Ausgehend von der Annahme, dass die Verrechnung der genannten Dienstleistungen im vorliegenden Fall anhand der Kostenaufschlagsmethode erfolgen sollte, fällt auf, **dass für die Umlage der Kosten der Steuer- und Personalabteilung kein Aufschlag verrechnet wird**. Dies erscheint aus dem Blickwinkel des Fremdvergleichsgrundsatzes **nicht sachgerecht** und würde von der deutschen Finanzverwaltung sicherlich aufgegriffen.

Hinsichtlich der **Kostenbasis** entspricht es internationaler Praxis, alle mit der erbrachten Dienstleistung im Zusammenhang stehende Kosten zu berücksichtigen. Dieser **Vollkostenansatz** beinhaltet direkte und indirekte, sowohl interne als auch externe Kosten und in begrenztem Maße mitunter auch kalkulatorische Kosten. Die Ermittlung der Kosten kann in Anlehnung an die in der Unternehmensgruppe üblichen Kostenrechnungsregeln und gemäß allgemein anerkannter Rechnungslegungsstandards erfolgen. Die so ermittelte Kostenbasis wird dann noch um Beträge reduziert, die im Zusammenhang mit Shareholderaktivitäten und mit Leistungen stehen, die bei den Empfängern letztlich eine Duplikation zu den eigens erbrachten Aktivitäten oder auch nur einen zufälligen Vorteil bedeuten würden und für die fremde Dritte im Allgemeinen nicht bereit wären, separat zu zahlen.

Mit wirtschaftlich nachvollziehbaren und verursachungsgerechten **Allokationsschlüsseln** werden die verbleibenden Kosten letztlich umgelegt. In der Praxis sind dies häufig Umsatz, Anzahl der Mitarbeiter, Buchwerte des Anlage- oder Umlaufvermögens oder die Anzahl oder Menge bestimmter Assets, Anzahl der User oder Computerarbeitsplätze, Anzahl bestimmter Vorgänge oder Geschäftsvorfälle usw. Kritisch wird in manchen Betriebsprüfungen und in manchen Ländern der Umsatz als Schlüssel gesehen und mitunter als zu pauschal abgelehnt.

2 https://ec.europa.eu/transparency/regdoc/rep/1/2011/EN/1-2011-16-EN-F1-1.Pdf.

In der Praxis sind nachfolgend beispielhafte aufgeführte Allokationsschlüsseln je nach Bereich zu beobachten.

Tabelle 37: Allokationsschlüssel

Bereich	**Allokationsschlüssel**
Finanz- und Rechnungswesen	Umsatz, Bilanzsumme, Anzahl der Transaktionen
Personal/HR	Anzahl der Mitarbeiter, „FTE" (full-time equivalents), Lohnsummen
IT/Informationssysteme	Anzahl der Nutzer, Softwarelizenzen, Computerarbeitsplätze, Transaktionen, Datenvolumina
Einkauf	Einkaufsvolumen (Stückzahl, Menge oder Betrag)
Finanzierung	Summe der Verbindlichkeiten
Cash Management (nicht Finanzierung)	Anzahl Transaktionen, Transaktionsvolumen
Steuer- und Rechtsberatung	Umsatz, Bilanzsumme, Zeiterfassung
Marketing und Werbung	Umsatz
Produktion	Ausstoß (Stückzahl), Umsatz, Maschinenstunden
Allg. Management Support	Umsatz, Anzahl Gesellschaften in bestimmten Kategorien von Tätigkeiten
Allg. Infrastruktur, Facility Management, „Office Support"	Anzahl Mitarbeiter, Büros, Fläche

Neben diesen Schlüsseln kommen mitunter auch Schätzungen zum prozentualen zeitlichen Aufwand für die empfangenden Gesellschaften zum Einsatz. Diese bedürfen regelmäßig einer plausiblen nachvollziehbaren Dokumentation auf Basis von Interviews und einer zumindest überschlägigen Zeiterfassung.

Da die Verrechnungspreise im Budgetprozess und in der unterjährigen Verrechnung häufig auf der Vorausschau (dem *forecast*) beruhen, kann es und wird es fast immer zu Unterschieden zwischen den unterjährig verrechneten Beträgen und den tatsächlich angefallenen Aufwendungen kommen. Aufgrund des zumeist angestrebten begrenzten Risikoprofils des internen Dienstleisters wird im Allgemeinen eine Aktualisierung der Berechnungen mit darauffolgenden Nachbelastungen oder Gutschriften vereinbart, ein sog. ***True-up***. Dies entspricht auch dem Willen der deutschen Finanzverwaltung, die „spätestens zum Jahresende" einen Abgleich der Plankosten mit den Istkosten und „eine entsprechende Aufteilung" erwartet (vgl. VWG VP, Tz. 3.79).

Der Zeitpunkt dieser Nachkalkulation und die genaue Berechnungsformel stellen in der Praxis mitunter Herausforderungen dar. Es ist sowohl ertrag- und umsatzsteuerlich als auch handelsrechtlich erstrebenswert, die Nachkalkulation periodengerecht anzurechnen bzw. abzugrenzen. Während es zumeist unumstritten ist, dass ein *True-up* hinsichtlich der Kostenbasis erfolgt (ggf. mit einer betragsmäßigen Untergrenze, einem *threshold*), so ist die Frage, ob auch hinsichtlich der Allokationsschlüssel ein *True-up* berechnet werden soll, tendenziell strittig. Einerseits mag es im Einzelfall Argumente für eine Aktualisierung der Allokationsschlüssel geben, beispielsweise wenn größere Änderungen in der Geschäftstätigkeit und der Schlüsseldaten der Empfänger auch inhaltlich eine völlig andere Nutzung bedingen. Andererseits kann argumentiert werden, dass der Dienstleister aufgrund der Planungen auch gewisse Ressourcen bereitgehalten und zumindest geringfügige Änderungen an den zugrunde liegenden Schlüsseldaten wie beispielsweise Umsatz oder Anzahl der Beschäftigten keine Auswirkung auf den Wert erbrachten Leistung hat.

Die Zusammenstellung der Kosten ist allerdings im ersten Schritt noch nicht entscheidend dafür, **auf welche Kosten letztlich ein Gewinnaufschlag** erhoben wird. Typischerweise wird dies auf Kosten im Zusammenhang mit der eigenen Wertschöpfung des Dienstleisters geschehen und nicht auf Auslagen bzw. weitergereichte Kosten. Dies könnte bei den gemäß Sachverhalt noch nicht im Budget von 2.104.125 € befindlichen externen Beraterkosten der Steuerabteilung Anwendung finden. Diese würden tendenziell fallbezogen den betroffenen Gesellschaften zuzuordnen sein.

Bei der Frage, was genau noch in die Aufwendungen für die eigene Wertschöpfung gehört, ist nach Einzelfall und Vergleichbarkeit zu entscheiden. Bei den Vergleichsunternehmen aus Datenbankstudien werden auch zugekaufte Leistungen wie Miete oder Reisekosten enthalten sein. Entscheidend für die Praxis sollte sein, ob die zugekaufte Leistungen Eingang in die eigenen Tätigkeiten des Dienstleisters finden oder lediglich durchgereicht und verauslagt werden.

Umlage der Aufwendungen für die Steuerabteilung. Die Aufteilung der Aufwendungen der Steuerabteilung anhand der erfassten Zeiten ist sicher ein gangbarer Weg. Die der Zeitgaist Marken AG belasteten 105.206 € und die der Zeitgaist Inc. in Rechnung gestellten 157.809 € beruhen auf der zeitlichen Berechnung, berücksichtigen jedoch nicht die im Sachverhalt angegebene Komplexität der Arbeit. Hier wurden „lediglich" 5 % respektive 7,5 % der gesamten Aufwendungen für Personal und sonstige Aufwendungen in Höhe von 2.104.125 € auf diese beiden Gesellschaften umgelegt.

Ein höherer Detailgrad anhand der Aufteilung nach Mitarbeiterkategorien könnte mit einer Gewichtung erreicht werden oder wenn pro Mitarbeiter anhand der Personalkosten und der sonstigen Aufwendungen (per Zuschlagssatz) ein Stundensatz errechnet und dieser mit den erfassten Stunden auf die empfangenden Gesellschaften geschlüsselt würde. So käme beispielsweise als genauere Berechnung anhand der Angaben im Sachverhalt in Betracht, dass die Beratungszeit für die Zeitgaist Marken AG durch Personal im unteren Gehaltssegment durchgeführt wird. Entsprechend wären hierfür 0,6 Mitarbeiter anzusetzen (5 % von insgesamt 12 Mitarbeitern). Ohne eine Angabe, wer genau für die Zeitgaist Marken AG tätig war, könnte vereinfachend eine Gleichverteilung angenommen werden, sodass reine Personalkosten in Höhe von 28.500 € (= 0,3 × 40.000 € + 0,3 × 55.000 €) anzusetzen wären. Darüber hinaus wären noch die Personalnebenkosten, wie Sozialversicherungsbeträge etc., und sonstige Aufwendungen, wie etwa für den Arbeitsplatz, gleichermaßen zu berücksichtigen. Eindeutige Aufzeichnungen und/oder niedergelegte und gelebte Regeln sind in diesem Zusammenhang sehr hilfreich für die Sachverhaltsdarstellung und entsprechend für Betriebsprüfungen. Auf Basis des hier vorliegenden Sachverhalts erscheint eine individuelle Zuordnung von Leistungen und den damit verbundenen Kosten mit vertretbarem Aufwand vordergründig möglich. Dann sollte auch der direkten Verrechnung der Vorzug vor der Umlage gegeben werden.

Fraglich ist jedoch, ob sich der im Sachverhalt angegebene Zusammenhang zwischen der Komplexität der Arbeit und dem Gehaltssegment der steuerlichen Mitarbeiter auch für alle anderen Empfänger so erkennen lässt. Außerdem ist zu bedenken, dass auch weniger komplexe Tätigkeiten eines Reviews, einer Anweisung und einer Anleitung bedürfen, die im Zweifel von Mitarbeitern in den höheren Gehaltssegmenten ausgeübt werden und es mithin Überschneidungen in den Kategorien geben muss und dass der administrative Aufwand zur Zeiterfassung, zur Planung/Budgetierung und zur letztlichen Berechnung im Verhältnis zu den Beträgen unverhältnismäßig hoch erscheint.

Weiterhin ist zu bedenken, dass nach deutschem und internationalem Verständnis im Allgemeinen zusätzlich zu den Kosten eine Gewinnkomponente, häufig in Form eines Kostenaufschlags, verrechnet werden sollte. Zur Höhe dieses Aufschlags siehe die nachfolgenden Ausführungen im Zusammenhang mit den Aufwendungen für die IT-Abteilung.

Umlage der Aufwendungen für die Personalabteilung. Die Aufteilung der Aufwendungen der Personalabteilung anhand der durchschnittlichen Beschäftigtenzahl erscheint sachgerecht und üblich. Neben der Anzahl der Beschäftigten ist in der Praxis auch eine mit der Arbeitszeit gewichtete Größe üblich, die sog. „FTE“ (*full-time equivalents*). Die angegebenen Gehaltssegmente sollten für die Allokation keine Rolle spielen, jedoch ist vermutlich die einmalige Umlage zum Jahresende nicht praxistauglich. Umsatzsteuerliche Erwägungen, aber auch die interne Erfolgsrechnung und das externe Berichtswesen verlangen zumeist eine zeitnahe, zumindest quartalsweise, Verrechnung. Auch hier wird regelmäßig noch ein Gewinnaufschlag zu erwarten sein.

Umlage der Aufwendungen für die IT-Abteilung. Auch hinsichtlich der Kostenverteilung der IT-Abteilung stellt sich die Frage der angemessenen Kostenverteilung, die dem wirtschaftlichen Nutzen für die Leistungsempfänger am besten entspricht. In die Umlage sollten entsprechend nur die Kosten eingehen, die nicht besser direkt den Empfängern zuordenbar sind. Im Sachverhalt springt daher die **Hotline** ins Auge, da es wohl der Praxis entspricht, dass ein derartiger Notfallservice **typischerweise per Ticketsystem** genaue Aufzeichnungen über das jeweilige Problem und den jeweiligen Kunden führt. Daraus ließe sich ein alternativer Schlüssel oder **sogar eine direkte Zuordnung** sicher gut bewerkstelligen und anhand von Plandaten ein Preis pro Ticket ermitteln, welches den Empfängern verursachungsgerecht direkt in Rechnung gestellt wird.

Drei Begründungen könnten allerdings gegen eine direkte Zuordnung genannt werden.

1. Die Kosten für die Hotline in Höhe von nur 567.000 € sind relativ gering, um hunderte oder tausende zusätzliche Verrechnungen zu rechtfertigen.
2. Die Bereitstellung der Hotline steht grundsätzlich allen zur Verfügung und auch Optionen haben einen Wert. Sie wären entsprechend zu vergüten. Ob dann die Anwendung des allgemeinen Schlüssels oder eine separate Vergütung sachgerechter ist, hängt vom Einzelfall ab und wird in Abwägung von Verursachungsprinzip und Aufwand zu entscheiden sein, was hier durch den relativ kleinen Betrag zugunsten der Umlage beeinflusst sein könnte.
3. Die (negative) Anreizkomponente einer direkten Inrechnungstellung kann fachlich kritisch gesehen werden. Es könnte beispielsweise nicht erwünscht sein, dass die Mitarbeiter der Zeitgaist Unternehmensgruppe Zeit oder eigene Bemühungen zur Problembehebung investieren, anstatt die kostenpflichtige Hotline „mit separatem Preisschild“ zu nutzen.

Die Vergütungsfähigkeit aber einer solchen **Dienstleistung auf Abruf**, wie der IT-Hotline, unterliegt Einschränkungen. Danach liegt eine vergütungsfähige unternehmensgruppeninterne Dienstleistung u. a. vor, wenn auch ein unabhängiges Unternehmen für die Möglichkeit einer Verfügbarkeit im Bedarfsfall ein Entgelt zu entrichten bereit gewesen wäre (Optionswert). Es ist daher unwahrscheinlich, dass ein unabhängiges Unternehmen eine Vergütung für auf Abruf zur Verfügung stehende Dienstleistungen entrichtet, wenn

- die Wahrscheinlichkeit, dass die Dienstleistung benötigt wird, gering ist,
- der Vorteil von auf Abruf zur Verfügung stehenden Dienstleistungen unerheblich ist oder
- die fraglichen Dienstleistungen prompt und problemlos aus anderen Quellen bezogen werden können, ohne dass diesbezügliche Vereinbarungen notwendig wären.

Die **Aufwendungen für die IT-Struktur** sind nicht in den 8.120.625 € enthalten. Diese in die Umlage mit nur einem gegebenen Schlüssel einzubeziehen wäre im Allgemeinen auch nicht sachgerecht, da diese typischerweise auch stark mit dem jeweiligen Funktions- und Anforderungsprofil der betroffenen Gesellschaft schwanken. Darüber hinaus erscheint es auch nicht empfehlenswert, dass die Zeitgaist AG als zentraler IT-Dienstleister wesentliches Anlagevermögen wie Server, PC, Software, Router und sonstige Hardware in diversen Ländern besitzt.

Dies könnte einerseits steuerliche Probleme wie Betriebsstättenrisiken und Herausforderungen in rechtlicher und handelsrechtlicher Sicht mit sich bringen. Andererseits könnten gerade solch operativ wichtiges und kostenintensives Anlagevermögen von den einzelnen Gesellschaften direkt von Dritten erworben werden. Während der lokale Einkauf durchaus auf einem zentral bzw. global verhandeltem Lieferantenvertrag mit lokal vorgesehenem Abruf beruhen kann, so wird die direkte Abrechnung mit externen Lieferanten vorteilhaft sein, wenn dadurch das unternehmensgruppeninterne Transaktionsvolumen nicht unnötig erhöht und ggf. Quellensteuern bei grenzüberschreitenden Transaktionen vermieden werden.

Bei der Wahl des **verursachungsgerechtesten Schlüssels** für die **Umlage der Aufwendungen** für Personal und sonstige Aufwendungen für Hard- und Software **der zentralen IT-Abteilung** ist die Anzahl der Beschäftigten wirtschaftlich wahrscheinlich nicht optimal. Nicht alle Beschäftigten werden die IT in gleichem Maße oder gar überhaupt nutzen. Mitarbeiter in den Werken werden voraussichtlich andere Systeme nutzen als in den Vertriebsgesellschaften oder in der Zentrale. Speziell in den Werken mit einer hohen Anzahl von Beschäftigten, wie in Myanmar, Rumänien und Mexiko, kommen häufig sehr spezielle IT-Lösungen zum Einsatz und gerade die zentral gemanagten Programme und Systeme werden voraussichtlich in geringerem Umfang genutzt. Daher erscheint die Anzahl der Nutzer typischerweise eher als angemessen; für die Nutzung der Hotline könnte ein Schlüssel anhand der Tickets, periodisch gemessen beispielsweise pro Quartal, herangezogen werden. Alternativ käme noch die **Anzahl der PC bzw. der Computerarbeitsplätze** in Frage. Ob dann noch eine Aufteilung nach verschiedenen Systemen erfolgen sollte, z. B. in der Abgrenzung SAP vs. Oracle vs. Microsoft-Programme, hängt von den Umständen des Einzelfalls ab.

Der genannte **Aufschlag von 15 % aus den Branchenkenntnissen** des IT-Leiters entspricht wahrscheinlich nicht der angemessenen Vergütung für das gleiche Funktions- und Risikoprofil der zentral in der Zeitgaist erbrachten IT-Dienstleistungen. Letztere sind nicht die Kernfunktionen der Zeitgaist Unternehmensgruppe und werden nicht als Profit Center geführt. Speziell die Risiken werden im vorliegenden Fall für die Zeitgaist AG und für die leistungsempfangenden Gesellschaften stark von denen abweichen, die im Verhältnis zwischen professionellen externen IT-Dienstleistern und ihren Kunden vereinbart werden. Beispielhaft seien hier nur Auslastung, Downtime bzw. Verfügbarkeit und Haftung genannt. Der in der Praxis als angemessen betrachtete Gewinnaufschlag sollte deutlich geringer ausfallen.

Dienstleistungen mit geringer Wertschöpfung. Während in einigen Ländern auch für die Vergütung von einfachen Dienstleistungen umfangreiche Angemessenheitsanalysen zur Ermittlung eines Gewinnaufschlags gefordert werden, sehen sowohl die OECD-TPG als auch die Empfehlungen des EU Joint Transfer Pricing Forums vereinfachend vor, dass ein Aufschlag von 5 % für Dienstleistungen mit geringer Wertschöpfung – sog. low value-adding services – als angemessen von allen beteiligten Ländern akzeptiert werden sollte. Dem folgt auch die deutsche Finanzverwaltung, sofern dieser Ansatz im Konzern einheitlich umgesetzt wird.

Die **Voraussetzungen für die Charakterisierung** der Dienstleistungen als solche mit geringer Wertschöpfung sind, dass es sich bei den erbrachten Dienstleistungen um unterstützende Tätigkeiten und nicht um Kernfunktionen des Unternehmens handelt, keine wesentlichen immateriellen Vermögenswerte eingesetzt werden und der Dienstleister keine wesentlichen Risiken (wie bspw. Haftung, Gewährleistung oder Fremdwährungsrisiken) eingeht bzw. Kontrolle über wesentliche Risiken ausübt. Außerdem sind nach den Empfehlungen der OECD Dienstleistungen im Zusammenhang mit Produktion, Marketing & Vertrieb, Forschung & Entwicklung, bestimmte Einkaufsdienstleistungen, geschäftsleitende Leistungen sowie Finanz- und Versicherungsdienstleistungen von den vereinfachenden Regelungen zu den sog. *low value adding services* ausgeschlossen (OECD-TPG, Tz. 7.47). Die hier genannten Dienstleistungen der Steuerabteilung und aus den Bereichen HR und IT sollten hingegen als solche mit geringer Wertschöpfung zu qualifizieren sein (OECD-TPG, Tz. 7.49). Gleiches würde im Allgemeinen für die Stabsfunktion Recht, Finanz- und Rechnungswesen und andere unterstützende administrative Tätigkeiten gelten.

Tabelle 38: Dienstleistungen mit geringer Wertschöpfung nach OECD

Positivkatalog von Tätigkeiten an, welche als Dienstleistungen mit geringer Wertschöpfung anzusehen sein können	**Negativkatalog** von Tätigkeiten an, welche **nicht** als Dienstleistungen mit geringer Wertschöpfung anzusehen sein können
Rechnungslegung, Buchhaltung und Revision	Dienstleistungen, welche Bestandteil des Kerngeschäfts der Unternehmensgruppe sind
Durchführung und Management von Forderungen und Verbindlichkeiten	Forschungs- und Entwicklungsdienstleistungen
Personalwesen, wie u. a. Mitarbeiterbeschaffung oder Weiterbildung	Herstellungs- und Produktionsdienstleistungen
Überwachung und Erfassung von Daten im Zusammenhang mit Gesundheit, Sicherheit, Umwelt und anderen Standards zur Regulierung des Geschäfts	Verkaufs-, Marketing- und Vertriebstätigkeiten
Informationstechnologiedienstleistungen, sofern diese nicht Hauptbestandteil des Konzerngeschäfts sind	Finanztransaktionen

interne und externe Kommunikation und Public Relations	Gewinnung, Erschließung oder Verarbeitung natürlicher Ressourcen
Rechtsberatungsleistungen	Versicherung- und Rückversicherung
Leistungen im Zusammenhang mit Steuerverpflichtungen, wie u. a. Beratung oder Deklaration	Dienstleistungen der Geschäftsleitung
allgemeine administrative Dienstleistungen oder Bürotätigkeiten	

Die **Vereinfachungen betreffen neben der Vergütung auch die Dokumentations- und Prüfungsanforderungen**. Die Steuerpflichtigen sollen jedoch trotzdem Nachweise vorhalten, die eine steuerliche Prüfung der vorgenommenen Kostenverteilung in den beteiligten Ländern ermöglicht. Dazu gehören Verträge, Nachweise zur Kostenbasis, Beschreibungen der erbrachten Leistungen mit vereinfachten Nutzenhinweisen sowie zur Abrechnungssystematik.

Die Implementierung dieses Ansatzes bedarf allerdings in den meisten Ländern einer nationalen rechtlichen Umsetzung und ist entsprechend den einzelnen Ländern überlassen. Daher sollte vorher darauf geachtet werden, welche Länder diesen Ansatz aktiv umsetzen. Hier geben die **OECD Transfer Pricing Country Profiles (OECD TPCP)**[3] eine gute Übersicht.

Sollte eine solche Vereinfachung mit 5 % Gewinnaufschlag in einigen Ländern grundsätzlich oder aufgrund des Leistungscharakters nicht akzeptiert werden (sowohl Deutschland als auch Südafrika haben in den **OECD TPCP** offenbart, dass sie den vereinfachenden Ansatz zumindest rechtlich strenggenommen nicht umgesetzt haben; in der Praxis wird dies mitunter dennoch akzeptiert, da – wie in Kapitel 7 gezeigt – ein Kostenaufschlag von 5 % üblicherweise in einer akzeptablen Bandbreite liegt) oder auch vom Unternehmen nicht gewünscht sein, so wird der Aufschlag zumeist anhand von Datenbankstudien ermittelt. Da typischerweise einzeltransaktionsbezogene konkrete Kostenaufschläge und Kostendaten weder auf dem Markt noch in den Datenbanken direkt beobachtbar sind, wird mittels der transaktionsbezogenen Nettomargenmethode und einer kostenbasierten Profitabilitätskennziffer ein Aufschlag (z. B. *net cost plus mark-up*) ermittelt. Da es sich bei den Empfehlungen nicht um Verpflichtungen handelt und in der Praxis die Bandbreiten von **Kostenaufschlägen aus Datenbankstudien** durchaus mit geringeren Werten als 5 % und teilweise auch der Median unterhalb dieses Wertes liegt, könnten Unternehmen im Rahmen ihrer Verrechnungspreisstrategie durchaus niedrigere Werte nutzen und entsprechend dokumentieren.

3 https://www.oecd.org/germany/transfer-pricing-country-profiles.htm.

Im vorliegenden Fall wurde der Southern Cape Pty Ltd. mit ihren 128 Mitarbeitern ein Betrag von 686.986 € in Rechnung gestellt. Würde nach den vorstehenden Ausführungen die Hotline aus der Kostenbasis herausgenommen und würde lediglich ein **Aufschlag von 5 %** verwendet, so ergäbe sich ein reduzierter Betrag in Höhe von nur noch 583.744 € (= (8.120.625 ./. 567.000) × 1,05 × 7,36 %). Für die Nutzung der Hotline müsste die Southern Cape dann jedoch noch separat ein Entgelt (ggf. im Wege der direkten Abrechnung) entrichten.

Kostenbasis. Wichtiger (im Sinne der Materialität etwaiger absoluter steuerlicher/fiskalischer Auswirkungen) als die Höhe der Aufschlagssätze ist die Kostenbasis. Auch bei Dienstleistungen mit geringer Wertschöpfung muss diese nicht ungeprüft übernommen werden. Das bedeutet, dass die Kostenbasis in jedem Fall eindeutig bestimmt werden sollte und ihr besonderes Augenmerk zu widmen ist.

Fazit. Die Konzernumlage verfolgt das Ziel einer Approximation der fremdüblichen verursachungsgerechten Vergütung, die natürlich mit Unsicherheit behaftet ist. Entsprechend sollte eine Abwägung zwischen der notwendigen Sorgfalt und dem Detailgrad der Kalkulations- und Abrechnungsmodalitäten und deren Nutzen für die Zielerreichung erfolgen.

In der Betriebsprüfungspraxis ist tendenziell zu beobachten, dass weniger der Gewinnaufschlag, sondern eher die Kostenzuordnung und die Dokumentation der tatsächlichen oder erwarteten Vorteile beim Empfänger, der sog. „Benefit Test“, im Zentrum der Auseinandersetzung stehen.

Woran ist noch zu denken. In steuerlichen Betriebsprüfungen sind zentral erbrachte Dienstleistungen und Konzernumlagen ein umstrittenes Thema. Allein der Begriff **Management Fees** sorgt dabei in einigen Ländern bereits für Vorbehalte seitens der Finanzverwaltung und man mag Verständnis dafür haben, dass diesem Begriff mitunter der Anschein einer nicht näher definierten Verteilung von „Overheads“ anhaftet. Es ist daher empfehlenswert, die vereinbarten Leistungen bereits im Vertrag und dann später in den Abrechnungen und in der Verrechnungspreisdokumentation mit konkreten und aussagekräftigen Begrifflichkeiten zu bezeichnen. Idealerweise besteht auch ein dokumentierbarer Prozess, mit dessen Hilfe ein Nachweis erleichtert wird, welche Leistungen in der nächsten Periode erbracht werden sollen, welche Budgets und welche Kostenverteilung dafür eingeplant werden und wie Leistungen von den Empfängern bestellt oder abgerufen werden können.

Bei allem Verständnis für möglichst eine umfangreiche Dokumentation ist allerdings eine Grenze im Hinblick auf **rechtliche und administrative Herausforderungen** zu ziehen. So wird es regelmäßig den datenschutzrechtlichen Anforderungen widersprechen, wenn die gruppeninternen Kunden selbst oder die Finanzverwaltungen in anderen Staaten detailliierte und persönliche Daten wie Gehälter oder Reisekosten der Mitarbeiter beim Dienstleister zwecks Nachweis der tatsächlich erbrachten Leistung oder der Kostenbasis verlangen. Je nach Sachverhalt empfiehlt sich die Dokumentation von Kosten anhand aggregierter und anonymisierter Daten, die bei großem Volumen auch von unabhängiger Seite, beispielsweise durch den Wirtschaftsprüfer, bestätigt sein kann.

Zu beachten ist außerdem, dass es jenseits der Empfehlungen der OECD mitunter noch **unterschiedliche Anforderungen im Ausland** gibt, z. B. zusätzliche Anforderungen an den Nachweis der erwarteten bzw. tatsächlichen Vorteile und der Höhe des Gewinnaufschlags. Im Gegensatz dazu ist es beispielsweise in den USA unter gewissen Voraussetzungen möglich, im Rahmen der **Services Cost Method** auch eine reine Kostenverrechnung ohne Gewinnaufschlag vorzunehmen.

Aus deutscher Sicht gilt der **Abschluss von Umlageverträgen als außergewöhnlicher Geschäftsvorfall**, der zeitnah zu dokumentieren ist. Die GAufzV benennt als Informationen, die bei Umlagen dokumentiert werden müssen, Verträge nebst allen relevanten Anlagen, Unterlagen über den Aufteilungsschlüssel, den erwarteten Nutzen für alle Beteiligten, die Zuordnung von Nutzungsrechten und Aufzeichnungen über Art und Umfang der Rechnungskontrolle und über die Zugriffsberechtigung auf Unterlagen des leistungserbringenden Unternehmens.

Ähnlich wie bei der oben beschriebenen Implementierung eines IT-Systems ist schließlich auch an potenzielle **Verpflichtungen zu Quellensteuern** zu denken.

8.3. Weiterführende Literatur und Rechtsprechung

BMF, Schreiben v. 14.7.2021, Verwaltungsgrundsätze Verrechnungspreise; IV B 5 - S 1341/19/10017, BStBl 2021 I S. 1098, Tz. 3.64 - 3.79

Elbert/Gotsis/von Jesche, Handbuch der Verrechnungspreise, hrsg. v. Vögele/Borstell/Engler, Dienstleistungen, 5. Auflage, München, 2020.

Greil/Greil, Handbuch Internationale Verrechnungspreise, hrsg. von Kroppen/Rasch, Kommentierung des Kapitels VII „Dienstleistungen" der OECD-Verrechnungspreisrichtlinien, Loseblattsammlung., Otto-Schmidt Verlag.

Rosenberger, Konzernumlage vs. Kostenumlage, SWK 2009, 48.

Schwarz/Stein, Quantitative Verrechnungspreise – Wertschöpfung im Unternehmen verstehen, Verrechnungspreise aktiv gestalten und benchmarken, Weinheim, 2018.

Treidler, Transfer Pricing in One Lesson – A Practical Guide to Applying the Arm's Length Principle in Intercompany Transactions, Berlin, 2020.

9. Kostenumlagevereinbarungen

9.1. Darstellung des Sachverhaltes

Die ScienceLab AG (Schweiz) ist verantwortlich für das Konzept und das Design aller von der Zeitgaist Unternehmensgruppe vertriebenen Uhren. Sie entwirft die Uhren und deren Bauteile mithilfe modernster Design-Software. Sie nutzt zum einen 3D-Druckverfahren, um anhand der digital erstellten Designs Prototypen zu erstellen. Zum anderen verwendet sie für ihre Prototypen echten Edelstahl und einfache Uhrwerke.

Sie arbeitet dabei eng zusammen mit der Zeitgaist AG, um die neuesten Erkenntnisse im Prozess zu berücksichtigen. So bringt die Zeitgaist AG aus der Datensammlung und -aufbereitung gewonnene Erkenntnisse und Daten über Nutzer sowie notwendiges Marktwissen aufgrund von Markterkundungen und -forschung ein. Ferner sind in dieser Prozessstufe Beschäftigte der Zeitgaist AG beteiligt und wirken aktiv mit.

Die Zeitgaist AG und die ScienceLab AG haben vereinbart, dass die Ergebnisse aus Konzeptionierung und Design sowohl von der Zeitgaist AG als auch von der ScienceLab AG im Rahmen der weiteren Forschung und Entwicklung genutzt werden können. Eine Vergütung für diese Nutzung ist nicht vorgesehen. Ferner haben die beiden Gesellschaften vereinbart, dass sie sich die tatsächlich angefallenen Kosten in dem Sinne teilen, dass jede Gesellschaft ihre eigenen Kosten übernimmt.

9.2. Diskussion und Lösung (Stefan Greil)

Grundlegendes Problem. Eine Kostenumlagevereinbarung stellt eine vertragliche Vereinbarung zwischen Unternehmen dar, um Beiträge und Risiken in der gemeinsamen Entwicklung, Produktion oder dem gemeinsamen Erwerb von immateriellen sowie materiellen Werten oder der gemeinsamen Erbringung von Dienstleistungen zu teilen. Dies ist verbunden mit dem Verständnis, dass solche immateriellen oder materiellen Werte sowie Dienstleistungen mit der Erwartung der Teilnehmer verbunden sind, einen Nutzen für jedes Geschäft der teilnehmenden Unternehmen zu generieren. Kostenumlagevereinbarungen können daher von verbundenen Unternehmen eingesetzt werden, um im gemeinsamen Interesse Leistungen zu erbringen, sodass sich die beteiligten Unternehmen sowohl die Aufwendungen als auch die Risiken, die mit der Leistungserbringung verbunden sind, teilen. Sie stellen mithin ein sinnvolles Instrument dar, um wirtschaftliche Aktivitäten verschiedener Unternehmen gemeinsam und effizient zu gestalten.

Die **gemeinsame Durchführung einer Aktivität** im Rahmen dieser Kostenumlagevereinbarung kann auch als zentraler Unterschied zum „normalen" unternehmensgruppen- internen Austausch von Vermögenswerten und Dienstleistungen angesehen werden; insbesondere sind sie von Konzernumlagen zu unterscheiden (siehe Kapitel 8): Hier werden Dienstleistungen von einem Unternehmen gegenüber anderen Unternehmen erbracht und die Abrechnung (aus praktischen Gründen) zumeist nach gewissen Schlüsseln vorgenommen.

Abbildung 29: Kostenumlage

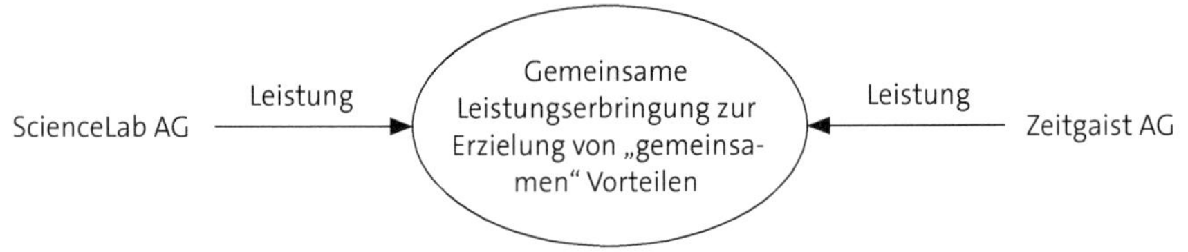

Streitig ist dann vor allem, wer Teilnehmer einer solchen Kostenumlagevereinbarung sein darf, welchen Nutzen der einzelne Teilnehmer erwartet, welche Beiträge von den Teilnehmern geleistet werden, wem entwickelte Werte zuzurechnen sind und wie Ein- und Austritte von Unternehmen zu behandeln sind.

Innengesellschaft. Eine Kostenumlagevereinbarung führt nach deutschem Zivilrecht zu einer Gesellschaft bürgerlichen Rechts (GbR; § 705 Abs. 1 BGB n. F.[1]). Wird die GbR nicht im Außenverhältnis tätig, nimmt sie also nicht am Rechtsverkehr teil, ist eine Innengesellschaft, sog. nicht rechtsfähige Gesellschaft (§ 705 Abs. 2 Alt. 2 i. V. mit §§ 740, 740a BGB n. F.) anzunehmen. Die Gesellschafter schließen sich lediglich im Innenverhältnis zur Erreichung eines gemeinsamen Zwecks zusammen. Die Beteiligten der Vereinbarung treten gegenüber Außenstehenden im eigenen Namen auf. Ihnen fehlt nach außen die Vertretungsmacht für die GbR. Die Innengesellschaft als (nicht rechtsfähige) **Personengesellschaft** ist weder Einkommen- noch Körperschaftsteuersubjekt. Vielmehr ist auf die Gesellschafter abzustellen. Dabei können auch Innengesellschaften einen Gewerbebetrieb unterhalten und kommen als Mitunternehmerschaft in Betracht. Wird aber angenommen, dass die Innengesellschaft lediglich eine Hilfsfunktion ihrer Gesellschafter übernimmt, nimmt sie weder unternehmerische Chancen noch Risiken wahr und verfolgt selbst keinen Erwerbszweck bzw. keine Gewinnerzielungsabsicht. Der Zweck der Innengesellschaft zielt dann nicht auf den Betrieb eines gemeinschaftlichen Unternehmens ab. Für steuerliche Zwecke wäre sie dann kein relevantes Gebilde. Sie ist weder selbständiges Steuerrechtssubjekt i. S. des EStG und des KStG noch begründet sie eine Mitunternehmerschaft oder eine Betriebsstätte. Die von den Teilnehmern der Kostenumlagevereinbarung bzw. von den Gesellschaftern dieser Innengesellschaft ergriffenen Maßnahmen, Aus-

1 Unter Berücksichtigung der Änderungen durch das Gesetz zur Modernisierung des Personengesellschaftsrechts vom 10.8.2021, BGBl 2021 I S. 3436, welches am 1. Januar 2024 in Kraft treten wird.

gaben und Risiken sind vielmehr anteilig den Gesellschaftern zuzurechnen. Die im Rahmen der Umlagevereinbarung erbrachten Leistungen würden demnach innerbetriebliche Vorgänge (Gesellschafterbeiträge) darstellen. Ein Vermögensausgleich wird entsprechend der § 716 Abs. 1,2,3 und § 718 BGB n. F. zwischen den Gesellschaftern untereinander stattfinden, wobei vornehmlich auf die vertraglichen Regelungen der Kostenumlagevereinbarung abzustellen ist.

Internationale Steuerplanung. Seitens der beteiligten Unternehmen ist (nicht nur) bei solchen grenzüberschreitenden Sachverhalten eine sorgfältige Steuerplanung durchzuführen, da unterschiedliche nationale steuerliche sowie zivilrechtliche Regelungen dazu führen können, dass die Steuerverwaltungen der betreffenden Länder den Sachverhalt unterschiedlich beurteilen. Kostenumlagevereinbarungen sind anfällig für eine unterschiedliche Beurteilung. So ist es u. a. von entscheidender Bedeutung, dass Kostenumlagevereinbarungen in den einzelnen Ländern akzeptiert werden: Letztlich sind die jeweils restriktivsten nationalen Anforderungen an Umlageverträge entscheidend. Bei der Implementierung eines Kostenumlagesystems bietet es sich daher unter bestimmten Voraussetzungen aufgrund der diffizilen Materie an, im Vorhinein ein (bi- oder multi- nationales) Vorabverständigungsverfahren (siehe Kapitel 17) zu begehren, um Rechtssicherheit im Vorhinein zu erlangen.

Wo findet man was. Eine spezielle steuergesetzliche Rechtsgrundlage für Kostenumlagevereinbarungen existiert zwar nicht, jedoch sind Kostenumlagevereinbarungen zwischen verbundenen Unternehmen ebenfalls dem Fremdvergleich entsprechend durchzuführen und mittels der gesetzlichen Normen zu würdigen. Ausführungen zu Kostenumlagevereinbarungen findet man speziell in Kapitel VIII der OECD-TPG. Die deutsche Steuerverwaltung verweist in ihrem Schreiben v. 14.7.2021 (VWG VP, BStBl 2021 I S. 1098) in Rz. 3.81 direkt auf das Kapitel VIII. Damit macht sie sich das Kapitel als Verwaltungsmeinung zu eigen. Im Hinblick auf Dokumentationserfordernisse siehe insbesondere § 4 Abs. 1 Nr. 2 Buchst. a, § 4 Abs. 2 sowie Nr. 11 in der Anlage zu § 5 GAufzV.

Grundsätzliche Überlegungen **zur Lösung des Falles**. Vorwegzunehmen ist, dass die Ausführungen zu den Kostenumlagen in Kapitel VIII als eine Ergänzung zu den anderen Kapiteln der OECD-TPG zu sehen und Kostenumlagevereinbarungen im Einklang mit dem Fremdvergleichsgrundsatz durchzuführen sind. Es soll grundsätzlich keinen Unterschied machen, ob die Unternehmensgruppe eine Kostenumlage zur Leistungserbringung oder „isolierte" Transaktionen durchführt.

Im Sachverhalt ist die ScienceLab AG verantwortlich für Konzept und das Design. Die Zeitgaist AG bringt hierfür die aus der Datensammlung und -aufbereitung gewonnenen Erkenntnisse und Daten über Nutzer sowie notwendiges Marktwissen aufgrund von Markterkundungen und -forschung ein. Beteiligt sind Beschäftigte aus beiden Unternehmen. Die Ergebnisse aus Konzeptionierung und Design werden anschließend im Forschungs- und Entwicklungsprozess sowohl von der Zeitgaist AG als auch von der ScienceLab AG genutzt. Hierbei kann es sich um eine **Entwicklungskostenumlage** handeln. Nach BMF-Schreiben v. 5.7.2018 wirken hierfür mehrere Unternehmen einer Unternehmensgruppe im gemeinsamen Interesse zusammen, übernehmen gemeinsam Risiken und leisten Beiträge, um Vermögenswerte gemeinsam zu entwickeln (Entwicklungskostenumlage). Werden hingegen Dienstleistungen in Anspruch genommen, handelt es sich um eine Dienstleistungskostenumlage (siehe auch OECD-TPG, Tz. 8.10).

Teilnehmer. Teilnehmer einer Kostenumlagevereinbarung (OECD-TPG, Tz. 8.14 ff.) kann nur sein, wenn

- die Leistung im gemeinsamen Interesse erbracht wird,
- Risiken von dem Teilnehmer kontrolliert und finanziell getragen werden können (*risk-control-approach*) und
- ein Vorteil aus der Kostenumlagevereinbarung für den Teilnehmer erwartet werden kann.

Entsprechend dürfte Teilnehmer nicht sein, wem es nicht möglich ist, das **Ergebnis** aus der Kostenumlagevereinbarung **im Rahmen seiner unternehmerischen Tätigkeit** zu **nutzen**. Daher sollte das teilnehmende Unternehmen ein eigenes Interesse daran haben, die aus der Kostenumlagevereinbarung entstehenden Ergebnisse selbst zu verwerten. Diese Verwertung kann in unterschiedlicher Art und Weise erfolgen und auf unterschiedliche Ziele gerichtet sein. Allerdings steht dabei die unmittelbare Verwertung – beispielsweise Einsatz im eigenen Produktionsprozess –, aber nicht eine mittelbare unternehmerische Verwertung – Verkauf der Ergebnisse an verbundene Unternehmen oder fremde Dritte – im Vordergrund.

Auch sollte bedeutend sein, ob Teilnehmer **gleich gerichtete Interessen** verfolgen: Zu einer Kostenumlagevereinbarung würden sich fremde Dritte grundsätzlich dann zusammenschließen, wenn sie gleich gerichtete wirtschaftliche Interessen verfolgen. So verfolgen beispielsweise Produktionsgesellschaften und Patentverwertungsgesellschaften nicht dieselben wirtschaftlichen Interessen bzw. werden die Ergebnisse aus den Leistungen einer Kostenumlagevereinbarung nicht in gleicher Weise nutzen (heterogene Interessenlage). Während Produktionsgesellschaften die gewonnenen Ergebnisse grundsätzlich im eigenen Wertschöpfungsprozess einzusetzen vermögen, werden Patentverwertungsgesellschaften die gewonnenen Ergebnisse an andere Unternehmen lizenzieren. Hier ist dann aber fraglich, wozu eine Produktionsgesellschaft an solch einer Kostenumlagevereinbarung teilnehmen sollte. Mitunter könnten (theoretisch) die im Rahmen der Kostenumlagevereinbarung gewonnenen Ergebnisse, die unter Umständen dazu in der Lage sind, einen Wettbewerbsvorteil gegenüber Mitwettbewerbern zu erzielen, durch die Patentverwertungsgesellschaft an den Mitwettbewerber lizenziert werden. Ein ordentlicher und gewissenhafter Geschäftsleiter sollte einer Vereinbarung mit einer derartigen heterogenen Interessenlage kritisch gegenüberstehen. Mithin eignen sich Kostenumlagevereinbarungen wohl eher für einen **horizontalen Verbund** (auf gleicher Stufe der Wertschöpfungsebene) als für einen vertikalen Verbund (entlang der Wertschöpfungskette auf verschiedenen Wertschöpfungsebenen) oder gar diagonalen Verbund (Wertschöpfungsketten sind nicht verbunden bzw. Unternehmen unterschiedlicher Branchen), da bei ersterem Verbund eher gleich gerichtete wirtschaftliche Interessen vorliegen dürften.

Eine Kostenumlagevereinbarung wird zudem steuerlich nur anerkannt, wenn die beteiligten Gesellschaften zumindest bei Abschluss des Vertrages einen **Nutzen aus dieser Tätigkeit** erwarten (OECD-TPG, Tz. 8.19 ff.). Nur dann würden voneinander unabhängige fremde Dritte ihre Ressourcen und Fähigkeiten zusammenlegen und Risiken teilen. Der Begriff des Nutzens ist jedoch steuerrechtlich nicht definiert. Dabei wird stellvertretend auf monetäre Größen, wie die Ersparnis von Aufwand oder die Steigerung der Erlöse, abgestellt. Im Rahmen einer Ausrichtung aller Maßnahmen seitens der Geschäftsleiter auf das Ziel der Maximierung des Marktwertes des Eigenkapitals (Shareholder Value-Orientierung) erscheint eine Orientierung an finanziellen Zielgrößen in Form von Cashflows bzw. Zahlungsüberschüssen sachgerecht. Das heißt, dass sich der Nutzen jedes Beteiligten grundsätzlich durch den zusätzlich generierten Cashflow bzw. durch die Verminderung eines Cashflowabflusses aus der im Rahmen der Kostenumlagevereinbarung erzielten Leistung ermitteln lässt. Im Hinblick auf eine Kostenumlagevereinbarung trifft dies beispielsweise dann zu, wenn bei einer gemeinsamen Entwicklung die Aussicht darauf besteht, Einsparungen zu erlangen, die Effizienz oder die Produktivität zu erhöhen, wobei die unterschiedlichen Stärken und Erfahrungen der Teilnehmer genutzt werden können.

Daneben müssen Teilnehmer einer Kostenumlagevereinbarung auch über die **Fähigkeit und Kompetenz** verfügen, die **Risiken**, die mit einer Kostenumlagevereinbarung zusammenhängen, **zu kontrollieren** (entsprechend Kapitel I OECD-TPG; siehe auch Kapitel 2.2). Das heißt unter anderem, dass Teilnehmer einer Kostenumlagevereinbarung fähig sein müssen,

- Entscheidungen zu treffen, Risiken einzugehen und hierauf zu reagieren, sowie
- ausgelagerte Maßnahmen in Bezug auf deren Risiko betreffend des jeweiligen Beitrages zur Kostenumlagevereinbarung zu überwachen, einschätzen und entsprechend lenken zu können.

Demzufolge kann **Teilnehmer** einer Kostenumlagevereinbarung **nur** sein (s. auch Rz. 3.84 VWG VP),

- wer das Know-how besitzt, um Entscheidungen zu treffen, die durch die Kostenumlagevereinbarung notwendig werden (bspw. Eingehen oder Ablehnen einer risikobehafteten Geschäftsgelegenheit),
- wer in der Lage ist, auf etwaige Risiken im Zusammenhang mit der Kostenumlagevereinbarung entsprechend reagieren zu können, und
- wer schließlich auch die finanziellen Möglichkeiten besitzt, diese Risiken tragen zu können.

Diese Entscheidungsfunktionen hat der Teilnehmer auch **tatsächlich auszuüben**. Substanzlose Teilnehmer, die keinerlei inhaltliche Beiträge leisten und nicht bestimmend mitwirken, sind damit ausgeschlossen.

Vorliegend leisten sowohl die ScienceLab AG als auch die Zeitgaist AG jeweils Beiträge in Form von „Einbringung von Erkenntnissen, Marktwissen und entsprechendes Personal" sowie „Know-how über Konzeptionierung und Design, entsprechendes Personal und benötigte Materialien". Beide haben auch ein gemeinsames und gleich gerichtetes Interesse in der Form, dass die hieraus gewonnenen Ergebnisse in der jeweiligen Forschung- und Entwicklung verwendet werden. Im Hinblick auf den Aspekt der Risikokontrolle ist festzustellen, dass die ScienceLab AG verantwortlich für das Konzept und das Design ist. Damit dürfte sie auch alle diesbezüglichen Risiken kontrollieren; zumindest ist dem Sachverhalt nichts Gegenteiliges zu entnehmen. Die Zeitgaist AG als Muttergesellschaft stellt bewusst Personal dafür bereit und benötigt die Ergebnisse für den weiteren Prozess. Damit kann Risikokontrolle zumindest angenommen werden.

Fremdvergleichskonforme Vergütung – Wert der Beiträge. Die OECD-TPG stellen klar (Tz. 8.1, 8.23 ff.), dass Kostenumlagevereinbarungen nicht außerhalb des Fremdvergleichsgrundsatzes stehen. Deshalb muss der Wert der Beiträge der Teilnehmer, die im Rahmen der Kostenumlagevereinbarung geleistet werden, mit dem Wert übereinstimmen bzw. vergleichbar sein, den unabhängige Dritte bei einer vergleichbaren Vereinbarung geleistet hätten. Hierbei wird dann Bezug genommen auf den proportionalen Anteil des jeweiligen Teilnehmers im Verhältnis zum Gesamtanteil aller Teilnehmer. Dem Gedanken folgend wäre im Sachverhalt der Beitrag, den die ScienceLab AG erbringt, als auch der Beitrag, den die Zeitgaist AG erbringt, nach dem Fremdvergleichsgrundsatz zu bepreisen. Man müsste also nach dem **Wert (Marktpreis) der Beiträge** fragen und diesen ermitteln. Würde zum Beispiel der Marktpreis für die Beiträge der ScienceLab 1 Mio. € und für die Zeitgaist AG 0,5 Mio. € betragen, wären diese zugrunde zu legen.

Der Wert eines Beitrags kann auch den Kosten dieses Beitrages entsprechen. Angeführt wird entsprechend, dass sich der Wert von den Kosten moderat unterscheiden kann, insbesondere bei sog. *low value-adding services*, also bei Dienstleistungen mit geringer Wertschöpfung. In diesen Fällen wird aus praktischen Gründen empfohlen, die Beiträge zu Kosten zu bewerten. In allen anderen Fällen aber sollen die Kosten grundsätzlich keine verlässliche Basis für den Wert des Beitrages darstellen, insbesondere bei einer Kostenumlagevereinbarung im Bereich der Forschung und Entwicklung.

In diesem Zusammenhang werden die Tz. 8.27 und 8.28 OECD-TPG bedeutend (s. auch Rz. 3.83 VWG VP): „Auch wenn alle Beiträge ihrem Wert nach gemessen werden sollten [...] kann die Bezahlung der laufenden Beiträge auf Kostenbasis für die Steuerpflichtigen leichter zu handhaben sein [...] Während nicht davon ausgegangen werden kann, dass der Wert bereits zuvor existierender Beiträge den Kosten entspricht, kann es manchmal möglich sein, die Kosten als zweckmäßiges Instrument zur Messung des relativen Werts der laufenden Beiträge heranzuziehen.“ Mithin werden in diesen beiden Textziffern **Ausnahmen** angeführt, die es ermöglichen, in besonderen Einzelfällen **auf** die **Kosten abzustellen**. Dies scheint also insbesondere dann der Fall zu sein, wenn

- die Kosten-Wert-Differenz marginal ist (bspw. Dienstleistungen mit geringer Wertschöpfung),
- der administrative Aufwand erheblich wäre (bspw. Kosten stellen einen zuverlässigen Anhaltspunkt der Bewertung dar, da der Wert anderweitig kaum zuverlässig ermittelbar ist) oder
- die Werte der Beiträge betragsmäßig korrespondieren und damit ausgewogen sind.

Seitens der Zeitgaist AG und der ScienceLab AG war keine Vergütung vorgesehen. Sie haben lediglich vereinbart, dass sie sich die tatsächlich angefallenen Kosten in dem Sinne teilen, dass jede Gesellschaft ihre eigenen Kosten übernimmt. Für die Verwendung der Kosten kämen – wenn überhaupt – argumentativ nur die beiden letztgenannten Gründe in Betracht. In einem solchen Prozessstadium kann es nachvollziehbar erscheinen, dass der administrative Aufwand zu hoch ist bzw. der Wert des Beitrages kaum verlässlich ermittelbar ist. Mithin könnten die Kosten einen objektiven und erklärlichen Anhaltspunkt darstellen. Dies wäre allerdings von den Steuerpflichtigen entsprechend zu dokumentieren und offen damit umzugehen, weshalb die Kosten als Maßstab angesetzt worden sind.

Fremdvergleichskonforme Vergütung – Aufteilung anhand des erwarteten Nutzens. Der Gesamtwert der Beiträge – hier die Kosten bzw. Aufwendungen – würde dann aufgeteilt werden nach dem relativen Nutzen der Teilnehmer (OECD-TPG, Tz. 8.25). Entsprechend müssten die Teilnehmer den zukünftig resultierenden Nutzen eindeutig quantifizieren, um eine Zuordnung vornehmen zu können.

$$\sum_{t=1}^{T} \frac{Cashflow_t}{(1+i)^t} = \text{Nutzen des Beteiligten}$$

Das heißt, der Umlageschüssel folgt dabei aus den Ertragswerten der von den Beteiligten erwarteten Cashflowauswirkungen. Demnach bemessen sich die zu übernehmenden Beiträge eines jeden Teilnehmers nach seinem zu erwartenden relativen Nutzen gemessen am Gesamtnutzen aller Beteiligten. Diese Vorgehensweise ist jedoch nur möglich, wenn auch der Nutzen, den die anderen Teilnehmer erwarten, bestimmt und entsprechend auch dokumentiert wird.

Die Zeitgaist AG und die ScienceLab AG teilen sich die angefallenen Kosten in dem Sinne, dass jede Gesellschaft ihre eigenen Kosten übernimmt. Dies wäre nur dann möglich, wenn das Verhältnis der Kosten dem Verhältnis der Nutzen entspricht. Unterstellte man zur Veranschaulichung Kosten i. H. von 0,5 Mio. € seitens der ScienceLab AG und 0,25 Mio. € seitens der Zeitgaist AG (Verhältnis ⅔ zu ⅓) und ferner einen erwarteten Nutzen seitens der ScienceLab AG von 1 Mio. € und seitens der Zeitgaist AG i. H. von 0,5 Mio. € (Verhältnis ⅔ zu ⅓), wäre aufgrund des jeweiligen Verhältnisses von 66,66 % zu 33,33 % keine Anpassung notwendig. Würden bei der ScienceLab AG hingegen nur 0,25 Mio. € Kosten angefallen sein (Verhältnis ½ zu ½), wäre seitens der ScienceLab AG aufgrund des Nutzenverhältnisses eine Ausgleichszahlung i. H. von 0,083 Mio. € zu entrichten. Hiernach hätte die ScienceLab AG 0,333 Mio. € an Kosten getragen und die Zeitgaist AG 0,167 Mio. €, was dann dem Nutzenverhältnis von 66,66 % zu 33,33 % entspricht.

Behandlung der geschaffenen Werte. Als Innengesellschaft ohne eigenes Betriebsvermögen kommt bei dieser keine Aktivierung der (immateriellen) Wirtschaftsgüter in Betracht. Vielmehr könnten die an der Kostenumlagevereinbarung beteiligten Unternehmen Miteigentumsrechte an den (immateriellen) Wirtschaftsgütern erhalten bzw. Mitinhaber der resultierenden Rechte, beispielsweise eines Patents, werden. Das heißt, dass zum Beispiel die Überlassung von Forschungs- und Entwicklungsergebnissen an die Teilnehmer einer Kostenumlagevereinbarung keinen Erwerbsvorgang darstellt. Es handelt sich vielmehr um die **Nutzung der Ergebnisse aus der gemeinsamen projektbezogenen Kooperation**. Somit gilt jeder Beteiligte der Kostenumlagevereinbarung grundsätzlich als Miteigentümer der im Rahmen der Kostenumlagevereinbarung geschaffenen Ergebnisse. Somit ist auch keiner der Beteiligten verpflichtet, ein Entgelt neben den zu leistenden Beiträgen für die Nutzung der Ergebnisse zu entrichten. Zugleich erwerben die Gesellschafter ggf. Miteigentum an den gemeinsamen Zwecken dienenden Wirtschaftsgütern.

Bereits vor Implementierung aber auch bei der Beurteilung von Kostenumlagevereinbarungen sollten nachfolgende Aspekte berücksichtigt werden.

Allgemeine Fragen (beispielhaft)

- Was ist die wirtschaftliche Intention hinter der Kostenumlage?
- Welche Leistungen sind hierfür notwendig?
  - Wer setzt das entsprechend ausgebildete Personal dafür ein?
- Seit wann werden die Leistungen im Rahmen der Kostenumlage erbracht?
- Welchen Wert („Marktpreis“) haben die Leistungen?
  - Ist dieser Wert verlässlich bestimmbar?
- Welcher Nutzen ergibt sich aus der Teilnahme für jeden Teilnehmer?
- Welche Aufwendungen entstehen aufgrund der Kostenumlage für jeden Teilnehmer?
- Erfolgt eine separate Erfassung der Aufwendungen für die Kostenumlage?
- Wer übernimmt welche Funktionen und trägt tatsächlich die Risiken aus der Kostenumlage?
  - Welche Funktionen sind notwendig für die Durchführung?
  - Welche Risiken entstehen durch die Kostenumlage?
  - Wer entscheidet darüber, wie mit den Risiken umzugehen ist?
  - Wer hat die finanziellen Kapazitäten, das Risiko zu tragen?
- Erfolgt ein gegenseitiges Reporting zwischen den Teilnehmern der Kostenumlage bzw. an wen wird berichtet und wer hat schließlich die Entscheidungsgewalt über die Kostenumlage?
- Wie werden die Leistungen in der Kostenumlage gegenüber den Teilnehmern abgerechnet?
- Wer ist seit wann Teilnehmer dieser Kostenumlage?
  - Wer entscheidet über die Teilnahme?
  - Wurden Eintritts-/Austrittszahlungen erfasst?

Fazit. Kostenumlagevereinbarungen erfassen die gesamte Palette an Verrechnungspreisthemen, weswegen das Kapitel VIII der OECD-TPG als Ergänzung zu den anderen Kapiteln der TPG zu sehen ist und sich entsprechend immer wieder auf die anderen Kapitel bezieht. Die Anwendung des Kapitels VIII soll gegenüber einer Anwendung der anderen Kapitel (insbesondere der Kapitel I bis III und Kapitel VI) nicht dazu führen, dass vergleichbare Verrechnungspreissachverhalte zu unterschiedlichen Ergebnissen führen. Seitens der Steuerverwaltungen werden hohe Anforderungen an die Mitwirkung der Steuerpflichtigen gestellt, damit diese seitens der Steuerverwaltungen nachvollzogen werden können. Zugleich gehen mit Kostenumlagen hohe Anforderungen an die Wertermittlung der jeweiligen Beiträge und die Ermittlung des jeweiligen Nutzens einher, die in der Praxis mitunter kaum umsetzbar sind. Ein vereinfachtes Abstellen auf die entstandenen Kosten zur Ermittlung des Beitrages vermag im Einzelfall zutreffend sein. Da Kostenumlagen grundsätzlich multilateraler Natur sind, sollten die zivil- sowie steuerrechtlichen Voraussetzungen und Anforderungen in den beteiligten Staaten vorab geprüft werden.

Woran ist noch zu denken. Nicht adressiert wurden im Sachverhalt **Eintritts- und Austrittszahlungen** (OECD-TPG, Tz. 8.44 ff.; Rz. 3.85 VWG VP). Sobald ein neuer Teilnehmer in eine bestehende Kostenumlagevereinbarung eintritt, wird er grundsätzlich berechtigt sein, einen Anteil an den bisherigen Ergebnissen aus den früheren Tätigkeiten der Kostenumlagevereinbarung zu erhalten. Insbesondere kommt die Partizipation an Ergebnissen aus vorhergehenden Forschungs- und Entwicklungstätigkeiten in Betracht. In einem solchen Fall überlassen die bisherigen Teilnehmer einen Teil der ihnen zustehenden Berechtigung dem neuen Teilnehmer. Diese Überlassung soll zu einem angemessenen Entgelt erfolgen. Dazu sind die vorhandenen Ergebnisse zu bewerten. Es handelt sich um eine Art Einkauf in die Vereinbarung und, damit einhergehend, um einen Erwerb der vorhandenen Ergebnisse. Dementsprechend wird bei diesen Sachverhalten von einer **Eintrittszahlung** (*buy-in payment*) gesprochen.

Wie bei einem Eintritt eines neuen Beteiligten in eine Kostenumlagevereinbarung ergeben sich im Hinblick auf das Ausscheiden eines Beteiligten aus einer Kostenumlagevereinbarung Fragen, die es zu klären gilt. So hat der Ausscheidende bis zu diesem Zeitpunkt an der Kostenumlagevereinbarung mitgewirkt und hat unter Umständen einen Anspruch auf die bis dahin resultierenden werthaltigen Ergebnisse, beispielsweise in der Form einer Teilentwicklung. Diese Ergebnisse werden eventuell nunmehr aber von den an der Kostenumlagevereinbarung weiterhin teilnehmenden Unternehmen alleine genutzt bzw. von dem Ausscheidenden an die verbleibenden Beteiligten übertragen. Demnach kann es fremdüblich sein, dass dem Ausscheidenden hierfür eine **Austrittszahlung** (*buy-out payment*) zu gewähren ist. Mithin ist der Ausscheidende für die Aufgabe bzw. Übertragung seines Anspruchs zu entgelten.

Kostenumlagevereinbarungen werden von Steuerverwaltungen mitunter kritisch gesehen. Das birgt für den Steuerpflichtigen **steuerliches Aufgriffsrisiko**. So könnten beispielsweise folgende Punkte in eine diesbezügliche Betrachtung einfließen:

- das Fehlen einer vertraglichen Vereinbarung über die Kostenumlage,
- das Ausüben von Forschungs- und Entwicklungsfunktionen in einem vergleichsweisen hoch besteuernden Staat,
- die Ansässigkeit eines Teilnehmers in einem relativ niedrig besteuernden Staat,
- der Einsatz relativ weniger Arbeitnehmer im Verhältnis zu angeblich werthaltigen Beiträgen,
- das Fehlen der finanziellen Kapazität sowie ausreichend ausgebildeter Arbeitnehmer und
- die Teilnahme von vielen Unternehmenseinheiten.

Umsatzsteuerrechtliche Fragen wurden in den grundsätzlichen Überlegungen nicht adressiert. Diese gilt es, ebenfalls zu beachten. Hier sei beispielhaft auf EuGH, Urteil v. 21.09.2017 – C-326/15 „DNB Banka" hingewiesen. Im Hinblick auf die Innengesellschaft lässt sich festhalten, dass Voraussetzung für die umsatzsteuerliche Unternehmereigenschaft (§ 2 Abs. 1 UStG) ist, dass der Unternehmer aktiv am Wirtschaftsleben teilnimmt und dementsprechend nach außen in Erscheinung tritt. Innengesellschaften, die ohne eigenes Vermögen, ohne Betrieb, ohne Rechtsfähigkeit und ohne Firma bestehen, sind umsatzsteuerrechtlich unbeachtlich, weil ihnen mangels Auftretens nach außen die Unternehmereigenschaft fehlt (UStAE Abschn. 2.1 Abs. 5 „Innengesellschaft").

9.3. Weiterführende Literatur

De Simone/Sansing, Income Shifting Using a Cost-Sharing Arrangement, The Journal of the American Taxation Association 2019 S. 123.

Greil, Kommentierung des Kapitels VIII „Kostenumlagevereinbarungen" der OECD- Verrechnungspreisrichtlinien, in Kroppen/Rasch (Hrsg.), Handbuch Internationale Verrechnungspreise, Loseblattslg., Otto-Schmidt Verlag.

Lehner, Kostenverteilungsverträge: steuerliche Planung und Umsetzung der Verrechnungspreisgestaltung, Wien 2014.

Puls/Heravi, Kostenumlagesysteme im grenzüberschreitenden Konzern pre- und post-BEPS, Ubg 2018 S. 507.

Rosenberger, Die Konzernumlage als spezifisches Verrechnungspreisprojekt, in Berneg-ger/ Rosar/Rosenberger (Hrsg.), Handbuch Verrechnungspreise, 2. Aufl., Wien 2012.

10. Funktionsverlagerungen

10.1. Darstellung des Sachverhaltes

Uhren der Marke „SmartGaist" wurden im Jahr 2021 noch in Deutschland durch die Zeitgaist GmbH produziert. Aus Kostengründen sollen diese Uhren ab 2022 in Deutschland nur noch final montiert werden. Die Einzelteilproduktion erfolgt dann durch die Zeitgaist China. Die Zeitgaist China wird aber die Rohstoffe und das Material im eigenen Namen und auf eigene Rechnung beschaffen. Das für die Produktion benötigte Know-how sowie entsprechend geschützte Anleitungen gehen von der Zeitgaist GmbH auf die Zeitgaist China über. Ebenso wird der Produktionsleiter – zumindest für eine gewisse Zeit – nach China entsandt, um den Aufbau der Produktion in China sicherzustellen und zu gewährleisten, dass dieselben Standards etabliert und anschließend eingehalten werden.

Die Zeitgaist AG erwartet hierdurch für die Unternehmensgruppe eine Erhöhung des Cashflows (vor Steuern) von 15 Mio. € ab dem Jahr 2024. Für die Jahre 2022 und 2023 wird hingegen aufgrund der Anfangsinvestitionen und der in diesem Zeitraum stattfindenden Verlagerung von keiner Auswirkung auf den Cashflow (vor Steuern) gerechnet. Bei den beiden Gesellschaften wird sich die Verlagerung jedoch umgehend bemerkbar machen:

Daten für die Zeitgaist China	
Körperschaftsteuersatz (Annahme)	25 %
Risikoadjustierter Zinssatz (Annahme)	5,25 %
Detailprognose für die Veränderung der Cashflows für 2022 und 2023 (vor Steuern)	+ 2.500.000 (2022) + 10.000.000 (2023)
Fortführungsprognose Veränderung der Cashflows (vor Steuern)	+ 30.000.000 (ab 2024)
Daten für die Zeitgaist GmbH	
Körperschaftsteuersatz	15 %
Solidaritätszuschlag	5,5 %
Gewerbesteuerhebesatz	460 %
Unternehmensteuersatz Deutschland	31,925 %
Risikoadjustierter Zinssatz (Annahme)	4,5 %
Detailprognose für die Veränderung der Cashflows für 2022 und 2023 (vor Steuern)	- 2.500.000 (2022) - 10.000.000 (2023)
Fortführungsprognose Veränderung der Cashflows (vor Steuern)	- 15.000.000 (ab 2024)

Für die Verlagerung des Know-hows und der entsprechend geschützten Anleitungen wurde seitens der Zeitgaist GmbH 15.308.799 € angesetzt und in der Steuererklärung erklärt. Der Wert basiert auf der Annahme, dass 35 % des Cashflows aus diesen immateriellen Werten resultieren und sich dieser Wert nach sechs Jahren aufgrund technischer Entwicklungen überholt hat.

10.2. Diskussion und Lösung (Stephan Rasch und Kerstin Daigfuß)

Grundlegendes Problem. Die Globalisierung und der in vielen Branchen zunehmende Wettbewerbsdruck haben in den vergangenen Jahren verstärkt dazu geführt, dass eine Vielzahl an Unternehmen ihre Geschäftstätigkeiten umstrukturiert haben, um so Synergieeffekte nutzen und ihre Wertschöpfungsketten effizienter gestalten zu können. Der Aspekt der Nutzung vorteilhafter Lohnstrukturen an anderen Standorten spielt bei diesen Überlegungen ebenfalls eine bedeutende Rolle. Auch bei der Zeitgaist Unternehmensgruppe liegt die Vermutung nahe, dass die Einzelteilproduktion in China im Vergleich zur Produktion in Deutschland zu niedrigeren Lohnkosten erfolgen kann.

Da mit der Umstrukturierung bzw. grenzüberschreitenden Verlagerung von Funktionen, Risiken und Vermögenswerten möglicherweise auch eine Verlagerung von Steuersubstrat verbunden ist, haben viele Staaten Regelungen erlassen, die eine Besteuerung eben solcher grenzüberschreitenden Umstrukturierungen/Funktionsverlagerungen vorsehen. Die konkreten Regelungen zu Funktionsverlagerungen in den einzelnen Ländern können sich jedoch erheblich unterscheiden. Daher sind bei der Beurteilung einer grenzüberschreitenden Funktionsverlagerung immer die verschiedenen Länderperspektiven einzubeziehen, da nicht sichergestellt werden kann, dass die in einem Land vorgenommene Beurteilung und Wertermittlung auch zweifelsfrei von Finanzverwaltungen in anderen Ländern anerkannt wird. Gerade die deutschen Regelungen zur Funktionsverlagerung mit einem zweiseitigen Ansatz, d. h. der Betrachtung aus Sicht sowohl des übertragenden als auch des übernehmenden Unternehmens jeweils vor und nach der Verlagerung gelten als speziell.

Wo findet man was. Der deutsche Gesetzgeber hat mit § 1 AStG i. V. mit der Funktionsverlagerungsverordnung (FVerlV) eine gesetzliche Grundlage zur Behandlung von Funktionsverlagerungen geschaffen und diese durch die VWG FVerl konkretisiert. Da die VWG FVerl lediglich Verwaltungsanweisungen für die Finanzverwaltung darstellen, können diese nicht als bindendes Recht geltend gemacht werden, können aber wertvolle Hinweise und Indikationen zur Behandlung von Funktionsverlagerungen liefern. Mit der Änderung des § 1 AStG sind die Regelungen zur Funktionsverlagerung von § 1 Abs. 3 Satz 9 AStG a. F. in einen neuen Absatz 3b verschoben worden. Aktualisierungen der FVerlV sowie der VWG FVerl sind ebenfalls vorgesehen; die hier vorgenommenen Verweise sind Stand 1.1.2022.

Auch die OECD hat im Kapitel IX der OECD-TPG „Verrechnungspreisaspekte bei Umstrukturierungen der Geschäftstätigkeit" Empfehlungen zur Behandlung von Umstrukturierungen der Geschäftstätigkeit ausgesprochen. Die OECD definiert in diesem Kapitel IX keine konkreten Tatbestandsvoraussetzungen, bei deren Erfüllen eine Funktionsverlagerung bzw. nach der Terminologie der OECD eine „Umstrukturierung der Geschäftstätigkeit" vorliegt. Dargelegt ist diese als grenzüberschreitende Reorganisation der kaufmännischen oder finanziellen Beziehungen zwischen verbundenen Unternehmen, einschließlich der Auflösung oder wesentlichen Neuverhandlung bestehender Vereinbarungen. Es werden außerdem Hinweise und Anregungen gegeben, die bei der Beurteilung einer Umstrukturierung der Geschäftstätigkeit zu berücksichtigen sind. Aus Sicht der OECD sind die wirtschaftlich relevanten Merkmale der kaufmännischen und finanziellen Beziehungen zwischen den verbundenen Unternehmen und insbesondere die vertraglichen Bedingungen zu analysieren.

Grundsätzliche Überlegungen **zur Lösung des Falles.** Im vorliegenden Fall wäre für die Beurteilung der Verlagerung von Teilen der Produktion von der Zeitgaist GmbH in Deutschland an die Zeitgaist China in China nach deutschem Recht zunächst zu prüfen, ob eine Funktionsverlagerung dem Grunde nach vorliegt. In einem zweiten Schritt würde dann die Prüfung der Funktionsverlagerung der Höhe nach erfolgen. In der Praxis wäre zusätzlich auch noch eine Analyse aus chinesischer Verrechnungspreissicht durchzuführen, da die nationalen Regelungen – wie oben erwähnt – voneinander abweichen und sich damit unterschiedliche Ergebnisse ergeben können. Die nachfolgende Darstellung fokussiert sich auf die Beurteilung nach deutschem Recht.

Funktionsverlagerung dem Grunde nach. Für die Beurteilung, ob nach deutschem Recht eine Funktionsverlagerung gem. AStG und FVerlV vorliegt, ist in einem ersten Schritt zu bestimmen, ob es sich bei der Verlagerung der Tätigkeiten um eine Funktion gem. § 1 Abs. 1 FVerlV handelt. Eine Funktion ist dabei definiert als Geschäftstätigkeit, die aus einer Zusammenfassung gleichartiger betrieblicher Aufgaben besteht, die von bestimmten Stellen oder Abteilungen eines Unternehmens erledigt werden. Im vorliegenden Fall wird die Einzelteilproduktion von Deutschland nach China verlagert und lediglich die Endmontage wird weiterhin von der Zeitgaist GmbH in Deutschland durchgeführt. Die verlagerten Tätigkeiten erfüllen die definierten Kriterien einer Funktion und könnten beispielsweise auch in derselben Form an fremde Dritte ausgelagert werden.

In einem nächsten Schritt ist zu prüfen, ob die in § 1 Abs. 2 FVerlV und 2.1.2 VWG FVerl definierten Tatbestandsvoraussetzungen einer Funktionsverlagerung erfüllt sind. Die nachfolgende Tabelle zeigt die jeweiligen Tatbestandsvoraussetzungen sowie dessen Anwendung auf den konkreten Fall.

Tabelle 39: Tatbestandsvoraussetzungen einer Funktionsverlagerung

Tatbestandsvoraussetzungen	Anwendung auf den vorliegenden Fall
(1) Ein Unternehmen *(verlagerndes Unternehmen)*	Zeitgaist GmbH, Deutschland
(2) überträgt oder überlässt Wirtschaftsgüter und sonstige Vorteile	Know-how und geschützte Anleitungen werden an Zeitgaist China übertragen (ggf. werden auch noch Produktionsanlagen verlagert, wurde in der Fallbeschreibung aber nicht näher thematisiert)
(3) an ein anderes nahestehendes Unternehmen *(übernehmendes Unternehmen)*	Zeitgaist China, China
(4) damit das übernehmende Unternehmen eine Funktion ausüben kann, die bisher von dem verlagernden Unternehmen ausgeübt worden ist, und	Die Einzelteilproduktion, die zuvor von der Zeitgaist GmbH ausgeübt wurde, wird ab 2022 nur noch ausschließlich durch die Zeitgaist China durchgeführt.
(5) dadurch die Ausübung der betreffenden Funktion durch das verlagernde Unternehmen eingeschränkt wird.	Die Einzelteilproduktion wird in Zukunft nicht mehr von der Zeitgaist GmbH durchgeführt und die Zeitgaist GmbH erzielt keine Umsätze mehr aus dieser Funktion.

Die Tatbestandsvoraussetzungen einer Funktionsverlagerung aus deutscher Verrechnungspreisperspektive sind somit im vorliegenden Fall generell erfüllt. § 1 Abs. 6 und 7 FVerlV definiert jedoch zusätzliche Ausnahmeregelungen, die im Rahmen der Analyse ebenfalls berücksichtigt werden sollten, da bei Erfüllen bestimmter Voraussetzungen ggf. eine Funktionsverlagerung vermieden werden kann.

Gemäß § 1 Abs. 6 FVerlV liegt eine Funktionsverlagerung nicht vor, wenn im Inland innerhalb einer Fünfjahresperiode keine Einschränkung der Funktion erfolgt und es sich somit lediglich um eine sogenannte **Funktionsverdoppelung** handelt (d. h. Punkt (5) der o. g. Tatbestandsvoraussetzungen ist nicht erfüllt). In diesen Fällen sind ebenso fremdübliche Verrechnungspreise für die übertragenen Wirtschaftsgüter und Vorteile zu bestimmen, jedoch kann im Regelfall auf die Transferpaketbewertung gem. § 2 Abs. 1 FVerlV verzichtet werden. Die VWG FVerl konkretisieren unter Abschnitt 2.1.6.2.4 (Rn. 48) außerdem, dass auch in Fällen, in denen eine Funktionsverdoppelung zu einer geringfügigen Einschränkung der Funktion beim verlagernden Unternehmen führt, § 1 Abs. 3b Satz 1 AStG nicht anzuwenden ist, d. h. auf eine Transferpaketbewertung verzichtet werden kann. Eine Einschränkung der Funktion ist nach Rn. 49 als geringfügig anzusehen, wenn der bisherige Umsatz aus der Funktion des verlagernden Unternehmens innerhalb des Fünfjahreszeitraums um nicht mehr als 1.000.000 € sinkt (sog. Bagatellregelung). Des Weiteren ist eine Funktionsverlagerung gem. Rn. 46 nicht anzunehmen, wenn im Rahmen einer Funktionsverdoppelung die Einschränkung der Funktion nachweislich nicht im unmittelbaren wirtschaftlichen Zusammenhang mit der Funktionsverdoppelung steht. Da im vorliegenden Fall die Funktion der Einzelteilproduktion im Inland komplett aufgegeben wird, ist die Ausnahmeregelung gem. § 1 Abs. 6 FVerlV nicht anwendbar.

In § 1 Abs. 7 FVerlV werden ebenfalls Aspekte dargelegt, die dazu führen können, dass keine Funktionsverlagerung vorliegt. Wenn ausschließlich Wirtschaftsgüter veräußert oder zur Nutzung überlassen oder lediglich Dienstleistungen erbracht werden und diese nicht wirtschaftlicher Bestandteil einer Funktionsverlagerung sind, liegt ebenfalls keine Funktionsverlagerung vor. Bei Personalentsendungen liegt unter der Voraussetzung, dass das entsandte Personal seinen bisherigen Zuständigkeitsbereich nicht mitnimmt und auch nicht die gleiche Tätigkeit ausübt, ebenfalls keine Funktionsverlagerung vor. Für die beschriebenen Sachverhalte sind dennoch Verrechnungspreise gemäß dem Fremdvergleichsgrundsatz zu bestimmen. Im konkreten Fall der Zeitgaist Unternehmensgruppe steht die Übertragung der Wirtschaftsgüter und die Erbringung der Dienstleistungen der Zeitgaist China im wirtschaftlichen Zusammenhang mit der Funktionsverlagerung. Der entsandte Produktionsleiter nimmt seinen bisherigen Zuständigkeitsbereich mit nach China und wird ähnliche Aufgaben wahrnehmen, um dort die Produktion entsprechend aufbauen zu können.

Im vorliegenden Fall wird daher angenommen, dass eine **Funktionsverlagerung** gem. § 1 Abs. 2 FVerlV **vorliegt** und die Ausnahmeregelungen gem. § 1 Abs. 6 und 7 FVerlV nicht zutreffen.

Funktionsverlagerung der Höhe nach. Für den Fall, dass die Tatbestandsvoraussetzungen einer Funktionsverlagerung erfüllt und keine Ausnahmeregelungen anwendbar sind, hat eine Bewertung der Funktionsverlagerung der Höhe nach zu erfolgen. § 1 Abs. 3 Satz 1 AStG definiert, dass für die Bestimmung von Fremdvergleichspreisen die tatsächlichen Verhältnisse maßgebend sind, die dem jeweiligen Geschäftsvorfall zugrunde liegen. § 1 Abs. 3 Satz 5 AStG führt des Weiteren aus, dass der Fremdvergleichspreis grundsätzlich nach der im Hinblick auf die Vergleichbarkeitsanalyse und die Verfügbarkeit von Werten zu vergleichbaren Geschäftsvorfällen voneinander unabhängiger Dritter am besten geeigneten Verrechnungspreismethode zu bestimmen ist. Da die Anwendung der Standard-Verrrechnungspreismethoden (wie Preisvergleichsmethode oder Kostenaufschlagsmethode) auf Funktionsverlagerungen im Regelfall nicht (oder nur eingeschränkt) möglich ist, definiert § 1 Abs. 3 Satz 7 AStG, dass in Fällen, in denen keine eingeschränkt vergleichbaren Fremdvergleichswerte feststellbar sind, die Einkünfteermittlung anhand eines hypothetischen Fremdvergleichs zu erfolgen hat. § 1 Abs. 3 Satz 7 und Abs. 3a Satz 5 AStG, führen weiter aus, dass anhand ökonomisch anerkannter Bewertungsmethoden ein Mindestpreis des übertragenden Unternehmens sowie ein Höchstpreis des empfangenden Unternehmens zu ermitteln ist, die dann wiederum einen bestimmten Einigungsbereich ergeben.

Für die Bestimmung des **Mindest- und des Höchstpreises** werden jeweils die Ergebnissituationen der Unternehmen vor und nach der Funktionsverlagerung betrachtet. Gemäß § 1 Abs. 3b Satz 1 AStG und § 2 Abs. 1 FVerlV ist die verlagerte Funktion dabei grundsätzlich als Ganzes zu bewerten, d. h. eine **Transferpaketbewertung** im Sinne einer ertragswertorientierten Gesamtbewertung der Funktionsverlagerung vorzunehmen. Nach Abschnitt 2.3.2.1 VWG FVerl können sowohl Ertragswertverfahren (basierend auf Nettoerträgen) als auch Discounted Cashflow Methoden (basierend auf Cashflows) angewendet werden. Die zu bewertenden Gewinnerwartungen (Gewinnpotenziale) sind laut § 1 Abs. 4 FVerlV als aus der verlagerten Funktion zu erwartende Reingewinne nach Steuern, d. h. als Barwerte, ausgelegt. Es sind also funktions- und risikoadäquate Kapitalisierungszinssätze zu ermitteln, mit denen die Gewinnerwartungen dann entsprechend abzuzinsen sind. In der Praxis wird hier häufig der sogenannte *Weighted Average of Capital Employed* (WACC) für die beteiligten Parteien herangezogen, da dieser neben der Kapitalstruktur (d. h. Verteilung zwischen Eigen- und Fremdkapital) auch die jeweiligen Risikofaktoren des Unternehmens sowie der Branche berücksichtigt. Der Kapitalisierungszeitraum soll dabei der voraussichtlichen Dauer der Funktionsausübung entsprechen. Wenn von keiner Endlichkeit der Dauer der Funktionsausübung ausgegangen wird, kann ein unendlicher Kapitalisierungszeitraum angenommen werden. Das würde bedeuten, dass eine ewige Rente für zukünftige Jahre in die Berechnung einfließt. Diese könnte des Weiteren noch um ein jährliches Wachstum ergänzt werden, wenn von positiven Wachstumsprognosen für die Folgejahre ausgegangen wird. Die Gewinnerwartungen können gem. Abschnitt 2.1.4.1 VWG FVerl entweder aus handelsrechtlichen, steuerrechtlichen oder anderen Vorschriften (z. B. IFRS, US-GAAP) aufgestellt sein. Es sollten die üblicherweise von den Unternehmen angewandten Vorschriften zugrunde gelegt werden. Die Gewinnerwartungen sollen gem. Abschnitt 2.3.2.2 VWG FVerl bereits alle Standortvorteile bzw. -nachteile sowie die Synergieeffekte aller beteiligten Unternehmen berücksichtigen. Dabei kommt es vor allem darauf an, wer diese Vorteile in den fiktiven Preisverhandlungen in Anspruch nehmen könnte.

§ 7 FVerlV definiert die Bestimmung des Einigungsbereichs unterteilt nach Mindest- und Höchstpreis. Gemäß § 7 Abs. 1 FVerl sowie Abschnitt 2.7.1 - 2.7.3 VWG FVerl können bei der Bestimmung des Mindestpreises – als Untergrenze des Verhandlungsrahmens – folgende drei Fälle auftreten:

Tabelle 40:	Bestimmung des Mindestpreises – Fallgruppen
Bestimmung des Mindestpreises in Gewinnfällen (§ 7 Abs. 1 FVerlV, Abschnitt 2.7.1 VWG FVerl)	Wenn ein verlagerndes Unternehmen aus der verlagerten Funktion Gewinne zu erwarten hat, ergibt sich der Mindestpreis aus dem Ausgleich für den Wegfall oder die Minderung des Gewinnpotenzials zuzüglich der ggf. anfallenden Schließungskosten. Dem verlagernden Unternehmen realistischerweise zur Verfügung stehende Handlungsalternativen sind bei der Preisbestimmung zu berücksichtigen, da diese auch unter unabhängigen Dritten Einfluss auf die Preisverhandlungen haben werden. Außerdem ist die aus dem Ertrag der Veräußerung entstehende Steuerbelastung (sog. *Tax Gross Up*) bei der Berechnung des Mindestpreises zu berücksichtigen, da dies ebenfalls einen Kostenaspekt für das verlagernde Unternehmen darstellt.
Bestimmung des Mindestpreises in Liquidationsfällen (§ 7 Abs. 2 FVerlV, Abschnitt 2.7.2 VWG FVerl)	Wenn das verlagernde Unternehmen nicht mehr in der Lage ist, die Funktion selbst betriebswirtschaftlich sinnvoll auszuüben, entspricht der Mindestpreis dem Liquidationswert. Zusätzlich sind auch die Schließungskosten einzubeziehen, wodurch sich ggf. auch ein negativer Wert ergeben kann.
Bestimmung des Mindestpreises in Verlustfällen (§ 7 Abs. 3 FVerlV, Abschnitt 2.7.3 VWG FVerl)	Hat das verlagernde Unternehmen aus der verlagerten Funktion dauerhaft Verluste zu erwarten, wird der Mindestpreis durch die zu erwartenden Verluste oder die ggf. anfallenden Schließungskosten begrenzt. Hierbei ist der niedrigere absolute Betrag zugrunde zu legen. Es kann auch fremdvergleichskonform sein, zur Begrenzung von Verlusten ein Entgelt zu vereinbaren, welches die anfallenden Schließungskosten nur teilweise deckt, oder eine Ausgleichszahlung an das übernehmende Unternehmen zu leisten, um in Zukunft Verluste vermeiden zu können.

§ 7 Abs. 4 FVerlV und Abschnitt 2.7.4 VWG FVerl definieren das **Gewinnpotenzial** aus der übernommenen Funktion als Höchstpreis, der die Obergrenze des Verhandlungsrahmens bildet. Auch hier sind analog tatsächlich bestehende Handlungsalternativen einzubeziehen. Die sich aus der Funktionsverlagerung ergebenden steuerlichen Effekte (sog. „*Tax Amortization Benefit*"), die vor allem auf die zusätzlichen Abschreibungspotenziale durch die verlagerten Vermögenswerte zurückzuführen sind, sind nach Abschnitt 2.7.4, Rn. 125 VWG FVerl ebenfalls zu berücksichtigen.

Die ermittelten Mindest- und Höchstpreise bilden nun den in § 1 Abs. 3a Satz 5 AStG erwähnten Einigungsbereich. Satz 6 führt weiter aus, dass grundsätzlich der Mittelwert des Einigungsbereichs zugrunde zu legen ist, wenn der Steuerpflichtige nicht glaubhaft macht, dass ein anderer Wert innerhalb des Einigungsbereichs dem Fremdvergleichsgrundsatz entspricht.

In der nachfolgenden Grafik sind die genannten Aspekte zur **Ermittlung des Einigungsbereichs** zusammenfassend dargestellt (zu berücksichtigende steuerliche Auswirkungen wurden aus Vereinfachungsgründen nicht explizit aufgenommen):

Abbildung 30: Ermittlung des Einigungsbereiches

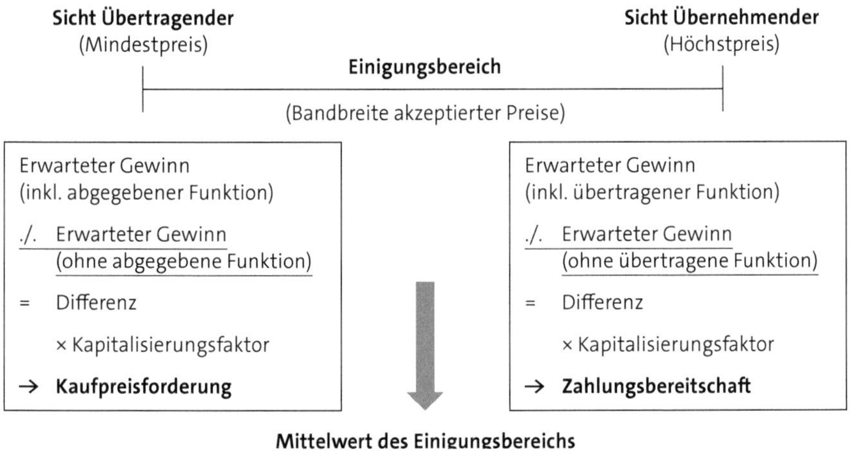

Die aus dem Einigungsbereich zu leistende Kompensationszahlung (ggf. der Mittelwert) kann dann entweder als **Einmalzahlung** oder als **Lizenzzahlung** über mehrere Jahre gestaltet werden. Letzteres ist über § 4 Abs. 2 FVerlV möglich. Danach wird auf Antrag des Steuerpflichtigen bei Bestehen von Zweifeln, ob hinsichtlich des Transferpakets oder einzelner Teile eine Übertragung oder eine Nutzungsüberlassung anzunehmen ist, von einer Nutzungsüberlassung ausgegangen.

Entgegen vorheriger Entwürfe wurden explizit zwei Öffnungsklauseln (sog. Escape-Klauseln) in § 1 Abs. 3b, Satz 2 und 3 AStG aufgenommen. In § 1 Abs. 3b Satz 2 AStG wird genannt, dass auf eine Transferpaketbewertung verzichtet werden kann, wenn der Steuerpflichtige glaubhaft macht, dass weder wesentliche immaterielle Wirtschaftsgüter noch sonstige Vorteile Gegenstand der Funktionsverlagerung waren.

In der alten Fassung des § 1 Abs. 3 Satz 10 AStG a. F. waren noch drei Alternativen an **Öffnungsklauseln** festgelegt, die den Ansatz von Einzelverrechnungspreisen (ggf. nach Vornahme sachgerechter Anpassungen) anstelle einer Transferpaketbewertung anerkennen. In Satz 10 wurden dazu drei mögliche Fallkonstellationen definiert:

Tabelle 41:	Öffnungsklauseln nach § 1 Abs. 3 Satz 10 AStG a. F.
Erste Alternative: Wenn glaubhaft gemacht werden kann, dass keine wesentlichen immateriellen Wirtschaftsgüter und Vorteile Gegenstand der Funktionsverlagerung waren (diese Alternative ist nun in den § 1 Abs. 3b Satz 2 eingeflossen).	§ 1 Abs. 5 FVerlV definiert immaterielle Wirtschaftsgüter und Vorteile in Fällen von Funktionsverlagerungen als wesentlich, wenn sie für die verlagerte Funktion erforderlich sind und ihr Fremdvergleichspreis insgesamt mehr als 25 % der Summe der Einzelpreise aller Wirtschaftsgüter und Vorteile des Transferpakets beträgt. Gemäß Abschnitt 2.2.3.1 VWG FVerl ist eine präzise Wertberechnung des Transferpakets für die Bestimmung der Wesentlichkeit nicht erforderlich.
Zweite Alternative: Wenn die Summe der angesetzten Einzelverrechnungspreise, gemessen an der Bewertung des Transferpakets als Ganzes, dem Fremdvergleichsgrundsatz entspricht (diese Öffnungsklausel ist in der neuen Fassung des § 1 AStG nicht mehr explizit enthalten).	Nach § 2 Abs. 3 FVerlV sind für die Beurteilung der zweiten Alternative sowohl der Einigungsbereich als auch der Wert des Transferpakets als Ganzes zu ermitteln, d. h. für die Anwendung dieser Öffnungsklausel sind präzise Wertberechnungen des Transferpakets notwendig. Die Summe der Einzelverrechnungspreise darf lediglich angesetzt werden, wenn sie innerhalb des Einigungsbereichs liegt. Die Anwendung dieser Öffnungsklausel kann nach Abschnitt 2.2.3.2 VWG FVerl sinnvoll sein, um einen bestimmten Punkt im Einigungsbereich glaubhaft machen zu können.
Dritte Alternative: Wenn glaubhaft gemacht werden kann, dass zumindest ein wesentliches immaterielles Wirtschaftsgut Gegenstand der Funktionsverlagerung ist und es genau bezeichnet werden kann, werden Einzelverrechnungspreise für die Bestandteile des Transferpakets anerkannt (diese Öffnungsklausel ist in der neuen Fassung des § 1 AStG nicht mehr explizit enthalten).	Für die Beurteilung der Wesentlichkeit ist das unter der ersten Alternative definierte Wesentlichkeitskriterium analog anzuwenden. Die Bewertung des wesentlichen immateriellen Wirtschaftsgutes (bzw. mehrerer wesentlicher immaterieller Wirtschaftsgüter) kann dann anhand von Einzelverrechnungspreisen erfolgen. Für die Bestimmung des Transferpakets ist dieses Wirtschaftsgut dann nicht einzubeziehen.

In § 1 Abs. 3b Satz 3 sowie § 2 Abs. 2 Satz 1 FVerlV wird eine weitere Ausnahme von der Transferpaketbewertung genannt. Die VWG FVerl definieren diese Ausnahme unter Abschnitt 2.2.2.1 als **Funktionsverlagerung** auf ein **Routineunternehmen**. Wenn das übernehmende Unternehmen also die übergehende Funktion ausschließlich gegenüber dem verlagernden Unternehmen ausübt und für diese Leistungen ein Entgelt nach der Kostenaufschlagsmethode ermittelt wird, ist davon auszugehen, dass mit dem übergehenden Transferpaket keine wesentlichen immateriellen Wirtschaftsgüter und Vorteile übertragen werden. Es wird also unterstellt, dass lediglich Routinefunktionen ausgeübt und vom übernehmenden Unternehmen nur geringe Risiken getragen werden. Damit ist im Regelfall auch eine Begrenzung des Gewinnpotenzials (über die Routinevergütung hinaus) verbunden. In diesen Fällen ist § 1 Abs. 3b Satz 2 AStG analog anwendbar, d. h. eine Transferpaketbewertung kann unterbleiben und der Ansatz von Einzelverrechnungspreisen wird anerkannt.

Der neue § 1a AStG (**Preisanpassungsklauseln**) legt außerdem noch fest, wie mit Abweichungen zwischen erwarteten und tatsächlichen Gewinnen umzugehen ist. Es wird vermutet, dass fremde Dritte bei Vorliegen von Unsicherheiten in Bezug auf die Preisvereinbarungen bei Geschäftsabschluss wohl eine Preisanpassungsklausel vereinbaren würden, um nicht antizipierten Gewinnabweichungen Rechnung zu tragen. Sofern keine derartige Vereinbarung getroffen wurde und innerhalb eines Siebenjahres-Zeitraums nach Geschäftsabschluss eine erhebliche Abweichung eintritt, ist nach Satz 2 ein angemessener Anpassungsbetrag auf den Verrechnungspreis im achten Jahr nach Geschäftsabschluss der Besteuerung zugrunde zu legen.

Anwendung auf den Fall. Nachfolgend wird die **Anwendung** der beschriebenen Aspekte zur Bewertung der Funktionsverlagerung der Höhe nach auf den **vorliegenden Fall** dargestellt. Für den dargestellten Sachverhalt wird angenommen, dass die Anwendung der Standardmethoden (d. h. Preisvergleichsmethode, Wiederverkaufspreismethode oder Kostenaufschlagsmethode) nicht sachgerecht erscheint, weshalb auf einen hypothetischen Fremdvergleich gem. § 1 Abs. 3 Satz 7 AStG abzustellen ist. Im konkreten Fall wurden Prognosen für die Veränderung der Cashflows der beteiligten Parteien angegeben, weshalb bei der Berechnung die Discounted Cashflow Methode angewendet wurde.

Es sei an dieser Stelle erwähnt, dass die Bereitstellung der entsprechenden **Finanzzahlen** in der **Praxis** häufig eine große **Herausforderung** für die Unternehmen darstellt. Zur Bestimmung des Einigungsbereichs und damit der Kompensationszahlung ist die Bestimmung der entsprechenden finanziellen Auswirkungen jedoch unerlässlich. Im vorliegenden Fall wurden keine realistischerweise verfügbaren Handlungsalternativen genannt, die jedoch in der Praxis für die Preisbestimmung ebenfalls einzubeziehen wären. Des Weiteren wird nicht explizit dargestellt, ob der Zeitgaist GmbH durch die Verlagerung Schließungskosten entstehen, die ebenfalls Berücksichtigung finden sollten. Diese können indirekt in den angegebenen Cashflows enthalten sein oder wären gesondert zu ermitteln; aber in jedem Fall nicht doppelt zu erfassen.

Die angegebenen Zinssätze berücksichtigen gemäß der Angabe bereits spezifische Risikofaktoren der Unternehmen. Des Weiteren wurde im vorliegenden Fall aus Vereinfachungsgründen kein Wachstum bei der Fortführung der Cashflows einbezogen. Um die Auswirkungen einer endlichen vs. einer unendlichen Dauer der Funktionsausübung aufzuzeigen, wurden nachfolgend beide Alternativen dargestellt. Für die endliche Nutzung wurden sechs Jahre unterstellt. Für die unendliche Nutzung wurde ebenfalls ein Betrachtungszeitraum von sechs Jahren, für den eine detaillierte Kalkulation der Cashflows erfolgte, unterstellt. Auch die steuerlichen Auswirkungen, d. h. der *Tax Gross Up* und der *Tax Amortization Benefit*, wurden für die folgenden Berechnungen aus Vereinfachungsgründen nicht einbezogen.

Annahme einer unendlichen Dauer der Funktionsausübung. Für die Jahre 2022 bis 2026 wurde der entsprechende Barwert ermittelt. Ab 2027 wird dann der Barwert unter Berücksichtigung einer ewigen Rente bestimmt. Die Bestimmung des **Mindestpreises** der Zeitgaist GmbH ergibt sich aus nachfolgender Tabelle.

Zeitgaist GmbH	**2022**	**2023**	**2024**	**2025**	**2026**	**2027**
Cashflow („CF")	2.500.000	10.000.000	15.000.000	15.000.000	15.000.000	15.000.000
Steuern (Ann.: CF = zvE); 31,925 %	798.125	3.192.500	4.788.500	4.788.500	4.788.500	4.788.500
CF nach Steuern	1.701.875	6.807.500	10.211.250	10.211.250	10.211.250	10.211.250
Diskontierungsfaktor*	0,970277	0,941437	0,913454	0,886304	0,859960	28,072303
Barwerte	1.651.289	6.408.832	9.327.512	9.050.269	8.781.266	286.653.299
Mindestpreis	**321.872.468**					

* *Der Berechnung zugrunde gelegt wurde der Zinssatz nach Steuern von 3,063375 %. Der Zinssatz beträgt 4,5 % vor Steuern. Der Unternehmensteuersatz beträgt 31,925 %. Entsprechend beträgt der Zinssatz nach Steuern 3,063375 % (= 4,5 % × (1 - 0,31925)).*

Die Bestimmung des **Höchstpreises** der Zeitgaist China ergibt sich aus nachstehender Tabelle.

Zeitgaist China	**2022**	**2023**	**2024**	**2025**	**2026**	**2027**
Cashflow („CF“)	2.500.000	10.000.000	30.000.000	30.000.000	30.000.000	30.000.000
Steuern (Ann.: CF = zvE); 25 %	625.000	2.500.000	7.500.000	7.500.000	7.500.000	7.500.000
CF nach Steuern	1.875.000	7.500.000	22.500.000	22.500.000	22.500.000	22.500.000
Diskontierungsfaktor*	0,962117	0,925668	0,890601	0,856862	0,824401	20,97176
Barwerte	1.803.968	6.942.513	20.038.524	19.279.397	18.549.029	471.086.456
Höchstpreis	**537.699.888**					

* *Der Berechnung zugrunde gelegt wurde der Zinssatz nach Steuern von 3,937500 %. Der Zinssatz beträgt 5,25 % vor Steuern. Der Unternehmensteuersatz beträgt 25 %. Entsprechend beträgt der Zinssatz nach Steuern 3,9375 % (= 5,25 % × (1 - 0,25)).*

Der Einigungsbereich würde damit zwischen 321.872.468 und 537.699.888 € liegen, woraus sich ein Mittelwert von 429.786.178 € ergeben würde.

Annahme einer endlichen Dauer der Funktionsausübung von sechs Jahren. Die Bestimmung des Mindestpreises der Zeitgaist GmbH ergibt sich aus nachfolgender Tabelle.

Zeitgaist GmbH	**2022**	**2023**	**2024**	**2025**	**2026**	**2027**
Cashflow („CF“)	2.500.000	10.000.000	15.000.000	15.000.000	15.000.000	15.000.000
Steuern (Ann.: CF = zvE); 31,925 %	798.125	3.192.500	4.788.500	4.788.500	4.788.500	4.788.500
CF nach Steuern	1.701.875	6.807.500	10.211.250	10.211.250	10.211.250	10.211.250
Diskontierungsfaktor*	0,970277	0,941437	0,913454	0,886304	0,859960	0,834399
Barwerte	1.651.289	6.408.832	9.327.512	9.050.269	8.781.266	8.520.258
Mindestpreis	**43.739.427**					

* *Der Berechnung zugrunde gelegt wurde der Zinssatz nach Steuern von 3,063375 %; siehe oben.*

Die Bestimmung des **Höchstpreises** der Zeitgaist China ergibt sich aus nachstehender Tabelle.

Zeitgaist China	**2022**	**2023**	**2024**	**2025**	**2026**	**2027**
Cashflow („CF")	2.500.000	10.000.000	30.000.000	30.000.000	30.000.000	30.000.000
Steuern (Ann.: CF = zvE); 25 %	625.000	2.500.000	7.500.000	7.500.000	7.500.000	7.500.000
CF nach Steuern	1.875.000	7.500.000	22.500.000	22.500.000	22.500.000	22.500.000
Diskontierungsfaktor*	0,962117	0,925668	0,890601	0,856862	0,824401	0,793170
Barwerte	1.803.968	6.942.513	20.038.524	19.279.397	18.549.029	17.846.330
Höchstpreis	**84.459.762**					

* *Der Berechnung zugrunde gelegt wurde der Zinssatz nach Steuern von 3,937500 %; siehe oben.*

Der Einigungsbereich würde damit zwischen 43.739.427 und 84.459.762 € liegen, woraus sich ein Mittelwert von 64.099.594 € ergeben würde.

Die Unterschiede in den jeweiligen Werten für eine unendliche sowie eine endliche Dauer der Funktionsausübung verdeutlichen, welchen Einfluss der Einbezug einer ewigen Rente auf den Einigungsbereich und damit auf die mögliche Kompensationszahlung haben kann. In der Betriebsprüfungspraxis zeigen sich in diesem Punkt häufig die Probleme. Während die Finanzverwaltung häufig von einer langen, wenn nicht unendlichen Nutzungsdauer ausgeht, versuchen die Unternehmen darzulegen, warum die z. B. in Frage stehende Technologie oder das Know-how nur eine beschränkte Nutzungsdauer hat.

In der Fallbeschreibung wird außerdem genannt, dass für die Verlagerung des Know-hows und der geschützten Anleitungen 15.308.799 € angesetzt wurden. Diese Wertermittlung erfolgte unter der Annahme, dass 35 % des Cashflows aus diesen immateriellen Werten resultieren und der Wert nach sechs Jahren aufgrund technischer Entwicklungen überholt ist. Die Bestimmung des Wertes ist zur Verdeutlichung in der nachfolgenden Tabelle dargestellt:

Zeitgaist GmbH	**2022**	**2023**	**2024**	**2025**	**2026**	**2027**
35 % des CFs	875.000	3.500.000	5.250.000	5.250.000	5.250.000	5.250.000
Steuern (Ann.: CF = zvE)	279.344	1.117.375	1.676.063	1.676.063	1.676.063	1.676.063
CF nach Steuern	595.656	2.382.625	3.573.938	3.573.938	3.573.938	3.573.938
Diskontierungsfaktor*	0,970277	0,941437	0,913454	0,886304	0,859960	0,834399
Barwerte	577.951	2.243.091	3.264.629	3.167.594	3.073.443	2.982.090
Barwert imm. WG	**15.308.799**					

* *Der Berechnung zugrunde gelegt wurde der Zinssatz nach Steuern von 3,063375 %; siehe oben.*

Auf Basis dieser Werte kann zusätzlich geprüft werden, ob § 1 Abs. 3b Satz 2 AStG im vorliegenden Fall anwendbar ist und damit ggf. der Ansatz von Einzelverrechnungspreisen möglich wäre.

Wenn glaubhaft gemacht werden kann, dass weder wesentliche immaterielle Wirtschaftsgüter noch sonstige Vorteile Gegenstand der Funktionsverlagerung waren:

Die Anwendung scheint im vorliegenden Fall nicht gegeben zu sein, da die immateriellen Wirtschaftsgüter für die Ausübung der verlagerten Funktion erforderlich sind. Bei Betrachtung des quantitativen Kriteriums wäre der Wert von 15.308.799 € dem Wert des Transferpakets (bei Bewertung für eine Nutzung von sechs Jahren) von 64.099.594 € gegenüberzustellen, was rund 23,9 % entspricht. Damit wäre das quantitative Kriterium nicht erfüllt. Hier zeigt sich zugleich die Komplexität der Anwendung des § 1 Abs. 3b Satz 2 AStG, da der Wert des Transferpakets zu ermitteln wäre; wäre lediglich auf den Mindestpreis abzustellen (43.739.427 €), dann würde der Wert der immateriellen Wirtschaftsgüter ca. 35 % betragen.

Des Weiteren kann noch geprüft werden, ob § 1 Abs. 3b Satz 3 AStG und § 2 Abs. 2 Satz 1 FVerlV auf den dargestellten Sachverhalt anwendbar ist. In der Fallbeschreibung wird nicht näher darauf eingegangen, wie die Einzelteilproduktion und die nachfolgende Lieferung der Waren an die Zeitgaist GmbH zur Endmontage vergütet wird. Es wird auch nicht darauf eingegangen, welche Risiken konkret von der Zeitgaist China im Zusammenhang mit der Ersatzteilproduktion übernommen werden. Für den Fall, dass die Zeitgaist China für die Leistungen im Zusammenhang mit der Ersatzteilproduktion als **Routineunternehmen** zu klassifizieren wäre und eine entsprechende Vergütung gemäß Kostenaufschlagsmethode erhält, könnte ggf. auf die Transferpaketbewertung verzichtet und der Ansatz von Einzelverrechnungspreisen anerkannt werden. Abschnitt 2.2.2.1 der VWG FVerl führt aus, dass die Ausnahmeregelung auf der Annahme basiert, dass keine wesentlichen immateriellen Wirtschaftsgüter und sonstigen Vorteile mit dem übergehenden Transferpaket übertragen werden. Da die o. g. Bestimmung der Wesentlichkeitsgrenze jedoch bei rund 23,9 % lag, was den definierten 25 % schon sehr nahe kommt, und aufgrund des Prognosecharakters der Bewertungen immer mit gewissen Unsicherheiten zu rechnen ist, wäre es in der **Praxis** ggf. aufwendig zu argumentieren, dass tatsächlich keine wesentlichen immateriellen Wirtschaftsgüter Bestandteil des Transferpakets waren.

Zusammenfassendes Prüfschema für Funktionsverlagerungen dem Grunde und der Höhe nach (deutsches Recht). In der nachfolgenden Abbildung wurden die zuvor genannten Prüfschritte überblicksartig zusammengefasst.

Abbildung 31: Prüfungsschritte zur Beurteilung einer Funktionsverlagerung

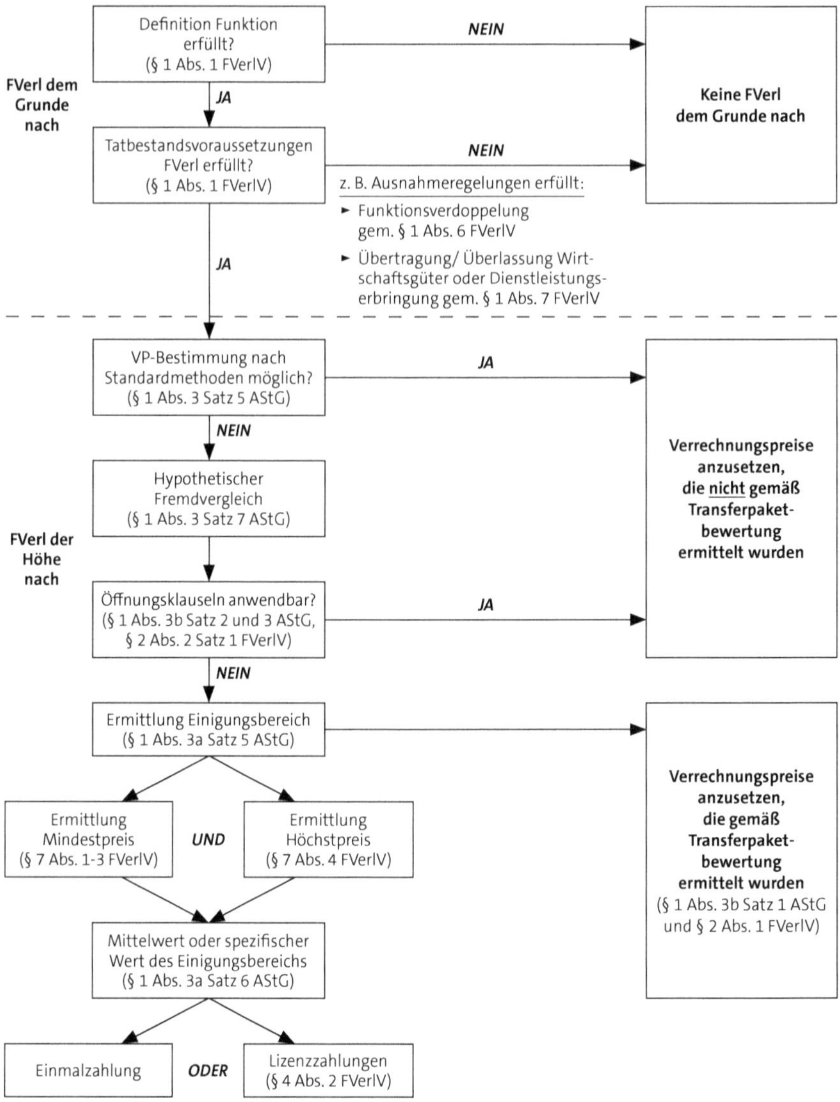

Fazit. Die Ausführungen zum Thema Funktionsverlagerung anhand des Beispiels einer Produktionsverlagerung von Deutschland nach China zeigen die Komplexität dieser Thematik auf. Neben der Beurteilung einer Funktionsverlagerung dem Grunde nach, stellt vor allem die Beurteilung der Höhe nach in der Praxis eine große Herausforderung für viele Unternehmen dar. Zusätzlich sind auch die unterschiedlichen Perspektiven bzw. gesetzlichen Grundlagen, der an der Funktionsverlagerung beteiligten Länder, in die Betrachtung einzubeziehen. Gerade die für die Beurteilung einer Funktionsverlagerung der Höhe nach zugrunde gelegten Werte basieren oft auf gewissen Annahmen und sind daher häufig mit gewissen Unsicherheiten behaftet. Die Veränderung einzelner Parameter der Berechnungen kann dabei einen großen Einfluss auf den zu bestimmenden Einigungsbereich und damit auf die mögliche Kompensationszahlung haben. Die zugrunde gelegten Annahmen und die Begründungen für die Auswahl unterschiedlicher Parameter sind daher möglichst zum Zeitpunkt der Berechnung entsprechend zu dokumentieren, da sich häufig die Problematik ergibt, dass Finanzverwaltungen die Sachverhalte im Rahmen von Betriebsprüfungen erst zu einem späteren Zeitpunkt prüfen, zu dem bereits aktuellere Informationen bzw. die tatsächlich eingetretenen Finanzzahlen vorliegen. Entsprechend ist es auch für Finanzverwaltungen schwierig, Funktionsverlagerungen zu prüfen und zu bewerten.

Woran ist noch zu denken. Funktionsverlagerungen sind regelmäßig mit wesentlichen Änderungen der Funktions- und Risikoprofile der beteiligten Unternehmen innerhalb einer Unternehmensgruppe verbunden und stellen damit in den meisten Fällen einen **außergewöhnlichen Geschäftsvorfall nach § 3 GAufzV** dar und sind somit gem. § 90 Abs. 3 Satz 8 AO zu dokumentieren. Die Dokumentation des außergewöhnlichen Geschäftsvorfalls ist zeitnah zu erstellen und nach Aufforderung durch die Finanzbehörden innerhalb von 30 Tagen vorzulegen. Als zeitnah wird gem. § 3 Abs. 1 GAufzV ein Zeitraum von sechs Monaten nach Ablauf des Geschäftsjahres, in dem sich der Geschäftsvorfall ereignet hat, definiert. Die VWG FVerl führen unter Abschnitt 3.3.1.1., Rn. 156 aus, dass ein Geschäftsvorfall als ereignet gilt, sobald die Tatbestandsvoraussetzungen gem. § 1 Abs. 2 FVerlV verwirklicht wurden. Im vorliegenden Fall wäre die Funktionsverlagerung voraussichtlich im Geschäftsjahr 2022 verwirklicht und damit für die Zeitgaist GmbH eine zeitnahe Dokumentation unter der Annahme eines Geschäftsjahres analog zum Kalenderjahr bis spätestens 30.6.2023 zu erstellen.

Des Weiteren können Geschäftsvorfälle im Zusammenhang mit einer Funktionsverlagerung der im Jahr 2019 von der EU eingeführten Richtlinie (EU) 2018/822 des Rates v. 25.5.2018 – L139/1 unterliegen (national umgesetzt in § 138d-k AO), die zu einer Meldepflicht für steuerliche Gestaltungen führen kann (sog. **DAC 6 Meldepflichten**). Bei Erfüllen bestimmter Kennzeichen (sog. *Hallmarks*) sind die Unternehmen oder deren Intermediäre (z. B. Steuerberater) verpflichtet, eine Meldung an die Finanzbehörden vorzunehmen. Bei Einbezug von Intermediären kann zum Teil bereits eine Meldeverpflichtung durch die Beratung zu den in den Kennzeichen umfassten Sachverhalten bestehen, unabhängig davon, ob eine tatsächliche Umsetzung erfolgt. In Betracht kommt bei Umstrukturierungen insbesondere *Hallmark* E, Nr. 2 und 3: Übertragung von schwer bewertbaren immateriellen Werten und die gruppeninterne grenzüberschreitende Übertragung von Funktionen und/oder Risiken und/oder Vermögenswerten.

Zu bedenken ist schließlich noch, dass mit § 4 Abs. 1 Satz 3 EStG und § 12 Abs. 1 KStG Normen zu beachten sind, die sich auf die Überführung bzw. Nutzungsüberlassung von Wirtschaftsgütern (sog. **Entstrickung**) und nicht auf ein Transferpaket beziehen. § 4 Abs. 1 Satz 3 EStG ordnet an, dass einer Entnahme für betriebsfremde Zwecke der Ausschluss oder die Beschränkung des Besteuerungsrechts Deutschlands hinsichtlich des Gewinns aus der Veräußerung oder Nutzung eines Wirtschaftsguts gleichsteht. § 12 Abs. 1 KStG sieht vor, dass in Fällen in denen u. a. bei einer Körperschaft das inländische Besteuerungsrecht in Bezug auf den Gewinn aus der Veräußerung oder Nutzung eines Wirtschaftsguts ausgeschlossen oder beschränkt wird, dies als Veräußerung oder Überlassung des Wirtschaftsguts zum gemeinen Wert gilt. Für die Zwecke dieses Kapitels zur Funktionsverlagerung ist zwischen der Übertragung von Wirtschaftsgütern und dem Transferpaketansatz zu unterscheiden. § 4 Abs. 1 Satz 3 EStG und § 12 Abs. 1 KStG stellen dabei grundsätzlich auf einzelne Wirtschaftsgüter ab.

In der Sache geht es um die Abgrenzung der grenzüberschreitenden Einkünftekorrekturen. Die Vorschrift des § 1 AStG steht zu § 4 Abs. 1 Satz 3 EStG (Nutzungsentnahme) bzw. § 12 Abs. 1 KStG in einem Konkurrenzverhältnis. Bei der Entnahme ergibt sich der Wert rechnerisch aus der Differenz zwischen dem gemeinen Wert und dem Buchwert (§ 4 Abs. 1 Satz 3 i. V. m. § 6 Abs. 1 Nr. 4 Satz 1 EStG). Der gemeine Wert wird gem. § 9 Abs. 2 BewG „durch den Preis bestimmt, der im gewöhnlichen Geschäftsverkehr nach der Beschaffenheit des Wirtschaftsgutes bei einer Veräußerung zu erzielen wäre. Dabei sind alle Umstände, die den Preis beeinflussen, zu berücksichtigen." Finden hingegen grenzüberschreitende Funktionsverlagerungen zwischen nahestehenden Personen statt, ist der Fremdvergleichspreis maßgeblich (§ 1 Abs. 1 Satz 1 AStG). Die Frage geht nun dahin, ob es einen betragsmäßigen Unterschied zwischen dem gemeinen Wert und dem Fremdpreis geben kann. In der Literatur wird dies teils verneint. Der BFH hat im Urteil v. 27.11.1974 hingegen Unterschiede zwischen beiden Werten herausgearbeitet, auf die hier nicht weiter eingegangen werden soll. Die Finanzverwaltung geht scheinbar davon aus, dass der Fremdvergleichspreis „regelmäßig" – folglich nicht in allen Fällen – dem gemeinen Wert entspricht.

10.3. Weiterführende Literatur

Greil, Ausnahmen von der Gesamtbewertung des Transferpakets – Zugleich Neufassung des § 1 Abs. 3 Satz 9 und 10 AStG, IStR 2010 S. 479.

Greil, Die Funktionsverlagerung im Lichte des OECD-Diskussionspapiers über Business Restructurings, IWB 2009, Fach 3, Gruppe 1, S. 2365.

Greil, Die Preisanpassung nach § 1 Abs. 3 Satz 11 und 12 AStG i. V. m. der Funktionsverlagerungsverordnung, IStR 2009 S. 567.

Greil, Funktionsverlagerungen zwischen nahe stehenden Personen im Sinne des § 1 AStG; Theoretische Grundlagen und empirische Analyse; Berlin 2014.

Greil/Saliger, Änderung im Bereich der Verrechnungspreise – Reform ohne inhaltliche Neuerungen? ISR 2021 S. 330 ff.

Kroppen/Schreiber, Kommentierung der Funktionsverlagerungsverordnung, in Kroppen/ Rasch (Hrsg.), Handbuch Internationale Verrechnungspreise, Otto-Schmidt Verlag.

Kroppen/Rasch/Eigelshoven, Die Behandlung der Funktionsverlagerungen im Rahmen der Unternehmenssteuerreform 2008 und der zu erwartenden Verwaltungsgrundsätze-Funktionsverlagerung, IWB 2008, Fach 3 Deutschland, Gruppe 1, S. 301.

Kroppen/Rasch, Die Funktionsverlagerungsverordnung, IWB 2009, Fach 3 Deutschland, Gruppe 1, S. 2339.

Kroppen/Rasch: Funktionsverlagerung – Entwurf der Verwaltungsgrundsätze (I), IWB 2009, Fach 3, Gruppe 1, S. 2439.

Kroppen/Rasch, Anforderungen an die Funktionsverlagerung – Anmerkungen zu den Verwaltungsgrundsätzen Funktionsverlagerung vom 13.10.2010, IWB 2010 S. 824.

Kroppen/Rasch, Funktionsverlagerung – der nächste Akt, IWB 2010 S. 316.

Kroppen/Rasch, Immaterielle Vermögenswerte – Neudefinition des Fremdvergleichsgrundsatzes?, IWB 2015 S. 828.

Rasch, Neue Verrechnungspreisregelungen in § 1 AStG und § 89a AO, IWB 11/2021 S. 441 LAAAH-80522.

Rasch, Die Reform des § 1 AStG – Ergänzende Anmerkungen zu Greil/Saliger, ISR 2021 S. 330ff, ISR 2021 S. 336.

Rasch, Die Bestimmung fremdvergleichskonformer Lizenzen – oder: die Quadratur des Kreises? ISR 2013 S. 31.

Rasch/Greil, BEPS Action 8 hard-to-value intangibles: Diskussionsentwurf der OECD vom 4.6.2015 – Überblick und erste Stellungnahme, ISR 2015 S. 261.

Rasch, Kommentierung des Kapitels IX der OECD Leitlinien: Verrechnungspreisaspekte bei Umstrukturierungen der Geschäftstätigkeit, in Kroppen/Rasch (Hrsg.), Handbuch Internationale Verrechnungspreise, Loseblattslg., Otto-Schmidt Verlag.

Schilling/Schmidt-Marloh, Die Bewertung von Transferpaketen im Lichte der aktuellen OECD-Leitlinien – Entwicklung der Escape-Klauseln, Der Betrieb 2019 S. 1112.

Für eine weitergehende Übersicht vgl. mit zahlreichen Nachweisen die instruktive Darstellung bei Schreiber, FVerlV, Anm. 5, in Kroppen/Rasch (Hrsg.), Handbuch Internationale Verrechnungspreise, Loseblattslg., Otto-Schmidt Verlag

11. Wirtschaftskrisen

11.1. Darstellung des Sachverhaltes

11.1.1. Produktionsausfall

Die Zeitgaist Production PLC (Myanmar) produziert nach Vorgaben der Zeitgaist AG Uhren der Marke „Fossa", die speziell für den asiatischen Markt angepasst werden (s. Beschreibung in Kapitel 7.1.1). Aufgrund einer Wirtschaftskrise in Asien bricht die Nachfrage nach diesen Uhren für zwei Jahre um 90 % ein. Daher wurden die Produktionskapazitäten der Zeitgaist Production PLC in diesem Zeitraum ebenfalls um 90 % auf Anweisung der Zeitgaist AG reduziert. In Anbetracht dessen musste auch Personal entlassen werden, sodass die Personalkosten um 25 % gesenkt werden konnten. Weitere Kosteneinsparungen waren nicht möglich.

Aufbauend auf einer Datenbankstudie (s. Kapitel 7.1.1), die allerdings noch keine umfassenden Daten aus den beiden betroffenen Jahren enthält, wird die Vergütung der Zeitgaist Production PLC um einen „Wirtschaftskrisenanpassungsfaktor" reduziert. Dieser wird seitens der Zeitgaist AG aus der Veränderung des BIP für asiatische Staaten abgeleitet und beträgt 12 %. Entsprechend wird die Vergütung der Zeitgaist Production PLC um 12 % reduziert.

11.1.2. Vertriebsausfall

Die Zeitgaist Unternehmensgruppe unterhält drei Vertriebstochtergesellschaften. Eine davon ist die Zeitgaist Distribution Inc. (USA), die den gesamten amerikanischen Markt (Nord- wie Südamerika) bedient (s. Beschreibung in Kapitel 7.1.2). Aufgrund einer Epidemie auf dem amerikanischen Kontinent kommen das öffentliche Leben sowie die Wirtschaft für einen Zeitraum von sechs Monaten zum Erliegen.

Folge daraus ist, dass die Vertriebstätigkeit von nicht lebensnotwendigen Gütern vollumfänglich für diesen Zeitraum eingestellt wurde. Kosteneinsparungen, in Form von Personalkosten etc., bei der Zeitgaist Distribution Inc. wurden aber aufgrund der begründeten Hoffnung eines nur vorübergehenden Charakters der Epidemie nicht vorgenommen. Zugleich bricht in diesem Zeitraum der Umsatz auf dem amerikanischen Markt um 100 % ein und wird auch nach Ende der Epidemie nicht nachgeholt.

Aufgrund dieser Epidemie erleidet die Zeitgaist Unternehmensgruppe in Bezug auf den amerikanischen Markt einen Verlust. Die Zeitgaist AG lässt die Zeitgaist Distribution Inc. an diesem Verlust partizipieren und stellt die Vergütung für dieses eine Jahr auf eine entsprechende negative EBIT-Marge, die -10 % beträgt, ein.

11.2. Diskussion und Lösung (Achim Roeder)

11.2.1. Produktionsausfall

Grundlegendes Problem. Wirtschaftskrisen führen zu allgemeinen Gewinneinbußen bei Unternehmen und einem Rückgang der volkswirtschaftlichen Leistung insgesamt. Abhängig von der Art der Krise kann dieses Phänomen einzelne oder mehrere Volkswirtschaften betreffen oder sich auf einzelne Wirtschaftssektoren oder Branchen beziehen. Auslöser können neben mehr oder minder regelmäßigen konjunkturellen Zyklen auch außergewöhnliche Ereignisse wie Naturkatastrophen, z. B. Erdbeben, Vulkanausbrüche, Tsunamis, Seuchen oder Reaktorunfälle, bewaffnete Konflikte oder ähnliches, sein. Insofern manifestiert sich in dem durch Wirtschaftskrisen induzierten Gewinnrückgang ein Teil des unternehmerischen Risikos, dem ein Konzern in seinem Markthandeln ausgesetzt ist.

Aus Verrechnungspreissicht stellt sich in diesem Zusammenhang die Frage, wie ein solcher krisenbedingter Gewinnrückgang oder gar Verlust fremdüblich zwischen den Steuerpflichtigen des Konzerns zu verteilen ist, d. h. letztlich, welchen Einfluss eine Wirtschaftskrise auf die maßgeblichen Fremdvergleichswerte hat, welche einer zutreffenden Gewinnermittlung während der Krise zugrunde zu legen sind. Nach Auffassung der OECD sind bereits die allgemeinen Prinzipien des Fremdvergleichsgrundsatzes so robust, dass sie auch unter außergewöhnlichen Umständen zu verlässlichen Ergebnissen führen sollen (vgl. Tz. 3 OECD-COVID[1]). Dieser Aussage ist grundsätzlich zuzustimmen, beschreiben doch der Fremdvergleichsgrundsatz und dessen Interpretation durch die OECD lediglich den Rahmen und die Prinzipien fremdüblichen Handelns, welche je nach Besonderheiten einer Transaktion oder der maßgeblichen wirtschaftlichen Einflussfaktoren im Einzelfall aufzufüllen sind.

Allerdings verweisen auch die OECD auf ausgewählte praktische Probleme, welche mit speziellen Krisen wie beispielsweise der anhaltenden Corona-Pandemie eine besondere Bedeutung erlangen können. Dazu zählt die OECD insbesondere die Themen Vergleichbarkeitsanalyse und die Zuordnung von Verlusten bzw. Kosten im Zusammenhang mit der Krise (vgl. Tz. 4 OECD-COVID). Bei dem im Sachverhalt beschriebenen Produktionsausfall und dem Vertriebsausfall kommen die beiden genannten Probleme zum Tragen. Zum einen verursacht die beschriebene asiatische Wirtschaftskrise zusätzliche Kosten bzw.

1 OECD, Guidance on the transfer pricing implications of the COVID-19 pandemic, Paris 2020; im Folgenden OECD-COVID.

verhindert erwartete Erträge für die Zeitgaist Gruppe. Zum anderen handelt es sich bei der betroffenen Gesellschaft in Myanmar um ein Routineunternehmen, dessen fremdübliche Verrechnungspreise gemeinhin mit Hilfe externer Unternehmensdatenbanken bestimmt werden (s. Kapitel 7.1.1). In Krisensituationen können sich daher Fragen zur Vergleichbarkeit der üblicherweise verwendeten Fremdvergleichsdaten ergeben.

Wo findet man was. Schwankungen bzw. der Rückgang des Konzernergebnisses in Wirtschaftskrisen ergeben sich aus dem Eintritt der vom Konzern getragenen Risiken. Daher richtet sich die Zuordnung der Auswirkungen nach der fremdüblichen Risikoverteilung zwischen den einzelnen Steuerpflichtigen des Konzerns. Die OECD erörtert die konzerninterne Risikoverteilung in Kapitel I, Abschnitt D.1.2.1 der OECD-TPG. Allgemeine Hinweise zur Nutzung von Datenbankstudien finden sich in den Tz. 3.29 ff. OECD-TPG. Ausführliche Hinweise zu den Anforderungen und Besonderheiten einer Vergleichbarkeitsanalyse im Zusammenhang mit einer speziellen Wirtschaftskrise hat die OECD mit der OECD-COVID vorgelegt. Diese Hinweise lassen sich jedoch grundsätzlich auch auf andere Krisensituationen übertragen. Die deutschen Verwaltungsgrundsätze Verrechnungspreise vom Juli 2021 orientieren sich im Rahmen des geltenden deutschen Rechts nun ebenfalls an den Vorgaben der OECD.

Grundsätzliche Überlegungen zur Lösung des Falles. Als Lohnfertiger (s. Kapitel 7.1.1) verfügt die Zeitgaist Production PLC über keine eigenen wesentlichen immateriellen Werte und ermittelt ihre Verrechnungspreise als Routineunternehmen mit Hilfe der Kostenaufschlagsmethode. So wurde über eine externe Datenbankstudie eine fremdübliche Bandbreite von Gewinnaufschlägen auf die Vollkosten ermittelt, welche 2,5 % bis 8,3 % umfasst und einen Median von 5,1 % aufweist (s. Kapitel 7.1.1). In den Jahren vor der Wirtschaftskrise erzielte die Gesellschaft eine Vergütung in Höhe ihrer Vollkosten zuzüglich eines Gewinnaufschlags von ca. 5 % auf diese Kosten (s. Kapitel 7.1.1), d. h. ihre Vergütung entsprach etwa dem Median der maßgeblichen Interquartilsbandbreite. Für die Krisenjahre erhält die Zeitgaist Production PLC eine um 12 % reduzierte Vergütung. Ob diese reduzierte Vergütung dem Fremdvergleich entspricht, hängt von zwei Komponenten ab: zum einen vom Ausmaß der durch den Lohnfertiger verwirklichten Kosteneinsparungen und zum anderen von dem für die Krisenjahre fremdüblichen Gewinnaufschlag auf diese Kosten.

Zum Umfang der Kosteneinsparung ergeben sich aus dem Sachverhalt keine abschließenden Hinweise. Jedoch deuten die verfügbaren Finanzinformationen darauf hin, dass der Anteil der Personalkosten an den Vollkosten der Zeitgaist Production PLC vor der Wirtschaftskrise ca. 50 % betragen hat. Diese Kosten wurden um 25 % reduziert. Da laut Sachverhalt sonst keine weiteren Kosten eingespart werden konnten, ergibt sich die folgende vereinfachte Kostenstruktur für den betrachteten Lohnfertiger:

Tabelle 42: Vergütung Lohnfertiger

	Vor Wirtschaftskrise	Wirtschaftskrise
Vergütung Zeitgaist Production PLC (Verrechnungspreis)	105,0	92,4 (= 105 × 88 %)
Vollkosten Produktion	100,0	87,5 (= 100 - 50 x 25 %)
Gewinnaufschlag auf Vollkosten	5,0	4,9

Die Reduktion der Verrechnungspreise für die konzerninternen Lohnfertigungsleistungen in Verbindung mit den erzielten Kosteneinsparungen führt somit tatsächlich zu einem relativen Anstieg des Gewinns der Zeitgaist Production PLC in der Krise von 5 % der Vollkosten auf 5,6 % (= 4,9 / 87,5) der Kosten.

In einem zweiten Schritt ist zu überprüfen, ob ein Gewinnaufschlag in Höhe von 5,6 % in der Bandbreite fremdüblicher Gewinnaufschläge liegt. Dabei ist zu beachten, dass die zum Zeitpunkt der Analyse bekannten Fremdvergleichsdaten in der Regel bereits jeweils zwischen zwölf und 24 Monate alt sind. Dieser zeitliche Versatz ergibt sich aus den die Datenbank speisenden Informationsquellen: Die bei öffentlichen Registern eingereichten Jahresabschlüsse werden erst nach Ende des jeweiligen Wirtschaftsjahres durch die Unternehmen erstellt und sind teilweise vor ihrer formalen gesellschaftsrechtlichen Verabschiedung auch noch durch einen Jahresabschlussprüfer zu testieren. Somit werden die konkreten fremdüblichen Gewinnaufschläge den betroffenen Steuerpflichtigen und Finanzverwaltungen erst deutlich nach Ende des entsprechenden Geschäftsjahres bekannt. Empirisch lässt sich feststellen, dass die beobachtbaren Bandbreiten unter normalen wirtschaftlichen Bedingungen langfristig so stabil sind, dass sich aus dem beschriebenen zeitlichen Versatz in der Regel kaum Probleme ergeben. Dies gilt umso mehr, wenn sich die Steuerpflichtigen bei der Planung ihrer Verrechnungspreise nicht an den Rändern der Bandbreiten orientieren, sondern auf einen mittleren Wert wie z. B. den Median abstellen.

Der oben beschriebene Hindsight-Effekt im Zusammenhang mit Datenbankstudien besteht dem Grunde nach auch für Jahre normaler wirtschaftlicher Aktivität. Wirtschaftskrisen beeinträchtigen die sonst feststellbare weitgehende Konsistenz und Stabilität der Fremdvergleichsdaten im Zeitablauf teilweise erheblich. Fallen die Folgen der Krise stark genug aus, so lassen sich ihre Auswirkungen auch an den veröffentlichten Finanzinformationen der Vergleichsunternehmen ablesen. So ergaben sich beispielsweise für die Jahre der Finanzkrise 2008/2009 in vielen Fällen deutlich niedrigere Werte insbesondere für untere Quartile und Mediane von Bandbreiten als in durchschnittlichen Nicht-Krisenjahren. Teilweise lagen untere Quartile sogar im negativen Bereich und wiesen somit auf verbreitete Verluste bei Vergleichsunternehmen in diesen Jahren hin.

Für die Zeitgaist Production PLC ist daher zu prüfen, von welchen fremdüblichen Interquartilsbandbreiten für die Krisenjahre auszugehen ist und wie die für die Vorkrisenjahre bekannten Fremdvergleichswerte ggfs. anzupassen sind. Dabei müssen sich die Anpassungen nicht allein auf die verwendeten Finanzdaten der Vergleichsunternehmen beziehen, sondern es kann zur Erhöhung der Vergleichbarkeit auch erforderlich sein, die Auswahlkriterien für die Unternehmen selbst zu überdenken. Dies könnte z. B. der Fall sein, soweit bisherige Vergleichsunternehmen aus unterschiedlichen Branchen für vergleichbar gehalten wurden, diese Branchen jedoch von der Wirtschaftskrise unterschiedlich stark betroffen sind.

Soweit für die Zeitgaist Production PLC keine Änderungen an der bisher verwendeten Gruppe von Vergleichsunternehmen angezeigt ist, bleibt noch abzuschätzen, welchen Einfluss die Wirtschaftskrise auf die Finanzzahlen dieser Unternehmen und letztlich auf die erwartete Ausprägung des verwendeten performance level indicator (PLI) Vollkostenaufschlag haben wird. Dazu stehen grundsätzlich verschiedene Ansätze zur Verfügung: zum einen kann es sich anbieten, zu Korrekturzwecken auf Daten für den aktuellen Krisenzeitraum zurückzugreifen, welche zeitnäher verfügbar sind als die entsprechenden Jahresabschlüsse der Vergleichsunternehmen. Dabei kann es sich beispielsweise um unterjährig aktualisierte Informationen (z. B. Indizes, volkswirtschaftliche Größen, Quartalsveröffentlichungen des Konzerns) oder um laufend verfügbare Marktdaten (z. B. Aktienkursentwicklungen, Fremdwährungskurse, Rohstoffpreise) handeln. Aus der beobachteten Änderung dieser Daten im Zeitablauf können dann Schlüsse auf die zu erwartende Änderung der fremdüblichen Bandbreite des PLI gezogen werden. Ein weiterer Ansatz umfasst die Berücksichtigung historischer Wirtschaftskrisen und der Finanzdaten für diese Zeiträume. So können beispielsweise – soweit verfügbar – die Finanzdaten der aktuellen Vergleichsunternehmen während der letzten Wirtschaftskrise für die Jahre 2008/2009 herangezogen werden, um eine Indikation der zu erwartenden Renditen für die aktuelle Krise abzuleiten (sog. Financial Backdate). Schließlich sind auch Kombinationen beider Ansätze denkbar, d. h. eine Verknüpfung aktuell verfügbarer Daten mit Informationen zu historischen Ergebnisentwicklungen. So könnte beispielsweise mit Hilfe statistischer Analysen auf Basis historischer Daten der Zusammenhang zwischen Änderungen einzelner oder mehrerer aktuell verfügbarer Indikatoren auf die spätere Ergebnisentwicklung der relevanten Vergleichsunternehmen theoretisch fundiert prognostiziert werden. Neben linearen Regressionsmodellen nennt die Literatur in diesem Zusammenhang auch künstliche neuronale Netze, sowie Ansätze, welche sich des sog. Random Forest Verfahrens oder des Support Vector Machine Verfahrens bedienen.

Im vorliegenden Fall ist die Änderung eines volkswirtschaftlichen Indikators im Zusammenhang mit der Wirtschaftskrise bekannt: Das BIP für asiatische Staaten reduziert sich um 12 %. Allerdings erscheint es wirtschaftlich sachgerechter, diese Änderung statt auf den Umsatz der Zeitgaist Production PLC, auf deren Profitabilität bzw. auf die Interquartilsbandbreite der Vorkrisenjahre anzuwenden. Insofern würde sich vor diesem Hintergrund eine geschätzte Interquartilsbandbreite für die Krisenjahre in Höhe von 2,2 % bis 7,3 % mit einem Median von ca. 4,5 % ergeben. Tatsächlich führt die Senkung der Verrechnungspreise für die Leistungen der Zeitgaist Production PLC in Verbindung mit den von der Gesellschaft erzielten Kosteneinsparungen zu einem effektiven Gewinnaufschlag in Höhe von 5,6 % bezogen auf ihre Vollkosten. Ggfs. wäre auch zu überlegen neben der BIP-Entwicklung noch weitere verfügbare Indikatoren zusätzlich zur Korrekturrechnung heranzuziehen, um so eine möglichst robuste Anpassung vornehmen zu können.

Fazit. Im Vergleich zum vor der Wirtschaftskrise erzielten Gewinnaufschlags in Höhe von 5 % würde der Lohnfertiger, Zeitgaist Production PLC, mit den umgesetzten Maßnahmen in der Krise sogar einen höheren Gewinnaufschlag von 5,6 % erwirtschaften. Vor dem Hintergrund der beschriebenen wirtschaftlichen Situation erscheint ein solches Ergebnis kontraintuitiv. Sinnvoller erschiene eine Verrechnungspreisanpassung, welche für die Krisenjahre zu einer niedrigeren Profitabilität geführt hätte, d. h. eine Anpassung, die unter Berücksichtigung der erzielten Kosteneinsparungen zu einem effektiven Gewinnaufschlag zwischen dem geschätzten unteren Quartil (in Höhe von 2,2 %) und dem geschätzten Median (in Höhe von 4,5 %) geführt hätte. Dennoch würde auch der nach Korrektur höhere Gewinn von 5,6 % noch innerhalb der für die Wirtschaftskrise erwarteten Bandbreite fremdüblicher Gewinnaufschläge liegen. Gewissheit über die tatsächlichen Auswirkungen der Krise auf die Bandbreiten fremdüblicher Kostenaufschläge wird sich frühestens gegen Ende des Folgejahres ergeben. Vor diesem Hintergrund und den bestehenden Unsicherheiten im Hinblick auf die zutreffende Interquartilsbandbreite wäre eine neuerliche, rückwirkende Anpassung der Verrechnungspreise für das laufende Jahr (z. B. in Form einer Jahresendanpassung) nicht angezeigt. Stattdessen sollte die Zeitgaist Gruppe erwägen, ihre Verrechnungspreise für das zweite Krisenjahr erneut anzupassen und auf diese Weise in der Mehrjahresbetrachtung eine geringere Profitabilität für den Krisenzeitraum insgesamt anzustreben.

Woran ist noch zu denken. Insbesondere soweit die geplanten Verrechnungspreise bzw. die angestrebte EBIT-Marge vor der Krise schriftlich vereinbart wurden, bietet es sich an, dass die Steuerpflichtigen auch die erforderlichen krisenbedingten Abweichungen vom ursprünglich Vereinbarten schriftlich fixieren. Zugleich sollten auch die tragenden Überlegungen für die Ermittlung des Krisenkorrekturfaktors und die damit verbundenen Analysen ausführlich dokumentiert werden. Bei dieser Gelegenheit könnte auch überprüft werden, ob bestehende unternehmensgruppeninterne Verträge vor dem Hintergrund der

Krise bzw. den aktuellen Verrechnungspreisregeln angepasst bzw. erstmalig schriftlich vereinbart werden sollten. Zu den sinnvollen Ergänzungen bestehender Verträge gehören beispielsweise Preisanpassungsklauseln in außerordentlichen wirtschaftlichen Situationen.

11.2.2. Vertriebsausfall

Grundlegendes Problem. Auch im Fall der Zeitgaist Distribution Inc. in den USA handelt es sich beim Ausbruch einer Epidemie und deren wirtschaftlicher Konsequenzen grundsätzlich um den Eintritt eines bestehenden wirtschaftlichen Risikos für die Zeitgaist Unternehmensgruppe. Dieses Krisenszenario ist insofern besonders, als es nicht auf regelmäßig wiederkehrenden allgemeinen wirtschaftlichen Zyklen beruht, sondern durch eine besondere medizinische Notlage ausgelöst wurde. Diese Notlage führt zu sehr spezifischen, teilweise auch extremen staatlichen Maßnahmen wie Einschränkung der Reisefreiheit oder Einschränkung sozialer Kontakte über einen gewissen Zeitraum. Insofern wirkt diese Wirtschaftskrise im Vergleich zu „normalen" Krisen bzw. Konjunkturzyklen schneller und extremer auf die Ergebnisse der Gruppe (hier z. B. der komplette Entfall der nord- und südamerikanischen Umsätze der Gruppe für einen Zeitraum von sechs Monaten).

Dem Grunde nach handelt es sich gleichwohl um die gleiche Problematik, die bereits im vorstehenden Kapitel behandelt wurde, nämlich um die Frage wie die aus dem Eintritt wirtschaftlicher Risiken – hier der Epidemie – resultierenden Gewinneinbußen bzw. Verluste auf die einzelnen Unternehmen der Gruppe für steuerliche Zwecke fremdüblich zu verteilen sind. Es stellt sich die Frage, ob fremdübliche Verrechnungspreise vor dem Hintergrund des relevanten Funktions- und Risikoprofils einer Routinevertriebsgesellschaft tatsächlich zu einem negativen EBIT in Höhe von -10 % des Umsatzes der Zeitgaist Distribution Inc. führen sollten.

Soweit die fremdüblichen Margen der Vertriebsgesellschaft mit Hilfe von Datenbanken ermittelt werden, stellt sich im Fall der Vertriebsgesellschaft zudem auch das Problem, wie zum Zeitpunkt der Verrechnungspreissetzung kriseninduzierte Änderungen der Vergleichsdaten prognostiziert werden können. Für diese Thematik sei auch auf das vorstehende Kapitel verwiesen.

Wo findet man was. Allgemeine Ausführungen zur Risikoverteilung finden sich bei der OECD in Kapitel I der OECD-TPG. Verluste im Konzern werden zudem auch in Kapitel I, Abschnitt D.3 der OECD-TPG behandelt. Überlegungen zu Vergleichsunternehmen mit Verlusten finden sich darüber hinaus in Kapitel III, Abschnitt A.7.3 OECD-TPG. Die deutschen Verwaltungsgrundsätze Verrechnungspreise vom Juli 2021 orientieren sich im Rahmen des geltenden deutschen Rechts an den OECD-TPG. Ausführungen zu Verlusten finden sich hier insbesondere in Abschnitt C.5 der Verwaltungsgrundsätze. In EU-Fällen können auch die vom EuGH in der Rechtssache Hornbach entwickelten Grundsätze für Unternehmen in der Krise relevant sein. Zudem hat die OECD mit der OECD-COVID konkrete Hinweise zur Umsetzung des Fremdvergleichsprinzips im Zusammenhang mit der Corona-Pandemie veröffentlicht. Diese befassen sich insbesondere in Kapitel II mit der Zuordnung von durch die Pandemie verursachten Verlusten und Kosten.

Grundsätzliche Überlegungen zur Lösung des Falles. Aufgrund ihres spezifischen Funktions- und Risikoprofils wurde die Zeitgaist Distribution Inc. in Kapitel 2.2 als Routine-Vertriebsgesellschaft klassifiziert. Als Verrechnungspreismethode kommt in solchen Fällen regelmäßig die TNMM zur Anwendung. Als typischer PLI kommt dabei das Verhältnis EBIT zu Umsatz, die sog. EBIT-Marge, in Betracht Da keine internen Fremdvergleichswerte vorliegen, sollte typischerweise auf externe Vergleichswerte aus allgemein verfügbaren Datenbanken zurückgegriffen werden (s. zum Vorstehenden ausführlicher Kapitel 7.2). Für das Jahr 2020, das Jahr der Epidemie, soll die Zeitgaist Distribution Inc. nach Auffassung der Konzernleitung an den krisenbedingten Verlusten der Zeitgaist Gruppe partizipieren und weist mit einer EBIT-Marge in Höhe von -10 % einen eigenen Verlust aus.

Zu untersuchen ist demnach, ob es überhaupt dem Fremdvergleich entspricht, wenn Routineunternehmen wie die Zeitgaist Distribution Inc. einen Verlust ausweisen. So wird häufig argumentiert, dass Routineunternehmen bei üblichem Geschäftsverlauf keine Verluste, sondern geringe aber zugleich relativ stabile Gewinne ausweisen sollen. Differenzierter weisen die OECD und die deutsche Finanzverwaltung darauf hin, dass Routineunternehmen im Regelfall keine länger andauernden Verlustperioden hinnehmen würden (vgl. Tz. 3.64 OECD-TPG, Tz. 38 ff. OECD-COVID und Tz. 3.33 VWG VP). Aus diesen Überlegungen wird vielfach abgeleitet, dass es bereits verfehlt sei, Verlustunternehmen in Datenbankstudien als geeignete Vergleichsunternehmen zu akzeptieren. Diese Auffassung trifft nicht zu. Letztlich beruht die Verwendung von Datenbanken auf der empirischen Beobachtung, des Geschäftserfolgs – verstanden als EBIT-Marge – vergleichbarer unverbundener Unternehmen im Zeitablauf. Es wäre daher bereits denklogisch verfehlt, Unternehmen allein aufgrund ihrer Ergebnishöhe abzulehnen, da gerade die fremdübliche Ergebnishöhe mit Hilfe der Datenbankanalyse festgestellt werden soll. Die gleiche Position vertritt auch die OECD und weist darauf hin, dass Verlustgeschäfte durchaus vergleichbar sein können und potenzielle Vergleichsunternehmen nicht allein deshalb ausgeschlossen werden sollen, weil sie Verluste ausweisen (vgl. Tz. 3.64 f. OECD-TPG und Tz. 33 OECD-COVID). Gleichwohl verweist die OECD aber auch darauf, dass Verluste grundsätzlich zu weiteren Überprüfungen der Vergleichbarkeit Anlass geben sollten (vgl. Tz. 3.65 OECD-TPG). Insofern kann davon ausgegangen werden, dass vor dem Hintergrund der im Sachverhalt beschriebenen äußerst negativen wirtschaftlichen Bedingungen für die Zeitgaist Distribution Inc. ein Verlust im Jahre 2020 dem Grunde nach durchaus auch bei fremdüblichen Verrechnungspreisen nicht ausgeschlossen werden kann.

Allerdings bleibt offen, ob ein Verlust in dieser Höhe noch fremdüblich wäre. Dies wird letztlich erst nach Bekanntwerden der Ergebnisse der Vergleichsunternehmen für das betreffende Jahr mit Gewissheit beantwortet werden können. Entsprechende Überlegungen zur vorzeitigen Prognose der künftigen Ergebnisse wurden bereits im vorhergehenden Kapitel dargestellt. Die schlichte Anpassung der EBIT-Marge der US-Gesellschaft in dynamischer Anlehnung an die Konzernmarge für den betreffenden Zeitraum vermag – wie auch schon in Jahren vor der Krise (s. Kapitel 7.1.2) – nicht zu überzeugen. Da der Konzern infolge der Epidemie offensichtlich die Verrechnungspreise gegenüber der Zeitgaist Distribution Inc. unterjährig angepasst hat, kann auch nicht ohne weiteres beurteilt werden, inwiefern sich vor dem Hintergrund eines Price-Setting-Ansatzes die durch die Vertriebsgesellschaft fremdüblich zu tragenden Risiken realisiert haben. Zu diesem Zweck hätten die Verrechnungspreise während des Jahres konstant gehalten werden müssen, um dann am Ende des Jahres die Planabweichung sachgerecht beurteilen zu können. Diese Vorgehensweise würde im Übrigen zusätzlich auch ein fremdübliches Niveau der EBIT-Marge im Rahmen der ursprünglichen betrieblichen Planung der Gruppe voraussetzen, was im vorliegenden Fall wohl nicht unterstellt werden sollte.

In Ermangelung konkreterer Informationen zur Entwicklung allgemeiner volkswirtschaftlicher Indikatoren für den betreffenden Markt im Krisenzeitraum kann lediglich anekdotisch darauf verwiesen werden, dass auch in den Finanzdaten für frühere Wirtschaftskrisen interquartile Bandbreiten mit einem derart niedrigen unteren Quartil kaum zu beobachten waren. In der Literatur lassen sich verschiedene Prognosen für krisenbedingte Ergebniseinbrüche für die Corona-Krise finden, welche beispielsweise einen Rückgang des unteren Quartils von bis zu 355 % für den Produktionsbereich prognostizieren. Geht man von einer Bandbreite fremdüblicher EBIT-Margen vor der Krise von 0,8 % bis 4,2 % für die Vertriebstätigkeit der Zeitgaist Distribution Inc. aus (s. Kapitel 7.2), so würde bei einem Rückgang des unteren Quartils um 355 % lediglich ein fremdübliches Verlustniveau von nicht weniger als -2,04 % EBIT-Marge zu erwarten sein.

Die vorstehenden Überlegungen zur Angemessenheit eines Verlustes in Höhe von -10 % EBIT-Marge für die Zeitgaist Distribution Inc. gehen von einer jahresgenauen Betrachtung aus. Insofern sind sie insbesondere angezeigt, soweit es im Rahmen der Steuerung der Verrechnungspreise möglich ist bzw. angestrebt wird, für jedes einzelne Geschäftsjahr ein fremdübliches Ergebnis im Rahmen der entsprechenden Bandbreite auszusteuern. Im vorliegenden Fall hat die US-Gesellschaft allerdings in den Jahren 2018 und 2019 mit einer EBIT-Marge von 6,8 % bzw. 8,7 % Ergebnisse erzielt, welche mutmaßlich oberhalb der Bandbreite fremdüblicher EBIT-Margen liegen. Die OECD lässt grundsätzlich Mehrjahresbetrachtungen zu (vgl. Tz. 3.75 ff. OECD-TPG und Tz. 26 ff. OECD-COVID). Daher wäre im Rahmen eines späteren Outcome-Testing (beispielsweise anlässlich einer steuerlichen Betriebsprüfung) zu überprüfen, ob die Voraussetzungen für die Anwendung einer Mehrjahresbetrachtung der Geschäftsjahre 2018, 2019 und 2020 vorliegen. Geht man ferner davon aus, dass in den Jahren 2018 und 2019 jeweils etwa der doppelte Umsatz des Jahres 2020 erzielt wurde, wäre von den beteiligten Steuerpflichtigen für diesen Dreijahreszeitraum eine umsatzgewichtete Durchschnittsmarge von ca. 4,2 % als fremdüblich zu dokumentieren.

Fazit. Die von der Zeitgaist Gruppe vorgenommene Einstellung der EBIT-Marge der Zeitgaist Distribution Inc. auf -10 % führt aller Voraussicht nach zu keiner fremdüblichen Vergütung für das betreffende Krisenjahr. Abgesehen davon, dass durch die Aussteuerung einer Routinevertriebsgesellschaft auf die Marge der Unternehmensgruppe ohnehin lediglich in Ausnahmefällen und zufällig ein fremdübliches Ergebnisniveau erreicht wird, gibt es auch vor dem Hintergrund der Daten aus historischen Wirtschaftskrisen kaum Anhaltspunkte, welche ein derart niedriges Ergebnisniveau erwarten lassen. In der überwiegenden Mehrzahl der Fälle konnte bisher ein deutlicher Überschneidungsbereich zwischen der unteren Hälfte der Interquartilsbandbreite vor der Krise und der Interquartilsbandbreite für den Krisenzeitraum empirisch beobachtet werden. Die Aussteuerung auf eine EBIT-Marge von zwischen 0 % und dem Median der ursprünglichen Interquartilsbandreite erscheint vor diesem Hintergrund verlässlicher. Außerdem bieten sich auch verschiedene statistische Ansätze an, um kriseninduzierte Änderungen der fremdüblichen Bandbreite theoretisch fundiert zu schätzen.

Einen weiteren Ansatz zur Verteidigung von Verlusten bei Routineunternehmen stellen Mehrjahresanalysen dar. Üblich ist dabei häufig ein Betrachtungszeitraum von drei Jahren. Dabei kann im Zusammenhang mit Wirtschaftskrisen, die sich selten oder gar einmalig ereignen, ggfs. auch eine Berücksichtigung der Gewinne aus deutlich weiter zurückliegenden Geschäftsjahren angezeigt sein. Ökonomisch beinhaltet jeder Gewinn immer auch eine Vergütung für Risiken, welche sich im jeweiligen Gewinnermittlungszeitraum noch nicht so weit konkretisiert haben, dass sie bereits eine bilanzielle Erfassung rechtfertigen würden (z. B. Pauschalwertberichtigungen oder Drohverlustrückstellungen). Im Ergebnis könnte in solchen Fällen daher auch ökonomisch begründet auf die bisherige Gesamtlebensdauer des betreffenden Unternehmens, d. h. auf dessen Totalperiode abgestellt werden.

Woran ist noch zu denken. Ein grundsätzliches Problem von Anpassungsrechnungen zur Prognose von Gewinnreduktionen in Krisenzeiten besteht in der zeitlichen Abstimmung der Rückkehr zu nicht angepassten Datenbankanalysen. Anders gewendet bedarf es strenggenommen einer für Verrechnungspreiszwecke sachgerechten Operationalisierung des Konzepts einer Wirtschaftskrise, um so zwischen krisenhaften Zeiträumen, Perioden „normaler" wirtschaftlicher Aktivität und ggfs. Boomzeiten zu differenzieren. Aus praktischer Sicht ist daher einer möglichst konsistenten Vorgehensweise ggfs. auch einer durchgängigen Verwendung der verfügbaren Finanzdaten ohne Anpassung und lediglich der Bewegung innerhalb der bekannten Interquartilsbandbreie der Vorzug zu geben.

Gerade während der Corona-Krise erfolgten verbreitet staatliche Stützungsmaßnahmen und Subventionen in erheblichem Umfang. Da diese Maßnahmen einen wesentlichen Einfluss auf die Profitabilität der potenziellen Vergleichsunternehmen in den betroffenen Branchen bzw. den lokalen Märkten haben können, sollte dieser Aspekt im Rahmen der Vergleichbarkeitsanalyse ebenfalls überprüft werden. Auch eine abweichende buchhalterische Behandlung von Subventionen bei einzelnen oder allen Vergleichsunternehmen könnte zu Verzerrungen führen (vgl. Kapitel III OECD-COVID).

11.3. Weiterführende Literatur und Rechtsprechung

Braun/Hoffmann/Esser, Arm's length losses? – Verrechnungspreisimplikationen des „Great Lockdown", IStR 2020 S. 705.

Ditz/Puls, Internationale Verrechnungspreise in der COVID-19-Krise, IWB 13/2020 S. 501 HAAAH-52587.

Dorner/Treidler, Die COVID-19-Pandemie und Verrechnungspreise, IWB 18/2021 S. 738 MAAAH-89200.

Hayri/Clark, Firm Profitability in Recessions: Part II, TMTPR 2002 S. 29.

Lewis, Survival Techniques: Transfer Pricing in a Sick Economy, The Tax Executive 2009 S. 187.

Mori/Mert-Beydilli/Poole, Transfer Pricing in Troubled Times, TMTPR 2009 S. 1.

OECD, Guidance on the transfer pricing implications of the COVID-19 pandemic, Paris 2020.

Roeder, Germany – Transfer Pricing Practice in an Era of Recession, ITPJ 2009 S. 336.

Schwarz/Stein/Flanderova/Hoffmann, Hindsight bei Verrechnungspreisen, Ubg 2017 S. 638.

Schwarz/Wessely/Hoffmann/Wickerath/Lagarden, Estimating a COVID-19 Crisis Effekt using AI Techniques, im Druck.

EuGH, Urteil vom 31. Mai 2018 – Rs. C-382/16 „Hornbach-Baumarkt" NWB PAAAG-86743.

12. Finanzierungstransaktionen

12.1. Darstellung des Sachverhaltes

12.1.1. Darlehensvergabe

Die Zeitgaist Finance LLC begibt ein Darlehen an die Zeitgaist GmbH. Dieses Kapital benötigt die Zeitgaist GmbH, um den Produktions- und Montagestandort im Zuge der Verlagerung der Produktion der Uhren der Marke „SmartGaist" (siehe Kapitel 10 „Funktionsverlagerungen") zu erneuern und erstmalig in der Unternehmensgeschichte auch Industrieroboter zu erwerben. Die Erneuerung des Produktions- und Montagestandortes soll dazu beitragen, diesen für jetzige und künftige Mitarbeiter attraktiver zu gestalten und auf den neuesten Stand der Technik zu bringen. Mit den Industrierobotern soll die Produktion sowie die Montage effizienter und effektiver ausgestaltet werden. Insgesamt erwartet die Zeitgaist GmbH hierdurch ein Einsparpotenzial im zweistelligen Millionenbereich in den kommenden zehn Jahren.

Die Kosten dieses Projekts belaufen sich auf 8 Mio. €. 25 % finanziert die Zeitgaist GmbH aus Eigenkapital und 75 % aus dem Darlehen der Zeitgaist Finance LLC. Folgende Daten sind bekannt:

Darlehenssumme	6 Mio. €
Darlehensauszahlung	1.1.2021
Fälligkeit des Darlehens	31.12.2026
Tilgung	Endfälligkeit
Zinssatz	7,5 % p. a. nominal, jährlich zahlbar
Zins p. a.	450.000 €
Währung	€
Sicherheiten	Keine
Laufzeitkongruenter Fremdkapitalrefinanzierungszinssatz	1 %
Externes Rating Zeitgaist GmbH.; korrespondierende einjährige Ausfallwahrscheinlichkeit (Annahme)	BB; 10 %
Externes Rating der Zeitgaist Unternehmensgruppe; korrespondierende einjährige Ausfallwahrscheinlichkeit (Annahme)	AA; 2 %
Typisierte Eigenkapitalkosten (Annahme)	10 %
Durchschnittliche Verlustquote (Loss Given Default [LGD]) (Annahme)	50 %
Anteilige Betriebskosten (Annahme)	0,1 %

Ferner ist bekannt, dass Anleihen mit einem BB-Rating (AA-Rating) derzeit eine Rendite von 3,13 % (1,04 %) bis 5,80 % (2,46 %) aufweisen. Die Zeitgaist GmbH hat sich zudem eine *bank opinion* eingeholt. Hiernach hätte sie für ein besichertes Bankdarlehen 4,85 % entrichten müssen. Vergleichbare Darlehensbeziehungen der Zeitgaist GmbH zu fremden Dritten bestehen nicht; vergleichbare Darlehen zwischen fremden Dritten wurden nicht ausfindig gemacht.

12.1.2. Cash-Pool

Die Zeitgaist Finance LLC ist zudem zuständig für den Cash Pool der Unternehmensgruppe. Sie, als Cash Pool Leader (CPL), übernimmt die Verhandlungen über die Konditionen mit einem fremden dritten Kreditinstitut und organisiert den Cash Pool als solchen. Hierfür wendet die Zeitgaist LLC jährlich Personal- und IT-Kosten i. H. von 50.000 € auf. Die mit dem Kreditinstitut für das Jahr vereinbarten Konditionen sind Folgende: Überschüssige Mittel, die angelegt werden, werden mit 0,15 % verzinst (Habenzinssatz). Liquiditätsbedarf ist mit 2,25 % zu verzinsen (Sollzinssatz).

Alle Unternehmenseinheiten sind seitens der Zeitgaist AG angehalten – soweit rechtlich möglich –, an dem Cash Pool teilzunehmen, um auf diese Weise ein effektives Liquiditätsmanagement in der Unternehmensgruppe sicherzustellen. So beteiligt sich auch die Zeitgaist GmbH an diesem Cash Pool. Für Geldanlagen erhält sie einen Zinssatz von 0,1 % p. a. und für benötigte Geldmittel hat sie 5 % p. a. zu entrichten. Die Konditionen sind für alle Cash Pool-Teilnehmer gleich. Die Zeitgaist GmbH muss an 183 Tagen Geld aufnehmen (im Durchschnitt 50 Mio. €) und kann an 182 Tagen Geld anlegen (ebenfalls im Durchschnitt 50 Mio. €). Der Zinsaufwand beträgt entsprechend 1.253.424 € und der Zinsertrag 24.931 €; im Ergebnis entsteht ein negativer Zinssaldo i. H. von 1.228.493 €.

Ein Drittel des Jahres sind die Konten des Cash Pools ausgeglichen, sodass weder eine Geldaufnahme noch -anlage bei dem Kreditinstitut zu erfolgen hat. Ein Drittel des Jahres kann ein Überschuss der Unternehmensgruppe zu 0,15 % angelegt werden und ein Drittel des Jahres muss ein Fehlbetrag zu 2,25 % finanziert werden.

12.2. Diskussion und Lösung (Stefan Greil)

12.2.1. Darlehensvergabe

Grundlegendes Problem. Finanzierungstransaktionen beinhalten ein erhöhtes Aufgriffs- und Beanstandungsrisiko seitens der Steuerverwaltungen weltweit, da mit dieser Transaktionsart nachweislich Gewinnverlagerungsstrategien verfolgt werden. Darüber hinaus bieten sie ausreichend Anlass, kontrovers über den Fremdvergleichsgrundsatz zu diskutieren. Mögliche Ursachen können sein, dass die Anwendung des Fremdvergleichsgrundsatzes an seine Grenzen stößt oder unterschiedliche Auffassungen darüber und Interessen daran bestehen, wie der Fremdvergleichsgrundsatz in Bezug auf Finanzierungtransaktionen anzuwenden ist.

Es ist zu beachten, dass Finanzierungtransaktionen zwischen verbundenen Unternehmen Besonderheiten aufweisen, die zwischen unabhängigen Marktteilnehmern nicht bestehen. Unverbundene Unternehmen sind etwa nicht in der Lage, die Kapitalstruktur, die Gewinnaussichten oder andere für Finanzierungstransaktionen ökonomisch relevante Aspekte zu beeinflussen. Verbundene Unternehmen können hingegen hierauf Einfluss nehmen und damit durchaus auch gestalten.

So kann z. B. die jeweilige Muttergesellschaft über die Eigenkapitalquote der Tochtergesellschaft befinden bzw. auf diese Quote erheblichen Einfluss nehmen. Zudem kann eine jeweils beherrschende Muttergesellschaft aufgrund ihrer Gesellschafterstellung das Risiko eines Kreditausfalls ihrer Tochtergesellschaft selbst minimieren. So bspw. zeigt eine Bonitätsbewertung (Rating) auf, mit welcher Wahrscheinlichkeit ein Unternehmen seinen Kapitaldienstverpflichtungen nachkommen wird. In ein solches Rating gehen insbesondere qualitative und quantitative Faktoren ein; hierzu zählen bspw. Managementqualität, Unternehmensstrategie, Organisationsstruktur, Prozessorganisation sowie Liquiditäts-, Finanz-, Ertragslage, Bilanzentwicklung und Kapitalstruktur. Diese Faktoren können von der Muttergesellschaft bzw. von nahestehenden Personen beeinflusst werden, sodass diese entsprechend auf das Rating wirken. Da das Rating einen maßgebenden Einfluss auf die Bestimmung des Zinssatzes hat, bieten die Faktoren damit auch ein Steuergestaltungspotenzial, was in dieser Art nicht bestehen würde, wenn sich eine einzelne Unternehmung bei einem fremden Dritten finanzieren müsste. Ein solches Unternehmen wird bestrebt sein, ein gutes Rating zu erzielen, um einen entsprechend niedrigeren Zinssatz entrichten zu müssen, sodass der Gewinn des Unternehmens maximiert wird. In einer Unternehmensgruppe kann hingegen ein hoher Zinssatz, der in einer Jurisdiktion mit hohen Steuersätzen zu entrichten ist und als Betriebsausgabe abzugsfähig ist und in einer Jurisdiktion mit niedrigeren Steuersätzen empfangen wird und dort als Betriebseinnahme zu erfassen ist, die Steuerlast der Unternehmensgruppe vermindern und dadurch den Unternehmensgruppengewinn nach Steuern erhöhen. Darüber hinaus erfolgen diese Beurteilung und Einstufung des zu bewertenden Schuldners zwischen fremden Dritten unter asymmetrisch verteilten Informationen. Der Darlehensgeber bildet sich unter diesen Umständen sein subjektives Wahrscheinlichkeitsurteil. Innerhalb einer Unternehmensgruppe dürften solche Informationsasymmetrien nicht in derselben Art und Weise bestehen, sodass die Beurteilung anderen Bedingungen unterliegt. Lediglich für die Steuerverwaltungen als außenstehende Dritte bestehen wiederum vergleichbare Informationsasymmetrien wie zwischen fremden Dritten.

Wo findet man was. Finanzierungstransaktionen wurden in der Vergangenheit eher rudimentär geregelt. Relevant waren vor allem die VWG 1983 (BStBl I S. 218) sowie das BMF-Schreiben v. 29.3.2011 (BStBl I S. 277). Nunmehr finden sich auch Ausführungen in einem Kapitel X der OECD-TPG und in Abschnitt J des Kapitels III der VWG VP. In § 1 AStG finden sich Ausführungen zum Fremdvergleichsgrundsatz, der ebenso für Finanzierungstransaktionen gilt, wobei bei Finanzierungen insbesondere auch § 4 h EStG (Zinsschranke), § 8a KStG (Zinsschranke) sowie § 8b Abs. 3 Sätze 4 - 7 KStG (Gewinnminderung im Zusammenhang mit Darlehensforderungen) zu beachten sind. Im Hinblick auf die Zinsschranke ist zu berücksichtigen, dass es sich bei den diesbezüglichen Zinsaufwendungen um die fremdüblichen Zinsaufwendungen handelt (Anwendung Fremdvergleichsgrundsatz vor Zinsschranke).

Grundsätzliche Überlegungen **zur Lösung des Falles.** Für Finanzierungstransaktionen gelten die Grundsätze einer jeden Verrechnungspreisbestimmung wie sie auch in Kapitel I der TPG festgehalten sind. Entsprechend ist der tatsächlich verwirklichte Sachverhalt festzustellen (*accurate delineation of the actual transaction*; OECD-TPG, Tz. 10.6). Unterscheidet sich der Sachverhalt derart von dem was fremde Dritter untereinander vereinbaren würden, gelten die Ausführungen zu Abschnitt D.2 des Kapitels I der TPG (OECD-TPG, Tz. 10.7). Bei der Würdigung ist auch einzubeziehen, wie sich die Unternehmensgruppe als solche verhält bzw. welche Geschäftsstrategien sie in Bezug auf Finanzierungsfragen gegenüber fremden Dritten verfolgt. Refinanziert sie bspw. kurzfristigen Finanzbedarf am Kapitalmarkt mit kurzfristigen Mitteln, erscheint es kaum rational, wenn innerhalb der Unternehmensgruppe kurzfristiger Finanzbedarf über langfristige Darlehen finanziert wird (OECD-TPG, Tz. 10.34 - 10.38). Grundsätzliche Informationen über Finanzierungsbeziehungen der Unternehmensgruppe sollte die Stammdokumentation enthalten (§ 90 Abs. 3 AO i. V. m. § 5 Abs. 1 GAufzV, Nr. 14 - 16 Anlage zu § 5). Ebenso sind die realistischerweise zur Verfügung stehenden Handlungsalternativen für alle Beteiligten zu berücksichtigen. Schließlich erscheint es unwahrscheinlich, dass verbundene Unternehmen Konditionen vereinbaren,

- die im Gegensatz zu Marktbedingungen zum ökonomischen Nachteil mindestens einer Partei ist;
- die nicht im Einklang mit der Finanzierungspolitik der Unternehmensgruppe stehen;
- die wirtschaftlich für mindestens eine Partei nachteilig ist.

Entsprechend ist auch festzustellen, ob es sich bei dem hingegebenen Kapital wirtschaftlich betrachtet um Fremd- oder Eigenkapital handelt. In diese Prüfung ist insbesondere einzubeziehen, ob der Empfänger der finanziellen Mittel den Kapitaldienst für die gesamte Laufzeit dieser Finanzierungsbeziehung von Anfang an hätte erbringen können und ob die Finanzierung wirtschaftlich benötigt und für den Unternehmenszweck verwendet wird (siehe auch Rz. 3.91 VWG VP). Weitere Indikatoren (OECD-TPG, Rz. 10.12 f.) sind das Vorhandensein oder Fehlen eines festen Rückzahlungstermins, Verpflichtung zur Zahlung von Zinsen, Recht auf Durchsetzung der Kapital- und Zinszahlung sowie die Fähigkeit des Empfängers der finanziellen Mittel, Darlehen von unabhängigen Dritten aufzunehmen.

Da die Zeitgaist GmbH die finanziellen Mittel wirtschaftlich benötigt und keine Anzeichen vorliegen, dass sie den Kapitaldienst nicht erbringen kann, ist im Sachverhalt davon auszugehen, dass es sich wirtschaftlich um Fremdkapital handelt. Darüber hinaus liegen im Sachverhalt keine Anzeichen vor, dass eine Transaktion vorliegt, der es an ökonomischer Rationalität mangelt.

Bei der Prüfung bzw. Bestimmung von Finanzierungstransaktionen können nachfolgende Aspekte hilfreich sein:

Allgemeine Vorfragen (beispielhaft)

- Welche Finanzierungspolitik verfolgt die Unternehmensgruppe?
  - Gegenüber Dritten?
  - Wo befinden sich die Finanzierungsfunktionen in der Unternehmensgruppe?
- Welche Unternehmen und Staaten sind beteiligt?
  - Welche Steuersätze gelten?
  - Liegen Präferenzregime vor?
  - Liegen unilaterale Rulings vor?
- Handelt es sich um hybride Finanzinstrumente?
- Welche realistischerweise zur Verfügung stehenden Alternativen existieren?
- Wird eine Partei aufgrund der Transaktion wirtschaftlich (gegenüber Marktbedingungen) benachteiligt?
- Mangelt es der Transaktion an wirtschaftlicher Rationalität?

Feststellung des tatsächlich verwirklichten Sachverhaltes (beispielhaft)

- Handelt es sich wirtschaftlich betrachtet um Fremd- oder Eigenkapital?
  - Kann der Empfänger der finanziellen Mittel den Kapitaldienst von Anfang an über die gesamte Laufzeit erbringen?
  - Benötigt der Empfänger der finanziellen Mittel diese wirtschaftlich zur Verfolgung seines Unternehmenszwecks?

- Wer übernimmt welche Funktionen und trägt tatsächlich die Risiken aus der Transaktion?
  - Welche Funktionen sind notwendig für die Durchführung der Transaktion?
  - Welche Risiken – wie etwa Ausfall-, Wechselkurs- oder Zinsänderungsrisiko – resultieren aus einer solchen Transaktion?
  - Wer entscheidet darüber, die Transaktion abzuschließen?
  - Wer setzt das entsprechend ausgebildete Personal dafür ein?
  - Wer hat die finanziellen Kapazitäten das Risiko aus der Transaktion zu tragen?

Bestimmung des Verrechnungspreises (beispielhaft)

- Wie hoch ist das Volumen des Darlehens?
- Über welche Laufzeit wird das Darlehen begeben?
  - Bestehen Kündigungsmöglichkeiten?
- Was sind Art und Zweck des Darlehens?
  - Passen diese zu Volumen und Laufzeit?
  - Wurde das Darlehen als Hauptleistung als Nebenleistung im Zusammenhang mit einer anderen Leistung erbracht?
  - Welche Risiken sind mit dem Darlehen verbunden?
  - Welche Kreditwürdigkeiten liegen beim Darlehensnehmer und bei der Unternehmensgruppe vor?
  - Bestehen organschaftliche Verflechtungen?
  - Wurden Sicherheiten vereinbart und wie wirken diese auf die Kreditwürdigkeit?
  - Bestehen Wechselkursrisiken?
  - Bestehen Zinsänderungsrisiken?
  - Wird der Zweck des Darlehens bei der Beurteilung des Risikos berücksichtigt?
  - Wird die Risikoeinstufung des Darlehensnehmers aus Verrechnungspreissicht adäquat berücksichtigt, also beispielsweise bei einem low risk distributor als Darlehensnehmer?
  - Werden Sicherungsgeschäfte getätigt?
- Wie ist die „Finanzierungssituation“ auf dem Kapitalmarkt zum Zeitpunkt der Darlehensgewährung?
- Welche Refinanzierungskosten sind entstanden/entstehen?
  - Wie werden die Refinanzierungskosten ermittelt?

Gewährt eine Person einem Nahestehenden Kredite (z. B. Darlehen, Hypotheken, Warenkredite, Kontokorrentkredite), so ist Fremdpreis der Zins, zu dem Fremde unter vergleichbaren Bedingungen den Kredit am Geld- oder Kapitalmarkt gewähren. Hierbei sind alle Umstände des Einzelfalls zu berücksichtigen, insbesondere:

1. Kredithöhe und Laufzeit;
2. Art und Zweck des Kredites;
3. Sicherheiten und Kreditwürdigkeit des Schuldners;
4. Kreditwährung, die Wechselkursrisiken und Wechselkurschancen und etwaige Kurssicherungskosten;
5. bei durchgeleiteten Krediten die Refinanzierungskosten;
6. sonstige Umstände der Kreditgewährung, insbesondere die Verhältnisse auf den Kapitalmärkten.

Interner vs. externer Fremdvergleich. Der interne Fremdvergleich (siehe Kapitel 3) scheidet im Ergebnis immer dann aus, wenn die zu betrachtende Gesellschaft nicht Schuldnerin in einer Darlehensbeziehung zu einem fremden Dritten, wie z. B. zu einem Kreditinstitut, ist. Selbst, wenn diese Gesellschaft Darlehen von fremden Dritten aufgenommen hat, kann es diesen Transaktionen an Vergleichbarkeit mangeln: Unterschiede z. B. im Hinblick auf die Darlehenshöhe, die (Rest-)Laufzeit, die Vereinbarung von Sicherheiten, den Gläubigerrang, im Zeitverlauf veränderte Kreditwürdigkeit sowie Währung können den internen Fremdvergleich in Ermangelung fehlender Vergleichbarkeit unmöglich machen. Gemäß Sachverhalt liegen keine vergleichbaren Darlehensbeziehungen zu fremden Dritten vor. Lediglich eine *bank opinion* ist gegeben. Da diese allerdings nicht auf einer tatsächlich durchgeführten Transaktion beruht (und man nicht verifizieren kann, ob es sich nicht um ein echtes Angebot handelt), kann eine solche nicht zur Beurteilung herangezogen werden (OECD-TPG, Tz. 10.108).

Beim externen Fremdvergleich (siehe Kapitel 3) werden zur Angemessenheitsüberprüfung der grenzüberschreitenden Darlehensbeziehung zwischen Nahestehenden Darlehensbeziehungen zwischen fremden Dritten herangezogen, die hinsichtlich wesentlicher Eigenschaften mit der grenzüberschreitenden Konzerndarlehensbeziehung vergleichbar sind. Liegen derartige konkrete und vergleichbare Darlehensbeziehung nicht vor, scheidet auch der externe Fremdvergleich aus.

Hier könnten beispielsweise die im Sachverhalt angegebenen Anleihen in Betracht kommen. Allerdings ist zu beachten, dass die Begebung einer Anleihe nicht in jedem Fall eine realistisch zur Verfügung stehende Alternative darstellt und damit grundsätzlich ausscheidet. Anleihen lohnen sich aufgrund der damit verbundenen Transaktionskosten erst ab einer höheren Summe. Bei einem Volumen von 6 Mio. € ist hiervon kaum auszugehen, weswegen Anleihen als Vergleichsmaßstab grundsätzlich ausscheiden. Der Vergleich mit Anleihen stellt aber in der Praxis einen gangbaren und praktisch einfach zu handhabenden Weg dar. Sollten sie also als Vergleichsmaßstab herangezogen werden, so sind die wesentlichen Eigenschaften – wie etwa Laufzeit, Volumen, Währung, Besicherung, Ausfallrisiko und Begebungszeitpunkt – ebenfalls auf ihre Vergleichbarkeit hin zu untersuchen und ggf. anzupassen. Hier wäre dann zum Beispiel auch zu entscheiden, welches Rating maßgeblich ist.

Maßgebendes Rating. Die Kreditwürdigkeit beschreibt die Fähigkeit einer Darlehensnehmerin, die kreditvertraglichen Zahlungsverpflichtungen, Tilgungen und Zinszahlungen vertragskonform zu leisten. Ein systematisches **Verfahren zur Einschätzung** der Kreditwürdigkeit (der zukünftigen Zahlungsfähigkeit) und somit **der Ausfallwahrscheinlichkeit** ist das **Rating**. Mit steigender Ausfallwahrscheinlichkeit erhöhen sich die erwarteten Verluste aus Sicht Darlehensgebers und gleichzeitig steigt das Erfordernis an die Risikotragfähigkeit des zur Darlehensgewährung erforderlichen Kapitals; somit das anteilige Eigenkapital, was in der Konsequenz zu steigenden Eigenkapitalkosten führt. Ratings werden dabei häufig auf der kombinierten Grundlage von **qualitativen Merkmalen**, wie z. B. Qualität des Managements, Qualität der Organisationsstruktur sowie auf Basis von **quantitativen Merkmalen**, wie z. B. ausgewählten Finanzkennzahlen abgeleitet.

Ein **Rating** kann bspw. bestimmt werden für die Unternehmensgruppe oder ein Unternehmen der Unternehmensgruppe. Am Objektivsten ist dabei ein Rating für die Unternehmensgruppe (Gruppenrating), da es nicht durch Geschäftsvorfälle zwischen nahestehenden Personen beeinflusst ist und mitunter schon von einem fremden Dritten ermittelt wurde. Dabei ist aber streitig, ob die Verwendung des **Gruppenratings** fremdüblich oder auf das einzelne **Rating des Unternehmens** abzustellen ist.

Ist ein Rating für das betreffende Unternehmen erst noch zu erstellen,[1] wofür in der Praxis Ratingtools/-software verwendet werden, ist darauf zu achten, dass die quantitativen Faktoren durch Geschäftsvorfälle mit nahestehenden Personen beeinflusst sein können. Entsprechend wären diese Einflüsse herauszurechnen (OECD-TPG, Tz. 10.75). Daneben gilt es zu beachten, dass bei der Verwendung von Ratingtools vornehmlich quantitative Faktoren, welche insbesondere auf Ergebnissen des Jahresabschlusses, die mittels einer Kennzahlenanalyse gewonnen werden, beruhen, verwendet werden und zu einer Einschätzung führen. Die qualitativen Faktoren sind nicht zu vernachlässigen und entsprechend zusätzlich zu berücksichtigen. Dementsprechend ist auch die Zugehörigkeit des zu beurteilenden Unternehmens zu einer Unternehmensgruppe zu berücksichtigen. Wenn zwar die Verbundenheit im Fremdvergleich wegzudenken ist, dann darf dies nicht so weit

1 Eine praxisorientierte und nachvollziehbare Anleitung geben Schilling/von der Heyd, DB 2019, S. 2760.

gehen, dass sich die Beurteilung lediglich danach richtet, wie fiktiv unabhängige Unternehmen den maßgebenden Geschäftsvorfall tätigen würden. Zu würdigen sind die vereinbarten Bedingungen unter gegebenen (nicht beeinflussbaren) Umständen. Spezifische Besonderheiten einer Unternehmensgruppe sind daher in der Würdigung zu berücksichtigen; insbesondere ist nicht auszublenden, dass das betreffende Unternehmen zu einer Unternehmensgruppe gehört und sich allein deswegen Effekte einstellen, die einem alleinstehenden Unternehmen nicht zugänglich sind.

Der BFH spricht hier von einem **Konzernrückhalt**, der den rechtlichen und wirtschaftlichen Rahmen der Unternehmensverflechtung beschreibt (BFH, Urteil v. 27.2.2019 - I R 73/16, BStBl 2019 II S. 394; das Urteil wurde zwischenzeitlich vom BVerfG mit Beschluss vom 4.3.2021, 2 BvR 1161/19, aufgehoben – allerdings wird der Rückhalt weiterhin im entsprechenden Sinne verstanden). International wird dafür der Begriff *implicit support* verwendet (OECD-TPG, Tz. 10.78 ff.). Es gilt zu beurteilen, welchen relativen Status die betreffende Unternehmenseinheit in der Unternehmensgruppe einnimmt (*implicit support analysis*) und welche Auswirkung hieraus auf das Rating folgt. Es liegt die Annahme zugrunde, dass relativ wichtige bzw. bedeutende Unternehmen der Unternehmensgruppe eher von der Unternehmensgruppe gestützt werden, sollte das Unternehmen in finanzielle Schwierigkeiten geraten (OECD-TPG, Tz. 10.78). Eine solche Analyse wird am Markt für gewöhnlich aufgrund asymmetrisch verteilter Informationen vorgenommen und stellt eine subjektive und rein qualitative Einschätzung dar, die darin mündet, dass entweder das Einzelrating des Unternehmens oder das Gruppenrating angepasst wird (*notching*) – sog. *adjusted stand-alone rating*.

Wird aber eine solche Beurteilung von einer Unternehmensgruppe nur Verrechnungspreiszwecke vorgenommen, stellt sich die Frage der Verlässlichkeit eines solchen Vorgehens. Aus Sicht der Unternehmensgruppe bedarf es einer solchen Analyse regelmäßig nicht, da diese nicht wie fremde Dritte am Markt agieren müssen, um Informationsasymmetrien zu überwinden. Der Unternehmensgruppe dürfte sehr wohl bewusst sein, ob eine Unterstützung erfolgen wird oder nicht. Informationsasymmetrien bestehen hier dann nur zwischen Finanzverwaltung und Unternehmensgruppe und entsprechend ist fraglich, weswegen sich die Finanzverwaltung wie ein fremder Dritter behandeln lassen muss und sich Unternehmensgruppen dem Aufwand eines Ratings aussetzen müssen. Die Finanzverwaltung kann die vorgenommene Einschätzung auch kaum objektiv nachvollziehen, weswegen ein solches Vorgehen erhebliches Konfliktpotenzial birgt (OECD-TPG, Tz. 10.81). Nicht nur vor diesem Hintergrund erscheint es im Einzelfall sachgerecht, auf das Rating der Unternehmensgruppe abzustellen (s. auch OECD-TPG, Tz. 10.82) und sich entsprechend an dem Zinssatz, zu dem sich die Unternehmensgruppe als solche gegenüber fremden Dritten finanzieren könnte, zu orientieren. Vergegenwärtigt man sich zudem nachfolgende Tabelle und folgt man der Annahme, dass grundsätzlich alle Unternehmenseinheiten einer Unternehmensgruppe zumindest von hoher strategischer Bedeutung sein sollten, kommt man zur selben Schlussfolgerung. Im Einzelfall vermag man auch zu einer anderen Schlussfolgerung gelangen, insbesondere wenn es sich um ein Unternehmen handelt, dass zur Veräußerung gehalten wird (*nonstrategic*).

Tabelle 43: Relativer Status von Unternehmenseinheiten und Rating – Schema von S&P

Status	**Kurze Beschreibung**	**Potenzielle langfristige Emittentenbonität**
Kern der Unternehmensgruppe (*core*)	Integraler Bestandteil der aktuellen Identität und der zukünftigen Strategie der Gruppe. Der Rest der Gruppe wird diese Unternehmen unter allen vorhersehbaren Umständen unterstützen.	Generell Group Credit Profile (GCP)
Hochgradig strategisch (*highly strategic*)	Nahezu integraler Bestandteil der aktuellen Identität und der zukünftigen Strategie der Gruppe. Der Rest der Gruppe wird diese Tochtergesellschaften wahrscheinlich unter fast allen vorhersehbaren Umständen unterstützen.	Generell ein *notch* unter GCP
Strategisch wichtig (*strategically important*)	Weniger integraler Bestandteil der Gruppe als hoch strategische Tochtergesellschaften. Der Rest der Gruppe wird wahrscheinlich unter den meisten vorhersehbaren Umständen zusätzliche Liquidität, Kapital oder Risikotransfer bereitstellen. Einige Faktoren lassen jedoch Zweifel am Umfang der Unterstützung durch die Gruppe aufkommen.	Generell drei *notches* überhalb Stand Alone Credit Profile (SACP)
Moderat strategisch (*moderately strategic*)	Nicht wichtig genug, um unter vorhersehbaren Umständen zusätzliche Unterstützung durch Liquidität, Kapital oder Risikotransfer durch den Rest der Gruppe zu rechtfertigen. Dennoch gibt es ein gewisses Potenzial für eine gewisse Unterstützung der Gruppe.	Generell einen *notch* überhalb SACP
Nicht strategisch (*nonstrategic*)	Keine strategische Bedeutung der Gruppe. Diese Tochtergesellschaften könnten in naher Zukunft bis mittelfristig verkauft werden.	Generell SACP

Nicht minderbedeutend ist auch die Risikoeinstufung des Darlehensnehmers aus Verrechnungspreissicht. Sollte es sich bei diesem zum Beispiel um einen *low risk distributor* handeln, der grundsätzlich geringe, aber stabile Gewinne „garantiert" bekommt, so hat dies selbstverständlich einen Einfluss auf die Kreditwürdigkeit, da sie sich diese dann vornehmlich nach den Unternehmenseinheiten richtet, die diese geringen, aber stabilen Gewinne „garantieren".

Anzumerken ist in diesem Zusammenhang, dass die Aussage über ein Rating unmittelbar nichts über eine rechtlich einklagbare Sicherheit aussagt. Mithin wäre im Einzelfall noch der Einfluss einer Sicherheit, wie etwa einer Garantie, oder der Bestellung von Realsicherheiten zu analysieren. Der BFH führt in diesem Zusammenhang aus, dass eine fehlende Darlehensbesicherung grundsätzlich zu den nicht fremdüblichen Bedingungen i. S. des § 1 Abs. 1 AStG gehöre und gleiches für Art. 9 Abs. 1 OECD-MA gelte (s. auch Rz. 3.95 VWG VP). Allerdings spielen in die Beurteilung von Sicherheiten wieder eine Reihe von Aspekten ein: So ist zum Beispiel aus deutscher Sicht auch das Insolvenzrecht zu beachten (siehe auch OECD-TPG, Tz. 10.61), da dieses zu den zu beachtenden Umständen gehört, die die nahestehenden Personen selbst nicht beeinflussen können, aber einen preiswirksamen Effekt beinhalten können (wohl a. A. BFH v. 18.5.2021, I R 62/17 UAAAH-93541). Hiernach sind Gesellschafterdarlehen und entsprechende Besicherungen nachrangig zu behandeln (siehe § 39 Abs. 1 Nr. 5 InsO). Mithin vermag die Begebung von Sicherheiten im Einzelfall gar keine Auswirkung auf die Bestimmung des Zinssatzes haben, da die Besicherung bewertungsirrelevant sein kann. Entscheidend ist hier z. B., ob genügend Vermögenswerte zur Verfügung stehen, die als Sicherheit hätten begeben werden können.

Da die Zeitgaist GmbH für die Produktion zuständig ist, die für die Zeitgaist Unternehmensgruppe zentrale Bedeutung hat, und darüber hinaus die Finanzierung dazu verwendet wird, die Produktion effizienter und effektiver auszugestalten, um Einsparungen im zweistelligen Millionenbereich zu erzielen, kann davon ausgegangen werden, dass die Zeitgaist GmbH im Falle von finanziellen Schwierigkeiten eine Unterstützung erhalten würde (*core*). Demzufolge wäre hier das Gruppenrating mit AA maßgebend. Hieraus würde nun gemäß Sachverhalt eine Bandbreite von 1,04 % bis 2,46 % auf Basis von Anleiherenditen folgen.

Zweiseitige Analyse. Aber auch bei Finanzierungstransaktionen kommt den ausgeübten Funktionen und übernommenen Risiken eine besondere Bedeutung zu. Entsprechend ist eine Funktions- und Risikoanalyse vorzunehmen und beide an der Transaktion beteiligten Unternehmen zu betrachten. Die vorstehenden Ausführungen haben sich nur mit dem Darlehensnehmer beschäftigt. Der Darlehensgeber ist aber in die Beurteilung einzubeziehen, da dieser für die Übernahme seiner Funktionen und Risiken zu vergüten ist. Darüber sollte man sich vergegenwärtigen, dass ein Marktakteur als Darlehensgeber, wie etwa ein Kreditinstitut, grundsätzlich über ein vollumfängliches Funktions- und Risikoprofil verfügt und dies bei einem Vergleich zu berücksichtigen ist.

Die Finanzierung stellt grundsätzlich eine Kernaufgabe innerhalb einer Unternehmensgruppe dar, um die finanzielle Stabilität der Unternehmensgruppe zu gewährleisten und die Kapitalkosten des Konzerns effizient zu gestalten. Die Sicherstellung der finanziellen Stabilität und der Liquidität einer Unternehmensgruppe erfolgt daher im Interesse der gesamten Unternehmensgruppe und wird zumeist von der Obergesellschaft wahrgenommen. Zugleich ist sie jedoch auch nur eine unterstützende Aktivität, wenn die Unternehmensgruppe als solche nicht selbst originär im Finanzgeschäft tätig ist. Die Zeitgaist Unternehmensgruppe verfolgt einen anderen wirtschaftlichen Zweck als die Finanzierung von Unternehmen. Die Finanzierung ist damit zwar Kernaufgabe, aber unterstützend für die Ausübung der primären Aktivitäten – wie Produktion, Marketing und Vertrieb.

Angegeben ist, dass die Zeitgaist Finance LLC die Zeitgaist AG in enger Abstimmung unterstützt und sich an den Vorgaben der Zeitgaist AG orientiert. Mithin dürfte die Zeitgaist Finance LLC nicht die maßgebenden Funktionen in Bezug auf das Risiko übernehmen (Tz. 1.33 ff. OECD-TPG), selbst wenn ihr dazu die finanziellen Mittel seitens der Zeitgaist AG ausgereicht werden. Die Anzahl von Arbeitnehmern, deren Ausbildung und Vergütung kann weitere Hinweise liefern, diesbezüglich eine Einschätzung vorzunehmen. Allerdings ist immer fraglich, welche „Substanz" notwendig ist, um eine höhere Vergütung bzw. die Ausübung der maßgebenden Funktionen in Bezug auf das Risiko zu rechtfertigen. Es ist daher immer notwendig, die ausgeübten Funktionen und übernommenen Risiken im Einzelfall festzustellen, um eine Schlussfolgerung ziehen zu können.

In dem Sachverhalt dürfte sich die Vergütung eher auf die Erbringung einer funktionsarmen Dienstleistung ohne das Eingehen von Risiken beschränken (siehe auch Rz. 3.92 VWG VP). Die Vergütung für solche Geschäftsvorfälle ist auf den risikofreien Zinssatz begrenzt (Tz. 10.25 OECD-TPG). Dieser entspricht grundsätzlich dem Zinssatz für laufzeitadäquate Staatsanleihen höchster Bonität (Tz. 1.103 und 1.110 OECD-TPG). Gemäß Sachverhalt beträgt der laufzeitkongruente Fremdkapitalrefinanzierungssatz 1 %. Daneben sind noch die tatsächlich angefallenen anteiligen Betriebskosten (0,1 %) zu berücksichtigen. Hier käme noch ein Gewinnaufschlag in Betracht. Einschlägig wäre wohl die Kostenaufschlagsmethode. Da die Tätigkeit funktions- und risikoarm ist, käme ein Kostenaufschlag bspw. von 5 % in Betracht, wenn man sich aus Vereinfachungsgründen an den Ausführungen zu den *low value adding services* in Kapitel VII orientieren würde, selbst wenn dort Finanzierungen grundsätzlich ausgenommen sind. Dadurch würde sich der Zins auf 1,105 % belaufen (1 % + 0,1 % + Aufschlag i. H. von 5 % auf 0,1 %). Anzumerken ist in diesem Kontext, dass sich der BFH dieser Auslegung nicht angeschlossen hat (BFH, Urteil v. 18.5.2021 I R 4/17). Für den BFH scheint allein die Frage maßgeblich zu sein, wie viel ein Darlehensnehmer am Markt für das konkrete Darlehen entrichten müsste. Die zinsempfangende Gesellschaft müsste dann ggf. einen Teil der vereinnahmten Zinserträge als ‚Gebühr' für den finanziellen Rückhalt an die entsprechende Gesellschaft, die die Funktionen und Risiken ausübt, weiterleiten (hier dann an die Zeitgaist AG), so dass bei ihr im Ergebnis nur noch ein Anspruch auf risikofreie Rendite verbleibt.

Ökonomisches **Modell als Lösungsvariante**. Insbesondere Finanzierungstransaktionen lassen sich auch mit ökonomischen Modellen berechnen (siehe auch OECD-TPG,

Tz. 10.105). Werden diese konsistent und unternehmensgruppenweit einheitlich angewendet, können sie zumindest dokumentieren, dass Steuergestaltungen nicht im Vordergrund stehen und machen den Preissetzungsprozess deutlich und nachvollziehbar. Zur Veranschaulichung wird unterstellt, dass die Zeitgaist Finance LLC umfassend Funktionen ausüben und auch ein Risiko, wie etwa Ausfallrisiko, tragen würde, um den Einsatz von Eigenkapital rechtfertigen zu können. Grundsätzlich lassen sich die Darlehenszinsen formal wie folgt zusammenfassen:

$$i = k_{FK} + k_{EK} + k_A + k_B$$

mit:
i = Darlehenszinssatz
k_{FK} = Fremdkapitalkosten (Refinanzierungskosten)
k_{EK} = Eigenkapitalkosten (Refinanzierungskosten)
k_A = Ausfallkosten
k_B = Betriebskosten

Die Fremdkapitalkosten und Eigenkapitalkosten repräsentieren dabei die **Refinanzierungskosten des Darlehensgebers** (hier: der Zeitgaist Finance LLC). Für die Bestimmung des Darlehenszinssatzes kommt insbesondere der Kreditwürdigkeit der Darlehensnehmerin eine zentrale Rolle zu: Die Kreditwürdigkeit nimmt dabei Einfluss auf die Höhe der dem Darlehen zugrunde liegenden Eigenkapitalkosten (unerwartete Verluste, die der Darlehensgeberin aus der Darlehensgewährung drohen) sowie auf die Ausfallkosten (erwartete Verluste der Darlehensgeberin aus der Darlehensgewährung). So besteht ein ökonomischer Zusammenhang zwischen dem einer Investition inhärenten Risiko und den Eigenschaften des für die Investition eingesetzten Kapitals. Mit steigendem Risiko einer Investition (Darlehen) nehmen auch die Anforderungen an die Risikotragfähigkeit der dafür eingesetzten Finanzmittel zu. Mit zunehmendem Risiko steigt die Gefahr unerwarteter Verluste, sodass besonders risikobehaftete Investments mit besonders risikotragfähigem Kapital zu unterlegen sind. Als besonders risikotragfähig gilt das Eigenkapital. Für Finanzierungsbeziehungen bedeutet dies, dass eine Darlehensbeziehung mit zunehmendem (Kredit-)Risiko eines Kreditengagements den Anteil risikotragfähigen Kapitals (Eigenkapital) zur Refinanzierung des Darlehens erhöhen wird.

Die relativen Fremdkapitalkosten sind in ihrer Höhe abhängig von der Finanzierungslaufzeit, der Zinsstruktur sowie dem Stichtag der Darlehensgewährung. Bedeutend sind vor allem die laufzeitkongruenten Interbankenzinssätze EURIBOR (*Euro Interbank Offered Rate*), LIBOR (*London Interbank Offered Rate*) oder aber der EONIA (*Euro OverNight Index Average*) respektive die Swapsätze auf jene Referenzzinssätze. Bei längeren Darlehenslaufzeiten kommen alternativ Stichtagsrenditen von typisierten und laufzeitäquivalenten Anleihen in Betracht.

Als kalkulatorische Kostengröße werden die **Eigenkapitalkosten** auf den mit Eigenmitteln zu refinanzierendem Teil der Darlehenssumme herangezogen. Jenes Eigenkapital gilt es dann mit dem Eigenkapitalkostensatz der Darlehensgeberin zu verzinsen; der Eigenkapitalkostensatz entspricht dabei der erwarteten Renditeforderung der Gesellschafter. Die durch den Einsatz der Eigenmittel entstehenden (kalkulatorischen) Kosten werden in Form der Eigenkapitalkosten in die Bepreisung des Darlehens einbezogen. Trägt also die Darlehensgeberin keine Risiken, so können die Eigenkapitalkosten auch nicht in die Berechnung einbezogen werden.

Folgt man für Banken geltende regulatorische Vorgaben, die insbesondere dazu beitragen sollen, dass ein ökonomisch sinnvolles Vorgehen sichergestellt wird, kann nachfolgende Vorgehensweise hilfreich sein, um die Höhe des Eigenkapitals, das für Kreditrisiken unterlegt werden muss, zu ermitteln:

$$EK = EAD \times RW \times SolVK$$

mit
EK = Betrag der Eigenkapitalunterlegung
EAD = Exposure at Default
RW = Risikogewicht
SolVK = Solvabilitätskoeffizient

Bei dem **EAD** handelt es sich um denjenigen Betrag, der bei Zahlungsunfähigkeit der Schuldnerin auszufallen droht. Das **Risikogewicht** drückt das Ausfallrisiko sowie den bei Zahlungsunfähigkeit der Schuldnerin eintretenden Verlust aus. Der sog. Kreditrisikostandardansatz (KSA) determiniert das Risikogewicht in Abhängigkeit von der Einstufung der Darlehensnehmerin in eine der 17 Risikoklassen gem. Artikel 112 Capital Requirement Regulation (CRR – Verordnung (EU) Nr. 575/2013 des Europäischen Parlaments und des Rates v. 26.6.2013 über Aufsichtsanforderungen an Kreditinstitute und Wertpapierfirmen und zur Änderung der Verordnung (EU) Nr. 646/2012) sowie von dem Urteil über die Kreditwürdigkeit einer externen Ratingagentur. Die Artikel 114 ff. CRR sehen dabei folgende Risikogewichte in Abhängigkeit von Risikoklasse und Ratingnote vor (dabei handelt es sich um die beispielhaften Ratingstufen von Standard & Poor's):

Tabelle 44: Risikogewichte im KSA

Risikogewicht	AAA...AA-	A+...A-	BBB+...BBB-	BB+...BB-	B+...B-	unter B	ohne
Staaten	0%	20%	50%	100%	100%	150%	100%
Banken	20%	50%	100%	100%	100%	150%	100%
Unternehmen	20%	50%	100%	100%	150%	150%	100%

Der **Solvabilitätskoeffizient** legt die Mindesteigenmittelunterlegung für Risikoaktiva, dazu gehören auch Darlehen, fest. Im Rahmen von Basel III als Mindestkapitalquote 10,5 % anzusetzen bzw. unter Berücksichtigung eines antizyklischen Kapitalpuffers auf maximal 13 % ansteigen kann.

Eigenmittel für Kreditrisiko Zeitgaist Finance LLC = 20 % × 6 Mio. € × 10,5 % =126.000 €

mit:

Risikogewicht (nach KSA, Ratingnote AA):	20 %
Solvabilitätskoeffizient:	10,5 %

Kreditsicherheiten wirken sich bei der Kreditzinsbestimmung sowohl auf die erwarteten (Standardrisikokosten) als auch auf die unerwarteten (Eigenkapitalkosten) Ausfallrisiken aus. Die Einbeziehung von Sicherheiten erfolgt, abhängig von der Absicherungsart, entweder über die EAD oder über das Risikogewicht. Da für das Darlehen keine Besicherung erfolgte, ist keine Anpassung vorzunehmen.

Aufgrund Solvabilitätsverordnung sind auch **operationelle Risiken** mit regulativem Eigenkapital abzusichern. Die Artikel 312 ff. CRR konkretisieren Konzepte zur Messung der Eigenkapitalunterlegung für operationelle Risiken: So werden ausdrücklich der Basisindikatoransatz (BIA; Art. 315 f. CRR), der Standardansatz (STA; Art. 317 ff. CRR) sowie die fortgeschrittenen Messansätze (AMA; Art. 321 ff. CRR) genannt. Mehrheitlich verwenden Kreditinstitute zur Bemessung der operationellen Risiken entweder den BIA oder den STA. Dem BIA zufolge, soll ein bestimmter Prozentsatz, bankenaufsichtsrechtlich mit 15 % vorgegeben (Art. 315 ff. CRR), einer Bruttoertragsgröße mit Eigenmitteln gedeckt werden. Relevant ist der Dreijahresdurchschnitt der Bruttoerträge. Für die Bepreisung des operationellen Risikos einer konkreten Kreditbeziehung ist der mit ihr zusammenhängende Zinsertrag als Bruttoertragsgröße zu veranschlagen.

Eigenmittel für operatives Risiko Zeitgaist Finance LLC = 15 % × 2,34 % × 6 Mio. € = 21.065 €

mit:

Aufsichtsrechtlicher Prozentsatz:	15 %
Fremdvergleichsüblicher Zinssatz (iterativ):	2,34 %

Insgesamt sind von der Zeitgaist Finance LLC Eigenmittel von 147.065 € für das Darlehen zu hinterlegen. Somit sind 2,45 % (147.065/6.000.000) der Darlehenssumme mit Eigenkapital zu refinanzieren (unterlegen) und 97,55 % mit Fremdkapital. Aus den absoluten

Eigenmitteln, die für das Darlehen zu hinterlegen sind, lassen sich die relativen Eigenkapitalkosten ableiten:

$$\text{EK-Kosten} = 147.065 \times 10\,\% = 14.706\,€$$

$$\text{EK-Kosten}_{\text{relativ}} = 14.706/6.000.000 = 0{,}245\,\%$$

Die Fremdkapitalrefinanzierungskosten für das Darlehen entsprechen:

$$\text{FK-Kosten}_{\text{relativ}} = 1\,\% \times 97{,}55\,\% = 0{,}98\,\%$$

Die **Ausfallkosten**, auch Standardrisikokosten, repräsentieren die von der Gläubigerin erwarteten Verluste aus der Kreditbeziehung. Sofern die Kreditgeberin in der Lage ist, einem Darlehen die Ausfallwahrscheinlichkeit (PD), Verlustquote bei Kreditausfall (LGD) sowie das Kreditvolumen bei Ausfall (EAD) zuzuordnen und ferner gilt, dass nur das Ausfallereignis stochastisch ist oder alternativ alle Komponenten stochastisch unabhängig sind, können die Standardrisikokosten wie folgt formal aufgefasst werden:

$$EL = PD \times EAD \times LGD$$

EL = Expected Loss
PD = Probability of Default
EAD = Exposure at Default
LGD = Loss Given Default

Für den Fall, dass es sich um ein Endfälligkeitsdarlehen handelt, lassen sich die Ausfallkosten mit Hilfe von Bonitätsspreadüberlegungen abbilden. Diesen liegt die Überlegung zugrunde, dass sich die Ausfallkosten (Bonitätsspread) als Differenz zwischen der Rendite einer typisierten Kuponanleihe mit einer bestimmten Ratingnote sowie mit einer konkreten Restlaufzeit sowie der Rendite vergleichbarer risikoloser Kuponanleihen ergeben. Für deren Ermittlung sind die Kenntnis von der erwarteten Rückgewinnungsrate im Insolvenzfall (1 – Verlustquote (Loss Given Default)) sowie der einjährigen Ausfallwahrscheinlichkeit notwendig. Formal ergeben sich die Ausfallkosten insofern wie folgt:[2]

$$k_A = \frac{1 - \sum_{t=1}^{T} \frac{(1-PD)^{t-1} \times PD \times (1-LGD)}{(1+s_t)^t} - \frac{(1-PD)^T}{(1+s_t)^t}}{\sum_{t=1}^{T} \frac{(1-PD)^t + (1-PD)^{t-1} \times PD \times (1-LGD)}{(1+s_t)^t}} - s_t$$

2 Vgl. dazu ausführlich Reichling et al., 2007, S. 161 ff.

k_A = Ausfallkosten
PD = Einjährige Ausfallwahrscheinlichkeit
s_T = Laufzeitkongruenter sicherer Zinssatz
LGD = Loss Given Default

Die Standardrisikokosten ergeben sich wie folgt:

$$k_A = \frac{1 - 0{,}0552 - 0{,}8345}{5{,}4614} - 1\%$$

$$k_A = 1{,}02\%$$

PD: 2%
LGD: 50%
s_T: 1%

Schließlich sind noch die anteiligen **Betriebskosten** zu berücksichtigen. Dabei handelt es sich um Kosten der Kreditwürdigkeitsprüfung, Kreditüberwachung sowie Kreditabwicklung. Hier sind die tatsächlich anfallenden Betriebskosten der Istkostenrechnung zu entnehmen. Angegeben sind im Sachverhalt 0,1 %.

Mit Blick auf den Sachverhalt ergibt sich mit Rücksicht auf das Gruppenrating folgender fremdüblicher Zinssatz für die Darlehensbeziehung, wenn die Zeitgaist Finance LLC die entsprechenden Funktionen ausüben würde und Risiken zu tragen hätte:

Relative FK-Refinanzierungskosten	0,98 %
Relative EK-Kosten	0,245 %
Relative Standardrisikokosten	1,02 %
Relative Betriebskosten	0,10 %
Fremdvergleichsüblicher FK-Zins	**2,34 %**

Fazit. Es wurden verschiedene Lösungsvarianten aufgezeigt. Würde man lediglich einen „Preisvergleich“ anstellen, so kämen in dem Sachverhalt als vereinfachender Vergleichsmaßstab Anleiherenditen (unter Berücksichtigung aller Vorbehalte) in Betracht. Hieraus würde eine Bandbreite von 1,04 % bis 2,46 % folgen. Implizit wird hier unterstellt, dass der Darlehensgeber die entsprechenden Funktionen ausübt und Risiken übernimmt. Dies muss allerdings im Rahmen einer zweiseitigen Betrachtung geprüft werden, was sich auch in der Verrechnungspreisdokumentation wiederfinden sollte. Werden entsprechende Risiken nicht von der Darlehensgeberin kontrolliert, so sollte (gemäß OECD-TPG und VWG VP) die Vergütung auf den risikofreien Zinssatz begrenzt und lediglich die Fremdkapitalrefinanzierungskosten sowie die tatsächlich angefallenen Betriebskosten gedeckt werden. Im Sachverhalt wäre dann ein Zinssatz von bis 1,105 % fremdüblich. Um noch abschließend aufzuzeigen, wie anhand eines ökonomischen Modells Zinssätze (in Anlehnung an die Vorgehensweise von Kreditinstituten) berechnet werden können, wurde angenommen, dass die Zeitgaist Finance LLC entsprechende Funktionen und Risiken, die mit der Finanzierungstransaktion im Zusammenhang stehen, ausübt und kontrolliert. Ermittelt wurde ein fremdüblicher Zinssatz von 2,34 %. Da sich dieser in die Bandbreite der Anleiherenditen einfügt, wäre hier eine solide Argumentationsbasis gegeben. Der angesetzte Zinssatz i. H. von 7,5 % erscheint daher fremdunüblich und würde wohl im Rahmen einer Betriebsprüfung korrigiert werden.

Woran ist noch zu denken. Das Thema Finanzierung ist sehr weit gefasst und komplex. In die Beurteilung von Darlehensbeziehungen spielen beispielsweise noch ein, wie mit Wechselkursrisiken oder der Begebung von Sicherheiten umzugehen ist oder wie sich eine organschaftliche Verflechtung auswirkt. Darüber hinaus existieren noch eigenständige Bereiche, wie Cash Pooling, Hedging oder Captive Insurance, die ebenfalls ein erhebliches Konfliktpotenzial bieten.

12.2.2. Cash Pool

Grundlegendes Problem. Cash Pooling stellt eine Liquiditätsbündelung in Unternehmensgruppen dar; Cash Management. Die Zielsetzung ist dabei, die Liquiditätsversorgung ihrer Mitglieder und somit der gesamten Unternehmensgruppe zu optimieren. So erfolgt ein Liquiditätsausgleich durch ein zentral übernommenes Finanzmanagement, das den einzelnen zur Unternehmensgruppe zugehörigen Unternehmen überschüssige Liquidität kurzfristig entzieht bzw. Liquiditätsunterdeckungen durch kurzfristige Darlehen ausgleicht. Entsprechend werden in einem Cash Pool die Salden der Konten von beteiligten Unternehmen einer Unternehmensgruppe (Quellkonten) auf einem Sammelkonto (Zielkonto) eines nahestehenden Unternehmens virtuell oder tatsächlich konsolidiert. Dadurch ist für die Unternehmensgruppe nur der jeweilige Saldo des Sammelkontos zu finanzieren (bzw. anzulegen). Cash Pool-Leiter (oder auch Cash Management Betreiber) ist das Unternehmen der Unternehmensgruppe, dass dieses Sammelkonto führt. Im Ergebnis wird erreicht, dass lediglich der CPL konsolidierte Liquiditätsunterdeckungen extern ausgleicht und konsolidierte Liquiditätsüberschüsse extern anlegt.

Abbildung 32: Cash Pool

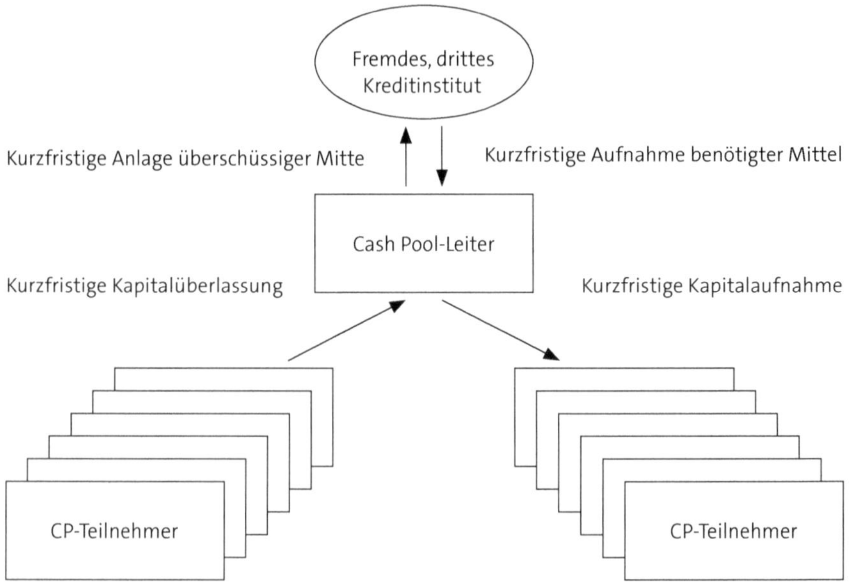

«Cash Pooling-Strukturen sind ein bedeutendes Beispiel für die Generierung von Synergieeffekten in Unternehmensverbünden (siehe dazu auch OECD-TPG, Tz. 1.157 ff.). So erspart sich die Unternehmensgruppe, dass einzelne Unternehmenseinheiten ihre Bankkonten zu hohen Sollzinsen überziehen müssen, während andere ihre Guthaben nur mit niedrigen Habenzinsen verzinst erhalten. Gerade aber die Aufteilung dieser Synergieeffekte auf die einzelnen Unternehmenseinheiten ist nicht verursachungsgerecht möglich. Entsprechend ist hier eine besondere Würdigung im Einzelfall unter Berücksichtigung der Akzeptanz der Struktur im Ausland vorzunehmen.

Wo findet man was. Zum Cash Pool finden sich Ausführungen in Kapitel X der OECD- TPG (OECD-TPG, Tz. 10.109 ff.) sowie in Abschnitt J.3 des Kapitels III der VWG VP.

Grundsätzliche Überlegungen **zur Lösung des Falles.** Die Analyse eines Cash Pools ist vielschichtig. So ist die Vergütung des CPL zu bestimmen, welche Teilnehmer diese Vergütung tragen (Aufteilung der Vergütung) und wie die Vorteile aus dem Cash Pool aufzuteilen sind (Bestimmung der Zinssätze für die Teilnehmer). Dabei würde Teilnehmer eines Cash Pools nur sein können, wer Vorteile aus der Teilnahme erzielt (OECD-TPG, Tz. 10.118 und 10.146). Anderweitig wären geleistete Zahlungen nicht anzuerkennen. Darüber hinaus ist zu bedenken, dass es sich bei einem Cash Pool um ein kurzfristiges Liquiditätsmanagement handelt. Sollte es sich als bei den jeweiligen Geldeinlagen und -aufnahmen der Teilnehmer nicht um kurzfristige Geldeinlagen und -aufnahmen handeln, sondern um langfristige Geldanlagen und -aufnahmen, so handelt es sich wirtschaftlich betrachtet nicht um einen Cash Pool, sondern um einzelne langfristige Darlehensbeziehungen, die entsprechend zu behandeln sind (s. auch Rz. 3.100 VWG VP); insbesondere dürften sich die Zinssätze aufgrund der divergierenden Laufzeit unterscheiden.

Cash Pools können im Wege eines *physical* oder eines *notional* **Cash Pool** ausgestaltet sein (OECD-TPG, Tz. 10.112 ff.). Bei erster Variante werden die Konten der Teilnehmer (Quellkonten) täglich auf einem Zielkonto, welches beim CPL geführt wird (auch: Masterkonto), zusammengeführt; mithin werden regelmäßig die Quellkonten täglich auf Null gestellt. Konten der Teilnehmer, die negativ sind, werden durch einen Transfer vom Masterkonto ausgeglichen. Hierdurch entstehen wechselseitige Verbindlichkeiten zwischen den Teilnehmern und dem CPL. Entsprechend handelt es sich zivilrechtlich um Darlehensbeziehungen der einzelnen Teilnehmer mit dem CPL (BGH, Urteil v. 16.1.2006 – II ZR 76/04, BGHZ S. 166). Überschüssige Guthaben oder negative Salden (nach dem Ausgleich der einzelnen Konten der Teilnehmer) werden seitens des CPL beim Kreditinstitut angelegt oder aufgenommen.

Im Rahmen eines *notional* **Cash Pools** erfolgen keine physischen Transfers der Gelder. Hier ermittelt das Kreditinstitut, bei dem das (virtuelle) Masterkonto geführt wird, den konsolidierten Liquiditätssaldo aller Cash Pooling-Mitglieder nur rechnerisch. Das Kreditinstitut aggregiert dabei fiktiv die einzelnen Kontosalden der Teilnehmer und zahlt bzw. fordert einen Zins in Bezug auf den Nettosaldo. Die Zinsverrechnung erfolgt entweder über ein Masterkonto des CPL oder über die Einzelkonten der Cash Pooling-Teilnehmer unter Verwendung einer in der Vereinbarung getroffenen Formel. Hier wird das Kreditinstitut insbesondere regelmäßig auf Garantien der Teilnehmer bestehen, um das eigene Risiko abzusichern und einen entsprechenden Ausgleich der Konten vorzunehmen.

Vergütung des CPL. Auch bei der Analyse eines Cash Pools ist mit einer Funktions- und Risikoanalyse zu beginnen. Von besonderem Interesse ist, welche Funktionen und Risiken (insbesondere Liquiditäts- und Kreditrisiken) der CPL übernimmt. Sollte dieser lediglich eine koordinierende Funktion übernehmen, steht diesem auch nur für diese Dienstleistung ein Entgelt zu. Dieses wird sich nach einer kostenorientierten Methode richten; mithin nach der Kostenaufschlagsmethode. Hiervon kann im Regelfall ausgegangen werden (siehe auch Rz. 3.98 VWG VP, OECD-TPG, Tz. 10.45 und 10.130). Finanzierungskosten gehen dabei nicht in die Bemessungsgrundlage ein. Werden vom CPL unvermeidbare Risiken getragen (z. B. auf Grund eines beständigen und erheblichen Refinanzierungsüberhanges gegenüber fremden Dritten), bedürfen diese aber einer angemessenen Abgeltung.

Die am Cash Pool beteiligten Unternehmen haben im Verhältnis zur Gesamtanzahl der Teilnehmer den Verrechnungspreis anteilig zu übernehmen (s. auch Rz. 3.99 VWG VP). Hier könnten verschiedene Ausgestaltungen insbesondere im Wege einer **Konzernumlage** (siehe Kapitel 8) denkbar sein: Nach Anzahl der Teilnehmer, anteilig in Bezug auf die Geldeinlagen/-aufnahmen, die geleisteten Zinszahlungen/-einnahmen oder anderen sachgerechten Schlüsseln. Relativ erklärlich und einfach nachvollziehbar ist die Aufteilung nach der Anzahl der Teilnehmer, da der Aufwand des CPL grundsätzlich von der Anzahl der Teilnehmer abhängig ist und nicht, wie die Teilnehmer wirtschaftlich aufgestellt sind.

Im Sachverhalt wurde eine Vergütung nicht explizit angesprochen. Diese folgt allerdings hier aus dem vereinnahmten **Zinsspread**. So werden überschüssige Mittel mit 0,15 % p. a. verzinst und ein Liquiditätsbedarf ist mit 2,25 % p. a. zu verzinsen. Hingegen schreibt die Finance LLC den Teilnehmern 0,1 % p. a. für Geldanlagen gut und berechnet 5 % p. a. für Geldaufnahmen.

Im Sachverhalt ist angegeben, dass ein Drittel des Jahres die Konten ausgeglichen sind, sodass weder eine Geldaufnahme noch -anlage bei dem Kreditinstitut zu erfolgen hat. Ein Drittel des Jahres kann ein Überschuss der Unternehmensgruppe zu 0,15 % p. a. angelegt werden und ein Drittel des Jahres muss ein Fehlbetrag zu 2,25 % p. a. finanziert werden. Für ausgeglichene Geldmittel erhält sie damit einen Spread von 4,9 % p. a. der im Cash Pool verteilten Summe (= 5 % ./. 0,1 %). Wird darüber hinaus Geld bei dem Kreditinstitut angelegt, erhält sie dafür einen Zinsspread i. H. von 0,05 % (0,15 % ./. 0,1 %), oder aufgenommen, erhält sie dafür einen Zinsspread i. H. von 2,75 % (5 % ./. 2,25 %).

Sachgerechter erscheint in Anbetracht des Funktions- und Risikoprofils der Zeitgaist Finance LLC in Bezug auf den Cash Pool eher eine Vergütung auf Basis der Zeitgaist Finance LLC entstehenden Kosten für das Management des Cash Pools (50.000 €) zuzüglich eines Kostenaufschlags für diese Dienstleitung (bspw. 5 %), die auf alle Teilnehmer nach „Köpfen" umzulegen wäre.

Damit müsste der nach Abzug der Vergütung der Zeitgaist Finance LLC verbleibende Zinsspread auf die Teilnehmer aufgeteilt werden oder anders formuliert: bei der Strukturierung eines Cash Pools sollten die Zinssätze schon entsprechend vorab sachgerecht bestimmt werden, sodass der CPL nicht den gesamten Zinsspread vereinnahmt, der dann zu verteilen wäre.

Verzinsung innerhalb des Cash Pools. Die internationale Staatengemeinschaft konnte sich bisher nicht auf eine Handhabe einigen. Entsprechend enthält das Kapitel X der OECD-TPG auch kein Beispiel desbezüglich. Nachstehend sind drei denkbare Varianten angeführt, wobei die ersten beiden Varianten konsistent mit den Überlegungen zur Verwendung des Unternehmensgruppenratings aus Kapitel 12.2.1 sind.

Variante 1. So lange wie der Cash Pool ausgeglichen ist, wird der mit dem Kreditinstitut vereinbarte Zinssatz für die Geldaufnahme angesetzt. Sollte überschüssiges Geld angelegt werden, dann kommt insoweit der mit dem Kreditinstitut vereinbarte Zinssatz für die Geldanlage zur Anwendung. Muss Geld hingegen beim Kreditinstitut aufgenommen werden, so kommt ebenfalls der mit dem Kreditinstitut vereinbarte Zinssatz für die Geldaufnahme zur Anwendung.

Folgende Begründung kann für diese Vorgehensweise dienlich sein. Die Zinssätze mit dem Kreditinstitut spiegeln einen direkten externen Vergleich wider. Das Kreditinstitut schätzt den Zinssatz entsprechend dem Risiko, der mit einem Investment in diese Unternehmensgruppe verbunden ist. Entsprechend verhält es sich, wenn die Teilnehmer in den Cash Pool investieren. Sollte der Cash Pool noch darüberhinausgehenden Kapitalbedarf haben, werden die Konditionen eines fremden Dritten unmittelbar weitergegeben. Entsprechend verhält es sich bei einer überschüssigen Geldanlage, die das Risiko einer Investition in eine quasirisikofreie Anlage (Konto bei einem Kreditinstitut) widerspiegelt.

Die Zeitgaist GmbH muss an 183 Tagen Geld aufnehmen (im Durchschnitt 50 Mio. €) und kann an 182 Tagen Geld anlegen (ebenfalls im Durchschnitt 50 Mio. €). Um den Sachverhalt so einfach und anschaulich wie möglich zu halten, wird nunmehr davon ausgegangen, dass jeweils 1/3 dieser Zeit das Konto des Cash Pools ausgeglichen, ein Überschuss der Unternehmensgruppe angelegt wird und ein Fehlbetrag zu finanzieren ist. Damit würde die Zeitgaist GmbH grundsätzlich 2,25 % für die Geldaufnahme zu entrichten haben, aber diesen auch zugleich als Zinssatz für die Geldanlage vereinnahmen. Nur in der Konstellation, in der überschüssige Geldmittel des Cash Pools beim Kreditinstitut angelegt würden, würde die Zeitgaist GmbH ein Zinssatz von 0,15 % vereinnahmen.

Bei dieser Variante würde die Zeitgaist GmbH Zinseinnahmen i. H. von 386.438 € generieren (= 2/3 × 182/365 × 2,25 % × 50 Mio. € + 1/3 × 182/365 × 0,15 % × 50 Mio. €) und einen Zinsaufwand i. H. von 564.041 € (= 2,25 % × 183/365 × 50 Mio. €). Damit verbliebe der Zeitgaist GmbH ein negatives Zinssaldo i. H. von 177.603 €. Konsequenz wäre eine **Verrechnungspreiskorrektur i. H. von 1.050.890 €**. Hinzu käme nun noch die anteilige Dienstleistungsvergütung für den CPL. Diese Variante führt dazu, dass der CPL grundsätzlich keine Synergieeffekte für sich vereinnahmt und alle Vorteile des Cash Pools direkt an die Teilnehmer verteilt werden, da die externen Konditionen unmittelbar weitergereicht werden.

Abbildung 33: Ausgestaltung einer fremdüblichen Cash Pool-Struktur – Variante 1

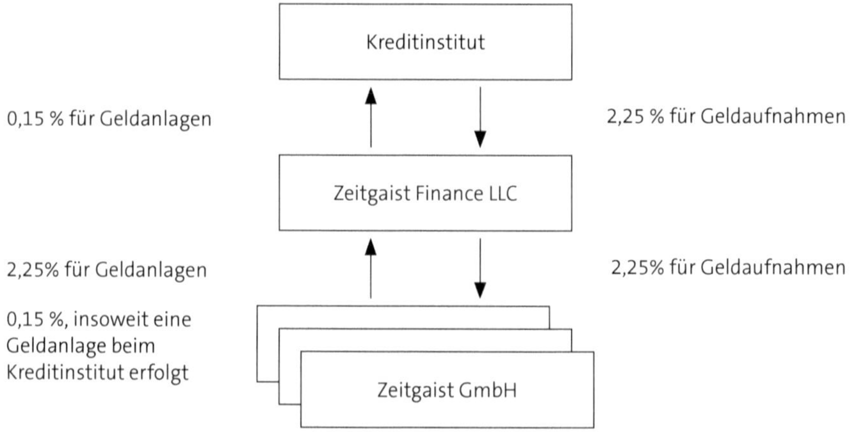

Die nachfolgende Tabelle soll den Mechanismus noch einmal mit mehreren Teilnehmern abstrakt verdeutlichen; dabei gelten folgende Annahmen: vier Teilnehmer, wobei nur ein Teilnehmer Kapital (150 Geldeinheiten) im Saldo aufnehmen muss und die anderen drei Teilnehmer legen im Saldo Geldmittel an (500, 150 und 650). Die Zinssätze, die seitens eines fremden Dritten (Kreditinstitut) mit dem Cash Pool vereinbart wurden, sind 4,5 % (Geldaufnahme) und 1 % (Geldanlage).

Tabelle 45: Berechnung Cash Pool – Variante 1

	Saldo	**Anteil**	**Zins auf risikobehaftetes Kapital (=150); Zinssatz 4,5 %**	**Zins auf quasirisikofreies Kapital (=1.150); Zinssatz 1 %**	**Summe (Zinssatz)**
Darlehensnehmer A	(150)	100 %	6,75	-	6,75 (= 4,5 %)
Einleger/Darlehensgeber B	500	38,46 % (= 500 / 1,300)	2,6 (=4,5% × 150 × 38,46 %)	4,42 (= 1% × 1,150 × 38,46 %)	7,02 (= 1,404 %)
Einleger/Darlehensgeber C	150	11,54 % (= 150 / 1,300)	0,78 (= 4,5% × 150 × 11,54 %)	1,33 (= 1% × 1,150 × 11,54 %)	2,11 (= 1,404 %)
Einleger/Dar lehensgeber D	650	50,0 % (= 650 / 1,300)	3,375 (= 4,5% × 150 × 50 %)	5,75 (= 1% × 1,150 × 50 %)	9,125 (= 1,404 %)
Gesamt			0	11,5	11,5

Beim CPL entsteht damit keine Differenz bzw. Unterdeckung, da 11,5 Geldeinheiten als Zins an die Teilnehmer des Cash Pools für die überschüssige Liquidität ausgezahlt werden und diese Summe dem Zins entspricht, den der CPL vom Kreditinstitut erhält.

Variante 2. Die zweite Möglichkeit ist vergleichbar mit der soeben beschriebenen. Der Unterschied besteht lediglich darin, dass stets der mit dem Kreditinstitut vereinbarte Zinssatz für die Geldaufnahme, also 2,25 %, angesetzt wird. Bei dieser Variante würde die Zeitgaist GmbH Zinseinnahmen i. H. von 560.958 € generieren (=2,25 % × 182/365 × 50 Mio. €) und einen Zinsaufwand i. H. von 564.041 € (= 2,25 % × 183/365 × 50 Mio. €). Damit verbliebe der Zeitgaist GmbH ein negatives Zinssaldo i. H. von 3.083 €; Konsequenz wäre eine Verrechnungspreiskorrektur i. H. von 1.225.410 €. Hinzu käme nun noch die anteilige Dienstleistungsvergütung für den CPL.

Diese Variante führt ebenfalls dazu, dass der CPL grundsätzlich keine Synergieeffekte für sich vereinnahmt und alle Vorteile des Cash Pools direkt an die Teilnehmer verteilt werden. Allerdings ergibt sich ein Unterschied beim CPL, da die externen Konditionen nicht 1:1 weitergereicht werden. Da ein Drittel des Jahres ein Überschuss der Unternehmensgruppe zu 0,15 % p. a. angelegt werden kann, aber die Zeitgaist Finance LLC hierfür 2,25 % an die Geld anlegenden Unternehmenseinheiten zu entrichten hat, entsteht bei ihr eine Unterdeckung i. H. von 2,1 % auf den Betrag, der als überschüssige Liquidität beim Kreditinstitut angelegt werden kann. Der hieraus resultierende Fehlbetrag wäre quotal (bspw. anhand der Anzahl der Teilnehmer) auf die Cash Pool-Teilnehmer umzulegen. Dies könnte im gleichen Schritt erfolgen, wie die Umlage der Dienstleistungsvergütung für den CPL.

Abbildung 34: Ausgestaltung einer fremdüblichen Cash Pool-Struktur – Variante 2

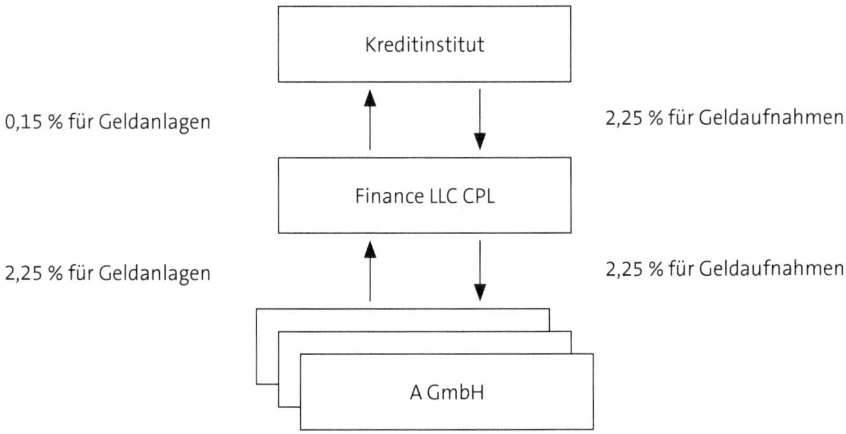

Auch hier soll die nachfolgende Tabelle den Mechanismus noch einmal mit mehreren Teilnehmern abstrakt verdeutlichen; dabei gelten die vorgenannten Annahmen: vier Teilnehmer, wobei nur ein Teilnehmer Kapital (150 Geldeinheiten) im Saldo aufnehmen muss und die anderen drei Teilnehmer legen im Saldo Geldmittel an (500, 150 und 650). Die Zinssätze, die seitens eines fremden Dritten (Kreditinstitut) mit dem Cash Pool vereinbart wurden, sind 4,5 % (Geldaufnahme) und 1 % (Geldanlage).

Tabelle 46: Berechnung Cash Pool – Variante 2

	Saldo	Zins für überlassenes und aufgenommenes Kapital; Zinssatz 4,5 %
Darlehensnehmer A	(150)	6,75 (= 4,5 % × 150)
Einleger/Darlehensgeber B	500	22,5 (= 4,5 % × 500)
Einleger/Darlehensgeber C	150	6,75 (= 4,5 % × 150)
Einleger/Darlehensgeber D	650	27 (= 4,.5 % × 650)
Differenz, die beim CPL entsteht, und auf alle vier Teilnehmer umzulegen wäre: 49,5 Geldeinheiten (12,375 je Teilnehmer)		

Variante 3. Eine andere Variante könnte beispielsweise sein, dass die Situation eines Cash Pools fiktiv mit einer Situation ohne Cash Pool verglichen wird. In der folgenden Tabelle wird angenommen, dass der Habenzins für den Cash Pool 1,2 % beträgt. Nachteil dieser Variante ist, dass der Cash Pool Vorteil exakt berechnet werden muss, um ihn dann anschließend umzulegen.

Tabelle 47: Berechnung Cash Pool – Variante 3

Ohne Cash Pool	**Saldo**	**Zinssatz**	**Zins – Kreditinstitut**
Darlehensnehmer A	(150)	4,5 %	6,75 (S)
Einleger/Darlehensgeber B	500	1,0 %	5 (H)
Einleger/Darlehensgeber C	150	1,0 %	1,5 (H)
Einleger/Darlehensgeber D	650	1,0 %	6,5 (H)
Zins (Summe)			6,25 (H)
Mit Cash Pool	**Saldo**	**Zinssatz**	
Nettozins	1.150	1,2 %	13,8 (H)
Vorteil (zu verteilender Synergieeffekt)			7.55 (H) (13,8 – 6,25)
Zinssatzanpassung	7,55/1.450	0,52 %	

	Saldo	Zinssatz	Zins Cash Pool	Synergie-vorteil
Darlehensnehmer A	150	3,98 % (= 4,5 % – 0,52 %)	5,97 (S)	0,78
Einleger/Darlehensgeber B	(500)	1,52 % (= 1 % + 0,52 %)	7,60 (H)	2,6
Einleger/Darlehensgeber C	(150)	1,52 % (= 1 % + 0,52 %)	2,28 (H)	0,78
Einleger/Darlehensgeber D	(650)	1,52% (= 1 % + 0,52 %)	9,88 (H)	3,38
Gesamt	1.450			7,55

Fazit. Für Cash Pool-Strukturen gibt es keine *one-fits-all* Lösung und im internationalen Kontext besteht kein Konsens, wie diese Strukturen zu behandeln sind (s. daher auch Rz. 3.99 VWG VP). Daher hat auch die OECD darauf verzichtet, Beispiele in Kapitel X der OECD-TPG anzuführen. Auch die UN hat in ihrem UN-TP das Thema nicht tiefer gehend adressiert. Entscheidend ist aber das Funktions- und Risikoprofil des Cash Pool-Leiters. Grundsätzlich wird angenommen, dass es sich um eine Routinefunktion mit entsprechend geringer Vergütung handelt. Die Aufteilung der Synergieeffekte wird allerdings nicht eindeutig adressiert.

Woran ist noch zu denken. An Cash Pool-Vereinbarungen nehmen grundsätzlich verschiedene Unternehmen aus verschiedenen Staaten teil. Entsprechend sind sie **besonders anfällig für langwierige und multilaterale Streitigkeiten,** wenn die Finanzverwaltung eines Staates eine Verrechnungspreiskorrektur vornimmt. Es sollte daher seitens der Steuerpflichtigen genau betrachtet werden, wie die einzelnen Staaten zu Cash Pool-Vereinbarungen stehen; auch sollten Korrekturen seitens der Finanzverwaltungen mit besonderem Augenmaß und unter Berücksichtigung der internationalen Ansichten durchgeführt werden.

Da eine Aufteilung der Synergieeffekte nicht sachgerecht erfolgen kann, ist es von besonderer Bedeutung, dass grundsätzlich alle Teilnehmer von der Vereinbarung profitieren, ein in sich **konsistentes und widerspruchsfreies System** etabliert wird und offensichtlich wird, dass eine steuerplanerische Absicht nicht im Vordergrund steht. Würden die Synergieeffekte alle beim CPL, der in einem niedrig besteuernden Staat ansässig ist, vereinnahmt werden, sind Nachfragen seitens der Finanzverwaltung sicher.

Kommen innerhalb eines Cash Pools unterschiedliche Währungen zusammen, können vor allem bei dem CPL **Wechselkursrisiken** auftreten. Für den Fall, dass der CPL Gewinne oder Verluste aus Wechselkursen erzielt, sollten diese quotal auf die Mitglieder des Cash Pools verteilt werden.

Es gilt bei Cash Pool Vereinbarungen zugleich darauf zu achten, dass die vereinbarten Konditionen eindeutig sind. So hat der BFH entschieden (Urteil v. 17.1.2018 - I R 74/15[3]), dass wenn im Rahmen eines unternehmensgruppeninternen Cash Pool Verfahrens lediglich ein Mindest- und ein Höchstzinssatz vereinbart ist und hiernach ein erheblicher Spielraum für die Berechnung der Zinsvergütung verbleibt, liegt ein Verstoß gegen die Grundsätze des sog. **formellen Fremdvergleichs** vor.

Schließlich gilt es zu beachten, dass die Soll- und Habenzinsen, die aus wechselseitig gewährten Darlehen innerhalb eines Cash Pools entstehen, bei der **gewerbesteuerrechtlichen Hinzurechnung** der Schuldzinsen in begrenztem Umfang miteinander verrechenbar sind (BFH, Urteil v. 11.10.2018 – III R 37/17, NZG 2019 S. 428).

Zu beachten sind neben den steuerlichen Aspekten insbesondere die Vorschriften, die der Aufbringung und dem **Schutz des Gesellschaftsvermögens** dienen (siehe bspw. im Hinblick auf die Kapitalaufbringung und -erhaltung; vgl. §§ 19 Abs. 5, 30, Abs. 1 Satz 2 GmbHG bzw. § 57 Abs. 1 Satz 3, 311 AktG). Der Cash Pool basiert zivilrechtlich insoweit auf Darlehensverträgen, welche zwischen den jeweiligen Gesellschaften geschlossen werden. Insofern gelten gem. § 2 Abs. 1 Nr. 7 KWG Unternehmen, welche Bankgeschäfte ausschließlich mit ihrem Mutterunternehmen oder ihren Tochter- oder Schwesterunternehmen betreiben, nicht als Kreditinstitut.

12.3. Weiterführende Literatur und Rechtsprechung

Brinkmann, Garantiegebühren im Konzern: Das Urteil des Tax Court von Kanada in Sachen GE Capital Canada, IStR 2010 S. 501.

Greil/Wargowske, Finanzierungstransaktionen zwischen verbundenen Unternehmen – Zwischen „Transfer pricing is dead" und „Wonderland", IStR 2018 S. 534.

Greil/Schilling, Cash-Pool Vereinbarungen – Eine verwaltungsökonomische Behandlung anhand eines Fallbeispiels, IStR 2020, im Erscheinen.

Greil/Schilling, Die Ermittlung und Angemessenheitsprüfung von Zinssätzen bei grenzüberschreitenden Finanzierungen zwischen verbundenen Unternehmen – Darstellung anhand eine Fallbeispiels, DStR 2016 S. 2352.

3 ECLI:DE:BFH:2018:U.170118.IR74.15.0.

Greil/Schilling, Grenzüberschreitende Konzernfinanzierungen und fremdübliche Zinssätze – Entwicklung eines Zweistufenkonzepts, Der Konzern 2016 S. 329.

Petruzzi, Transfer Pricing Aspects of Intra-Group Financing, Amsterdam 2016.

Reichling/Bietke/Henne, Praxishandbuch Risikomanagement und Rating, 2. Aufl., Wiesbaden 2007.

Schilling, Fremdvergleichsübliche Zinssätze bei grenzüberschreitenden Konzernfinanzierungen i. S. des § 1 Abs. 3 AStG – Eine finanzwirtschaftliche Orientierungshilfe für das internationale Steuerrecht –, DB 2015 S. 2171.

Schilling/von der Heyd, Das Dilemma der Ratingermittlung bei internationalen Konzernfinanzierungen – ein Lösungsvorschlag, DB 2019 S. 2760.

FG Düsseldorf, Urteil v. 10.11.2015 - 6 K 2095/13 K, EFG 2017 S. 553.

FG Münster, Urteil v. 7.12.2016 - 13 K 4037/13 K, F, EFG 2017 S. 334 (anh. BFH I R 4/17).
FG Köln, Urteil v. 17.5.2017 9 K 1361/14, EFG 2017 S. 1738 (s. BFH v. 27.2.2019 - I R 51/17,

ECLI:DE:BFH:2019:U.270219.IR51.17.0).

FG Köln, Urteil v. 29.6.2017 - 10 K 771/16, EFG 2017 S. 1812 (anh. BFH I R 62/17).

FG Münster, Urteil v. 15.5.2019 - 13 K 2556/15 K,G, ECLI:DE:FGMS:2019:0515.13K2556.15K.G.00.

BFH, Urteil v. 27.8.2008 - I R 28/07.

BFH, Urteil v. 17.1.2018 - I R 74/15, ECLI:DE:BFH:2018:U.170118.IR74.15.0.

BFH, Urteil v. 27.2.2019 - I R 73/16, BStBl 2019 II S. 394.

BFH, Urteil v. 18.5.2021 - I R 4/17 SAAAH-93024.

BFH, Urteil v. 18.5.2021 - I R 62/17 UAAAH-93541.

Tax Court of Canada (TCC) v. 4.12.2009, GE Capital Canada Inc. v. The Queen, 2009 TCC 563.

ConocoPhillips Skandinavia AS & Norske ConocoPhillips AS v. Oljeskattekontoret [ConocoPhillips Scandinavia AS & Norwegian ConocoPhillips AS v. Oil Tax Office] LB-2009 - 081881. Utv 2010 S. 199.

13. Auswirkung der Digitalisierung

13.1. Darstellung des Sachverhaltes

13.1.1. Datenlieferung und -auswertung

Die unter der Marke „SmartGaist" vertriebene Smartwatch bietet den Kunden eine Technologie auf höchstem Niveau. Es können zum Beispiel Anrufe getätigt, Nachrichten in Form von Mails oder Mitteilungen aus Messenger Diensten gesendet und empfangen, andere smarte Geräte verbunden und gesteuert, Fitness- und Gesundheitsdaten erfasst und Musik wiedergegeben werden. Entsprechend werden mit dieser Smart-watch dauerhaft die Daten der Kunden, wie beispielsweise Standort, Puls, Körpertemperatur, Internetgewohnheiten oder E-Mailinhalte, erfasst. Die Daten werden direkt an die Zeitgaist Inc. (USA) übermittelt und von dieser selbständig nach Maßgabe des Endbenutzer-Lizenzvertrags (EULA) ausgewertet. Dabei werden auch Daten von fremden Dritten, die zugekauft werden, mit den SmartGaist Daten kombiniert.

Die Auswertung erfolgt durch Algorithmen, die die Programmierer in den USA konzipiert und programmiert haben und ständig verbessern. Hieraus gewonnene Erkenntnisse werden – ebenso wie bestimmte Rohdaten – an die Zeitgaist AG übermittelt und nach Rücksprache mit der Zeitgaist AG zum Teil an fremde Dritte verkauft. Die Zeitgaist AG nutzt die Erkenntnisse für die Marketing- und Vertriebsstrategie und für Forschung und Entwicklung. Mitunter werden relevante Daten an die ScienceLab AG (Schweiz) weiteregegeben.

Je mehr Menschen zudem eine solche Smartwatch tragen und die entsprechenden Apps (*Application Software*) von Zeitgaist nutzen, desto bessere Ergebnisse können die Algorithmen liefern und desto besser können die Inhaber einer solchen Uhr miteinander interagieren bzw. Informationen für sich selbst besser nutzen (zum Beispiel ob ein bestimmtes Restaurant über freie Plätze verfügt oder ob andere Personen ähnliche Sportinteressen haben und bspw. dieselbe Laufstrecke nutzen und welcher Trainingserfolg damit verbunden ist).

13.1.2. Vertrieb über einen Onlineshop

Die Uhren der Marke „SmartGaist" werden auch über einen speziellen Onlineshop, der von der Zeitgaist AG auf einer Onlineplattform betrieben wird, weltweit vertrieben. Der Umsatz des Onlineshops beträgt derzeit erst 24 Mio. €; im Vorjahr waren es noch 13 Mio. €. Es ist geplant, den Umsatz im Onlinegeschäft erheblich auszuweiten, diesen Vertriebskanal noch bekannter zu machen und ggf. auch andere Produkte über diesen Onlineshop zu vertreiben.

Die Kunden haben die Möglichkeit, ihre Smartwatch im Onlineshop zu individualisieren und an ihre insbesondere optischen Bedürfnisse (bspw. Farbe, Erscheinungsbild der Uhr – Vintage-, Retro- oder Modernstyle – sowie Material des Armbandes) anzupassen.

Die Zeitgaist AG bietet diesen Webshop in 10 verschiedenen Sprachen an: Arabisch, Chinesisch (Mandarin), Deutsch, Englisch, Farsi, Französisch, Hindi, Italienisch, Japanisch und Spanisch. Sie versendet die Produkte weltweit. Interne Aufzeichnungen haben folgende Verteilung der Umsätze (nach Retouren) ergeben (auf Basis des Lieferungsortes):

Tabelle 48: Verteilung der Umsätze

Land	**Anteil**
Deutschland	39,4 %
Frankreich und Österreich (je)	13 %
Italien	10 %
Großbritannien	8 %
USA	5 %
Japan, Russland, Schweiz, China (je)	2 %
Indien	1 %
Australien	0,8 %
Neuseeland	0,5 %
Polen, Niederlande, Belgien, Dänemark, Finnland, Norwegen (je)	0,2 %
Südafrika	0,1 %

Die Kunden haben zudem die Möglichkeit auf der Onlineplattform von ihren Erlebnissen zu berichten, mit anderen Kunden/Nutzern in Kontakt zu treten, Verbesserungspotenziale öffentlich mitzuteilen und an Beta-Versionen von Programmen, die dann bei der „SmartWatch" eingesetzt werden sollen, mitzuwirken. Entsprechend werden die IP- Adressen lokalisiert, aufgezeichnet und ausgewertet.

Tabelle 49: Verteilung der IP-Adressen

Land	**Anteil**
Deutschland	42 %
USA	24 %
Frankreich	12 %
Großbritannien	8 %
Japan	5 %
Indien	4 %
China	3 %
Estland	2 %

13.2. Diskussion und Lösung (Stefan Greil)

Die Auswirkungen der Digitalisierung auf bestehende Geschäftsmodelle, der Wandel ganzer industrieller und dienstleistender Sektoren sowie der Gesamtwirtschaft werden seit geraumer Zeit diskutiert. Dem Schlagwort der Digitalisierung kann man daher auch in der Besteuerungspraxis bzw. -welt nicht mehr aus dem Weg gehen.[1] Der **Begriff der Digitalisierung** jedoch hat keine eindeutige Bedeutung: unter Digitalisierung können die Umwandlung von analogen in digitale Daten und die durch das Internet geschaffene Möglichkeit der Zugänglichkeit und Allzeitverfügbarkeit von Daten aufgrund des Wegfallens zeitlicher und örtlicher Beschränkungen bei Abrufung, Weiterverarbeitung sowie Speicherung von Daten verstanden werden.

In der Literatur[2] wird angeführt, dass zur **digitalen Wirtschaft** Unternehmen zählen, die nicht oder nur in geringem Maße ortsgebunden sind sowie wissensbasiert und informationsintensiv Wertschöpfung betreiben, die ursächlich für die zentrale Rolle immaterieller Vermögenswerte ist. Die OECD[3] hingegen listet **Charakteristika**, wie etwa die grenzüberschreitende Skalierungsmöglichkeit ohne physische Präsenz, dem Beruhen auf immateriellen Werten und die Bedeutung von Daten und die Mitwirkung von Nutzern, auf.

Es ist schließlich erkennbar, dass sich **Wertschöpfungsketten verändern und sich neu konfigurieren**. So ermöglichen **digitale Plattformen** neue Geschäftskonzepte und Unternehmen agieren in mehreren Netzwerken gleichzeitig. Die Digitalisierung verändert damit Wertschöpfungsketten hin zu Wertschöpfungsmodellen wie **Value Shops** und **Value Networks**[4], schafft (mitunter abrupt) neue Geschäftsmodelle, wie bspw. Cloud- oder (digitale) Plattformgeschäftsmodelle, und trägt dazu bei, dass sich traditionelle Geschäftsmodelle digitalisieren. Sie führt aber auch dazu, dass hergebrachte Geschäftsmodelle an Bedeutung verlieren; Disruption.

Diese Veränderungen sind insbesondere aufgrund neuer Technologien möglich, die es erlauben, ein beschleunigt **wachsendes Datenvolumen** zu erfassen, auszuwerten und auf vielfältige Weise zu nutzen. Technologien unterstützen dabei den **Daten- und Informationsaustausch** zwischen den einzelnen Akteuren und fördern dabei die Entwicklung von Value Networks und die Kommunikation zwischen den Akteuren. Hiervon umfasst werden z. B. digitale Produktionsanlagen, neue Verfahren zur medizinischen Diagnostik, die

1 So schon 1998: A Report by the Committee on Fiscal Affairs, as presented to Ministers at the OECD Ministerial Conference, "A Borderless World: Realising the Potential of Electronic Commerce" on 8 October 1998.

2 Meyering/Hintzen, BFuP 2017 S. 451; Eilers/Oppel, IStR 2018 S. 361.

3 Addressing the Tax Challenges of the Digital Economy, Action 1 - 2015 Final Report, OECD/G20 Base Erosion and Profit Shifting Project, OECD Publishing, Paris S. 64 f.

4 Zum ursprünglichen Konzept, die die „traditionelle" Wirtschaft betraf Stabell/Fjeldstad, Strategic Management Journal, Vol. 19 (1998) S. 413. Ferner bspw. im Hinblick auf Knowledge-Based Firms Woiceshyn/Falkenberg, Academy of Management Perspectives, No. 2, 2008 S. 85.

Auswertung von Social Media-Daten für ein besseres Kundenverständnis und damit personalisierte Produkte und Dienstleistungen.

Auch zählen zur Digitalisierung **distributive Technologien**, innovative Geschäftsmodelle, Automatisierung, Flexibilisierung, Individualisierung, Robotik, Künstliche Intelligenz (KI) sowie steigende Nutzung von Algorithmen. Zugleich gewinnen sog. **Prosumenten** im Wertschöpfungsprozess von Unternehmen an Bedeutung: Der Nutzer ist nicht länger nur passiv, er bringt sich vielmehr aktiv in den Entwicklungsprozess ein.[5]

Durch die Digitalisierung wird schließlich die **Internationalisierung von unternehmerischen Prozessen** weiter unterstützt; mithin wird es für Unternehmen einfacher, unternehmerische Aktivitäten in einem weltweiten Netzwerk auszuführen und Gesellschafter sowie Kunden überall auf der Welt anzusprechen und mit diesen zu interagieren.

12.2.1. Datenlieferung und -auswertung

Grundlegendes Problem. Es erscheint fraglich, ob die bestehende Verrechnungspreissystematik neuen Wertschöpfungsprinzipien gerecht wird bzw. diese sachgerecht abbilden kann: Zum einen wird die Anwendung des Verrechnungspreissystems erschwert, da sich das geltende Verrechnungspreissystem an greifbaren bzw. klassischen Transaktionen orientiert, ggf. eine aufwändige Analyse der gesamten Wertschöpfungskette erforderlich wird und – v. a. bei neuartigen Geschäftsmodellen oder einer hohen Bedeutung immaterieller Werte – annähernd vergleichbare Daten schwer zu finden sind oder gänzlich fehlen. Zum anderen ermöglichen gerade solche digitalen Geschäftsmodelle insbesondere aufgrund des Einsatzes von immateriellen Werten Möglichkeiten zur Steuergestaltung. Die Digitalisierung ist dabei aber nicht das Problem an sich, sondern sie verschärft die bestehenden Probleme.

Die im Rahmen der Herausforderungen der digitalen Wirtschaft diskutierten Vorschläge[6] zur Reform des Internationalen Steuerrechts adressieren die eigentlichen Herausforderungen der Digitalisierung allerdings vorwiegend nicht. Daher scheint es sehr wahrscheinlich, dass ein wie auch immer gearteter Vorschlag auf internationaler Ebene den in diesem Abschnitt adressierten Sachverhalt und die hieraus resultierenden Herausforderungen wohl nicht zu lösen vermag.

5 Bruns, Produsage: Towards a Broader Framework for User-Led Content Creation, http://produsage.org/ files/ Produsage %20(Creativity %20and %20Cognition %202007).pdf unter anderem mit Verweis auf Alvin Toffler, Future Shock, London 1971.

6 Siehe zum Beispiel OECD-Secretariat Proposal for a "Unified Approach" under Pillar One, https://www. oecd.org/tax/beps/public-consultation-document-secretariat-proposal-unified-approach-pillar-one.pdf; Abruf am 15.12.2019; Addressing the Tax Challenges of the Digital Economy – Action 1: 2015 Final Report, OECD/G20 Base Erosion and Profit Shifting Project, OECD Publishing, Paris.

Wo findet man was. Eine spezifische Aufnahme der digitalen Wirtschaft im Zusammenhang mit Verrechnungspreisen in die OECD-TPG erfolgte bisher nicht; insbesondere keine Definition von Wertschöpfung und deren Zuordnung auf einzelne Unternehmen im Zusammenhang mit der digitalen Wirtschaft. Demzufolge gelangen die normalen Regelungen zur Anwendung. Insbesondere sei an dieser Stelle auf Kapitel VI der OECD-TPG und damit auf das Kapitel 6, insbesondere die DEMPE-Analyse, dieses Buches verwiesen.

Grundsätzliche Überlegungen **zur Lösung des Falles.** Die Grundüberlegungen zur Lösung dieses Falles entsprechen denen in Kapitel 6 dieses Buches dargelegten Ausführungen. An dieser Stelle werden daher nur bestimmte Spezifika hervorgehoben, die bei der Bepreisung beachtlich sein können, es wird aber keine vollständige Verrechnungspreisanalyse durchgeführt.

In der Literatur werden u. a. **zwei wichtige Entwicklungen** betont, die die Wertschöpfungsketten und Wettbewerbsprozesse in vielen Branchen und Märkten verändert haben: digitale Plattformen und Daten. Letztere sind für den hier vorliegenden Sachverhalt von besonderer Bedeutung.

Daten stellen einen wichtigen Werttreiber dar und **Big Data** wird in diesem Zusammenhang häufig als Schlagwort genannt. Big Data meint dabei im weiteren Sinne, dass infolge der Digitalisierung nicht nur das Volumen, sondern auch die Geschwindigkeit der Generierung, die Verarbeitung und Speicherung von Daten sowie die Heterogenität der Datentypen und -quellen in den letzten Jahren stark zugenommen hat. Die Daten können dabei aus ganz unterschiedlichen Quellen, wie etwa Sensoren, stammen und unterschiedliche Datentypen beinhalten. Zu den wichtigen Treibern des Datenwachstums gehören die zunehmende mobile Internetnutzung, die steigende Nutzungsintensität von Sozialen Netzwerken, die fortschreitende Digitalisierung von Produktion, Haushalt, Energieversorgung und Mobilität (**Internet of Things**, IoT) und Dienstleistungen (**Internet of Services**, IoS). Ergänzend kommen die sinkenden Kosten für Endgeräte, Server und Speichermedien hinzu.

Allerdings reichen regelmäßig die bloßen Rohdaten nicht aus, um einen Wettbewerbsvorteil zu erlangen. Sie müssen in verwertbare Informationen umgewandelt werden (wertvolles Wissen – Smart Data); die bloße Erhebung von Daten stellt insoweit kein neues oder einzigartiges Element dar. Unter **Big Data Analytics** (BDA) versteht man dann Methoden und Verfahren, mit denen in Big Data versteckte Strukturen, Muster und Zusammenhänge entdeckt werden können, um modellbasierte Prognosen für künftige entscheidungsrelevante Entwicklungen erstellen zu können (*predictive analytics*) oder Entscheidungen selbst vorschlagen oder gar automatisiert treffen zu können (*prescriptive analytics*). Mithin sollen wertvolle Informationen in der Masse der gesammelten Daten gefunden und entsprechend genutzt werden. BDA kann dabei als Oberbegriff für **Data**

Mining, **Machine Learning** und **Predictive Analytics** verstanden werden. Data Mining bezieht sich dabei auf die Techniken, Methoden und Algorithmen zur Analyse großer Datenmengen mit dem Ziel, Daten in Wissen umzuwandeln. Insbesondere Methoden der **künstlichen Intelligenz** wie maschinelles Lernen (Maschine Learning, bspw. durch künstliche neuronale Netze) benötigen hierbei große Datenmengen, auf denen die Algorithmen Strukturen erlernen können. **Data Mining** kann daher als Teil eines Geschäftsmodells betrachtet werden, das aus Daten einen Wert schafft.

Maßgeblich für den Wert von Daten ist dabei auch nicht allein die Quantität, sondern auch die Qualität. Daten könnten zwar für sich schon einen Wert haben. Die Datenverarbeitung in der Digitalökonomie beruht allerdings darauf, dass eine Vielzahl von Daten über eine Vielzahl von Personen in einer Weise verarbeitet werden, dass daraus ein wirtschaftlich verwertbares Produkt – wie etwa Nutzung von Kundenprofilen für Empfehlungssysteme oder Versteigerung von zielgruppenorientierter Werbung – entsteht. Dabei können die Daten eigens verwertet oder verkauft werden. Bei personenbezogenen Daten muss dies allerdings rechtlich zulässig sein. Die Bemessung des Wertes von Daten ist bislang aber umstritten.[7]

Im Bereich der IT und von Data-Analytics kommt bspw. der sog. **CRISP-DM-Ansatz** (Cross-Industry Standard Process for Data Mining) zum Zwecke einer strukturierten Datenanalyse zu Anwendung. Dieses betriebswirtschaftliche Konzept kann auch im Rahmen von Verrechnungspreisanalysen zur Bestimmung des Grads der Wertschöpfung von Daten eingesetzt werden. Der CRISP-DM Ansatz basiert auf einem Standard-Prozessmodell. Dieses beschreibt in sechs Phasen den Ablauf eines Data-Mining Projekts von der Gewinnung eines grundsätzlichen Verständnisses über ein Geschäftsmodell bis hin zur (Re-)Evaluation der Ergebnisse. Es handelt sich allerdings nicht um einen einmaligen, linearen Durchlauf, da sich die einzelnen Phasen mehrfach wiederholen können oder ein mehrfaches Wechseln zwischen verschiedenen Phasen notwendig ist. Die sechs Prozessphasen sind:[8]

Tabelle 50:	CRISP-DM Ansatz
Geschäftsverständnis	Konkrete Ziele und Anforderungen für das Data Mining sind festzulegen. Ergebnis dieser Phase ist die Formulierung der Aufgabenstellung und die Beschreibung der geplanten groben Vorgehensweise.
Datenverständnis	Überblick über die zur Verfügung stehenden Daten und deren Qualität verschaffen. Es erfolgt eine Analyse und Bewertung der Datenqualität. Probleme mit der Qualität der vorhandenen Daten in Bezug auf die in der vorherigen Phase festgelegten Aufgabenstellung sind zu benennen.

7 Riesenhuber, in: Ochs/Friedewald/Hess/Lamla: Die Zukunft der Datenökonomie – Zwischen Geschäftsmodell, Kollektivgut und Verbraucherschutz, Springer, 2019 S. 37, 39.

8 https://www.bigdata-insider.de/was-ist-crisp-dm-a-815478/; Abruf 12.1.2020.

Datenvorbereitung	Erstellung eines finalen Datensatzes, der die Basis für die nächste Phase der Modellierung bildet.
Modellierung	Die für die Aufgabenstellung geeigneten Methoden des Data Minings werden auf den in der Datenvorbereitung erstellten Datensatz angewandt. Typisch für diese Phase sind die Optimierung der Parameter und die Erstellung mehrerer Modelle.
Evaluierung	Abgleich der erstellten Datenmodelle mit der Aufgabenstellung und Auswahl des am besten passenden Modells.
Bereitstellung	Aufbereitung der gewonnenen Ergebnisse, um sie zu präsentieren und dem Entscheidungsprozess des Auftraggebers zuzuführen.

Die unter „SmartGaist" vertriebene Smartwatch gehört zu den sog. *smart devices*. Hierbei handelt es sich um elektronische Geräte, die kabellos, mobil, vernetzt und mit verschiedenen Sensoren ausgerüstet sind. Diese Sensoren können physikalische Größen erfassen, wie beispielsweise die Körpertemperatur, Puls oder das Gewicht. Die von den Sensoren erfassten Größen werden im Prozessor nach vorgegebenen Programmen aufbereitet. Anschließend werden sie über die Kommunikationsschnittstelle an einen Rechner oder ein Mobilgerät übertragen, der die Daten in einer App verarbeitet und dem Benutzer eine übersichtliche Ergebnisdarstellung präsentiert oder eine Steuerfunktion ausführt.[9] *Smart devices* sind über das IoT vernetzt und kommunizieren mit anderen *smart devices* über Funkprotokolle.

Abbildung 35: Smart devices

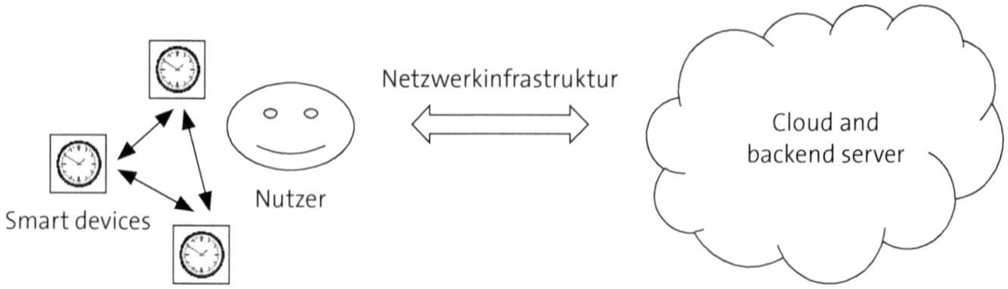

Quelle: In Anlehnung an Silverio-Fernández, Visualization in Engineering, December 2018, 6:3.

Dabei ist es nicht praktikabel, große Datenmengen immer und umfassend zur Verarbeitung in zentrale Rechenzentren oder eine Cloud zu übermitteln. Insbesondere bei Anwendungen, die in Echtzeit eine Reaktion erwarten, dauert dies zu lange. Daher ist eine Datenvorverarbeitung nötig, die **Edge-Computing-Systeme** leisten. Entsprechend finden sich

9 https://www.itwissen.info/Smart-Device-smart-device.html; Abruf 15.12.2019.

Edge Systeme oder Nodes. Diese eigenständigen Rechenzentren im Miniaturformat verfügen über Speicher- und Netzwerkkomponenten, kommunizieren mit IoT-Systemen, empfangen deren Daten, übernehmen die Datenvorverarbeitung und beginnen vor Ort mit ersten Analysen. Im Rahmen einer Edge-Computing-Infrastruktur finden sich auch zentrale Cloud-Services, über die Anwender ihre IoT-Systeme und die Edge Nodes managen. In der Cloud werden die Daten über einen längeren Zeitraum hinweg gespeichert und es erfolgt die rechenintensive Datenanalyse.

Die Zeitgaist Inc. (USA) erhält unmittelbar die Daten[10] der Kunden einer Smartwatch; zudem werden Daten von fremden Dritten zugekauft. Die Auswertung dieser Daten erfolgt durch Algorithmen, die die Programmierer der Zeitgaist Inc. konzipiert und programmiert haben und ständig verbessern. Grundsätzlich lässt sich feststellen, dass sowohl in der Erhebung der Daten als auch in deren Verarbeitung unter Einsatz von Algorithmen ein wesentlicher Werttreiber liegt. Neben den Algorithmen, die die Daten verarbeiten, ist eine stabile IT-Infrastruktur verbunden mit einer angebotenen Sicherheit elementar für den Erfolg, um Abschreckung der Kunden zu vermeiden. Entsprechend investieren Unternehmen in IT-Sicherheitsmaßnahmen zum Schutz von Nutzerdaten.

Die **Vergütung dieser Tätigkeit** erfolgt im Rahmen der Übermittlung der aus der Datenanalyse gewonnenen Erkenntnisse an die Zeitgaist AG sowie die Veräußerung an fremde Dritte. Die Zeitgaist AG hat die Übermittlung der aufbereiteten Daten seitens der Zeitgaist Inc. daher fremdüblich zu vergüten. Die spezifischen aufbereiteten und übermittelten Daten sind sowohl für die Marketing- und Vertriebsstrategie als auch für die Forschung und Entwicklung elementar und tragen damit dazu bei, dass die Zeitgaist Unternehmensgruppe entscheidende Wettbewerbsvorteile erzielen kann. Sie stellen mithin einen zentralen Werttreiber des Geschäftsmodells (Bereich „SmartGaist") dar. Grundsätzlich dürfte hier die Anwendung der Kostenaufschlagsmethode sowie der TNMM ausscheiden. Für sowohl die **Datenvorbereitung** als auch die **Modellierung** kann allerdings im Einzelfall die **Anwendung der Kostenaufschlagsmethode** in Betracht kommen, insbesondere wenn es hierfür Möglichkeiten des Outsourcings gibt. So existieren verschiedene Dienstleister am Markt, die z. B. verschiedene strukturierte und unstrukturierte Daten kombinieren und vereinheitlichen. Ebenso sind bei der Modellierung für Standardfragestellungen, wie etwa für *customer churn*[11], mittlerweile auch Standardpakete am Markt verfügbar oder werden sogar kostenlos zur Verfügung gestellt (bspw. Bilderkennung, Texterkennung).

10 Es gilt hier die Annahme, dass dies rechtlich zulässig ist, weil die Kunden eingewilligt haben.

11 https://towardsdatascience.com/hands-on-predict-customer-churn-5c2a42806266; Abruf 12.1.2020.

In Betracht kommt damit zuvorderst die Preisvergleichsmethode (siehe Kapitel 3), da die Zeitgaist Inc. nach Rücksprache mit der Zeitgaist AG Daten auch an fremde Dritte veräußert. Entsprechend könnte ein **interner Preisvergleich** in Betracht kommen. Die Preisvergleichsmethode setzt jedoch ein sehr hohes Maß an Vergleichbarkeit von Produkten und Bedingungen voraus. Hierzu sind im Sachverhalt keine Hinweise enthalten und wären entsprechend zu analysieren. Allerdings ist vorstellbar, dass nur Daten an fremde Dritte verkauft werden, die die Zeitgaist Unternehmensgruppe nicht benötigt, um einen Wettbewerbsvorteil zu erzielen, oder lediglich die Rohdaten und damit nicht die aufbereiteten Daten veräußert werden. Damit wäre eine Vergleichbarkeit nicht gegeben. Jedoch vermittelt der Veräußerungspreis an den fremden Dritten in der Praxis schon einmal einen Eindruck und setzt einen mentalen Anker für die Bepreisung der unternehmensgruppeninternen Transaktion.

In Betracht käme dann die **TPSM** (siehe Kapitel 3). Sie soll dann die am besten geeignete Methode sein, wenn von den beteiligten verbundenen Unternehmen *unique and valuable contributions* geleistet werden. Die Beiträge sollen dann einzigartig sein, wenn keine vergleichbaren Beiträge von unverbundenen Unternehmen unter vergleichbaren Bedingungen geleistet werden. Werthaltig sollen sie dann sein, wenn sie Kernkomponente von aktuellen oder zukünftigen ökonomischen Vorteilen der betreffenden Geschäftstätigkeiten sind. Dies erscheint für den vorliegenden Sachverhalt nicht abwegig. Damit kann der **hypothetische Fremdvergleich** (siehe Kapitel 3) zur Fremdvergleichsbestimmung durchgeführt werden.

Es wird mit dem hypothetischen Fremdvergleich keine bestimmte Bewertungsmethode vorgeschrieben. Dieser ermöglicht es gleichwohl nicht die gesetzlich vorgesehenen Verrechnungspreismethoden zu adaptieren, vielmehr wird auf ökonomisch anerkannte Bewertungsmethoden abgestellt. Solche anerkannten Methoden sind insbesondere Ertragswertmethoden oder **Discounted-Cashflow-Methoden**, die auf innerbetrieblichen Planrechnungen der Beteiligten beruhen (siehe zur Durchführung Kapitel 3 und Kapitel 11). Entsprechend sind alle bewertungsrelevanten Parameter zu erfassen und in der Bewertung zu berücksichtigen. Die Bemessung des Wertes von Daten ist bislang aber umstritten und wird sowohl in Betriebsprüfungen als auch zwischen den Staaten ein erhebliches Diskussions- und Streitpotenzial bergen.

Die Übertragung von Daten seitens der Zeitgaist AG an die ScienceLab AG ist ebenfalls fremdüblich zu erfassen (siehe dafür Kapitel 9).

Fazit. Daten, insbesondere aufbereitete Daten, können einen zentralen Werttreiber darstellen. Die Wertbestimmung ist allerdings umstritten und basiert vornehmlich auf ertragswertorientierten Verfahren, die subjektiven Bewertungsspielräumen unterliegen.

Woran ist noch zu denken. Im Sachverhalt wurde noch angeführt, dass **Netzwerkeffekte** auftreten. Je mehr Menschen eine Smartwatch der Zeitgaist Unternehmensgruppe tragen und die entsprechenden Apps nutzen, desto bessere Ergebnisse kann der Algorithmus liefern und desto besser können die Inhaber einer solchen Uhr miteinander interagieren bzw. Informationen für sich selbst besser nutzen. Netzwerkeffekte sind Mechanismen in einem Produkt, bei denen jeder neue Benutzer das Produkt für jeden anderen Benutzer wertvoller macht. Hier handelt es sich speziell um direkte Netzwerkeffekte. Diese schaffen einen Mehrwert für Kunden, die aus der Anzahl der bestehenden Nutzer eines Dienstes generiert werden, d. h. mit einer Technologie, die auch viele andere Kunden nutzen. Allerdings ist es theoretisch unmöglich, diese Netzwerkeffekte eindeutig auf die einzelnen Unternehmenseinheiten zu verteilen. Würde man die TPSM in Form des hypothetischen Fremdvergleichs anwenden, so würden die resultierenden Effekte indirekt zwischen der Zeitgaist Inc. und der Zeitgaist AG verteilt werden.

Allerdings wecken diese Netzwerkeffekte **Begehrlichkeiten von Staaten**. Immerhin tragen aus deren Sicht ihre Nutzer zum Erfolg des Geschäftsmodells bei und nicht lediglich die Zeitgaist Inc., die die Daten aufbereitet, und die Zeitgaist AG, die die aufbereiten Daten für Marketing und Vertrieb sowie weitere Forschung und Entwicklung einsetzt. Die von den Nutzern generierten Daten sind entscheidend für das Funktionieren des Geschäftsmodells und die Staaten der Nutzer erhalten nach derzeitigem Recht aber kein Besteuerungsrecht, was mitunter als ein Verstoß gegen das Prinzip der internationalen Gerechtigkeit angesehen wird. Daher wird derzeit gefordert und auch diskutiert, den Marktstaaten zusätzliche Besteuerungsrechte einzuräumen. Hierfür bestünden grundsätzlich verschiedene Möglichkeiten. Allerdings stehen derzeit die schon bestehenden Möglichkeiten, wie etwa beim Edge-Computing die vorhandenen Rechenzentren im Miniaturformat, nicht im Zentrum der Betrachtung. Zum einen müssten diese als Betriebsstätte zu qualifizieren sein, zum anderen müsste es dann möglich sein, diesen einen Gewinn zuzuordnen, was im derzeitigen System des sog. **Authorized-OECD-Approach** eher kaum möglich ist (siehe Kapitel 14).

12.2.2. Vertrieb über einen Onlineshop

Grundlegendes Problem. Der Vertrieb über einen Onlineshop vermag eine Errungenschaft der Fortentwicklung technischer Möglichkeiten und der Ausbreitung des Internets sein, aber so grundlegend neu ist der Gedanke eines Direktgeschäfts nicht. Schon früher konnte man über Versandhäuser direkt bestellen. Der Unterschied lag darin, dass man einen physischen Katalog zugesandt bekam und man entweder eine Bestellkarte ausfüllen oder einen Anruf tätigen musste. Heute werden die Waren lediglich virtuell in einen Warenkorb gelegt, die einem dann ebenfalls auf einem physischen Weg zugesandt werden, wenn es sich nicht um virtuelle Waren/Dienstleistungen handelt. Der Kernunterschied ist allerdings die Erreichbarkeit. Onlineshops ermöglichen einen relativ kostengünstigen Zutritt in einen Markt und die Nutzer benötigen lediglich einen Internetzugang und das Wissen um diesen Onlineshop.

Wo findet man was. Dieser Bereich ist bisher nicht speziell geregelt, sodass die normalen steuerlichen Regelungen zur Anwendung gelangen.

Grundsätzliche Überlegungen zur Lösung des Falles. Der Sachverhalt ist zu unterteilen in die Verwaltung des Onlineshops und die daraus resultierenden Direktgeschäfte sowie die Interaktion mit den Kunden.

Der **Onlineshop** wird von der Zeitgaist AG auf einer Onlineplattform betrieben. Aus Verrechnungspreissicht ergeben sich daraus zwei Fragestellungen: Wie erfolgt die Gewinnabgrenzung zum Produzenten, da die Zeitgaist AG die Uhren lediglich über den Onlineshop vertreibt, und ggf. zum „Absatzmarkt".

Bezüglich des **Absatzmarktes** lässt sich festhalten, dass andere Unternehmenseinheiten, sei es in Form von rechtlich selbständigen Gesellschaften oder in Form von Betriebsstätten, nicht direkt hieran beteiligt sind, sodass sich diesbezüglich das Erfordernis einer Gewinnabgrenzung nicht stellt. Auch die Tatsache, dass die Kunden die Möglichkeit haben, ihre Smartwatch im Onlineshop zu individualisieren und an ihre insbesondere optischen Bedürfnisse anzupassen, oder der Webshop in 10 verschiedenen Sprachen angeboten wird, ändert hieran nichts. Nach dem derzeit geltenden Recht wird hierdurch **kein Anknüpfungspunkt der Besteuerung** vermittelt, sodass eine Gewinnabgrenzung nicht erforderlich ist.

Etwas anderes würde gelten, wenn die Zeitgaist AG sich vor Ort bspw. **Auslieferungslagern/ Warenlagern** bedient. Dies ist in der Praxis nicht ungewöhnlich, um auf diese Weise die Kunden zeitnah bedienen zu können. In Inboundfällen wäre aus deutscher Sicht eine Betriebsstätte anzunehmen (siehe. § 12 Nr. 5 AO); entsprechend hängt die Beurteilung diesbezüglich vom jeweiligen nationalen Recht ab. Sollte zwischen den betreffenden Staaten ein DBA existieren, so wäre hier zusätzlich noch ein dem Art. 5 OECD-MA nachgebildeter Artikel zu prüfen. Nach Art. 5 Abs. 1 OECD-MA bedeutet Betriebsstätte eine feste Geschäftseinrichtung, durch welche die Tätigkeit eines Unternehmens ganz oder teilweise ausgeübt wird (es wird also ein unternehmerisches Tätigwerden in der Betriebsstätte verlangt). Durch die Einrichtung muss die Tätigkeit des Unternehmens ganz oder teilweise ausgeübt werden.

In **Art. 5 Abs. 4 OECD-MA** wird der Betriebsstättenbegriff negativ abgegrenzt. Zwar erfüllen manche festen Einrichtungen alle im DBA geforderten Merkmale, trotzdem gelten diese nicht als Betriebsstätte (keine ausreichende Verfestigung im Quellenstaat). Hierzu zählen auch Einrichtungen, die ausschließlich zur Lagerung, Ausstellung oder Auslieferung von Gütern oder Waren des Unternehmens benutzt werden. Damit wäre das Warenlager aus der Abkommensperspektive nicht als Betriebsstätte zu qualifizieren und entsprechend verbliebe das Besteuerungsrecht im Ansässigkeitsstaat des Unternehmens. Hinsichtlich dieser Ausschlussliste in Art. 5 Abs. 4 OECD-MA vertritt Deutschland jedoch die Auffassung, dass die Buchstaben a bis d nur anwendbar sind, wenn im Einzelfall vorbereitende oder Hilfstätigkeiten ausgeübt werden. Auch im Rahmen des BEPS-Projekts wurde deutlich, dass diese Tätigkeiten nur dann nicht zu einer Betriebsstätte führen sollen, wenn die Aktivitäten als **Hilfs- oder Vorbereitungsmaßnahme** zu qualifizieren sind. Bei der Zeitgaist AG stellt der Handel mit den Uhren und das Anbieten „smarter" Dienstleistungen die Haupttätigkeit dar. Damit wäre auch ein etwaiges Warenlager, dass dazu dienen soll, die Kunden zeitnah zu bedienen, nicht lediglich als Hilfs- oder Vorbereitungstätigkeit zu qualifizieren und mithin eine Betriebsstätte anzunehmen. Dann stellte sich auch die Frage der Gewinnzurechnung zu dieser Betriebsstätte (siehe Kapitel 14).

Um missbräuchlichen Gestaltungen im Zusammenhang mit vorbereitenden Tätigkeiten oder Hilfstätigkeiten vorzubeugen, wurde in Art. 5 Abs. 4 OECD-MA in der Überarbeitung aus dem Jahr 2017 ein neuer Unterabsatz eingefügt, der verhindern soll, dass Unternehmen eine wesentliche operative Tätigkeit auf mehrere Gesellschaften in einem Land verteilen mit dem Argument, jede Gesellschaft erledige eine reine Hilfstätigkeit (*anti-fragmentation-rule*). Für Zwecke der Beurteilung, ob eine Betriebsstätte vorliegt, sollen die einzelnen Tätigkeiten zusammengefasst betrachtet werden. Sollte dabei festgestellt werden, dass die Gesamtheit der Tätigkeiten keinen vorbereitenden oder Hilfscharakter hat, wird die Ausnahme des Art. 5 Abs. 4 OECD-MA nicht greifen.

Die **Interaktion mit den Kunden** begründet nach derzeitigem Recht – insbesondere in deutschen DBA – grundsätzlich **keine Betriebsstätte** in dem anderen Staat. Zwar mögen die Kunden die Möglichkeit auf der Onlineplattform, ihre Erlebnisse zu posten, mit anderen Kunden/Nutzern in Kontakt zu treten, Verbesserungspotenziale öffentlich mitzuteilen und an Beta-Versionen von Programmen, die dann bei der „SmartWatch" eingesetzt werden sollen, mitwirken, aber diese Interaktion führt nicht zu einem Anknüpfungspunkt der Besteuerung bzw. beschränkten Steuerpflicht in dem anderen Staat.

Die Uhren der Marke „SmartGaist" wurden im Jahr 2021 noch in Deutschland **durch die Zeitgaist GmbH produziert und montiert**. Damit ergibt sich keine grenzüberschreitende Gewinnabgrenzungsproblematik. Zukünftig sollen diese Uhren ab 2022 in Deutschland nur noch in einem gewissen Umfang final montiert werden. Die Einzelteilproduktion erfolgt dann durch die Zeitgaist China. Entsprechend wären für die grenzüberschreitende Gewinnabgrenzung die Geschäftsbeziehungen der Zeitgaist AG und der Zeitgaist GmbH zur Zeitgaist China relevant (siehe bzgl. der Vergütung der Produktionsfunktion Kapitel 7). Es ist in diesem Sachverhalt davon auszugehen, dass die Zeitgaist AG als Entrepreneur und Vertreiber der Uhren auftritt. Würde die Zeitgaist AG lediglich als Vertreiber der Uhren bzw. als Betreiber des Internetshops agieren, dann wären die nachfolgenden wertschöpfenden Elemente bei der Vergütung dieser Funktion zu berücksichtigen (siehe bzgl. der Vergütung der Vertriebsfunktion Kapitel 7).

Es handelt sich hierbei um ein sog. **Storefront-Modell** (Eigenhändler-Modell). Dieses beschreibt den Verkauf von Waren direkt vom Hersteller an den Endkunden bzw. von einem Zwischenhändler an einen Endkunden. Die Kontaktaufnahme zwischen Store-front-Betreiber und Kunden folgt dabei dem Distanzprinzip, d. h. zwischen den beiden Akteuren entsteht kein physischer Kontakt.

Das Storefront-Modell integriert verschiedene **Wertschöpfungsschritte**: Produktion bzw. Einkauf der Waren, Bewerbung und Verkauf der Waren über die Website, sichere Zahlungsabwicklung sowie die Organisation der Logistik und Pflege der Nutzerdaten sowie Übernahme Gewährleistungsrisiko. Um die Produkte anzubieten, wird ein Onlinekatalog erstellt, der als Datenbank hinterlegt ist. Eine Technologie für die Einkaufsabwicklung ist der Warenkorb. Mit einer hinreichenden Bestellprozesstechnologie können Kunden verschiedene Waren auswählen, in den Warenkorb legen und weiter einkaufen.

Um den Kunden die passenden Waren zum höchstmöglichen Preis anzubieten, ist ein Matching-**Algorithmus** nötig. Ausgehend von eingegebenen Daten werden die Daten mit Algorithmen verarbeitet und gespeichert. Sobald ein Nutzer die Website besucht, werden ausgehend von den gespeicherten Daten möglichst passgenaue Produkte angeboten. Durch das dadurch initiierte Nutzerverhalten werden neue Daten eingegeben und diese wiederrum verarbeitet und gespeichert. Hinreichend viele Nutzungen ermöglichen passendere Angebote nebst besserer Preise. Ausgehend von den gespeicherten Daten können Produktions-, Lagerhaltungs-, und Versandprozesse optimiert und somit erhebliche Kosteinsparungen realisiert werden.

Daneben ist eine gut designte **Website** bzw. App nötig, die auf einer stabilen IT-Infrastruktur läuft. Wenn die Zahlung über die Storefront abgewickelt wird, ist eine hinreichend sichere Website zu gewährleisten. In der Praxis werden dafür regelmäßig Payment-Provider eingesetzt.

Werttreiber eines solchen Modells sind damit insbesondere passgenaue Produkte bzw. Dienstleistungen, die IT-Infrastruktur, die Benutzerfreundlichkeit der Website bzw. der App (*User Experience*), die verarbeiteten Nutzerdaten und die Algorithmen. Damit sind insbesondere die Entwicklung der Software, Data-Analytics, die IT-Infrastruktur und die Produktentwicklung bedeutende Funktionen.

Abbildung 36: Storefront Modell

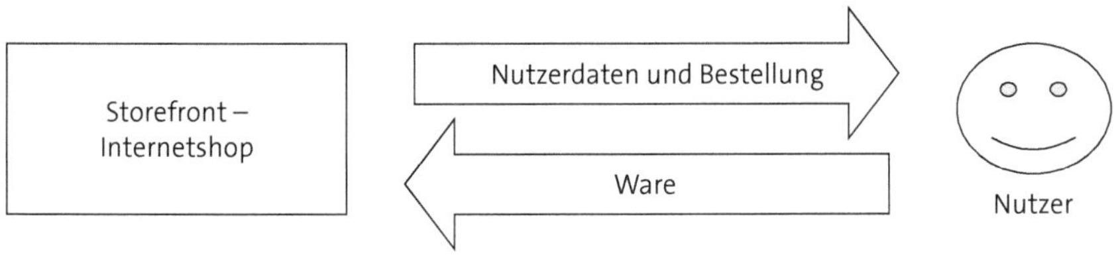

Ausblick. Im Zuge der Diskussionen über die Besteuerung der Digitalen Wirtschaft wurden mittlerweile verschiedene unilaterale Maßnahmen eingeführt und verschiedene Maßnahmen vorgeschlagen. Diese Maßnahmen lassen sich dabei in vier Gruppen unterteilen:

- Umsatzorientierte Steuern (Digitalsteuern im engeren Sinne);
- Spezielle Steuerregime für große Unternehmensgruppen;
- Anpassung des Betriebsstättenbegriffs sowie
- Erweiterung der Quellensteuerregime.

Besonders relevant kann insbesondere Pillar One[12] sowie sog. **Digital Service Taxes (Digitalsteuer; DST)**[13] werden.

Pillar One besteht im materiellen Kern aus Amount A und Amount B:

Amount A weist ein anteiliges Recht zur Besteuerung von politisch bestimmten Residualgewinnen eines Konzerns den Marktstaaten zu, in denen sich die Kunden bzw. Nutzer befinden, und zwar unabhängig davon, ob der Konzern eine physische Präsenz in diesen Staaten etabliert hat. Bei den Residualgewinnen handelt es sich um einen Gewinnanteil

12 Statement on a Two-Pillar Solution to Address the Tax Challenges Arising from the Digitalisation of the Economy – 8 October 2021; https://www.oecd.org/tax/beps/statement-on-a-two-pillar-solution-to-address-the-tax-challenges-arising-from-the-digitalisation-of-the-economy-october-2021.pdf; Abruf am 2.11.2021.

13 Siehe zum Beispiel Vorschlag der EU-Kommission: COM, 148 final, 2018, https://ec.europa.eu/taxation_customs/sites/taxation/files/proposal_common_system_digital_services_tax_21032018_de.pdf; Abruf am 15.12.2019.

eines Konzerns, der eine gewisse Profitabilitätsschwelle (10 %) übersteigt. Der prozentuale Anteil an diesem Residualgewinn, der den Marktstaaten zugewiesen wird, wird anhand einer Formel bestimmt. Das neue Besteuerungsrecht (Amount A) überlagert damit das bestehende System und tritt neben dieses hinzu. Hierdurch soll den Herausforderungen der Digitalisierung zumindest in Teilen entsprochen und die internationale Gewinnzuordnung fairer ausgestaltet werden. Unter Amount A sollen nur die größten und profitabelsten Konzerne der Welt erfasst werden, die eine Umsatzschwelle von 20 Mrd. € sowie eine Profitabilitätsgrenze von 10 % überschreiten.

Der dem Amount B zugrundeliegende Mechanismus soll in das derzeitige System eingreifen und die Vergütung von Vertriebsgesellschaften mit sog. Routinemarketing- und Routinevertriebsaktivitäten standardisieren, um das bestehende System zu vereinfachen und Streitpotenziale zu vermindern. Dabei ist eine geografische und branchenbezogene Ausgestaltung naheliegend.

Die Zeitgaist Unternehmensgruppe wird von Pillar One erfasst werden. Allerdings ist die Zeitgaist Unternehmensgruppe noch weit entfernt von den für Amount A vorgesehenen Schwellenwerten, sodass die insoweit vorzunehmende Umverteilung von Besteuerungsrechten bei ihr nicht erfolgt. Amount B hingegen wird den Fremdvergleichsgrundsatz als solchen betreffen und damit auch für die Zeitgaist Unternehmensgruppe gelten.

Aus EU-Sicht ist das System einer **DST** nur als Zwischenlösung bis zur Umsetzung einer umfassenden Reform gedacht. Die DST erfasst nach dem EU-Richtlinienvorschlag Erträge aus Tätigkeiten, bei denen die Nutzer eine wichtige Rolle bei der Wertschöpfung spielten und die mit den derzeitigen Steuervorschriften sehr schwierig zu erfassen seien, z. B.

- Erträge aus dem Verkauf von Online-Werbeflächen;
- Erträge aus digitalen Vermittlungsgeschäften, die Nutzern erlauben, mit anderen Nutzern zu interagieren und die den Verkauf von Gegenständen und Dienstleistungen zwischen ihnen ermöglichen;
- Erträge aus dem Verkauf von Daten, die aus Nutzerinformationen generiert werden.

Eine derart vorgesehene DST würde den Webshop als solchen wohl eher nicht adressieren. Allerdings kommt auch eine Aufteilung in Webshop und Datenlieferung in Betracht.

Fazit. Die **Diskussionen** zur Besteuerung der Digitalen Wirtschaft sind zum Zeitpunkt der Fertigstellung dieses Buches **nicht abgeschlossen**. Es bedarf daher der aufmerksamen Beachtung der weiteren Fortentwicklung dieser Diskussionen.

Woran ist noch zu denken. Die angeführten **Digital Service Taxes**, die sog. **Equalisation Levies** oder auch **digitale Betriebsstätten** werden mitunter derzeit unilateral implementiert und beinhalten unterschiedliche Voraussetzungen. Daher wäre in jedem Staat unabhängig von Verrechnungspreisaspekten darauf zu achten, ob eine solche „Steuer" existiert und wann diese zur Anwendung gelangt; dies sollte unabhängig davon beachtet werden, dass mit der Vereinbarung zu Pillar One eigentlich solche unilateralen Digitalsteuern abgeschafft werden.

Daneben stellt sich auch hier die Herausforderung mit dem Umgang von **Netzwerkeffekten** (siehe auch Kapitel 13.2.1.) und dem Kunden als sog. **Prosumenten** (Konsument, der sich aktiv in die Produktentwicklung einbringt). So haben die Kunden die Möglichkeit auf der Onlineplattform, ihre Erlebnisse zu posten, mit anderen Kunden/Nutzern in Kontakt zu treten, Verbesserungspotenziale öffentlich mitzuteilen und an Beta-Versionen von Programmen, die dann bei der „SmartWatch" eingesetzt werden sollen, mitzuwirken.

Diese Netzwerkeffekte wie auch die Prosumenten wecken **Begehrlichkeiten von Staaten**. Die Nutzer sind entscheidend für das Funktionieren des Geschäftsmodells und die Staaten der Nutzer erhalten nach derzeitigem Recht aber kein Besteuerungsrecht. Daher wird derzeit gefordert und auch diskutiert, den Marktstaaten zusätzliche Besteuerungsrechte einzuräumen. In diesem Sachverhalt wäre dies allerdings sehr herausfordernd, da mit den Plattformnutzern nicht unbedingt eine Geschäftsbeziehung bestehen muss[14] und die geografische Verteilung der IP-Adressen nicht mit der geografischen Verteilung der erzielten Umsätze übereinstimmt. Hieraus folgt die Frage, welchem Land ein Besteuerungsrecht, in welcher Höhe einzuräumen sein sollte.

14 Dies kommt allerdings darauf an, was man als Geschäftsbeziehung qualifiziert. Auf einer Vielzahl von Websites kann eine Geschäftsbeziehung durch die Bestätigung für die Cookies und die damit zusammenhängende Datenverarbeitung begründet werden.

Tabelle 51:	Geografische Verteilung nach IP-Adressen und Umsatz	
Country	**Share (IP-Address)**	**Share (revenue)**
Deutschland	42 %	39,4 %
USA	24 %	5 %
Frankreich	12 %	13 %
Großbritannien	8 %	8 %
Japan	5 %	2 %
Indien	4 %	1 %
China	3 %	2 %
Estland	2 %	0 %
Österreich	0 %	13 %
Italien	0 %	10 %
Russland	0 %	2 %
Schweiz	0 %	2 %
Australien	0 %	0,8 %
Neuseeland	0 %	0,5 %
Polen, Niederlande, Belgien, Dänemark, Finnland, Norwegen (je)	0 %	0,2 %
Südafrika	0 %	0,1 %

13.3. Weiterführende Literatur

Arbeitsgruppe „Digitaler Neustart" der Konferenz der Justizministerinnen und Justizminister der Länder, Bericht vom 15. Mai 2017, https://www.justiz.nrw.de/JM/schwerpunkte/digitaler_neustart/index.php.

Brühl, Künstliche Intelligenz, Maschinelles Lernen und Big Data – Grundlagen, Marktpotenziale und wirtschaftspolitische Relevanz, WiSt 2019, Heft 11 S. 34.

Förster/Greil/Hilse, Taxing the Digital Economy – The OECD Secretariat's New Transfer Pricing A-B-C and Alternative Courses of Action, in: International Transfer Pricing Journal 2020 (Volume 27), No. 1.

Greil, Die Besteuerung der digitalen Wirtschaft und Zuordnung von Besteuerungsrechten – A Brave New World, DStR 2019 S. 1653.

Greil/Wargowske, The taxation of the digital economy and reallocation of taxing rights – Entering in a new world order, Bulletin for International Taxation 2019 (Volume 73), No 10.

Greil/Müller/Olbert, Transfer Pricing for Digital Business Models – Early Evidence on Challenges and Options for Reform, World Tax Journal 4/2019.

Greil/Fehling, Verrechnungspreisbestimmung im Zeitalter der Digitalisierung, IStR 2017 S. 757.

Ochs/Friedewald/Hess/Lamla, Die Zukunft der Datenökonomie – Zwischen Geschäftsmodell, Kollektivgut und Verbraucherschutz, Springer, 2019.

Olbert/Spengel, International taxation in the digital economy: challenge accepted? World Tax Journal 2017 S. 3.

Petkova/Greil, Reform der internationalen Unternehmensbesteuerung: Teilweise Neuallokation von Besteuerungsrechten (Pillar One), IStR 2021 S. 682.

Pistone/Weber, Taxing the Digital Economy, IBFD 2019.

Schwarz/Stein, Industrie 4.0: Verrechnungspreise und digitale Geschäftsmodelle, Transfer Pricing International 2017 S. 134.

Schwarz/Stein: Industrie 4.0, Quantifizierung von Wertschöpfungsbeiträgen in digitalen Netzwerken, DB 2017 S. 1525.

Schwarz/Stein/Freudenberg, International – Understanding the Role of Data in Data-Driven Business Models from a Transfer Pricing Perspective, International Transfer Pricing Journal 2019 (Volume 26), No. 5.

Schwarz/Stein/Freudenberg, Besteuerung digitaler Geschäftsmodelle: die Relevanz von Daten aus Verrechnungspreissicht, BB 2018 S. 2267.

Schweitzer/Peitz: Datenmärkte in der digitalisierten Wirtschaft: Funktionsdefizite und Regelungsbedarf?, ZEW Discussion Paper No. 17 - 043.

Wirtz/Weyerer, Künstliche Intelligenz: Chancen, Risiken und strategische Governance, WiSt 2019, Heft 11 S. 4.

14. Behandlung von Betriebsstätten

14.1. Darstellung des Sachverhaltes

Die Zeitgaist AG unterhält drei exklusive Boutiquen im Ausland:

- New York (Fifth Avenue),
- Paris (Avenue des Champs-Élysées) und
- Dubai (Dubai Mall).

Diese Boutiquen sollen den Kunden ein besonderes Einkaufserlebnis bieten und insbesondere die Marken „Molexx“ und „SmartGaist“ dem Kunden sachkundig nahbar machen. Entsprechend sind die vor Ort Beschäftigten umfassend und sehr gut ausgebildet. Um einen einheitlichen und professionellen Auftritt der Zeitgaist Unternehmensgruppe zu gewährleisten, werden die Bediensteten einheitlich nach einem von der Zeitgaist AG entwickelten Schulungskonzept geschult und immer wieder fortgebildet. Zudem werden Leitfäden von der Zeitgaist AG herausgegeben, die von den Beschäftigten zu befolgen sind. In diesen Leitfäden sind beispielsweise Gesprächsführungstechniken mit den Kunden, eine Kleiderordnung und Preislisten für die Produkte enthalten. Ebenso wird seitens der Zeitgaist AG das Store-Konzept vorgegeben, sodass ein einheitlicher Marktauftritt der Ladengeschäfte gewährleistet wird. In diesen Boutiquen stehen zudem 3D-Drucker, die es erlauben, dass die Uhren der Marke „SmartGaist“ individualisiert werden. So können sich die Kunden vor Ort z. B. ein Armband nach Wunsch anfertigen lassen. Auch eine Auswahl von einzigartigen Uhren, wie etwa Tourbillons, limitierte Editionen und diverse Unikate werden dort ausgestellt.

Die etablierten Boutiquen in New York und Paris laufen wirtschaftlich sehr gut und sind Besuchermagneten. Die Umsatzrentabilität beläuft sich auf je 25 %. Die Boutique in Dubai wurde erst 2018 eröffnet und erzielt aufgrund der Anfangsinvestitionen noch einen Verlust.

14.2. Diskussion und Lösung (Eleonore Kaluza)

Grundlegendes Problem. Aus wirtschaftlicher Sicht bildet eine international tätige Unternehmensgruppe eine Einheit, aus rechtlicher Sicht stellen die zugehörigen Unternehmen selbstständige Rechtsträger dar, die auch getrennt voneinander besteuert werden. Aufgrund ihrer rechtlichen Selbstständigkeit können Unternehmen die Verrecnungspreise für ihre unternehmensgruppeninternen Liefer- und Leistungsbeziehungen vertraglich vereinbaren. Diese Vereinbarungen bilden die Grundlage für die steuerlichen Verrechnungspreise. Anders verhält es sich bei Betriebsstätten, die rechtlich betrachtet ein unselbstständiger Teil des Gesamtunternehmens sind. Da das Gesamtunternehmen nicht mit sich selbst Verträge abschließen kann, können die Betriebsstätte und andere Unternehmensteile miteinander auch keine vertraglichen Vereinbarungen zur Abrecnung von Liefer- und Leistungsbeziehungen abschließen.

Betriebsstättenprinzip. Unterhält ein Unternehmen grenzüberschreitend eine Betriebsstätte fällt das Besteuerungsrecht für die Betriebsstättengewinne nach Art. 7 OECD-MA normalerweise dem Belegenheitsstaat dieser Betriebsstätte zu (Betriebsstättenprinzip). Zur Erfüllung des Betriebsstättenprinzips ist es erforderlich, die Gewinne (oder Verluste) zwischen der Betriebsstätte und dem übrigen Unternehmen adäquat abzugrenzen, um sie in dem jeweiligen Staat der Besteuerung zuzuführen. Wenn aber Verrechnungspreise, wie oben dargestellt, nicht vertraglich vereinbart werden können, stellt sich die Frage, nach welchem Maßstab die Gewinnabgrenzung zwischen der Betriebsstätte und dem übrigen Unternehmen erfolgt.[1]

(Weitgehend) uneingeschränkte Selbstständigkeitsfiktion. Die Frage nach dem „richtigen" Maßstab für die steuerliche Betriebsstättengewinnabgrenzung wurde unter den Mitgliedstaaten der OECD kontrovers diskutiert. Denn es existierten abweichende Interpretationen des Art. 7 OECD-MA und diverse nationale Regelungen nebeneinander. Ein international einheitliches Verständnis über die Gewinnabgrenzung ist für grenzüberschreitende Aktivitäten aber besonders wichtig. Denn andernfalls droht Doppelbesteuerung oder doppelte Nichtbesteuerung.

Im Jahr 2008 einigten sich die OECD-Mitgliedstaaten schließlich auf den *functionally separate entity approach* als einheitlichen Maßstab für die Betriebsstättengewinnabgrenzung, der später **„Authorised OECD Approach" (AOA)** bezeichnet wurde. Gemäß dem AOA wird die Betriebsstätte für Zwecke der steuerlichen Gewinnabgrenzung weitgehend so behandelt, als wäre sie ein selbstständiges Unternehmen (weitgehend uneingeschränkte Selbstständigkeitsfiktion). Ihr sind demnach jene Gewinne zuzurechnen, die ein selbstständiges Unternehmen, welches gleiche oder ähnliche Tätigkeiten, unter gleichen oder ähnlichen Bedingungen ausübt, erzielt hätte. Dabei ist zu berücksichtigen, welche Funktionen die Betriebsstätte übernimmt und welche Personalfunktionen diese ausüben, welche Vermögenswerte hierfür genutzt werden sowie, welche Risiken die Betriebsstätte trägt. Diese Selbstständigkeitsfiktion der Betriebsstätte führt dazu, dass Liefer- und Leistungsbeziehungen zwischen der Betriebsstätte und dem übrigen Unternehmen fingiert werden, sogenannte **Dealings**, auf deren Grundlage steuerliche Verrechnungspreise ermittelt werden können. Die *Dealings* sind fremdüblich zu vergüten. Auf diese Weise

1 Siehe auch Kraft (2019), § 1 AStG Rz. 580.

werden Betriebsstätten und Tochtergesellschaften bei der steuerlichen Gewinnabgrenzung gleichermaßen nach dem Fremdvergleichsgrundsatz behandelt. Dies hat den Vorteil, dass grenzüberschreitende Investitionsentscheidungen weniger durch rechtsformabhängige Unterschiede bei der Besteuerung beeinflusst werden.

Wo findet man was: Die Grundsätze des AOA sind in dem **OECD Betriebsstättenbericht 2010**[2] niedergelegt. Um den AOA auch in die internationale Abkommenspraxis zu implementieren, wurde Art. 7 OECD-MA 2010 neu konzeptioniert und der OECD-MK 2010 entsprechend angepasst. Mit der Verankerung des AOA im OECD-MA und im OECD-MK soll die konsistente Anwendung des Fremdvergleichsgrundsatz für verbundene Unternehmen (Art. 9 OECD-MA) und für Betriebsstätten (Art. 7 Abs. 2 OECD-MA) gewährleistet werden.

Nationales Recht. Das deutsche Steuerrecht enthielt zunächst keinen steuerbegründenden Tatbestand für fiktive unternehmensinterne Liefer- und Leistungsbeziehungen. Um diesen aus Art. 7 Abs. 2 OECD-MA resultierenden neuen Besteuerungsanspruch in Deutschland ausschöpfen zu können, bedurfte es einer gesetzlichen Neuregelung. Diese wurde mit § 1 Abs. 5 AStG geschaffen. Das Gesetz wird durch die Betriebsstättengewinnaufteilungsverordnung (BsGaV)[3] und ein umfangreiches Verwaltungsschreiben[4] konkretisiert und ergänzt. Die Verrechnungspreise für die fiktiven Liefer- und Leistungsbeziehungen werden nach den bekannten Verrechnungspreismethoden (§ 1 Abs. 3 AStG und den OECD-TPG) ermittelt (siehe Kapitel 3).

Verhältnis von § 1 Abs. 5 AStG zu den Entstrickungsregelungen. § 1 Abs. 1 Satz 1 AStG gewährt den Regelungen zur Entstrickung (§§ 4 Abs. 1 Satz 3, 4 g EStG und § 12 Abs. 1 KStG) Anwendungsvorrang („unbeschadet andere Vorschriften"). Dies ergibt sich auch aus § 1 Abs. 5 Satz 6 AStG, wonach die Möglichkeit, einen Ausgleichsposten nach § 4 g EStG zu bilden, nicht entfallen soll.

Grundsätzliche Überlegungen zur Lösung des Falls.[5] Die steuerliche Betriebsstättengewinnabgrenzung nach § 1 Abs. 5 AStG i. V. m. BsGaV erfolgt in zwei Stufen:

2 Report on the attribution of profits to permanent establishments der OECD v. 22.7.2010.

3 BsGaV v. 13.10.2014, BGBl 2014 I S. 1603.

4 VWG BsGa v. 22.12.2016, BStBl 2017 I S. 182.

5 Für die nachfolgende grenzüberschreitende Gewinnabgrenzung zwischen der Zeitgaist AG und ihren ausländischen Boutiquen ist davon auszugehen, dass die Boutiquen dem Grunde nach jeweils als steuerliche Betriebsstätte i. S. des § 12 AO und Art. 5 OECD-MA zu qualifizieren sind.

Abbildung 37: Steuerliche Betriebsstättengewinnabgrenzung in zwei Stufen

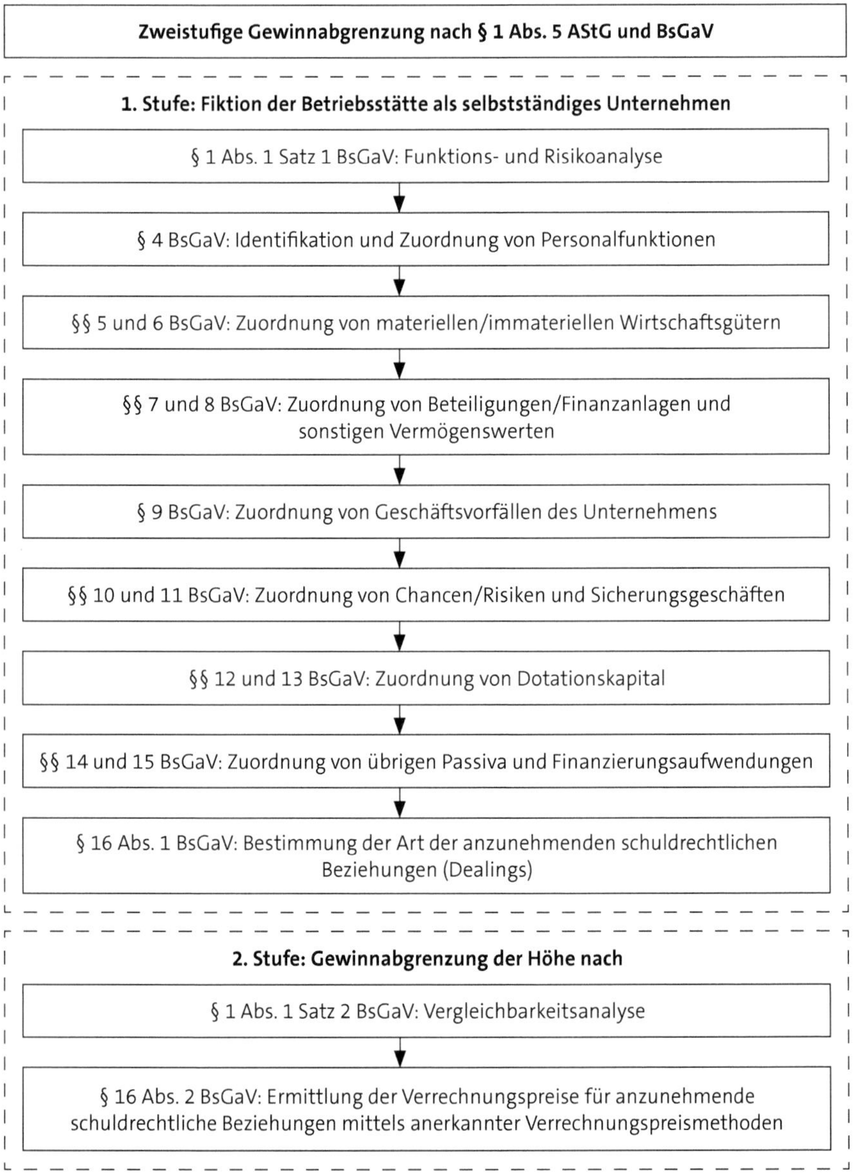

Funktions- und Risikoanalyse. Auf der ersten Stufe wird zunächst analysiert, welche Funktionen die Betriebsstätte als Teil der Geschäftstätigkeit des Unternehmens ausübt und welche Risiken damit verbunden sind (§ 1 Abs. 1 Satz 1 BsGaV). Da die Funktions- und Risikoanalyse bereits im Kontext von verbundenen Unternehmen bekannt ist, wird auf Kapitel 2.2 verwiesen:

Die Boutiquen in Dubai, Paris und New York erfüllen mit dem Verkauf der Uhren eine Vertriebsfunktion, vergleichbar mit einer Vertriebstochtergesellschaft. Darüber hinaus leistet die Individualisierung der Smartgaist-Uhren in den Boutiquen mittels 3D-Druck einen Wertschöpfungsbeitrag. Mit dem Boutique-Vertrieb sind weitere Funktionen verknüpft, man denke beispielsweise an die Entwicklung des Store- und des Schulungskonzeptes für die Boutique-Mitarbeiter. Beide Funktionen werden allerdings von der Zeitgaist AG ausgeführt. Auch andere Funktionen, wie z. B. Produktion und Finanzierung, werden von anderen Unternehmenseinheiten wahrgenommen. Entsprechend ist der Einsatz von materiellen und immateriellen Wirtschaftsgütern in den Betriebsstätten sehr begrenzt. Allenfalls tragen die Betriebsstätten das Risiko für die in den Boutiquen befindlichen Waren und Ausstattungsgegenstände. In der Gesamtschau sind die drei Betriebsstätten folglich als „Routineunternehmen" einzustufen.

Feststellung und Zuordnung der Personalfunktionen. Auf der Grundlage der Funktions- und Risikoanalyse sind im nächsten Schritt die mit den Funktionen verknüpften Personalfunktionen festzustellen und zuzuordnen (§ 1 Abs. 5 Satz 3 Nummer 1 AStG i. V. m. § 1 Abs. 2 Nr. 1 BsGaV). Die BsGaV definiert die Personalfunktion als eine Geschäftstätigkeit, die von eigenem Personal des Unternehmens für das Unternehmen ausgeübt wird (§ 2 Abs. 3 BsGaV). Was als „eigenes" Personal qualifiziert, regelt § 2 Abs. 4 BsGaV und Tz. 37 der VWG BsGa. Eine Personalfunktion ist grundsätzlich der Betriebsstätte zuzuordnen, in der die Personalfunktion ausgeübt wird (§ 4 Abs. 1 Satz 1 BsGaV). Dabei kommt es auf den örtlichen Bezug der Personalfunktion zur Betriebsstätte an. Zu beachten ist, dass die Finanzverwaltung die anteilige Zuordnung einer Personalfunktion zu unterschiedlichen Betriebsstätten nicht anerkennt (VWG BsGa Tz. 45):

Die Zeitgaist-Uhren werden durch eigene Beschäftigte der Zeitgaist AG vor Ort in den jeweiligen Boutiquen vertrieben. Es ist davon auszugehen, dass das Personal in den Boutiquen mit dem jeweils spezifischen Markt und den Kunden verbunden ist und es sich insofern um voneinander differenzierbare Personalfunktionen für den Vertrieb in New York, Paris und Dubai handelt. Die Personalfunktionen sind entsprechend den jeweiligen Betriebsstätten zuzuordnen.

Maßgebliche Personalfunktion als Zuordnungskriterium für Vermögenswerte, Chancen und Risiken sowie Geschäftsvorfälle. Die Zuordnung der Personalfunktionen ist für die Betriebsstättengewinnabgrenzung zentral, denn sie ist Ausgangspunkt für die Zuordnung von Vermögenswerten, Chancen und Risiken sowie Geschäftsvorfällen, die für die steuerliche Behandlung der Betriebsstätte als eigenständiges Unternehmen erforderlich sind (*assets and risks follow functions*, OECD Betriebsstättenbericht 2010, Tz. 80). Ein solches Zuordnungskriterium ist notwendig, weil rechtlich gesehen kein einzelner Teil des Gesamtunternehmens Eigentümer eines Vermögenswertes sein kann. Allerdings sind nur jene Personalfunktionen zuordnungsentscheidend, die als maßgeblich für den jeweiligen Zuordnungsgegenstand eingestuft werden (§ 2 Abs. 5 BsGaV). Hierbei kommt es auf den Bezug der Personalfunktion zu dem jeweiligen Zuordnungsgegenstand an. Tätigkeiten mit lediglich unterstützendem Charakter sind nicht als maßgeblich anzusehen (VWG BsGa Tz. 40).

Beispiel: Ein Unternehmen ist Eigentümer einer Produktionsmaschine. Mit dieser Maschine sind verschiedene Personalfunktionen verknüpft, z. B. Personalfunktionen, die die Anschaffungsentscheidung treffen, die die Maschine bedienen, oder die das mit der Maschine verbundene Produktionsrisiko tragen (sogenannte Personalfunktionenkonkurrenz, VWG BsGa Tz. 43 u. a.). Für die Zuordnung der Maschine zu einem Unternehmensteil muss ermittelt werden, welcher dieser Personalfunktionen bezogen auf diese Maschine die größte wirtschaftliche Bedeutung zukommt. Diese qualifiziert dann als maßgebliche Personalfunktion und bestimmt grundsätzlich den Zuordnungsort.

Die spezifischen Zuordnungsregelungen für Vermögenswerte, Chancen, Risiken und Geschäftsvorfälle sind in den §§ 5 - 11 BsGaV geregelt und folgen stets einem **Grundsatz-Ausnahme-Schema** (Grundsatz: Absatz 1; Ausnahme: Folgeabsätze).

Ein **materielles Wirtschaftsgut** ist dem Grundsatz nach der Betriebsstätte zuzuordnen, in welcher es von der für das Wirtschaftsgut maßgeblichen Personalfunktion genutzt wird (§ 5 Abs. 1 BsGaV):

Vorliegend könnte die Ausstattung der Boutiquen (Regale, Kassensystem usw.) jeweils der Betriebsstätte zugeordnet werden, in welcher sie durch die Vertriebsmitarbeiter genutzt wird. Ebenso könnte es sich mit den 3D-Druckern und den Unikatuhren verhalten. Dabei ist zu beachten, dass es zu fiktiven Veräußerungsvorgängen gekommen sein kann, wenn die Wirtschaftsgüter bereits zu einem früheren Zeitpunkt von der Zeitgaist AG angeschafft und bei der Gründung der ausländischen Betriebsstätten in diese überführt wurden. Dann wären zunächst die Vorschriften zur Entstrickung (§§ 4 Abs. 1 Satz 3, 4 g EStG und § 12 Abs. 1 KStG) zu prüfen. Die Zeitgaist AG könnte die Wirtschaftsgüter aber auch angeschafft und den Betriebsstätten zur Nutzung überlassen haben. In diesem Fall müssten die Betriebsstätten ein fiktives Nutzungsentgelt an die Zeitgaist AG entrichten (siehe hierzu später i. Z. mit § 16 BsGaV). Ferner sind die Warenbestände an Uhren den Betriebsstätten zu zuordnen, da sie maßgeblichen mit der Vertriebsfunktion verknüpft sind.

Für die Zuordnung eines **immateriellen Wirtschaftsgutes** ist grundsätzlich dessen Schaffung oder dessen Erwerb die maßgebliche Personalfunktion (§ 6 Abs. 1 BsGaV):

Im Kontext des Vertriebs der Uhren sind das Schulungs- und Storekonzept sowie der Leitfaden für das Verkaufsverhalten der Boutique-Mitarbeiter wichtige immaterielle Werte. Beide Konzepte und auch der Leitfaden wurden aber durch die Zeitgaist AG entwickelt und umgesetzt. Daher sind sie nach § 6 Abs. 1 BsGaV der Zeitgaist AG und nicht den aus ländischen Betriebsstätten zuzuordnen.

Nach § 9 Abs. 1 BsGaV werden der Betriebsstätte auch **Geschäftsvorfälle** (und die damit verknüpften Betriebseinnahmen und -ausgaben) des Unternehmens zugeordnet, wenn die Personalfunktion, die für deren Zustandekommen maßgeblich ist, in der Betriebsstätte ausgeübt wird:

Den Vertriebsboutiquen sind daher die vom Verkaufspersonal abgeschlossen Uhrenverkäufe zuzurechnen.

Zuordnung von Dotationskapital und übrigen **Passiva.** Damit die der Betriebsstätte zugeordneten Vermögenswerte ausreichend besichert sind, benötigt die Betriebsstätte eine angemessene Beteiligung am Eigenkapital des Gesamtunternehmens (**Dotationskapital**). Die Zuordnung von Dotationskapital ist auch für die laufende Besteuerung der Betriebsstätte von Bedeutung. Dies liegt daran, dass sich das Dotationskapital nicht als Residualgröße von Vermögensgegenständen abzüglich Schulden ergibt, sondern die übrigen Passiva das Residuum darstellen. Je geringer der Anteil an Dotationskapital ist, desto höher ist der Anteil an Fremdkapital. Entsprechend höher fallen damit die der Betriebsstätte zuzuordnen Finanzierungsaufwendungen aus, welche den Betriebsstättengewinn unmittelbar beeinflussen. Für die Zuordnung von Dotationskapital enthält die BsGaV unterschiedliche Regelungen je nachdem, ob die Betriebsstätte im In- oder Ausland belegen ist. Bei einer inländischen Betriebsstätte eines ausländischen Unternehmens schreibt § 12 Abs. 1 BsGaV die **Kapitalaufteilungsmethode** vor (VWG BsGa Tz. 129 ff.). Einer ausländischen Betriebsstätte eines inländischen Unternehmens ist gem. § 13 Abs. 1 BsGaV grundsätzlich kein Dotationskapital zuzuordnen (**Mindestkapitalausstattungsmethode**). Erfordern aber die Funktionen und Risiken der Betriebsstätte eine höhere Dotation, hat der Steuerpflichtige dies anhand von betriebswirtschaftlichen Kennzahlen zu begründen und nachzuweisen (§ 13 Abs. 2 BsGaV). Die unterschiedlichen Zuordnungsregelungen führen dazu, dass eine ausländische Betriebsstätte tendenziell mit geringem Dotationskapital und damit mit höherem Fremdkapital ausgestattet wird als eine inländische Betriebsstätte:

Den Betriebsstätten in New York, Paris und Dubai ist grundsätzlich nach der Mindestkapitalausstattungsmethode kein Dotationskapital zuzuordnen. Allenfalls könnte ihnen ein geringes Dotationskapital für Risiken im Zusammenhang mit den Waren, Unikatuhren und der Boutiqueausstattung zugeordnet werden. Entsprechend hoch fällt damit das Fremdkapital (übrige Passiva § 14 BsGaV) aus.

Dem Grundsatz nach sind der Betriebsstätte jene **Passivposten** zuzuordnen, die in unmittelbarem Zusammenhang mit den der Betriebsstätte zugeordneten Vermögenswerten stehen (§ 14 Abs. 1 BsGaV). Übersteigt oder unterschreitet das so zugeordnete Fremdkapital den Fehlbetrag von Aktiva und Eigenkapital, werden die Passivposten anteilig gekürzt oder aufgestockt (§ 14 Abs. 2 und 3 BsGaV):

Bei den Betriebsstätten in New York, Paris und Dubai sind beispielsweise Verbindlichkeiten aus Lieferungen und Leistungen gegenüber der Zeitgaist AG für den Wareneinkauf oder Versicherungsverbindlichkeiten für die Unikatuhren denkbar.

Identifizierung der anzunehmenden schuldrechtlichen Beziehungen (Dealings). Der letzte Schritt auf der ersten Zuordnungsstufe ist die Identifizierung der *Dealings* (§ 1 Abs. 5 Satz 1 i. V. mit § 1 Abs. 4 Satz 1 Nr. 2 und § 16 Abs. 1 BsGaV):

Die Boutiquen müssen ihre Verkaufswaren wie eine Vertriebsgesellschaft einkaufen. Schuldrechtlich erwirbt zwar die Zeitgaist AG die Ware von den Produktionsgesellschaften, für Zwecke der steuerlichen Gewinnabgrenzung wird aber angenommen, dass die Betriebsstätten die Waren von der Zeitgaist AG zu fremdüblichen Konditionen einkaufen. Für die Inanspruchnahme des Schulungskonzeptes für Verkaufsmitarbeiter sowie für das Store-Konzept und den Verkaufsleitfaden müssen die Boutiquen die Zeitgaist AG fremdüblich vergüten. Gegebenenfalls wäre auch ein Nutzungs- bzw. Mietentgelt zu entrichtet, sofern die Zeitgaist AG den Betriebsstätten die 3D-Drucker und die Unikatuhren lediglich zur Nutzung überlässt.

Ermittlung der Verrechnungspreise für die anzunehmenden schuldrechtlichen Beziehungen (Dealings). Auf der zweiten Stufe der steuerlichen Gewinnabgrenzung ist eine Vergleichbarkeitsanalyse der Geschäftstätigkeit der Betriebsstätte durchzuführen (§ 1 Abs. 1 Satz 2 BsGaV). Diese dient dazu, fremdübliche Verrechnungspreise für die *Dealings* der Betriebsstätte mit anderen Unternehmensteilen zu ermitteln (§ 16 Abs. 2 BsGaV). Die Verrechnungspreise werden nach den anerkannten Verrechnungspreismethoden wie bei verbundenen Unternehmen ermittelt (siehe Kapitel 3):

Für die Ermittlung der Einkaufspreise der Uhren kommt die Wiederverkaufspreismethode in Betracht. Die fremdbliche Handelsspanne sollte dabei neben den laufenden Kosten der Betriebsstätte (z. B. Personalkosten), den Kosten für die Inanspruchnahme von Dienstleistungen der Zeitgaist AG (u. a. Inanspruchnahme des Schulungskonzeptes) auch berücksichtigen, dass die Uhren der Marke Smartgaist durch Individualisierung in den Boutiquen zum Teil veredelt werden. Die Anwendung der TNMM wäre ebenfalls denkbar. Die Preise für die internen Dienstleistungen der Zeitgaist AG können auf Basis der Kostenaufschlagsmethode ermittelt werden. Letztlich muss der auf diese Weise der Höhe nach abgegrenzte Gewinn im Einklang mit den durch die Betriebsstätte ausgeübten Funktionen und übernommen Risiken stehen. Den Boutiquen steht im Ergebnis also lediglich ein Routinegewinn zu.

Fazit. Den Betriebsstättengewinn abzugrenzen, indem ungeachtet des Zivilrechts für steuerliche Zwecke die weitgehende Selbstständigkeit der Betriebsstätte fingiert wird, mag zunächst befremdlich und die Zuordnungsregelungen im Detail sehr kompliziert erscheinen. Vom Ergebnis her betrachtet fügt sich die Gewinnabgrenzung nach dem AOA aber in die Verrechnungspreissystematik für verbundene Unternehmen ein, weil eine Betriebsstätte für Verrechnungspreiszwecke weitgehend wie eine Tochtergesellschaft behandelt wird. Die Boutiquen der Zeitgaist AG sind dementsprechend wie Vertriebstochtergesellschaften als Routineunternehmen einzustufen und entsprechend zu vergüten. Die Umsatzrentabilität der Boutiquen in New York und Paris von 25 %, die jene der Zeitgaist-Unternehmensgruppe bei weitem übertrifft, spiegelt diese Routinefunktion nicht wider und würde von der Betriebsprüfung sicherlich korrigiert werden.

Woran ist noch zu denken. Mit der Anwendung des § 1 Abs. 5 AStG und BsGaV sind besondere Dokumentationspflichten verbunden. Die Betriebsstättengewinnabgrenzung muss anhand einer sogenannten **Hilfs- und Nebenrechnung** dokumentiert werden (§ 3 BsGaV).

Bei **Betriebsstätten ohne maßgebliche Personalfunktion** (z. B. Wind-, Solarkraftanlagen usw.) ist insbesondere die Tz. 6a der VWG BsGa[6] zu beachten, die auf die Grundsätze der Textziffern 66 und 75 des OECD Betriebsstättenbericht verweist. Damit besteht die Möglichkeit, dass im Einzelfall auch einer solchen Betriebsstätte ein Gewinn zugerechnet werden kann.

Verhinderung von Doppelbesteuerung. Nach Auffassung der deutschen Finanzverwaltung erfolgt die Betriebsstättengewinnabgrenzung gem. § 1 Abs. 5 AStG und BsGaV in vielen Fällen, auch wenn Art. 7 Abs. 2 des einschlägigen DBA den AOA nicht vorsieht. Dies kann zu Doppelbesteuerung führen, wenn das Ausland den AOA nicht anwendet. Zur Vermeidung der Doppelbesteuerung enthält § 1 Abs. 5 Satz 8 AStG für diese Fälle eine Sonderreglung (hierzu ausführlich VWG BsGA, Tz. 424 ff.).

6 BMF. Schreiben v. 17.12.2019 - IV B 5 - S 1341/19/10010 :003, BStBl I 2020, S. 84.

Einkünftekorrekturvorschrift. Die Umsetzung des AOA im AStG erfolgte als Einkünftekorrekturvorschrift und ist nicht als allgemeine Gewinnabgrenzungsvorschrift zur Zuordnung von Gewinnen zu in- oder ausländischen Betriebsstätten für Zwecke der §§ 49 und 34d EStG zu verstehen. Eine Einkünftekorrektur nach § 1 Abs. 5 AStG i. V. mit BsGaV ist nur dann vorzunehmen, wenn die Aufteilung der Einkünfte zwischen der Betriebsstätte und dem übrigen Unternehmen nach dem Veranlassungsprinzip[7] zu niedrigeren inländischen Einkünften bzw. zu höheren ausländischen Einkünften führt.

14.3. Weiterführende Literatur

Collier/Vella, Five Core Problems in the Attribution of Profits to Permanent Establishments, World Tax Journal 2019 S. 159.

Kraft, in Kraft (Hrsg.), Außensteuergesetz, 2. Aufl., München 2019, § 1 Abs. 5 AStG.

Lang/Storck/Petruzzi (Hrsg.), Attribution of profits to permanent establishments, current developments, relevant issues and possible solutions, Series on International Tax Law, Vol. 118, Linde Wien 2020.

Oestreicher/Schnitger/Wellens, Gewinnabgrenzung nach dem Authorised OECD Approach (AOA), Otto Schmidt Köln 2020.

Petruzzi, Transfer Pricing, users' participation and profit attribution to digital permanent establishments: A case study, International Transfer Pricing Journal, Vol. 26 (2019), Nr. 2 S. 87.

Schwärzler, Using the capital allocation approach to attribute capital to a permanent establishment, International Transfer Pricing Journal, Vol. 24 (2017), Nr. 2 S. 97.

Theophilou, Attribution of profits to permanent establishments: Should the AOA be maintained as the OECDs Standard? International Transfer Pricing Journal, Vol. 27 (2020), Nr. 1 S. 36.

Wassermeyer/Andresen/Ditz, Betriebsstättenhandbuch – Gewinnermittlung und Besteuerung, 2. Aufl., Köln 2018.

7 BMF, Schreiben v. 24.12.1999 - IV B 4 - S 1300 - 111/99, BStBl 1999 I S. 1076.

15. Mitwirkungspflichten

15.1. Darstellung des Sachverhaltes

Die Zeitgaist AG und die Zeitgaist GmbH haben jeweils eine ordnungsgemäße Prüfungsanordnung gem. § 196 AO erhalten. Da auch die grenzüberschreitenden Geschäftsvorfälle zu nahestehenden Personen der Zeitgaist AG sowie der Zeitgaist GmbH geprüft werden sollen, wird im Rahmen der jeweiligen steuerlichen Außenprüfung eine vollumfassende sog. Verrechnungspreisdokumentation gem. § 90 Abs. 3 AO i. V. m. der GAufzV über alle einschlägigen Geschäftsvorfälle der Gesellschaften von der Finanzbehörde angefordert.

Ferner wird durch diese darauf hingewiesen, dass bei Verwendung von Datenbankstudien für die Angemessenheitsdokumentation nach § 90 Abs. 3 Satz 2 AO die Regelung des § 147 Abs. 6 AO zu beachten und entsprechend der Finanzbehörde ein Zugang zu diesen Datenbanken zu gewähren ist. Nach dem Erhalt der sog. Verrechnungspreisdokumentationen und deren Prüfung erbittet die Finanzbehörde auf Grund einiger nicht plausibler Angaben zu Risikoallokation Zugriff auf die von der Zeitgaist AG sowie Zeitgaist GmbH empfangenen und versandten (elektronischen) Handelsbriefe zur weiteren Aufklärung der Sachverhalte. Sofern die Handelsbriefe durch die Zeitgaist AG und die Zeitgaist GmbH elektronisch empfangen oder versandt wurden, genügt der Finanzbehörde zunächst die Vorlage eines entsprechenden Journals.

15.2. Diskussion und Lösung (Lars Wargowske)

Grundlegendes Problem. Die Steuerpflichtigen – hier die Zeitgaist AG und die Zeitgaist GmbH – treffen jeweils unterschiedliche Mitwirkungspflichten und zudem auch besondere Aufzeichnungspflichten. Diese gilt es im Einzelnen zu beachten.

Wo findet man was. Wesentliche Regelungen für die Aufzeichnung und damit auch für die sog. Verrechnungspreisdokumentation enthält die Verordnung zu Art, Inhalt und Umfang von Aufzeichnungen i. S. des § 90 Abs. 3 der Abgabenordnung (Gewinnabgrenzungsaufzeichnungs-Verordnung – „GAufzV"). Werden die in der GAufzV gemachten Vorgaben in der sog. Verrechnungspreisdokumentation berücksichtigt, so ist diese im Regelfall verwertbar. Weitere Hinweise finden sich in dem Schreiben betr. Mitwirkungspflichten bei Auslandssachverhalten vom 3. Dezember 2020, BMF IV B 5 - S 1341/19/10018:001, BStBl. I 2020, 1325 - Verwaltungsgrundsätze 2020 („VWG 2020") und dem Schreiben betr. Verwaltungsgrundsätze Verrechnungspreise; Grundsätze für die Korrektur von Einkünften gemäß § 1 AStG vom 14. Juli 2021, BMF IV B 5 - S 1341/19/10017:001; BStBl. I 2021, 1098, Verwaltungsgrundsätze Verrechnungspreise („VWG VP"), dort insbesondere in Kapitel V der Anlage 1.

15.2.1. Erweiterte Mitwirkungspflicht

Gemäß § 90 Abs. 2 Satz 1 AO unterfallen die inländischen Beteiligten, die Zeitgaist AG und die Zeitgaist GmbH, bei der Aufklärung eines steuerlichen Sachverhalts mit Auslandsbezug („Auslandssachverhalt") einer gegenüber der „einfachen" Mitwirkungspflicht – § 90 Abs. 1 AO – **erhöhten Mitwirkungspflicht,** VWG 2020 Rn. 9 ff. Dies ist geboten, weil anders eine gesetzmäßige und gleichmäßige Festsetzung und Erhebung der Steuern gem. § 85 Satz 1 AO bei einem Auslandssachverhalt nicht gewährleistet werden kann. Die (nationalen) Finanzbehörden sind insoweit durch das völkerrechtliche Territorialitätsprinzip grundsätzlich daran gehindert, auf fremdem Staatsgebiet hoheitlich zum Zwecke der Sachverhaltsaufklärung tätig zu werden. Die deutschen Finanzbehörden können hier weder in Frankreich, Südafrika, China, Mexiko, Myanmar, Rumänien, Singapur, den VAE, den USA, der Schweiz oder den Niederlanden eigene Ermittlungen vornehmen.

Damit haben die Zeitgaist AG und die Zeitgaist GmbH nicht nur die für die Besteuerung erheblichen Tatsachen vollständig und wahrheitsgemäß offenzulegen und die ihnen bekannten Beweismittel anzugeben – vgl. § 90 Abs. 1 AO –, sondern darüber hinaus auch den Sachverhalt in eigener Person aufzuklären und die erforderlichen **Beweismittel** im Ausland **zu beschaffen**, um so einem Beweisnotstand und strukturellen Besteuerungsdefiziten vorzubeugen; § 90 Abs. 2 Satz 1 AO. Dies verlangt aber gleichwohl weder von der Zeitgaist AG noch von der Zeitgaist GmbH, dass diese einen negativen Beweis führen.

Die erhöhte Mitwirkungspflicht besteht zunächst darin, dass die Zeitgaist AG und die Zeitgaist GmbH den jeweiligen Auslandssachverhalt in „eigener Person" aufklären muss. Dies verlangt eine **vollständige und wahrheitsgemäße Darstellung** des gesamten **besteuerungsrelevanten Sachverhalts** durch die Zeitgaist AG und die Zeitgaist GmbH und zwar unabhängig davon, ob sich die einzelnen Umstände und Tatsachen zu ihren Gunsten oder Ungunsten auswirken; VWG 2020 Rn. 9. Damit die Finanzbehörde die Angaben der Zeitgaist AG und der Zeitgaist GmbH überprüfen kann, sind diese Gesellschaften zudem auch verpflichtet, die entsprechenden Beweismittel erforderlichenfalls zu beschaffen. Es muss sich dabei um präsente Beweismittel handeln, die der Finanzbehörde zudem vorzulegen sind. Eine beispielsweise im Ausland lebende Auskunftsperson muss sich demnach der Finanzbehörde zur Einvernahme – § 93 Abs. 3 ff. AO – zur Verfügung stellen. Die bloße Benennung eines Beweismittels oder einer im Ausland lebenden Auskunftsperson genügt damit hingegen diesen Pflichten nicht.

§ 90 Abs. 2 Satz 2 AO verpflichtet die Zeitgaist AG und die Zeitgaist GmbH vor, während oder nach der Verwirklichung eines Auslandssachverhalts alle ihnen zustehenden rechtlichen und tatsächlichen Möglichkeiten auszuschöpfen, um ihrer erhöhten Mitwirkungs pflicht nach § 90 Abs. 2 Satz 1 AO nachzukommen; VWG 2020 Rn. 11 ff. Damit haben die Zeitgaist AG und die Zeitgaist GmbH den zur Aufklärung des Auslandssachverhalts und Beschaffung der erforderlichen Beweismittel im jeweiligen Einzelfall – das sind die jeweiligen Transaktionen – zumutbaren Aufwand zu betreiben. Der **Grundsatz der Verhältnismäßigkeit** ist stets zu wahren; VWG 2020 Rn. 5. Die Zeitgaist AG und die Zeitgaist GmbH sind aber auch zur Vorlage derjenigen Unterlagen eines Dritten – beispielsweise solcher der Zeitgaist Europe B.V in den Niederlanden – verpflichtet, auf deren Überlassung sie zwar keinen Rechtsanspruch haben, die sie sich aber mit zumutbarem Aufwand noch selbst beschaffen können.

Stellen ausländische Gesetze die **Erteilung bestimmter Auskünfte** an die Behörden anderer Staaten **unter Strafe** – dies könnte hier bei den schweizerischen Gesellschaften, der Zeitgaist Marken AG, der ScienceLab AG und der Schmiermittel AG der Fall sein –, entbindet dieses Verbot die Zeitgaist AG und die Zeitgaist GmbH dem Grunde nach gleichwohl nicht von ihren Mitwirkungspflichten gem. § 90 Abs. 2 AO gegenüber deutschen Finanzbehörden. Den ausländischen Verbots- und Strafgesetzen kommt völkerrechtlich insoweit kein Vorrang zu. Die sich daraus ergebende Pflichtenkollision ist jedoch von der deutschen Finanzbehörde im Rahmen ihres Ermessens zu berücksichtigen, da der Widerstreit der die Beteiligten treffenden Pflichten im Einzelfall die Verhältnismäßigkeit bzw. Zumutbarkeit der Verpflichtung zur Mitwirkung an der Sachverhaltsaufklärung beeinflussen kann.

Weist der maßgebliche Sachverhalt nur zum Teil einen Auslandsbezug auf, ist dies gleich wohl für die Anwendung von § 90 Abs. 2 AO ohne Belang.

Die erhöhte Mitwirkungspflicht gem. § 90 Abs. 2 Satz 1 AO wird zudem durch eine **Beweismittelvorsorgepflicht** ergänzt; § 90 Abs. 2 Satz 4 AO aF = § 90 Abs. 2 Satz 3 AO nF, VWG 2020 Rn. 14 ff. Weder die Zeitgaist AG noch die Zeitgaist GmbH können sich daher darauf berufen, einen entsprechenden Sachverhalt nicht aufklären oder Beweismittel nicht beschaffen zu können, wenn sie sich nach Lage des Falls bei der Gestaltung ihrer Verhältnisse die Möglichkeit dazu hätte beschaffen oder einräumen lassen können. Auch insoweit gilt es aber, dass im Einzelfall für die Zeitgaist AG und die Zeitgaist GmbH zumutbare Maß sowie die rechtliche und tatsächliche Möglichkeit der Vorsorge zu berücksichtigen. Die Zeitgaist AG und die Zeitgaist GmbH müssen demgemäß damit bereits beim Abschluss von Verträgen ihrer Beweismittelvorsorgepflicht Rechnung tragen und gegebenenfalls durch entsprechende vertragliche Regelungen den (späteren) Zugriff auf die erforderlichen Beweismittel sicherstellen. So müssen sie beispielsweise bei Geschäften mit den schweizerischen Gesellschaften – der Zeitgaist Marken AG, der ScienceLab AG und der Schmiermittel AG – vertragliche Vorsorge dafür tragen, dass diese schweizerischen Gesellschaften unabhängig von einer steuerlichen Außenprüfung in Deutschland die für den Nachweis der Verrechnungspreise notwendige Nachweise und Auskünfte auf vertraglicher Grundlage der Zeitgaist AG und der Zeitgaist GmbH zeitnah übermitteln.

§ 90 Abs. 2 Satz 3 AO aF. – anwendbar gemäß Art. 97 § 22 Abs. 4 EGAO für die Besteuerungszeiträume bis zum 31.12.2021 – knüpft an die erhöhte Mitwirkungspflicht der Zeitgaist AG und der Zeitgaist GmbH bei Auslandssachverhalten noch weitere Anforderungen, sofern diese über **Geschäftsbeziehungen zu Finanzinstituten** in sogenannten Steueroasen verfügen. Die Vorschrift hat mangels entsprechender Steueroasen jedoch keinen praktischen Anwendungsbereich. Ab dem 1.1.2022 enthält § 12 des Gesetzes zur Abwehr von Steuervermeidung und unfairem Steuerwettbewerb (Steueroasen-Abwehrgesetz – StAbwG) Regelungen zu gesteigerten Mitwirkungspflichten. Die Steuerhoheitsgebiete, welche insoweit nicht kooperative Steuerhoheitsgebiete sind, werden mittels der Verordnung zur Durchführung des § 3 des Steueroasen-Abwehrgesetzes (Steueroasenabwehrverordnung – StAbwV) bekannt gemacht.

Hinzuweisen ist hier vorsorglich auch noch darauf, dass sich überdies in den §§ 16, 17 Abs. 1 AStG **weitere spezielle Mitwirkungspflichten** finden.

15.2.2. Besondere Aufzeichnungspflicht

Gemäß § 90 Abs. 3 Satz 1 AO haben die Zeitgaist AG und die Zeitgaist GmbH als Steuerpflichtige über die Art und den Inhalt ihrer Geschäftsbeziehungen i. S. des § 1 Abs. 4 AStG Aufzeichnungen zu erstellen (**landesspezifische, unternehmensbezogene Dokumentation,** VWG 2020 Rn. 25 ff.). Diese gesonderte Aufzeichnungspflicht geht über die erhöhte Mitwirkungspflicht bei der Aufklärung von Auslandssachverhalten gem. § 90 Abs. 2 AO hinaus, da die Zeitgaist AG und die Zeitgaist GmbH diese Beweismittel nicht nur beschaffen und vorlegen müssen, sondern **selbst Aufzeichnungen zu erstellen haben**. Die Verwendung des Begriffs des Steuerpflichtigen in § 90 Abs. 3 AO statt desjenigen des Beteiligten i. S. von § 78 AO wie etwa in § 90 Abs. 2 AO hat dabei indes keine weitere inhaltliche Bedeutung.

Hat ein Steuerpflichtiger, so wie hier die Zeitgaist AG und die Zeitgaist GmbH, Aufzeichnungen i. S. des § 90 Abs. 3 Satz 1 AO für ein Unternehmen zu erstellen, das Teil einer multinationalen Unternehmensgruppe ist – hier der Zeitgaist Unternehmensgruppe –, so gehört gem. § 90 Abs. 3 Satz 3 AO zu den zu machenden Aufzeichnungen auch ein Überblick über die Art der weltweiten Geschäftstätigkeit der Zeitgaist Unternehmensgruppe und über die von ihr angewandte Systematik der Bestimmung der Verrechnungspreise (**Stammdokumentation**). Dies gilt allerdings dann nicht, wenn der Umsatz des

Unternehmens im vorangegangenen Wirtschaftsjahr weniger als 100 Mio. € betrug. Eine multinationale Unternehmensgruppe besteht insoweit aus mindestens zwei in verschiedenen Staaten ansässigen, i. S. des § 1 Abs. 2 AStG einander nahestehenden Unternehmen oder aus mindestens einem Unternehmen mit mindestens einer Betriebsstätte in einem anderen Staat; § 90 Abs. 3 Satz 4 AO. Die landesspezifische, unternehmensbezogene Dokumentation (*local file*) sowie die Stammdokumentation (*master file*) bilden grundsätzlich gemeinsam die sog. **Verrechnungspreisdokumentation**.

Gemäß § 90 Abs. 3 Satz 8 AO sind die Aufzeichnungen bei **außergewöhnlichen Geschäftsvorfällen** zeitnah zu erstellen. Geschäftsvorfälle erweisen sich dann als außergewöhnlich, wenn sie im Hinblick auf Art, Inhalt, Zweck, Umfang oder Risiko über das gewöhnliche Tagesgeschäft hinausgehen, deshalb Ausnahmecharakter haben und für die Höhe der Einkünfte des Steuerpflichtigen im Jahr des außergewöhnlichen Geschäftsvorfalls oder in der Zukunft von erheblicher Bedeutung sind. Aufzeichnungen zu „gewöhnlichen" Geschäftsvorfällen müssen hingegen nicht zeitnah erstellt werden und können somit auch erst nach Eingang des entsprechenden **Vorlageverlangens der Finanzbehörde** i. S. von § 90 Abs. 3 Satz 5 AO angefertigt werden.

Die Aufzeichnungspflicht umfasst neben der Darstellung der Geschäftsvorfälle (**Sachverhaltsdokumentation**, VWG 2020 Rn. 40 ff.) auch die wirtschaftlichen und rechtlichen Grundlagen für eine den Fremdvergleichsgrundsatz beachtende Vereinbarung von Bedingungen, insbesondere Preisen (Verrechnungspreisen), sowie insbesondere Informationen zum Zeitpunkt der Verrechnungspreisbestimmung, zur verwendeten Verrechnungspreismethode und zu den verwendeten Fremdvergleichsdaten (**Angemessenheitsdokumentation**, VWG 2020 Rn. 44 ff.). Die **GAufzV** regelt insoweit das Nähere:

Tabelle 52:	Überblick über die Inhalte der GAufzV
§ 1 GAufzV	Grundsätze der Aufzeichnungspflicht
§ 2 GAufzV	Art, Inhalt und Umfang der Aufzeichnungen
§ 3 GAufzV	Regelungen zur zeitnahen Erstellung von Aufzeichnungen bei außergewöhnlichen Geschäftsvorfällen
§ 4 GAufzV	Konkreter Inhalt der landesspezifischen, unternehmensbezogenen Dokumentation
§ 5 GAufzV	Bestimmungen für eine Stammdokumentation i. S. von § 90 Abs. 3 Satz 3 und 4 AO
§ 6 GAufzV	Anwendungsregelungen für kleinere Unternehmen und für Steuerpflichtige mit anderen als Gewinneinkünften

Zum Zwecke der Erstellung der sog. Verrechnungspreisdokumentation empfiehlt es sich, den konkreten Sachverhalt strukturiert zu hinterfragen. Hierfür bieten sich beispielsweis die folgenden Fragen an:

- Was sind die Schlüsselcharakteristika der Industrie, in der die Unternehmensgruppe tätig ist: Wettbewerbslandschaft, Profitabilität, Bedeutung von immateriellen Vermögenswerten? Was ist das einzigartige Verkaufsversprechen? Wer ist der typische Endkunde?
- Was sind die bedeutendsten grenzüberschreitenden Geschäftsbeziehungen innerhalb der Unternehmensgruppe?
- Wie ist die Hierarchie in der Unternehmensgruppe? Liegt also eine zentrale, dezentrale oder eher laterale Struktur vor?
- Welche Unternehmenseinheiten bestimmen tatsächlich die Preise für den Endkunden?
- Wie hoch ist das Volumen von unternehmensgruppeninternen Geschäftsbeziehungen?
- Wie hoch ist das Volumen von unternehmensgruppeninternen Geschäftsbeziehungen in Bezug auf bestimmte Transaktionsarten wie etwa Finanztransaktionen?
- Wie kann das Verrechnungspreismodell der Unternehmensgruppe beschrieben werden und welche Methoden werden vornehmlich angewandt? Gibt es eine einheitliche oder eine segmentierte Anwendung? Wird das Verrechnungspreissystem auch für andere als steuerliche Zwecke genutzt? Wird das Verrechnungspreissystem oder einzelne Transaktionen regulatorisch beeinflusst?
- Wurde das Verrechnungspreismodell innerhalb der letzten Jahre (bspw. innerhalb von drei oder fünf Jahren) verändert bzw. modifiziert? Gibt es dafür einen konkreten Anlass?
- Wie wird das Verrechnungspreismodell administriert? Wie wird es kontrolliert und überwacht? Wer hat die Entscheidungskompetenz?
- Wurden Vermögenswerte, insbesondere immaterielle Vermögenswerte, oder Funktionen innerhalb der letzten Jahre zwischen verbundenen Unternehmen verlagert, bspw. im Zuge von Umstrukturierungsmaßnahmen?
- Welche Unternehmen der Unternehmensgruppe erweisen sich als verlustträchtig?
- Ggf. über welchen Zeitraum und aus welchen Gründen?
- Welche immateriellen Werte stellen die Werttreiber des Geschäftsmodells dar? Welche Unternehmenseinheit hat diese entwickelt und welche ist rechtlicher Inhaber?

Die zunächst gemachten Aufzeichnungen sind zudem durch die Zeitgaist AG und die Zeitgaist GmbH auf Anforderung der Finanzbehörde zu ergänzen; vgl. § 90 Abs. 3 Satz 10 AO; VWG 2020 Rn. 66.

Die Aufzeichnungspflicht trifft diejenigen Steuerpflichtigen, welche Geschäftsbeziehungen i. S. des § 1 Abs. 4 AStG unterhalten, hier also die Zeitgaist AG und die Zeitgaist GmbH. Erfasst werden damit aber nur inländische Mutter- und Tochtergesellschaften, nicht jedoch ausländische Gesellschaften wie etwa die Zeitgaist Marken AG, die ScienceLab AG und die Schmiermittel AG in der Schweiz, oder die Zeitgaist Europe B.V in den Niederlanden. Dabei sind die jeweiligen nationalen Regelungen zu beachten. Eine Harmonisierung der sog. **Verrechnungspreisdokumentation** versucht die OECD in Kapitel V der OECD-TPG mittels entsprechender Empfehlungen zu erreichen. Für die jeweiligen nationalen Anforderungen sind diese Empfehlungen grundsätzlich unbeachtlich – siehe aber VWG VP Anlage 1 Kapitel V.

Die Finanzbehörde soll die Vorlage von Aufzeichnungen, also die Anforderung einer sog. Verrechnungspreisdokumentation, im Regelfall – so wie hier – nur für die Durchführung einer steuerlichen Außenprüfung i. S. von §§ 193 ff. AO verlangen; § 90 Abs. 3 Satz 5 AO; VWG 2020 Rn. 61. Ein Vorlageverlangen zu anderen Zwecken ist damit nicht ausgeschlossen, die Anforderung der Verrechnungspreisdokumentation ist dann jedoch gesondert zu begründen, ein schlichter Hinweis auf die gesetzliche Regelung genügt dann nicht mehr.

Die **tatsächliche Vorlage der sog. Verrechnungspreisdokumentation** durch die Zeitgaist AG und die Zeitgaist GmbH richtet sich nach § 97 AO. Im Falle der Vorlage in Form einer Wiedergabe auf einem Bildträger oder auf einem anderen Datenträger sind die Zeitgaist AG und die Zeitgaist GmbH gem. § 97 Abs. 2 Satz 2 AO i. V. m. § 147 Abs. 5 AO verpflichtet, auf jeweils ihre Kosten der Finanzbehörde diejenigen Hilfsmittel zur Verfügung zu stellen, die erforderlich sind, um die Unterlagen lesbar zu machen; auf Verlangen der Finanzbehörde haben die Zeitgaist AG und die Zeitgaist GmbH zudem die Unterlagen auf ihre Kosten unverzüglich ganz oder teilweise auszudrucken oder ohne Hilfsmittel lesbare Reproduktionen beizubringen; VWG 2020 Rn. 53.

Das Vorlageverlangen nach § 90 Abs. 3 Satz 5 AO ist nicht subsidiär. Es bedarf daher zuvor keines Ersuchens um Auskunft zu den Verrechnungspreisen an die Zeitgaist AG und die Zeitgaist GmbH. Die **Anforderung einer sog. Verrechnungspreisdokumentation ist** als Vorlageverlangen ein **Verwaltungsakt**. Dieser steht im pflichtgemäßen Ermessen der Finanzbehörde. Diese hat den Grundsatz der Verhältnismäßigkeit zu beachten. Gegen das Vorlageverlangen könnte von der Zeitgaist AG und der Zeitgaist GmbH Einspruch eingelegt werden. Gegebenenfalls müsste durch diese zudem auch noch eine **Aussetzung der Vollziehung** beantragt werden; vgl. § 361 Abs. 2 AO.

Die Vorlage der sog. Verrechnungspreisdokumentation durch die Zeitgaist AG und die Zeitgaist GmbH selbst hat dann gem. § 90 Abs. 3 Satz 7 AO innerhalb einer **Frist von 60 Tagen** zu erfolgen; VWG 2020 Rn. 63 ff. Soweit Aufzeichnungen über **außergewöhnliche Geschäftsvorfälle** vorzulegen wären, beträgt gem. § 90 Abs. 3 Satz 8 AO die **Frist 30 Tage**. Gemäß § 90 Abs. 3 Satz 9 AO kann in begründeten Einzelfällen die Vorlagefrist verlängert werden. Die Entscheidung über eine Fristverlängerung steht dabei im pflichtgemäßen Ermessen der Finanzbehörde; § 5 AO. Die verspätete Vorlage wie auch die Nichtvorlage bzw. Vorlage unverwertbarer Aufzeichnungen führt grundsätzlich zur **Erhebung eines Zuschlags** gem. § **162 Abs. 4 AO**. Verletzt ein Steuerpflichtiger seine Mitwirkungspflichten nach § 90 Abs. 3 dadurch, dass er keine Aufzeichnungen über einen Geschäftsvorfall vorlegt, oder sind die über einen Geschäftsvorfall vorgelegten Aufzeichnungen im Wesentlichen unverwertbar oder wird festgestellt, dass der Steuerpflichtige Aufzeichnungen i. S. des § 90 Abs. 3 Satz 8 AO nicht zeitnah erstellt hat, ist grundsätzlich eine **Schätzung auch gem.** § 162 Abs. 3 AO möglich; VWG 2020 Rn. 80 ff.

15.2.3. Mitwirkungspflichten im Rahmen der steuerlichen Außenprüfung

Die vorgenannten Pflichten gelten für die Zeitgaist AG und die Zeitgaist GmbH insbesondere auch im Rahmen der steuerlichen Außenprüfung; vgl. § 200 Abs. 1 Satz 1 f. AO, VWG 2020 Rn. 3. Damit liegt es letztlich so, dass die Zeitgaist AG und die Zeitgaist GmbH auch bei der Vorlage einer den Anforderungen genügenden sog. Verrechnungspreisdokumentation (weiteren) Mitwirkungs- und Auskunftspflichten gem. § 200 Abs. 1 Satz 1 f. AO i. V. m. § 90 Abs. 1 und 2 AO während der steuerlichen Außenprüfung genügen müssen; VWG 2020 Rn. 3.

Eine steuerliche Außenprüfung eröffnet gem. § 147 Abs. 6 AO zudem auch die Möglichkeit des **Zugriffs auf die elektronischen Daten** der Zeitgaist AG und der Zeitgaist GmbH, welche diese mittels eines Datenverarbeitungssystems verarbeiten. Demgemäß haben sie, die Zeitgaist AG und die Zeitgaist GmbH die Finanzbehörde bei Ausübung ihrer Befugnisse nach § 147 Abs. 6 AO zu unterstützen; § 200 Abs. 1 Satz 2 AO; VWG 2020 Rn. 3. § 4 Abs. 3 Satz 4 GAufzV enthält zudem einen ausdrücklichen Hinweis auf § 147 Abs. 6 AO.

Der Datenzugriff kann in den folgenden Formen erfolgen:

Tabelle 53: Formen des Datenzugriffs

Bezeichnung	Zugriffsform	Rechtsgrundlage
Z 1 – Zugriff	Nutzung des Datenverarbeitungssystems der Zeitgaist AG und der Zeitgaist GmbH zur Prüfung	§ 147 Abs. 6 Satz 1 AO
Z 2 – Zugriff	Maschinelle Auswertung der Daten durch die Zeitgaist AG und die Zeitgaist GmbH nach den Vorgaben der Finanzbehörde	§ 147 Abs. 6 Satz 2 1. Mod. AO
Z 3 – Zugriff	Zur Verfügung stellen der gespeicherten Unterlagen und Aufzeichnungen auf einem maschinell verwertbaren Datenträger durch die Zeitgaist AG und die Zeitgaist GmbH	§ 147 Abs. 6 Satz 2 2. Mod. AO
Befinden sich die Daten der Zeitgaist AG und die Zeitgaist GmbH im Inland bei einem Dritten, so hat der Dritte		
Z 4.1 – Zugriff	der Finanzbehörde Einsicht in die für die Zeitgaist AG und die Zeitgaist GmbH gespeicherten Daten zu gewähren	§ 147 Abs. 6 Satz 3 Nr. 1 AO
Z 4.2 – Zugriff	diese Daten nach den Vorgaben der Finanzbehörde maschinell auszuwerten	§ 147 Abs. 6 Satz 3 Nr. 2 AO
Z 4.3 – Zugriff	ihr die für die Zeitgaist AG und die Zeitgaist GmbH gespeicherten Unterlagen und Aufzeichnungen auf einem maschinell verwertbaren Datenträger zur Verfügung zu stellen	§ 147 Abs. 6 Satz 3 Nr. 3 AO

Damit ist ein Ferndatenzugriff beim Z 1 – Zugriff oder aber auch die Nutzung einer Cloud sowohl bei der Zeitgaist AG als auch der Zeitgaist GmbH durch die Finanzbehörde im Rahmen des Z 3 – Zugriffs grundsätzlich nicht möglich. Ferner gibt es keinen Anspruch auf eine umfassende technische Kompatibilität der durch die Zeitgaist AG und die Zeitgaist GmbH im Rahmen des Z 3 – Zugriffs überlassenen Daten. Diese Daten müssen aber mit verhältnismäßigem Aufwand durch die Finanzbehörde auswertbar sein.

Die **Anordnung des** im Ermessen der Finanzbehörde stehenden **Datenzugriffs** erfolgt durch gesonderten Verwaltungsakt. Der Umfang des Datenzugriffs bestimmt sich nach der Aufbewahrungspflicht i. S. von § 147 Abs. 1 AO. Diese ist von der Aufzeichnungspflicht abhängig; § 146 AO. Ein Zugriffsrecht besteht daher nur auf alle nach § 146 AO aufzeichnungspflichtigen und damit nach § 147 Abs. 1 AO aufbewahrungspflichtigen Daten.

Der Begriff der **Bücher und Aufzeichnungen** in § 147 Abs. 1 Nr. 1 AO geht dabei über die Buchführung im engeren Sinn hinaus und erfasst alle Aufzeichnungen, die für steuerliche

Zwecke vorzunehmen sind. Es muss sich daher nicht um Handelsbücher im Sinne des HGB handeln. Maßgeblich ist nicht die Form der Aufzeichnung, sondern deren Inhalt. Damit erfasst § 147 Abs. 1 Nr. 1 AO auch die gem. § 90 Abs. 3 AO durch die Zeitgaist AG und die Zeitgaist GmbH gemachten Aufzeichnungen. Sind diese Aufzeichnungen mittels eines Datenverarbeitungssystems verarbeitet, so unterfallen sie dem Datenzugriff gem. §§ 147 Abs. 6 und 1; 146 Abs. 1 Satz 1 AO i. V. m. § 90 Abs. 3 AO.

Die Finanzbehörde kann im Wege des Datenzugriffs aber auch noch auf weitere Daten zugreifen. So insbesondere auf die Finanzbuchhaltung, die Lohn- und Anlagenbuchhaltung, die Nebensysteme der EDV-Buchführung, vorgelagerte Systeme, Warenwirtschaftssysteme (ERP-Systeme) und die Kostenstellenrechnung der Zeitgaist AG und der Zeitgaist GmbH.

Dies bedeutet, dass die Finanzbehörde eigens auch das Recht hat, **Einsicht in die für die Erstellung einer Datenbankstudie** notwendigen, bei der Zeitgaist AG und/oder der Zeitgaist GmbH oder einem Dritten gespeicherten Daten zu nehmen und das jeweilige Datenverarbeitungssystem zur Prüfung dieser Daten zu nutzen. Die Finanzbehörde kann es aber auch verlangen, dass diese Daten nach ihren Vorgaben maschinell ausgewertet oder ihr die gespeicherten Unterlagen und Aufzeichnungen auf einem maschinell verwertbaren Datenträger zur Verfügung gestellt werden; § 147 Abs. 6 AO.

Genügen die Daten der Zeitgaist AG bzw. der Zeitgaist GmbH nicht, um eine hinreichende Prüfung durchführen zu können – die Finanzbehörde braucht sich eigens auch nicht auf indirekten Kontrollverfahren verweisen zu lassen – und befinden sich bei einem Auslandssachverhalt die für die Prüfung benötigten Daten im Ausland – etwa bei der Zeitgaist Europe B. V. in den Niederlanden –, so müssen die Zeitgaist AG und die Zeitgaist GmbH diese benötigten Daten – es handelt sich bei diesen schließlich um taugliche Beweismittel – beschaffen; § 90 Abs. 2 AO. Sobald die Zeitgaist AG und/oder die Zeitgaist GmbH oder ein Dritter im Inland über diese Daten dann verfügt, kann die Finanzbehörde auf diese zum Zwecke der Prüfung wiederum gem. § 147 Abs. 6 AO zugreifen. Werden die benötigten Daten nicht zur Verfügung gestellt, wirken letztlich die Zeitgaist AG und die Zeitgaist GmbH nicht genügend mit. Dies führt zu einer **Schätzungsbefugnis der Finanzbehörde** gem. § 162 Abs. 1, Abs. 2 Satz 2 1. Mod. AO; VWG 2020 Rn. 76 ff. Insoweit ist es unerheblich, warum die Zeitgaist AG und/oder die Zeitgaist GmbH die Daten nicht zur Verfügung stellen kann, namentlich, ob sie hieran ein Verschulden trifft. Wollen die Zeitgaist AG und die Zeitgaist GmbH die Daten nicht zur Verfügung stellen, so gilt nichts anderes. Die Zeitgaist AG und die Zeitgaist GmbH tragen allein das **Beweisrisiko**. Auf die Unmöglichkeit der Vorlage der angeforderten Unterlagen und Daten können sich die Zeitgaist AG und die Zeitgaist GmbH nur dann berufen, wenn diese Unmöglichkeit die Finanzbehörden oder die Finanzgerichte zu verantworten haben. Insoweit ist auch nochmals auf die **Beweisvorsorgepflicht** der Zeitgaist AG und der Zeitgaist GmbH gem. § 90 Abs. 2 Satz 4 AO aF = § 90 Abs. 2 Satz 3 AO nF zu verweisen.

Die Zeitgaist AG und die Zeitgaist GmbH haben damit zum einen die Pflicht, eine verwertbare sog. Verrechnungspreisdokumentation rechtzeitig bei der Finanzbehörde vorzulegen und zum anderen treffen sie die Mitwirkungspflichten bei der Prüfung „der" Verrechnungspreise im Rahmen der steuerlichen Außenprüfung.

Selbst wenn also die Zeitgaist AG und/oder die Zeitgaist GmbH ihren Pflichten gem. § 90 Abs. 3 AO i. V. m. der GAufzV durch die rechtzeitige Vorlage einer (an sich) verwertbaren sog. Verrechnungspreisdokumentation nachkommen, können sie sich aber in dem Maße, wie sie bei der Prüfung der Verrechnungspreise durch die Finanzbehörde nicht genügend mitwirken, einer **Schätzungsbefugnis der Finanzbehörde** gem. § 162 Abs. 1, Abs. 2 Satz 2 1. Mod. AO ausgesetzt sehen; VWG 2020 Rn. 76 ff.

Wirken die Zeitgaist AG und die Zeitgaist GmbH indes bei der steuerlichen Außenprüfung genügend mit und ergibt es sich aber, dass sich an Hand der sog. Verrechnungspreisdokumentation die Sachverhalte die die Zeitgaist AG und/oder die Zeitgaist GmbH tatsächlich verwirklichten nicht ermitteln lassen oder ist die Angemessenheit des Verrechnungspreises völlig unzutreffend bestimmt worden, so erweist sich die sog. **Verrechnungspreisdokumentation als unverwertbar**. Damit ist grundsätzlich – unter Beachtung von § 162 Abs. 4 Satz 5 f. AO – die Festsetzung eines Zuschlags gem. § 162 Abs. 4 AO geboten; VWG 2020 Rn. 80 ff. Ob eine Schätzung in solch einem Fall zu erfolgen hat, ist eine Frage des Einzelfalls.

§ 162 Abs. 1 Satz 1 AO bestimmt insoweit ausdrücklich, dass, soweit die Finanzbehörde die Besteuerungsgrundlagen nicht ermitteln oder berechnen kann, sie sie zu schätzen hat. Die Finanzbehörde ist damit zunächst und vor allem dazu verpflichtet, die Besteuerungsgrundlagen zu ermitteln und zu berechnen. Erst wenn dies der Finanzbehörde nicht gelingt, hat sie eine Schätzung vorzunehmen. Die Feststellung dessen, dass die sog. Verrechnungspreisdokumentation unverwertbar ist, führt nicht „automatisch" zu einer Schätzung. Vielmehr gilt es für die Finanzbehörde, zunächst Ermittlungen mit der Zielrichtung aufzunehmen, die Besteuerungsgrundlagen zu ermitteln oder berechnen zu können.

Deshalb ist es für die Zeitgaist AG und die Zeitgaist GmbH von erheblicher Bedeutung, dass die Finanzbehörde im Rahmen der steuerlichen Außenprüfung die Recherche der Zeitgaist AG und der Zeitgaist GmbH in den Datenbanken unter denselben Voraussetzungen wie eben die Zeitgaist AG und die Zeitgaist GmbH selbst vornehmen kann. Nur dies ermöglicht eine rasche und einfache Reproduzierbarkeit des durch die Zeitgaist AG und die Zeitgaist GmbH gefundenen Ergebnisse und damit deren zeitgerechte Prüfung.

§ 4 Abs. 3 GAufzV enthält demgemäß einen Hinweis auf die hier beschriebene Verbindung von Aufzeichnungspflicht gem. § 90 Abs. 3 AO und Mitwirkungspflichten gem. §§ 90 Abs. 1 und 2, 200 Abs. 1 AO. Bei § 4 Abs. 3 GAufzV geht es vor allem darum, dem Steuerpflichtigen – hier der Zeitgaist AG und der Zeitgaist GmbH – die Nachweismöglichkeiten für den von ihnen bestimmten Verrechnungspreis zu erweitern und gleichzeitig eine effiziente und effektive Prüfung der Verrechnungspreise durch die Finanzbehörden zu ermöglichen.

Grundsätzliche Überlegungen **zur Lösung des Falles**. Da die Zeitgaist AG und die Zeitgaist GmbH **zum Nachweis der Angemessenheit der Verrechnungspreise auf Datenbankanalysen zurückgegriffen** haben (siehe auch Kapitel 7), mussten sie auch noch Folgendes in ihren jeweiligen Verrechnungspreisdokumentationen aufnehmen:

- Angabe der Datenbank (Name, Anbieter, Version, Medium, Lizenzzeitraum);
- Kriterien des Datenbankanbieters für die Aufnahme der Unternehmensdaten in die Datenbank;
- Allgemeine Beschreibung der insgesamt in der Datenbank enthaltenen Unternehmensdaten;
- Erläuterung der in der Datenbank verwendeten Gliederung der Gewinn- und Verlustrechnung sowie der Bilanz (Gesamtkostenverfahren, Umsatzkostenverfahren);
- die Auswahlschritte und die Gründe für deren Anwendung vor dem Hintergrund des Funktions- und Risikoprofils des geprüften Unternehmens;
- Erläuterung der in der Datenbank zugrunde gelegten Branchenklassifizierung und Begründung für die ausgewählte Branche;
- Erläuterung ggf. vorgenommener Anpassungsrechnungen;
- Erläuterung hilfsweise eingesetzter Berechnungsmodelle und Softwareprogramme (z. B. CAPM-Modell, Regressionsanalyse);
- Benennung aller Unternehmen, die im Rahmen eines manuellen Auswahlverfahrens, d. h. aufgrund subjektiver Beurteilung (sog. **qualitatives Screening**), ausgeschieden wurden. Außerdem sind die jeweiligen Gründe für das Ausscheiden darzulegen.

Hier dürften sich die Verrechnungspreisdokumentationen die Zeitgaist AG und die Zeitgaist GmbH jedenfalls als noch verwertbar erweisen, so dass sowohl ein Zuschlag gem. § 162 Abs. 4 AO als auch eine Schätzung gem. § 162 Abs. 1 bis 3 AO ausscheidet.

Die Finanzbehörde stellte schließlich fest, dass die von der Zeitgaist AG sowie der Zeitgaist GmbH vorgelegten Verrechnungspreisdokumentationen einige nicht plausible Angaben zu Risikoallokation enthielten. Es gibt daher also Zweifel, welcher Sachverhalt tatsächlich verwirklicht wurde, mithin, wer also in der Unternehmensgruppe ein bestimmtes Risiko durch seine Entscheidungen tatsächlich trug. Um festzustellen, wer in welchem Unternehmen in der Unternehmensgruppe tatsächlich bestimmt Risikoentscheidungen traf und damit eine bestimmte Funktion wahrnahm, will die Finanzbehörde **Zugriff auf die** von der Zeitgaist AG sowie der Zeitgaist GmbH empfangenen und versandten **(elektronischen) Handelsbriefe** nehmen; vgl. VWG 2020 Rn. 13. Dies unternimmt die Finanzbehörde regelmäßig dann, wenn es dem Steuerpflichtigen nicht mehr möglich ist, die entsprechende Funktion in der Unternehmensgruppe sicher zu identifizieren. Es geht dabei also um das Auffinden versteckter Funktionen, wenn dies auf einem anderen Weg nicht oder nur schwer möglich ist.

Ein **Handelsbrief** gemäß § 147 Abs. 1 Nr. 2 und 3 AO meint die Korrespondenz des Kaufmanns. Es handelt sich um ein „Schriftstück", welches der Vorbereitung, Durchführung, dem Abschluss oder der Rückgängigmachung eines Handelsgeschäfts dient. Dies sind zum Beispiel Aufträge, Auftragsbestätigungen, Lieferscheine, Frachtbriefe, Rechnungen, Reklamationen samt Stellungnahmen, Gutschriften, Zahlungsbelege, Überweisungsträger, Kontoauszüge und -abschlüsse, Barquittungen, Verträge usw. „Briefe" in diesem Sinne sind nicht nur Briefe im herkömmlichen Sinne, sondern auch – VWG 2020 Rn. 13:

- Fernschreiben,
- Telefax
- Telegramme,
- **E-Mails** und
- andere **durch Datenfernübertragung übermittelte Nachrichten** wie etwa in E-Rooms, in Clouds, über WhatsApp, Telegram, HangOut usw.

Mittels der Handelsbriefe, auf welche als solches im Rahmen der steuerlichen Außenprüfung im Übrigen ohne Weiteres durch die Finanzbehörde zugegriffen werden kann – § 147 Abs. 1 Nr. 2 und 3 AO i. V. m. § 147 Abs. 6 AO –, lässt es sich innerhalb einer Unternehmensgruppe mittels einer **Netzwerkanalyse** ermitteln, in welchem Unternehmen durch wen tatsächlich die maßgeblichen Funktionen ausgeübt bzw. Entscheidungen getroffen, also letztlich die Risiken getragen und kontrolliert wurden (siehe Kapitel 2). Dafür genügt es im Falle, dass die Handelsbriefe elektronisch vorliegen, zunächst den Datenzugriff entsprechend anzuordnen und in der Folge zunächst nur die entsprechenden E-Mail-Journale auszuwerten; sind E-Mail-Journale nicht vorhanden, so kann deren Erstellen mittels eines Z 2 – Zugriffs angeordnet werden. Schon anhand dieser Journale können die wirklichen Netzwerke, also die tatsächlichen jeweiligen Informationsflüsse und die dazugehörigen Akteure in den einzelnen verbundenen Unternehmen zeitbezogen ermittelt werden. Ebenfalls kann so die Identifikation von relevanter Geschäftspost im Konkreten erreicht werden. Ein effektiver **Abgleich des Lebenssachverhalts mit der Sachverhaltsdokumentation** i. S. von § 90 Abs. 3 Satz 2 AO vermag auf diesem Wege gelingen.

Fazit. Sowohl die Zeitgaist AG als auch die Zeitgaist GmbH kamen bisher grundsätzlich den sie treffenden Pflichten nach, so dass sowohl ein Zuschlag gem. § 162 Abs. 4 AO als auch eine Schätzung gem. § 162 Abs. 1 bis 3 AO hier dann ausscheidet, wenn sowohl durch Zeitgaist AG als auch die Zeitgaist GmbH auch noch die abgesandten und empfangenen Handelsbriefe bzw. die entsprechenden elektronischen Journale der Finanzbehörde vorgelegt werden.

Dieses Wechselspiel von Aufzeichnungs- und Mitwirkungspflichten auf Seiten des Steuerpflichtigen erweist sich in der Praxis durchaus als streitanfällig, weil es im Einzelfall auf Grund der unterschiedlichen Perspektiven oftmals nicht gänzlich offenbar ist, auf Grund welcher Pflichten der Steuerpflichtige von der Finanzbehörde jeweils in Anspruch genommen wird. Da es sich bei Verrechnungspreisen um Auslandssachverhalte handelt, ist der Pflichtenkreis des Steuerpflichtigen im Rahmen der steuerlichen Außenprüfung allerdings durchaus weit. Idealerweise entwickelt sich im Rahmen der steuerlichen Außenprüfung ein **Dialog zwischen dem Steuerpflichtigen und der Finanzbehörde**, welcher die entsprechenden Positionen vermittelt.

Woran ist noch zu denken. Die **Nutzung von Datenbanken** zum Nachweis der Angemessenheit eines Verrechnungspreises kann mit erheblichen tatsächlichen Risiken für den Steuerpflichtigen verbunden sein. Sofern sich als eine andere, ebenso praktikable Methode des Nachweises finden lässt, sollte auf diese ausgewichen werden, wenn sich dadurch tatsächlich die Risiken für den Steuerpflichtigen real minimieren lassen.

Zwar besteht keine Verpflichtung, eine sog. Verrechnungspreisdokumentation „auf Vorrat“, also ohne ein Vorlageverlangen der Finanzbehörde zu erstellen, doch zeigt die Praxis, dass die nachträgliche Erstellung einer Dokumentation für vergangene Jahre sich durchaus als außerordentlich schwierig erweisen kann. Dies insbesondre dann, wenn sich die Struktur der beteiligten Unternehmen sich zwischenzeitlich änderte und deshalb die einzelnen Transaktionen nicht mehr wie zuvor durchgeführt werden. Zudem sind oftmals die (damaligen) wesentlichen Entscheidungs- und Wissensträger nicht mehr in der maßgeblichen Position in den Unternehmen tätig. Es ist daher ratsam, zumindest **eine Stammdokumentation zeitnah anzufertigen** und **für namhafte Transaktionen geeignete Vorbereitungen** zu treffen.

15.3. Weiterführende Literatur und Rechtsprechung

Ditz/Bärsch/Engelen, Die neuen Pflichten zur Dokumentation von Verrechnungspreisen nach dem Regierungsentwurf des Anti-BEPS-Umsetzungsgesetzes v. 13.7.2016, IStR 2016 S. 789.

Ditz/Quilitzsch, Die Änderungen im internationalen Steuerrecht durch das Anti-BEPS-Umsetzungsgesetz, DStR 2017 S. 281.

Hahlweg, § 90 AO Rn. 16 ff., in Koenig (Hrsg.), AO, 4. Aufl., 2021.

Kobor, in Pfirrmann/Rosenke/Wagner, BeckOK AO, 18. Edition, Stand: 05.10.2021, § 90 Rn. 25 ff.

Rätke, in Klein, AO, 15. Aufl., 2020, § 90 AO Rn. 21 ff.

Rasch/Leherpeur Das Ende der Nutzung von Datenbanken zum Nachweis der Fremdüblichkeit?, beck.digitax 2021 S. 251.

Schreiber, Deutsche Maßnahmen gegen Gewinnverlagerungen bzw. Gewinnkürzungen – Informationsaustausch und Verschärfung der Dokumentationspflichten als Mittelpunkt des sog. „Anti BEPS-Umsetzungsgesetzes“ (Entwurf vom 31.05.2016), DB 2016 S. 1456.

Schreiber/Greil, Das „Anti-BEPS-Umsetzungsgesetz“ – Erläuterungen zu ausgewählten verrechnungspreisspezifischen Neuregelungen im „Gesetz zur Umsetzung der Änderungen der EU-Amtshilferichtlinie und von weiteren Maßnahmen gegen Gewinnkürzungen und -verlagerungen“, DB 2017 S. 10.

Seer, in Tipke/Kruse (Hrsg.), AO/FGO, 168. Lfg., Stand: 11.2021, § 90 AO.

Söhn, in Hübschmann/Hepp/Spitaler (Hrsg.), AO/FGO, 266. Lfg., Stand: 11.2021, § 90 AO.

Treidler, Transfer Pricing in One Lesson, Springer, 2020.

Wargowske/Greil, Digitale steuerliche Außenprüfung, FR 2019 S. 608.

Wargowske/Greil Zur Prüfung von Verrechnungspreisen bei der Nutzung von Datenbanken zum Nachweis der Fremdüblichkeit, beck.digitax 2021 S. 103.

BMF, Schreiben betr. Mitwirkungspflichten bei Auslandssachverhalten vom 3. Dezember 2020, IV B 5 - S 1341/19/10018:001, BStBl. I 2020, 1325 - Verwaltungsgrundsätze 2020.

BMF, Schreiben betr. Verwaltungsgrundsätze Verrechnungspreise; Grundsätze für die Korrektur von Einkünften gemäß § 1 AStG vom 14. Juli 2021, BMF IV B 5 - S 1341/19/10017:001; BStBl. I 2021, 1098 - Verwaltungsgrundsätze Verrechnungspreise.

FG Baden-Württemberg, Urteil v. 27.10.1970 - III 7, 8/69, EFG 1971 S. 106.

FG Düsseldorf, Urteil v. 8.10.1980 - XV/X 16/75 K, EFG 1981 S. 148.

FG Hamburg, Urteil v. 30.11.2001 - III 101/01, EFG 2002 S. 881.

FG Hessen, Urteil v. 24.5.2013 - 1 K 139/09, EFG 2013 S. 1682.

BFH, Urteil v. 12.7.1974 - III R 116/72, BStBl II 1975 S. 25.

BFH, Urteil v. 21.1.1976 - I R 234/73, BStBl II 1976 S. 513.

BFH, Urteil v. 20.1.1978 - VI R 193/74, BStBl II 1978 S. 338.

BFH, Urteil v. 16.4.1980 - I R 75/78, BStBl II 1981 S. 492.

BFH, Urteil v. 14.5.1982 - VI R 266/80, BStBl II 1982 S. 772.

BFH, Urteil v. 13.3.1985 - I R 7/81, BStBl II 1986 S. 318.

BFH, Urteil v. 19.6.1985 - I R 109/82, BFH/NV 1986 S. 249.

BFH, Urteil v. 3.6.1987 - III R 205/81, BStBl II 1987 S. 675.

BFH, Urteil v. 1.7.1987 - I R 284 - 286/83, BFH/NV 1988 S. 12.

BFH, Urteil v. 26.2.1992 - I R 155/90, BFH/NV 1992 S. 581.

BFH, Beschluss v. 16.9.1993 - IV B 50/93, BFH/NV 1994 S. 449.

BFH, Urteil v. 18.2.1997 - VIII R 33/95, BStBl II 1997 S. 499.

BFH, Beschluss v. 29.3.2000 - X B 95/99, BFH/NV 2000 S. 1222.

BFH, Urteil v. 12.10.2000 - VIII B 141/99, BFH/NV 2001 S. 463.

BFH, Urteil v. 10.5.2001 - I S 3/01, BFH/NV 2001 S. 957.

BFH, Urteil v. 17.10.2001 - I R 103/00, BStBl II 2004 S. 171.

BFH, Urteil v. 2.12.2004 - III R 49/03, BStBl II 2005 S. 483.

BFH, Beschluss v. 14.3.2006 - I B 198/04, BFH/NV 2006 S. 2078.

BFH, Urteil v. 31.5.2006 - II R 66/04, BStBl II 2007 S. 49.

BFH, Beschluss v. 6.6.2006 - XI B 162/05, BFH/NV 2006 S. 1785.

BFH, Beschluss v. 24.10.2006 - XI B 112/05, BFH/NV 2007 S. 201.

BFH, Beschluss v. 3.4.2007 - VIII B 60/06, BFH/NV 2007 S. 1341.

BFH, Beschluss v. 19.12.2007 - X B 34/07, BFH/NV 2008 S. 597.

BFH, Beschluss v. 18.2.2008 - II B 109/06, BFH/NV 2008 S. 1163.

BFH, Beschluss v. 10.10.2008 - VIII B 20 - 22/08, BFH/NV 2009 S. 183.

BFH, Beschluss v. 19.2.2009 - II B 120/08, BFH/NV 2009 S. 965.

BFH, Beschluss v. 12.2.2010 - VIII B 192/09, BFH/NV 2010 S. 833.

BFH, Beschluss v. 18.12.2012 - I B 99/12, BFH/NV 2013 S. 728.

16. Country-by-Country Reporting

16.1. Darstellung des Sachverhaltes

Die Zeitgaist Commodity WFOE unterliegt im Jahr 2022 in China einer Betriebsprüfung. Die Betriebsprüfer vor Ort verlangen den Country-by-Country Report für das Jahr 2021 von der Gesellschaft. Die Reports der Jahre 2019 und 2020 liegen den Betriebsprüfern hingegen vor. Der Geschäftsführer der Gesellschaft wird damit konfrontiert, dass die Zeitgaist Commodity WFOE auf Basis der vorliegenden Daten hätte viel rentabler sein müssen. Die lokale Betriebsprüfung kündigt daher eine Verrechnungspreiskorrektur an.

16.2. Diskussion und Lösung

Grundsätzliche Überlegungen. Im Rahmen des Base Erosion and Profit Shifting (BEPS)-Projekts der OECD/G20 (hier: Aktionspunkt 13) wurde ein neuer dreistufiger Mindeststandard für die Verrechnungspreisdokumentation[1] eingeführt (vgl. Tz. 5.16. ff. OECD-TPG). Neben dem Master File sowie dem Local File (siehe Kapitel 15) ist von bestimmten meldepflichtigen Unternehmen auf jährlicher Basis ein sog. Country-by-Country Report (CbCR) bzw. länderbezogener Bericht zu erstellen und an die zuständigen Finanzbehörden zu übermitteln. Gegenwärtig (Januar 2021) haben über 100 Jurisdiktionen entsprechende Vorschriften zur Erstellung und Übermittlung des CbCR eingeführt,[2] darunter auch Deutschland und China.

Seinem Sinn und Zweck gemäß soll der CbCR standardisierte Informationen „hinsichtlich der weltweiten Verteilung der Einkünfte und der entrichteten Steuern des multinationalen Konzerns sowie bestimmte Indikatoren für die Orte wirtschaftlicher Tätigkeit innerhalb des multinationalen Konzerns“ bereitstellen (Tz. 5.16. OECD-TPG). Der CbCR soll die Finanzbehörden befähigen, potenzielle „BEPS-Risiken“ innerhalb einer Unternehmensgruppe zu identifizieren; er ist mithin ein Risikoanalyseinstrument.

Es besteht indessen ein weltweiter Konsens, dass der CbCR nur eine erste und mithin oberflächliche Risikobetrachtung zulässt. Der CbCR kann und soll keine eingehende Verrechnungspreisanalyse mitsamt einer Funktions- und Risikoanalyse ersetzen. Folglich ist es unzulässig, eine Verrechnungspreiskorrektur allein auf den CbCR zu stützen (siehe im Einzelnen: OECD, Leitlinien zur sachgemäßen Verwendung von in länderbezogenen Berichten enthaltenen Informationen).

1 In Deutschland wurde eine zweistufige Verrechnungspreisdokumentation (siehe § 90 Abs. 3 AO) und die länderbezogenen Berichte (Country-by-Country Reports) als Anzeige-/Mitteilungspflicht in § 138a AO umgesetzt.

2 Quelle: https://go.nwb.de/kg9e7, letzter Abruf: 31.3.2022.

Wo findet man was. Die grundlegenden Regelungen zum CbCR finden sich in den OECD-TPG, Kapitel V (Dokumentation) und den dazugehörigen Anhängen. Die legislatorische Umsetzung des CbCR in Deutschland erfolgte durch das sog. „Anti-BEPS I-Gesetz" v. 20.12.2016 (siehe BGBl 2016 I S. 3000). Zentrale materielle Vorschrift ist § 138a AO. Daneben finden sich spezielle verfahrensrechtliche Regelungen. Die Anforderungen an den CbCR aus Sicht der deutschen Finanzverwaltung konkretisiert das BMF-Schreiben v. 11.7.2017 (IV B 5 - S 1300/16/10010 :002, BStBl 2017 I S. 974), welches im Wesentlichen auf die entsprechenden CbCR-Regelungen der OECD verweist. Auf der Homepage des Bundeszentralamts für Steuern (BZSt) finden sich zahlreiche weiterführende Informationen, insbesondere zu prozessualen Aspekten des CbCR.

Erstellungs- und Abgabepflicht. Hinsichtlich der Pflicht zur Erstellung und Abgabe des CbCR sind im Wesentlichen vier Grundfälle zu unterscheiden. Diese sollen – vereinfacht dargestellt – eine lückenlose Übermittlung an die inländische Steuerbehörde sicherstellen; zugleich soll eine mehrfache Einreichung bei unterschiedlichen Finanzbehörden vermieden werden:

Tabelle 54:	Grundfälle der Verpflichtung zur Erstellung und Abgabe eines CbCR
(1) Primäre Berichtspflicht	Nach deutschem Steuerrecht (§ 138a Abs. 1 Satz 1 AO) hat ein Unternehmen mit Sitz (§ 11 AO) oder Geschäftsleitung (§ 12 AO) im Inland (inländisches Unternehmen), das einen Konzernabschluss aufstellt oder nach anderen als den Steuergesetzen (z. B. HGB, IFRS) aufzustellen hat (inländische Konzernobergesellschaft), nach Ablauf eines Wj. für dieses Wj. einen CbCR zu erstellen und zu übermitteln, wenn: (i) der Konzernabschluss mindestens ein Unternehmen mit Sitz und Geschäftsleitung im Ausland (ausländisches Unternehmen) oder eine ausländische Betriebsstätte umfasst und (ii) die im Konzernabschluss ausgewiesenen, konsolidierten Umsatzerlöse mindestens 750 Mio. € im vorangegangenen Wj. betragen haben. Die Umsatzschwelle von 750 Mio. € soll die Meldepflicht auf große multinationale Unternehmen beschränken.
(2) Befreiung	Die in (1) genannte Verpflichtung entfällt, wenn das inländische Unternehmen seinerseits von einem anderen Unternehmen beherrscht und in dessen Konzernabschluss einbezogen wird (§ 138a Abs. 1 Satz 2 AO). Zu dieser Befreiung gibt es allerdings (Rück-) Ausnahmen, siehe (3) und (4).
(3) Beauftragung	Ein inländisches Unternehmen, das im Konzernabschluss eines ausländischen Unternehmens erfasst wird (einbezogene inländische Konzerngesellschaft), kann wahlweise von seiner ausländischen Konzernobergesellschaft beauftragt werden, in deren Namen einen CbCR zu übermitteln (Beauftragung gem. § 138a Abs. 3 AO).

(4) Sekundäre Berichtspflicht	Falls die inländische Finanzbehörde keinen CbCR für einen Konzern mit einer ausländischen Konzernobergesellschaft erhält (die Gründe hierfür sind unbeachtlich), wird jede einbezogene inländische Konzerngesellschaft im Grundsatz verpflichtet, den CbCR an die inländische Steuerbehörde zu übermitteln (§ 138a Abs. 4 AO). Voraussetzung ist, dass die ausländische Konzernobergesellschaft eine Berichtspflicht treffen würde, wenn sie – hypothetisch – ihren Sitz (§ 11 AO) oder ihre Geschäftsleitung (§ 10 AO) im Inland hätte.

Weitere Anzeige- und Meldepflichten. Neben der eigentlichen Pflicht zur Erstellung und Abgabe des CbCR können weitere Melde- bzw. Anzeigepflichten bestehen. So sind die lokalen Finanzbehörden im Allgemeinen darüber in Kenntnis zu setzen, welche Konzerneinheit den CbCR erstellt und an welche nationale Finanzbehörde dieser übermittelt wird (sog. *Notification*). Hierdurch soll für alle Verfahrensbeteiligten ersichtlich werden, ob der CbCR direkt vom Steuerpflichtigen empfangen oder von einer anderen Finanzbehörde (i. d. R. über den automatischen Informationsaustausch) weitergeleitet wird. Die formalen und inhaltlichen Anforderungen an diese Notifikationspflicht sind national uneinheitlich geregelt.

Wesentliche Inhalte. Der CbCR besteht aus drei Berichtsteilen. Aus Gründen der Anschaulichkeit werden diese üblicherweise in Tabellenform dargestellt; die Übermittlung an die Finanzbehörden hat indes in einem speziellen elektronischen Format zu erfolgen (siehe dazu weiter unten):

- *Tabelle 1* ist eine Übersicht bestimmter finanzieller und sonstiger Daten (Umsatzerlöse und sonstige Erträge, Jahresergebnis vor Steuern etc.). Die Daten sind aggregiert für alle Einheiten *pro Steuerjurisdiktion* offenzulegen (daher der Name: *länderbezogene* Berichterstattung). Zur Konkretisierung der in Tabelle 1 geforderten Informationen stellt die OECD zwar fortlaufend aktualisierte Leitlinien zur Verfügung. Gleichwohl verbleiben im Detail diverse Auslegungs- und Interpretationsfragen bezüglich der in Tabelle 1 verwendeten Begrifflichkeiten, die zu potenziell abweichenden Berichtsinhalten führen und einen unternehmensübergreifenden Vergleich des CbCR erschweren.
- In *Tabelle 2* ist die „wichtigste Geschäftstätigkeit" zu erfassen, und zwar jeweils separat für alle in den CbCR einbezogenen Konzerneinheiten (nicht aggregiert pro Steuerjurisdiktion). Dazu wird eine abschließende Auswahl an Geschäftstätigkeiten vorgegeben, wie z. B. Forschung & Entwicklung, Besitz und Verwaltung von geistigem Eigentum, Einkauf und Beschaffung. Zur Konkretisierung der Begrifflichkeiten hat die OECD bisher keine speziellen Leitlinien zur Verfügung gestellt, sodass auch hier Zweifelsfragen bestehen.

- *Tabelle 3* enthält eine Art „Freitextfeld“ für erläuternde Hinweise bezüglich der Berichtsinhalte in den Tabellen 1 und 2 (siehe oben). Hierzu gehören nach Ansicht der OECD bestimmte Pflichtinformationen wie, z. B. die Angabe der verwendeten Datenquelle(n). Darüber hinaus liegt es im Ermessen des berichtspflichtigen Unternehmens, weitere Hinweise und Informationen in Tabelle 3 auf freiwilliger Basis bereitzustellen, z. B. um Rückfragen seitens der Finanzbehörden vorwegzunehmen.

Umfang der in den CbCR einzubeziehenden Einheiten. Nach der bis zum Jahressteuergesetz 2020 (JStG 2020 v. 21.12.2020, BGBl 2020 I S. 3096) geltenden Fassung des § 138a AO bestand insoweit Einigkeit, dass alle Konzerneinheiten in den CbCR einzubeziehen sind, die nach dem anwendbaren Rechnungslegungsstandard (z. B. IFRS) tatsächlich im Rahmen des handelsrechtlichen Konzernabschlusses *vollkonsolidiert* wurden. Grundlage dieser (zutreffenden) Ansicht war ein entsprechender Wortlaut in § 138a Abs. 2 Nr. 1 AO a. F., wonach die CbCR-Tabelle 1 „ausgehend vom Konzernabschluss“ zu erstellen sei. Diese Worte wurden durch das JStG 2020 gestrichen. Hierdurch soll „klargestellt“ werden, dass nunmehr „alle Geschäftseinheiten“ einzubeziehen sind (BMF, Referentenentwurf des JStG 2020 v. 17.7.2020 S. 183, alle direkten Zitate), und mithin etwa auch solche, die unter Wesentlichkeitsgesichtspunkten tatsächlich nicht im Konzernabschluss (voll-) konsolidiert werden. Der CbCR ist daher ggf. um solche Einheiten manuell zu ergänzen (siehe dazu auch die „fachlichen Auslegungshinweise“ des BZSt[3]).

Informationsaustausch. Sofern eine Pflicht zur Einreichung des CbCR in Deutschland besteht, ist dieser an das BZSt als zuständige Behörde zu übermitteln (§ 138a Abs. 1 AO). Die von den Konzernen eingereichten länderbezogenen Berichte werden zwischen den Steuerbehörden „ausgetauscht“, um allen beteiligten Behörden die gleiche Transparenz zu gewährleisten. Die Datenweitergabe erfolgt i. d. R. im Rahmen eines automatisierten Prozesses, dem sog. automatischen Informationsaustausch. Sofern also bspw. eine in Deutschland ansässige Konzernobergesellschaft den gruppenweiten CbCR an das BZSt übermittelt, wird dieser an alle empfangsberechtigten Finanzbehörden im In- und Ausland weitergeleitet. Grundlage für den Austausch zwischen den Mitgliedstaaten der EU ist das EU-Amtshilfegesetz sowie die EU-Amtshilferichtlinie. Rechtsgrundlage für den grenzüberschreitenden CbCR-Austausch mit Drittstaaten (z. B. China) sind spezielle völkerrechtliche Vereinbarungen wie etwa das *Multilateral Competent Authority Agreement on the Exchange of Country-by-Country Reports* (MCAA CbC). Daneben bestehen auch bilaterale Vereinbarungen über einen sog. spontanen Austausch des CbCR (z. B. zwischen Deutschland und den Vereinigten Staaten; siehe BMF – Schreiben v. 10.8.2021 – IV B 6 – S 1315/19/10050 :006, BStBl 2021 I S. 1807).

3 Abrufbar unter: https://go.nwb.de/cepeq; letzter Zugriff: 31.3.2022.

Abbildung 38: Länderbezogener Bericht multinationaler Unternehmensgruppen*

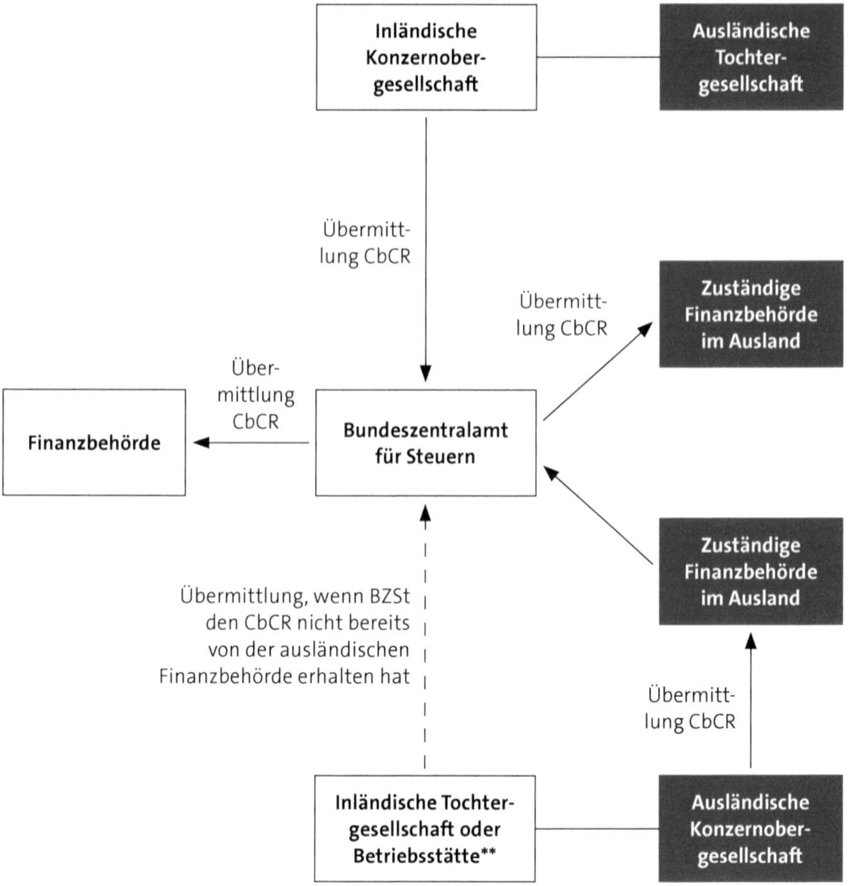

* Quelle: Bundesministerium der Finanzen.

** Bei inländischen Betriebsstätten findet die Übermittlung länderbezogener Berichte auch dann statt, wenn diese von einer (zwischengeschalteten) ausländischen Konzerngesellschaft gehalten werden.

Übermittlungsfrist. Nach deutscher Rechtslage hat die Übermittlung des CbCR grundsätzlich innerhalb eines Jahres nach Ablauf desjenigen Wirtschaftsjahres zu erfolgen, für welches der länderbezogene Bericht zu erstellen ist (§ 138a Abs. 6 AO). Beispiel: Der CbCR für das Jahr 2021 (kalendergleiches Wirtschaftsjahr) ist bis spätestens zum 31.12.2022 an das BZSt zu übermitteln.

Datenquelle. Die für den CbCR erforderlichen Daten bzw. Informationen können z. B. der Konzernberichterstattung, gesetzlich vorgesehenen Jahresabschlüssen der einzelnen Unternehmen, Abschlüssen für aufsichtsrechtliche Zwecke oder auch der internen Rechnungslegung entnommen werden (siehe Anhang III zu Kapitel V der OECD-TPG). Diese relative Flexibilität in Bezug auf die Datenquelle(n) wurde im Rahmen des JStG 2020 bekräftigt, indem die Worte „ausgehend vom Konzernabschluss" (§ 138a Abs. 2 Nr. 1 AO a. F.) gestrichen wurden. Diese Gesetzesänderung soll klarstellen, dass die Datenquelle nicht auf den Konzernabschluss beschränkt ist (BMF, Referentenentwurf des JStG 2020 v. 17.7.2020 S. 183). Die gewählte(n) Datenquelle(n) sollte(n) jedoch konsistent in den Folgejahren beibehalten werden, um eine intertemporale Vergleichbarkeit der Berichte zu gewährleisten, z. B. für Zwecke von Mehrjahresanalysen.

Format und elektronische Übermittlung. Die Übermittlung des CbCR an die zuständige Finanzbehörde in Deutschland (BZSt) hat nach „amtlich vorgeschriebenem Datensatz" durch „Datenfernübertragung" zu erfolgen (§ 138a Abs. 6 Satz 3 AO). Hinsichtlich des Datensatzes gibt die OECD ein standardisiertes Extensible Markup Language (XML)-Schema vor. Die Datenfernübertragung hat über eine seitens des BZSt bereitgestellte Massendatenschnittstelle bzw. per Dateiupload zu erfolgen.

Grundsätzliche Überlegungen zur Lösung des Falls. Im Hinblick auf den vorliegenden Fall stellt sich zunächst die Frage, ob die Zeitgaist Commodity WFOE (China) selbst verpflichtet ist, den chinesischen Finanzbehörden einen CbCR für das Jahr 2021 zu übermitteln. Laut Ausgangssachverhalt (Kapitel 1) ist die Zeitgaist AG mit Sitz und Geschäftsleitung in Frankfurt am Main (Deutschland) die oberste Gesellschaft der Unternehmensgruppe Zeitgaist. Der Konzernabschluss der Zeitgaist Unternehmensgruppe umfasst ausländische Unternehmenseinheiten, darunter die Zeitgaist Commodity WFOE (China). Die konsolidierten Umsatzerlöse für das Wj. 2022 betragen mehr als 750 Mio. € (nämlich ca. 1 Mrd. €). Damit ist die Zeitgaist AG als Konzernobergesellschaft zur Erstellung und Übermittlung eines CbCR in Deutschland verpflichtet (§ 138a Abs. 1 Satz 1 AO). Als vollkonsolidierte Einheit ist die Zeitgaist Commodity WFOE (China) in den CbCR der Zeitgaist Unternehmensgruppe einzubeziehen. Der CbCR für das Berichtsjahr 2021 (CbCR 2021) ist bis spätestens zum 31.12.2022 an das BZSt in Deutschland im amtlichen XML-Format zu übermitteln.

In analoger Anwendung der deutschen Rechtsvorschriften (§ 138a AO) ist die Zeitgaist Commodity WFOE (China) von einer Erstellungs- und Abgabepflicht in China befreit; d. h., sie ist weder beauftragt, den CbCR für die Zeigaist AG zu übermitteln, noch liegen die Voraussetzungen für eine sekundäre Berichtspflicht (local filing) der Zeitgaist Commodity

WFOE vor. Vielmehr besteht zwischen Deutschland und China eine Vereinbarung über den wechselseitigen Austausch länderbezogener Berichte (MCAA CbC). Folglich hat die Zeitgaist Commodity WFOE (China) die lokalen Finanzbehörden darüber zu informieren, dass diese den CbCR 2021 im Wege des automatischen Informationsaustauschs durch das deutsche BZSt erhalten werden (lokale Notifikationspflicht).

Für die Zeitgaist Commodity WFOE könnte indessen ein „faktischer Handlungsdruck" zur unmittelbaren lokalen Abgabe des CbCR 2021 gegeben sein, um z. B. seitens der chinesischen Behörden als kooperativ wahrgenommen zu werden. Der CbCR müsste in diesem Fall wohl bei der obersten Muttergesellschaft angefragt werden, da der Zeitgaist Commodity WFOE als Tochtergesellschaft nicht alle Informationen vorliegen dürften, um einen vollständigen CbCR für den Gesamtkonzern erstellen zu können.

Sollte der CbCR 2021 den chinesischen Finanzbehörden mithin annahmegemäß bereits vor dem offiziellen automatischen Informationsaustausch zur Verfügung gestellt werden, ist fraglich, welche gerechtfertigten Erkenntnisse in Bezug auf potenzielle BEPS-Risiken aus diesem abgeleitet werden könnten. Für diese inhaltliche Analyse des CbCR hat die OECD ein eigenes Handbuch veröffentlicht (Handbook on Effective Tax Risk Assessment), welches den chinesischen Finanzbehörden im vorliegenden Fall als Anleitung dienen könnte. Sinnvollerweise wird die Zeitgaist-Unternehmensgruppe ihren CbCR vor der Aushändigung an die Finanzbehörden jedoch selbst bereits im Hinblick auf vermeintliche Risiken analysieren, um auf potenzielle Rückfragen vorbereitet zu sein.

Das vorgenannte OECD-Handbuch unterscheidet im Wesentlichen zwischen *qualitativen* und *quantitativen* Risikoindikatoren. Zu den qualitativen Indikatoren gehört beispielsweise die Ansässigkeit von Konzerneinheiten in bestimmten (Niedrig-) Steuerhoheitsgebieten, aber etwa auch die Ausübung mobiler Geschäftstätigkeiten, die als besonders „anfällig" für BEPS gelten. Dazu gehört z. B. auch die Funktion *Einkauf und Beschaffung* (siehe Handbook on Effective Tax Risk Assessment, Rz. 60). Solche „weichen" Indikatoren sind mithin aus CbCR-Tabelle 2 abzuleiten, in der die wesentliche Geschäftsaktivität bzw. Geschäftsaktivitäten pro Einheit anzugeben sind. Zugleich betont die OECD jedoch die Wichtigkeit einer differenzierten Betrachtung. So lassen sich für die Verteilung der Geschäftsaktivitäten bzw. Funktionen i. d. R. wirtschaftliche Gründe finden (Kostenniveau etc.). Dass die Zeit gaist Commodity WFOE in China der Funktion Einkauf und Beschaffung nachgeht, sollte mithin nicht per se als „BEPS-verdächtig" gewertet werden.

Scheinbar konkreter sind die Kennzahlen, die anhand von CbCR-Tabelle 1 zu berechnen sind (quantitative BEPS-Indikatoren, siehe OECD-Handbuch, Annex 3):

Tabelle 55: Quantitative Kennzahlen des CbCR

Kennzahl	**Ermittlung**
Proportion of revenues from unrelated parties	Unrelated party revenues / Total revenues
Proportion of revenues from related parties	Related party revenues / Total revenues
Revenues generated per employee	Total revenues / Number of employees
Pre-tax profit generated per employee	Profit before tax / Number of employees
Revenues generated per € of tangible assets	Total revenues / Tangible assets
Pre-tax profit generated per € of tangible assets	Profit before tax / Tangible assets
Pre-tax return on equity	Profit before tax / (Stated Capital + accumulated earnings)
Post-tax return on equity	(Profit before tax – Income Tax Accrued) / (Stated Capital + accumulated earnings)
Profit Margin	Profit before tax / Total revenues
Effective Tax Rate	Income tax accrued / Profit before tax

Ausgewählte Kennzahlen des länderbezogenen Berichts für das Berichtsjahr 2021 der Zeitgaist Unternehmensgruppe werden nachfolgend diskutiert.

Umsatzrendite. Die Einschätzung der chinesischen Prüfer, die Zeitgaist Commodity WFOE hätte auf Basis der vorliegenden Daten viel rentabler sein müssen, stützt sich vermutlich auf einen Vergleich der Umsatzrenditen. So liegt die Umsatzrendite für die Steuerjurisdiktion „China“ mit 1 % am unteren Ende der (geordneten) Bandbreite bzw. vier Prozentpunkte unter dem Unternehmensgruppendurchschnitt (5 %):

Abbildung 39: Umsatzrendite

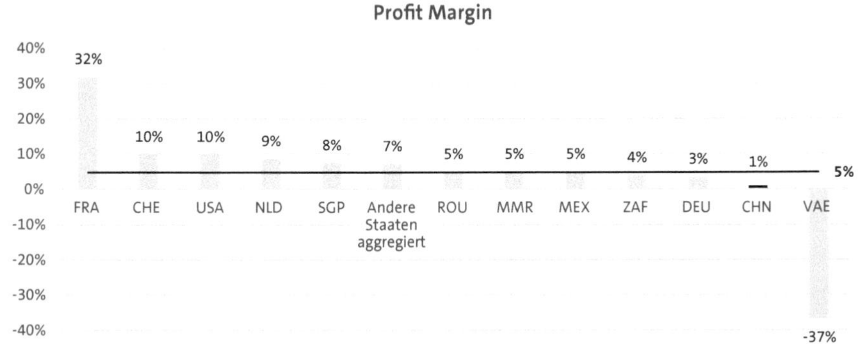

Der Umstand, dass andere Einheiten (bzw. „Jurisdiktionen") wesentlich rentabler sind, scheint bei den lokalen Prüfern „Begehrlichkeiten" zu wecken. Indessen ist zu beachten, dass Kennzahlen dieser Art im Allgemeinen und im Speziellen für Zwecke des CbCR in ihrer Aussagekraft beschränkt sind:

- Die auf Basis der CbCR-Tabelle 1 ermittelte Kennzahl „Umsatzrendite" bezieht sich auf das Aggregat aus sämtlichen Einheiten in einem bestimmten Steuerhoheitsgebiet, in China (CHN) namentlich die Zeitgaist Commodity WFOE sowie die Zeitgaist China. Aus dieser aggregierten Kennzahl kann mithin kein Rückschluss auf die individuelle Rentabilität der Zeitgaist Commodity WFOE gezogen werden.
- Der gruppeninterne Vergleich berücksichtigt nicht, dass von den Einheiten in den jeweiligen Steuerhoheitsgebieten verschiedene Geschäftstätigkeiten bzw. Funktionen ausgeführt werden (siehe CbCR-Tabelle 2). Eine Varianz der Umsatzrenditen erscheint schon deshalb plausibel. So erscheint ein Renditevergleich mit der Schweiz (CHE) und Deutschland (DEU), die ebenfalls die Funktion Einkauf und Beschaffung in CbCR-Tabelle 2 ausweisen, nicht sachgerecht, weil dort zusätzliche Funktionen ausgeführt werden und insbesondere das geistige Eigentum der Zeitgaist Unternehmensgruppe belegen ist (siehe CbCR-Tabelle 2: Holding or Managing Intellectual Property).
- Die „funktionsreine" Marge in Südafrika (ZAF) für Einkauf und Beschaffung liegt mit 4 % nicht signifikant über der Marge in China (1 %). Möglicherweise wird die Gesamtmarge für China durch die Vertriebsfunktion (Zeitgaist China) belastet (z. B. durch zu hohe Vertriebskosten in China oder in anderen Ländern in der betreffenden Asien-Pazifik-Region).
- Der Fremdvergleich würde erfordern, die Marge der Zeitgaist Commodity WFOE mit Drittdaten zu vergleichen. Auf die Hinzuziehung externer Vergleichswerte i. S. einer „Benchmarking-Studie" haben die chinesischen Behörden bislang aber offenbar verzichtet.
- Letztlich ist auch zu bedenken, dass ausschließlich Daten für das Berichtsjahr 2021 ausgewertet werden (statische Analyse). Ob es sich bei der als relativ niedrig wahrgenommenen Umsatzrendite für China für 2021 um einen bloßen statistischen „Ausreißer" handelt, kann per se nicht beurteilt werden. Hierfür wäre eine Mehrjahresbetrachtung erforderlich (dynamische Analyse).

Diese Bedenken hinsichtlich des Aussagegehalts der auf Basis der CbCR-Daten ermittelten Umsatzrendite gelten sinngemäß auch für die anderen exemplarisch ermittelten BEPS-Kennzahlen (zur Diskussion siehe nachfolgend).

Anteil der unternehmensgruppeninternen Umsätze an den Gesamtumsätzen. Laut OECD-Handbuch zur effektiven Risikoanalyse ist ein hohes Volumen an konzerninternen Umsätzen und sonstigen Erträgen insofern risikobehaftet, als geringfügige Fehler bei den Verrechnungspreisen eine entsprechend große Auswirkung auf die Höhe der Einkünfte haben könnten. Ein hoher Anteil an gruppeninternen Umsätzen dürfte insbesondere dann einer kritischen Prüfung unterzogen werden, wenn diese mit hochprofitablen Einheiten erzielt werden.

Abbildung 40: Anteil der unternehmensgruppeninternen Umsätze an den Gesamtumsätzen

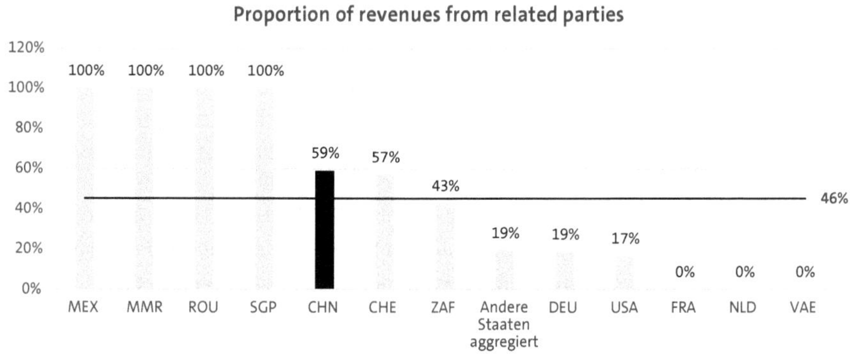

Die Umsätze und sonstigen Erträge in der Steuerjurisdiktion China sind zu 59 % durch konzerninterne Transaktionen erzielt worden. Damit liegt China zwar über dem Unternehmensgruppendurchschnitt (46 %), es gibt aber eine Anzahl an Jurisdiktionen, bei denen der diesbezügliche Anteil bei 100 % liegt (MEX, MMR, ROU und SGP). Insofern weist China auch in dieser Kennzahl keinen Extremwert auf.

Laut Sachverhalt beliefert die Zeitgaist Commodity WFOE (China) die Zeitgaist GmbH (mit Metallen der Seltenen Erden). Die Umsatzrendite in Deutschland liegt mit rund 3 % nur knapp über der Chinas (1 %). Insofern kann nicht davon ausgegangen werden, dass sich die Zeitgaist GmbH durch eine entsprechende Verrechnungspreissetzung einseitig „bereichern" würde.

Umsatz und Gewinn pro Mitarbeiter. Eine weitere exemplarisch ermittelte Kennzahl ist der Umsatz und sonstige Erträge bzw. Gewinn pro Mitarbeiter. Die Mitarbeiteranzahl soll hierbei als Referenzgröße für die wirtschaftliche Substanz bzw. Wertschöpfung dienen.[4]

4 Nientimp et al., DB 2016 S. 2742 ff.

Die Ermittlung solcher substanzbezogenen Kennzahlen erscheint sinnvoll, wenn relativ hohe Umsätze bzw. Gewinne in Niedrigsteuerländern anfallen. In Bezug auf China zeigt diese Kennzahl indessen keine Auffälligkeit:

Abbildung 41: Umsatz und sonstige Erträge pro Mitarbeiter

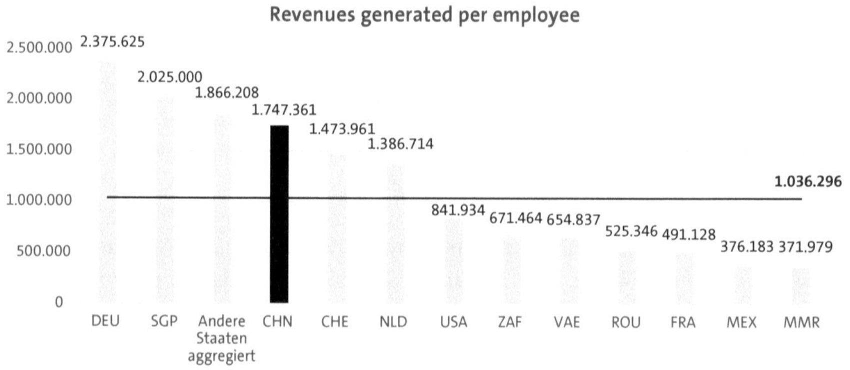

Effektive Steuerquote. Die auf Basis der CbCR-Daten ermittelte effektive Steuerquote für China beträgt 20 %; sie liegt damit nur geringfügig unter dem chinesischen Körperschaftsteuersatz von 25 %. Damit gibt die effektive Steuerquote gleichsam keinen zwingenden Hinweis auf eine „aggressive Steuergestaltung" zu Lasten Chinas:

Abbildung 42: Effektive Steuerquote

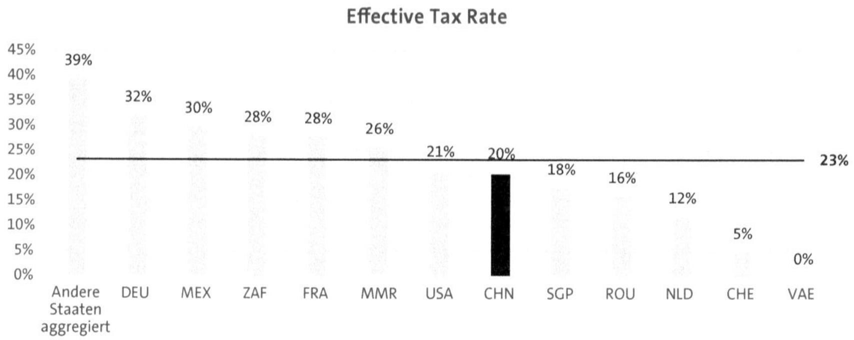

Fazit. Zusammengenommen zeigt sich, dass der CbCR 2021 der Zeitgaist Unternehmensgruppe insoweit keine Auffälligkeiten enthält, die auf BEPS-Risiken in der Steuerjurisdiktion China (oder andernorts) schließen lassen. Gemäß der internationalen Vereinbarung über die sachgemäße Verwendung des CbCR (siehe oben) wäre eine Verrechnungspreiskorrektur allein auf Basis des CbCR, wie von den lokalen Prüfern angedroht, ohnehin nicht zulässig. Gleichwohl ist es den Prüfern unbenommen, den CbCR als Ausgangspunkt für weitergehende Prüfungshandlungen zu verwenden.

Woran ist noch zu denken. Da der CbCR als Mindeststandard definiert ist, überprüft die OECD im Rahmen eines sog. *Peer Review* fortlaufend den Status der rechtlichen und tatsächlichen Umsetzung in den Mitgliedstaaten des OECD/G20 Inclusive Framework on BEPS. Hierbei werden die folgenden Themenbereiche fokussiert: (1) rechtlicher und administrativer Rahmen, (2) Informationsaustausch sowie (3) Vertraulichkeit und (4) sachgerechte Verwendung des CbCR (sog. terms of reference). Am 18.10.2021 wurde der vierte *Peer Review* veröffentlicht, der 132 Länder umfasst.[5] In Bezug auf die Volksrepublik China wird (weiterhin) die Empfehlung ausgesprochen, die Regelungen zur lokalen Abgabeverpflichtung (local filing) an die OECD-Standards anzupassen. Insofern erscheint es im Übrigen auch nicht abwegig, dass die Zeitgaist Commodity WFOE, wie im hier diskutierten Fall angenommen, zur lokalen Abgabe des CbCR in China aufgefordert werden könnte. In Bezug auf die sachgemäße Verwendung (appropriate use) enthält der Peer Review indessen keine Beanstandungen für China.

Darüber hinaus ist zu beachten, dass der CbCR Ausgangspunkt ist für verschiedene länderübergreifende, kooperative Initiativen zur konsistenten Identifizierung und Analyse steuerlicher Risiken:

- Das *International Compliance Assurance Programme* (ICAP) unter Federführung des OECD „Forum on Tax Administration“ (FTA) ist ein Programm, an dem große, multinationale Unternehmen und Finanzbehörden freiwillig teilnehmen können.[6] Idee des ICAP ist es, auf Basis des CbCR (und weiterer steuerlich relevanter Informationen wie etwa dem Master File und Local File) in einer kooperativen Umgebung zu erörtern, ob und ggf. welche steuerlichen Risiken bestehen, wobei zwischen verschiedenen Risikobereichen sowie Risikoprofilen differenziert wird.[7] Sofern Konsens darüber erzielt wird, dass das Risiko bezogen auf einen bestimmten Bereich niedrig ist, erhält das Unternehmen eine Art Bescheinigung (sog. *Outcome Letter*), dass es „für eine be-

5 Abrufbar unter: https://go.nwb.de/ktepf, letzter Abruf: 31.3.2022. Vgl. dazu Greil, IStR 2021 S. 965.

6 Für Details siehe International Compliance Assurance Programme: Handbook for tax administrations and MNE groups v. 18.2.2021, abrufbar unter: https://go.nwb.de/39qol , letzter Zugriff: 31/3.2022.

7 Vgl. Prinz/Ludwig, DB 2018 S. 477 ff.

stimmte Zeit nicht oder zumindest nicht in den untersuchten Risikobereichen geprüft“[8] wird. Andernfalls sind weitere Risikoeinschätzungen vorzunehmen.

- Ein gleichsam kooperativer Prüfungsansatz zur Identifizierung von steuerlichen Risiken ist die *Comparative Risk Assessment Initiative* (CoRA). Auch im Rahmen dieser Ini tiative dient der länderbezogene Bericht bzw. CbCR als Anknüpfungspunkt.

Der CbCR ist darüber hinaus Gegenstand eines *öffentlichen OECD-Konsultationsverfahrens*. Eine erste Konsultation hat am 12./13.5.2020 stattgefunden. Im Vorfeld dazu hat die OECD am 6.2.2020 ein Diskussionspapier veröffentlicht.[9] Kern des Konsultationsverfahrens ist die Frage, ob die Anwendungsvoraussetzungen sowie die Berichtsinhalte des CbCR geändert werden sollten (z. B. Einführung neuer Berichtsspalten in Tabelle 1). Wie bei Konsultationsverfahren der OECD üblich, bestand für alle Interessierten vorab die Möglichkeit, Stellungnahmen abzugeben. Seither sind jedoch keine weiteren Publikationen seitens der OECD in diesem Zusammenhang erschienen, sodass die Konsultation einstweilen zu ruhen scheint.

Auf EU-Ebene ist zu beachten, dass am 1.12.2021 – nach mehrjähriger Diskussion – eine *öffentliche länderspezifische Berichterstattung* in Kraft getreten ist (Richtlinie [EU] 2021/2101, Amtsblatt der EU v. 1.12.2021 L 429/1). Infolge dieses sog. „Public EU CbCR“ haben berichtspflichtige Unternehmen in der EU künftig einen zweiten, zusätzlichen CbCR zu erstellen und diesen – im Gegensatz zum steuerlichen, weiterhin „nicht-öffentlichen“ CbCR – der Öffentlichkeit zugänglich zu machen, z. B. durch Bereitstellung auf der Unternehmenshomepage. Die Mitgliedstaaten haben 18 Monate Zeit, den „Public EU CbCR“ in nationales Recht umzusetzen. Inhaltlich lehnt sich der „Public EU CbCR“ an den bisherigen CbCR an, wenngleich z. B. einzelne Berichtsspalten der CbCR-Tabelle 1 gemäß OECD-Standard wegfallen und die Daten von Drittstaaten grundsätzlich nicht einzeln, sondern aggregiert auszuweisen sind (etwas anderes gilt für solche Länder, die sich auf der sog. „Schwarzen Liste“ bzw. in zwei aufeinanderfolgenden Jahren auf der sog. „Grauen Liste“ der EU befinden). Durch den „Public EU CbCR“ soll die Öffentlichkeit Einblick erhalten in die weltweite Verteilung der Einkünfte und der entrichteten Steuern eines Konzerns. Durch eine öffentliche Kontrolle der CbCR-Daten sollen Konzerne, so die Überlegung, i. S. einer Verhaltenslenkung angereizt werden, ihre „BEPS-Aktivitäten“ zu reduzieren, um Reputationsschäden zu vermeiden. Indessen ist fraglich, ob der „Public EU CbCR“ derlei Anpassungsmaßnahmen zu bewirken vermag und von steuerlich ungeschulten Lesern richtig interpretiert werden kann.

8 Prinz/Ludwig, DB 2018 S. 477.

9 Vgl. Ditz/Heider, ISR 2021 S. 57 ff.

Name der multinationalen Unternehmensgruppe: Zeitgaist										
Betrachtetes Steuerjahr: 1.1.2021 - 31.12.2021										
Währung: Euro										
Steuernummer: 12345/555/54321										
Steuer-hoheits-gebiet	Proportion of revenues from unrelated parties	Proportion of revenues from related parties	Revenues generated per employee	Pre-tax profit generated per employee	Revenues generated per € of tangible assets	Pre-tax profit generated per € of tangible assets	Pre-tax return on equity	Post-tax return on equity	Profit Margin	Effective Tax Rate
	Unrelated party revenues/ Total revenues	Related party revenues/ Total revenues	Total revenues/ Number of employees	Profit before tax/ Number of employees	Total revenues/ Tangible assets	Profit before tax/ Tangible assets	Profit before tax/ (Stated Capital + retained earnings)	(Profit before tax – Income Tax Accrued)/ (Stated Capital + accumulated earnings)	Profit before tax/ Total revenues	Income tax accrued/ Profit before tax
CHE	43 %	57 %	1.473.961	147.396	4	0	14 %	13 %	10 %	5 %
CHN	41 %	59 %	1.747.361	15.726	9	0	3 %	3 %	1 %	20 %
DEU	81 %	19 %	2.375.625	83.147	3	0	3 %	2 %	3 %	32 %
FRA	100 %	0 %	491.128	157.161	2	1	45 %	32 %	32 %	28 %
MEX	0 %	100 %	376.183	18.809	4	0	12 %	8 %	5 %	30 %
MMR	0 %	100 %	371.979	18.599	5	0	15 %	11 %	5 %	26 %
NLD	100 %	0 %	1.386.714	120.644	6	0	12 %	10 %	9 %	12 %
ROU	0 %	100 %	525.346	26.267	4	0	10 %	8 %	5 %	16 %
SGP	0 %	100 %	2.025.000	151.875	18	1	20 %	16 %	8 %	18 %
USA	83 %	17 %	841.934	84.193	3	0	7 %	5 %	10 %	21 %
VAE	100 %	0 %	654.837	-242.290	6	-2	320 %[10]	320 %[11]	-37 %[12]	0 %
ZAF	57 %	43 %	671.464	26.859	90	4	8 %	6 %	4 %	28 %
Andere Staaten aggregiert	81 %	19 %	1.866.208	134.451	23	2	8 %	5 %	7 %	39 %
Konzern	**54 %**	**46 %**	**1.036.296**	**49.529**	**5**	**0**	**7 %**	**5 %**	**5 %**	**23 %**

10 Die Kennzahl "Pre-tax return on equity" hat für VAE keinerlei Aussagekraft.

11 Die Kennzahl "Post-tax return on equity" hat für VAE keinerlei Aussagekraft.

12 Die Kennzahl "Profit Margin" hat für VAE keinerlei Aussagekraft.

16.3. Weiterführende Literatur und OECD-Verlautbarungen

Ditz/Heider, Aktuelle Entwicklungen beim Country-by-Country Reporting – OECD-Diskussionspapier und Änderung des § 138a AO durch das JStG 2020, ISR 2021 S. 57.

Eigelshoven/Tomson, Country-by-Country Reporting – Zweifelsfragen und erste Praxiserfahrungen, IStR 2019 S. 242.

Engelen/Heider, Der länderbezogene Bericht nach § 138a AO – Die Positionen der Tabelle 1, DStR 2018 S. 2549.

Gosch/Riedl/Groiß/Tridico Massó, Country-by-Country-Report: Aktuelle Zweifelsfragen aus der Praxis beim länderbezogenen Bericht nach § 138a AO, DStR 2021 S. 2609.

Greil, Überblick zu aktuellen Entwicklungen im Bereich der Verrechnungspreise, IStR 2021 S. 960.

Greil, Rechtssicherheit im Bereich der grenzüberschreitenden Gewinnabgrenzung, in Rödder/Wassermeyer/Ditz (Hrsg.), Festschrift für Hubertus Baumhoff, Köln 2019, S. 81.

Grotherr, Anwendungsfragen bei der länderbezogenen Berichterstattung – Country-by-Country Reporting, IStR 2016 S. 991.

Hoppe/Müller/Weinrich/Wittek, Eine ökonomische Einordnung des öffentlichen Country-by-Country Reporting in der EU, IStR 2021 S. 925.

Kraft/Heider, Country-by-Country Reporting – (Fehl)Interpretationen auf Basis des Handbuchs zur effektiven steuerlichen Risikobewertung, Ubg 2018 S. 701.

OECD, Verrechnungspreisleitlinien für multinationale Unternehmen und Steuerverwaltungen, Juli 2017; Transfer Pricing Guidelines for Multinational Enterprises and Tax Administrations, January 2022.

OECD, Country-by-Country Reporting: Handbook on Effective Tax Risk Assessment; abrufbar unter: https://www.oecd.org/tax/beps/country-by-country-reporting-handbook-on-effective-tax-risk-assessment.htm, September 2017; letzter Abruf: 18.1.2022.

OECD, Guidance on the Appropriate Use of Information Contained in CbC Reports; abrufbar unter: https://www.oecd.org/tax/beps/guidance-on-country-by-country-reporting-beps-action-13.htm. Hier zitiert: Deutsche Sprachfassung: Leitlinien zur sachgemäßen Verwendung von in länderbezogenen Berichten enthaltenen Informationen, September 2017; letzter Abruf: 18.1.2022.

OECD, Guidance on the Implementation of CbC Reporting, abrufbar unter: https://www.oecd.org/tax/beps/guidance-on-country-by-country-reporting-beps-action-13.htm. Hier zitiert: Deutsche Sprachfassung: Leitlinien zur Umsetzung der länderbezogenen Berichterstattung, September 2018; letzter Abruf: 18.1.2022.

OECD, Country-by-Country Reporting. XML Schema: User Guide for Tax Administrations, abrufbar unter: https://www.oecd.org/ctp/exchange-of-tax-information/country-by-country-reporting-xml-schema-user-guide-for-tax-administrations.htm, Juni 2019; letzter Abruf: 18.1.2022.

17. Streitvermeidung und -beilegung

17.1. Darstellung des Sachverhaltes

Im Rahmen einer zeitnahen Betriebsprüfung im Jahr 2022 wird bezüglich der Darlehensbeziehung zwischen der Zeitgaist GmbH und der Zeitgaist Finance LLC (siehe Finanzierungstransaktionen, Kapitel 12) eine Anpassung für den Veranlagungszeitraum 2021 vorgenommen. Seitens der Betriebsprüfung wird vorgetragen, dass ein Zinssatz von 1,1 % fremdüblich sei und im Einklang mit dem Fremdvergleichsgrundsatz stehe. Der vom Unternehmen angesetzte Zinssatz von 7,5 % sei fremdunüblich und zu hoch. Entsprechend erfolgt eine Gewinnkorrektur i. H. von 384.000 €[1]. Die Betriebsprüfung kündigt auch an, diesen Zinssatz für den Rest der Laufzeit des Darlehens (bis zum Ende des Jahres 2026) anzusetzen.

17.2. Diskussion und Lösung (Eva Greil)

Grundlegendes Problem. Grenzüberschreitende Geschäftsvorfälle und insbesondere die grenzüberschreitende Gewinnabgrenzung bieten immer wieder Anlass für Meinungsverschiedenheiten über Sachverhalte und deren rechtliche Würdigung zwischen den Steuerpflichtigen und Bediensteten der Steuerverwaltungen weltweit. Dabei divergieren nicht nur die Meinungen der Steuerpflichtigen und der Steuerverwaltungen, sondern auch die Auffassungen zwischen den Staaten. Resultat sind unterschiedliche Gewinnkorrekturen und langwierige Verständigungsverfahren. Dadurch geht mit der Streitbeilegung bei grenzüberschreitenden Sachverhalten zumeist ein hoher personeller, administrativer und monetärer Aufwand einher. Die verschiedenen Möglichkeiten, die für den Steuerpflichtigen bestehen, sind sorgsam gegeneinander abzuwiegen. Sowohl auf nationaler als auch internationaler Ebene stehen Verfahren zur Streitbeilegung zur Verfügung, welche teilweise unterschiedliche Voraus- und Zielsetzungen enthalten. Daher sollte bei der Entscheidung, welcher Weg zur Streitbeilegung gewählt wird, die Interaktion der verschiedenen Instrumente untereinander beachtet werden.

Wo findet man was. Zu dem Bereich der **(Vorab-)Verständigungsverfahren** finden sich Ausführungen im Merkblatt zu internationalen Verständigungs- und Schiedsverfahren (Streitbeilegungsverfahren) auf dem Gebiet der Steuern vom Einkommen und vom Vermögen (BMF, Schreiben v. 27.8.2021 - IV B 3 - S 1366/21/10001 :002), im Merkblatt für bilaterale oder multilaterale Vorabverständigungsverfahren auf der Grundlage der Doppelbesteuerungsabkommen zur Erteilung verbindlicher Vorabzusagen über Verrechnungspreise zwischen international verbundenen Unternehmen (BMF, Schreiben v. 5.10.2006 - IV B 4 - S 1341 - 38/06) sowie im § 89a AO, der in Teilen das Schreiben aus 2006 überschreibt.

1 Zinsaufwand bei 7,5 % und einem Darlehensvolumen von 6 Mio. € = 450.000 €; Zinsaufwand bei 1,1 % = 66.000 €. Differenz = 384.000 €.

Weiterhin gibt der Internetauftritt des BZSt2 generell einen guten Überblick über die zwischenstaatlichen Verfahren, Antragsvoraussetzungen und den Verfahrensgang.

Zum Bereich der **koordinierten steuerlichen Außenprüfung** finden sich Ausführungen im EU-Amtshilfegesetz EUAHiG v. 26.6.2013, BStBl 2013 I S. 802. Hierdurch wurden die Vorgaben aus der EU-Richtlinie 2011/16/EU fristgerecht in Deutschland übernommen. Hierzu ist seitens der Verwaltung auch ein Merkblatt veröffentlicht worden (Merkblatt über koordinierte steuerliche Außenprüfungen mit Steuerverwaltungen anderer Staaten und Gebiete" BMF, Schreiben v. 6.1.2017 - IV B 6 - S 1315/16/10016 :002 – DOK 2016/0996151, BStBl 2017 I S. 89.)

Bezüglich **Tax Compliance Management Systeme** hat sich die Verwaltung im Anwendungserlass zu § 153 AO geäußert (BMF, Schreiben v. 23.05.2016 - V A 3 - S 0324/15/10001IV A 4 -S 0324/14/10001 – DOK2016/0470583).

Grundsätzliche Überlegungen zur Lösung des Falles. Unterschieden werden kann die Streitbeilegung in einen nationalen und einen internationalen Bereich.

Nationale Streitbeilegung. Gegen das Ergebnis der Außenprüfung in Form der erfolgten Gewinnkorrektur i. H. von 384.000 € kann, sofern sie sich in einem geänderten Steuerbescheid manifestiert, innerhalb eines Monats nach Bekanntgabe des Steuerbescheids gem. § 347 AO Einspruch bei der sachlich und örtlich zuständigen Finanzbehörde eingelegt werden. Ein Einspruch ist gem. § 347 Abs. 1 Satz 1 AO gegen Verwaltungsakte möglich. Sofern lediglich ein Betriebsprüfungsbericht zu Feststellungen von Verrechnungspreiskorrekturen vorliegt, handelt es sich nicht um einen Verwaltungsakt. Mithin wäre hiergegen ein Einspruch nicht möglich.

Sofern der Einspruch negativ beschieden wird, steht dem Steuerpflichtigen der Finanzgerichtsweg offen (§ 33 FGO). Die Klage ist innerhalb eines Monats nach Bekanntgabe der Einspruchsentscheidung beim zuständigen Finanzgericht einzureichen, welches durch Urteil entscheidet (§ 95 FGO). Gegen das Urteil des Finanzgerichts kann, wenn das Finanzgericht oder auf Beschwerde gegen die Nichtzulassung der Bundesfinanzhof sie zugelassen hat, Revision beim Bundesfinanzhof eingelegt werden (§ 115 FGO). Weder die Einlegung des Einspruchs noch die Klageerhebung hemmt die Vollziehung der betreffenden Steuerbescheide, hierfür besteht die Möglichkeit, die Aufhebung oder Aussetzung der Vollziehung zu beantragen.

2 https://www.bzst.de/DE/Unternehmen/EUInternational/euinternational_node.html;jsessionid=DFB5F0993F92A2558B34D07DB9CA5CAF.live6831, letzter Abruf: 18.1.2020.

Abbildung 43:	Überblick nationaler Rechtsweg		
Rechtsweg	Einspruch	Klage	Revision
Zuständig	Finanzbehörde	Finanzgericht	Bundesfinanzhof
Wo geregelt	§ 347 ff. AO	§ 33 ff. FGO	§ 115 ff. FGO
	Außergerichtliches Verfahren	Gerichtliches Verfahren	

Die nationalen Verfahren sind nicht in jedem Fall das wirksamste Mittel, um einen Streit vollständig beizulegen. Rechtssicherheit für steuerliche Sachverhalte in einem globalisierten Geschäftsumfeld ist nur global erreichbar.

Internationale Streitbeilegung. Sofern die Zeitgaist GmbH im nationalen Rechtsweg nicht vollumfänglich obsiegen würde, bliebe es bei einer wirtschaftlichen Doppelbesteuerung. Die von der Betriebsprüfung angesetzten 384.000 € für den unterstellten angemessenen Zinssatz von 1,1 % werden außerbilanziell den Einkünften der Zeitgaist GmbH hinzugerechnet. Bei der Zeitgaist Finance LLC wird diese Korrektur nicht entsprechend gewinnmindernd berücksichtigt, sodass hieraus eine **wirtschaftliche Doppelbesteuerung** resultiert (siehe dazu auch Kapitel 1.2).

Sollte ein **DBA nicht existieren** bzw. in einem solchen Fall **nicht anwendbar** sein, verbleibt es grundsätzlich bei der Doppelbesteuerung. § 34c EStG ist nicht anwendbar, da dieser eine Steuersubjektidentität voraussetzt. Mithin müsste eine rechtliche Doppelbesteuerung vorliegen, die zum Beispiel dann gegeben wäre, wenn die Korrektur für eine anzunehmende schuldrechtliche Beziehung zwischen der Zeitgaist GmbH und ihrer Betriebsstätte im Ausland vorgenommen worden wäre. Unter bestimmten Voraussetzungen käme ggf. ein Erlass in Betracht (§ 227 AO).

In einem Sachverhalt, bei welchem ein DBA vorliegt bzw. anwendbar ist, sehen diese zur Beseitigung von solchen Besteuerungskonflikten die **Durchführung von Verständigungs- und Schiedsverfahren** vor. Die Voraussetzungen und der Ablauf solcher Verfahren sind in Art. 25 Abs. 1 und 2 OECD-MA nachgebildeten Artikeln des jeweiligen DBA enthalten. Grundsätzlich enthalten alle deutschen DBA Verständigungsklauseln.

Das im Verhältnis Zeitgaist GmbH und der Zeitgaist Finance LLC relevante DBA zwischen Deutschland und Singapur (DBA SGP) sieht in Art. 26 die Möglichkeit der Durchführung eines Verständigungsverfahrens (*Mutual Agreement Procedure*; **MAP**) vor.

In einem ersten Schritt ist zunächst die Eröffnung des sachlichen, räumlichen, und persönlichen **Anwendungsbereichs des DBA** zu prüfen. Die Prüfung erfolgt anhand der relevanten Artikel des DBA.

Tabelle 56:	Anwendung des DBA SGP		
Anwendungsbereich	**Merkmal**	**OECD-MA**	**DBA SGP**
Räumlich	Vertragsstaat	Art. 30	Art. 3 Abs. 1 Buchst. a und b
Zeitlich	Inkrafttreten, Kündigung	Art. 31 Abs. 2, Art. 32	Art. 31 Abs. 2, Art. 32
Sachlich	Erfasste Steuern	Art. 2	Art. 2
Persönlich	Personen, die in einem Vertragsstaat oder in beiden Vertragsstaaten **ansässig** sind.	Art. 1 a) Person: Art. 3 Abs. 1 Buchst. a, b b) Ansässigkeit: Art. 4	Art. 1 a) Person: Art. 3 Abs. 1 Buchst. d, e b) Ansässigkeit: Art. 4

Anschließend sind die **Voraussetzungen für die Durchführung eines MAP** zu prüfen. Nach Artikel 25 Absatz 1 OECD-MA kann eine Person unbeschadet der nach dem innerstaatlichen Recht der Staaten vorgesehenen Rechtsmittel einen Antrag auf Einleitung eines MAP bei der zuständigen Behörde ihres Ansässigkeitsstaates stellen, wenn die Person der Auffassung ist, dass Maßnahmen eines Vertragsstaates oder beider Vertragsstaaten für sie zu einer Besteuerung führen oder führen werden, die diesem Abkommen nicht entspricht.

Die Verständigungsklauseln der meisten Abkommen enthalten eine **Frist für die Antragstellung**. Sofern im anzuwendenden DBA keine solche Antragsfrist festgelegt ist, stimmt die deutsche Finanzverwaltung einer Einleitung des Verständigungsverfahrens nicht zu, wenn der Steuerpflichtige eine Zeit von mehr als vier Jahren zwischen der Bekanntgabe der maßgebenden Besteuerungsmaßnahme und seinem Antrag hat verstreichen lassen und nicht besondere Umstände eine frühere Geltendmachung ausgeschlossen haben. Hierbei ist beachten, dass diese Frist als reine Verwaltungsregelung grundsätzlich keine Rechtsgrundlage darstellt, aufgrund derer die Versagung der Durchführung eines Verständigungsverfahrens wegen Fristablaufs begründet werden kann.

Maßgebend ist der **Tag der Mitteilung der Einzelmaßnahme**, die zu der abkommenswidrigen Besteuerung führt. Dabei kommt es insbesondere auf den Tag der Bekanntgabe des Steuerbescheids an, in dem erstmals die als abkommenswidrig beanstandete Besteuerung mitgeteilt werde. Spätere Änderungsbescheide könnten nur einen neuen Fristbeginn auslösen, wenn sie eine neue als abkommenswidrig angesehene Besteuerung mitteilten, etwa im Falle einer Verböserung. Ergibt sich die abkommenswidrige Besteuerung erst aus einem Zusammenwirken der Maßnahmen beider Vertragsstaaten oder wirkt sie sich erst dann aus, soll die Dreijahresfrist ab Mitteilung der Maßnahme des zweiten Vertragsstaats laufen. Die Dreijahresfrist läuft auch, wenn ein innerstaatlicher Rechtsbehelf verfolgt wird.

Im Fall des DBA mit Singapur ist eine Frist von drei Jahren vorgesehen (Art. 26 Abs. 1 Satz 2). Die Zeitgaist GmbH könnte also beim BZSt innerhalb von drei Jahren einen entsprechenden Antrag stellen, da alle Voraussetzungen erfüllt sein dürften. Spätestens der Steuerbescheid würde belegen, dass eine Maßnahme eines Vertragsstaates zu einer abkommenswidrigen Besteuerung führt.

Das **BZSt wird den Antrag prüfen** und hält es das Begehren für begründet und ist das BZSt selbst nicht in der Lage, eine zufriedenstellende Lösung herbeizuführen, *kann* bzw. *wird* (je nach Abkommenstext) sich das BZSt bemühen, mit der zuständigen Behörde des anderen Staates eine Lösung zu finden (Art. 25 Abs. 2 OECD-MA).

Ist der Behörde ein Ermessen eingeräumt („kann"), steht dem Steuerpflichtigen nach Art. 19 Abs. 4 GG der Rechtsweg auf Überprüfung der fehlerfreien Ermessensausübung der entsprechenden Behörde offen. In § 102 FGO ist dies für das finanzgerichtliche Verfahren konkretisiert. Hinsichtlich der Ermessensentscheidung, ob ein Verständigungsverfahren eingeleitet wird, kann die Finanzbehörde unterschiedlichste Aspekte in die Beurteilung mit einbeziehen, z. B. ob in früheren vergleichbaren Fällen eine Einigung erzielt werden konnte, ob eine Steuerumgehungsabsicht des Steuerpflichtigen bestand, ob der Steuerpflichtige seiner Pflicht zur Sachverhaltsaufklärung nachgekommen ist, ob die zu beurteilende Frage nur von untergeordneter Bedeutung ist oder ob politische oder taktische Erwägungen die Einleitung eines Verständigungsverfahrens opportun erscheinen lassen.

Die Formulierung des Art. 26 Abs. 2 DBA SGP „so wird sie sich bemühen" begründet aber im Regelfall **gebundenes Ermessen**, im Falle einer tatsächlich erfolgten abkommenswidrigen Doppelbesteuerung das Verständigungsverfahren einzuleiten. Das heißt, dass immer dann, wenn die abkommenswidrige Besteuerung gegeben ist, und die zuständige Behörde diese nicht durch Abhilfe im eigenen Staat beseitigen kann, ein Bemühen um bilaterale Verständigung vorgesehen ist. Das Bemühen um bilaterale Verständigung beginnt mit der Einleitung des Verständigungsverfahrens (siehe FG Köln, Urteil v. 14.4.2016 - 2 K 1205/15, EFG 2016 S. 1151 Nr. 14).

Damit ist dennoch kein Anrecht des Abkommensberechtigten auf eine einvernehmliche Lösung verbunden und ebenso wenig das Recht auf Teilnahme am Verfahren, da es sich um ein zwischenstaatliches Verfahren handelt. Verhandlungsparteien sind nur die zuständigen Behörden der beiden Staaten. Der Abkommensberechtigte ist zur Mitwirkung angehalten.

Findet eine Einigung zwischen den beteiligten Staaten statt, wird die **Verständigungslösung** gem. § 175a AO national **umgesetzt**.

Da ein Verständigungsverfahren kein Einigungszwang zwischen den Staaten voraussetzt, kann dieses auch ergebnislos verlaufen, es bleibt insofern bei der Doppelbesteuerung. Es besteht sodann die Möglichkeit, das Verständigungsverfahren in ein **Schiedsverfahren** überzuleiten. Hierfür muss jedoch im jeweiligen DBA die Klausel mit einem Einigungszwang vorgesehen sein. Solche Klauseln – Art. 25 Abs. 5 OECD-MA nachgebildete Schiedsklauseln – finden sich nicht in allen deutschen DBA. Das **Schiedsverfahren** nach DBA ist **kein eigenständiges Verfahren**. Die Einleitung des Schiedsverfahrens erfolgt gem. Art. 25 Abs. 5 Satz 1 OECD-MA auf Antrag des Steuerpflichtigen, wenn die zuständigen Behörden nicht innerhalb von zwei Jahren zu einer einvernehmlichen Lösung nach Unterbreitung des Falles gelangt sind. Die Einleitung des Schiedsverfahrens soll gem. Art. 25 Abs. 5 Satz 2 OECD-MA jedoch dann ausscheiden, wenn bereits eine Gerichtsentscheidung in einem der Staaten ergangen ist. Detaillierte Regelungen hierzu finden sich im OECD-MK zu Art. 25 Abs. 5 Satz 4 OECD-MA, dort in der Anlage Mustervereinbarung.

Das DBA SGP v. 28.6.2004 sieht die Durchführung eines Schiedsverfahrens nicht vor; das DBA enthält keine entsprechende Schiedsklausel. Allerdings wurde am 9.12.2019 ein **Protokoll zur Änderung des Abkommens** unterzeichnet[3]. Art. 11 dieses Protokolls enthält eine Ergänzung des Art. 26 um eine Schiedsklausel. Hiernach ist vorgesehen, dass die offenen Fragen des Falles auf schriftlichen Antrag der Person einem Schiedsverfahren unterworfen, wenn die zuständigen Behörden nicht innerhalb von drei Jahren ab dem Tag, an dem beiden zuständigen Behörden alle von ihnen zur Bearbeitung des Falles benötigten Informationen übermittelt wurden. Zugleich regelt Art. 14 Nr. 5 Sachverhalte, die einem Schiedsverfahren nicht unterworfen werden. Sofern ein durch die Zeitgaist GmbH eingeleitetes Verständigungsverfahren die gerügte Doppelbesteuerung nicht beseitigt, bestünde daher nunmehr die Möglichkeit zur Überleitung in ein Schiedsverfahren auf Antrag der Zeitgaist GmbH.

Allerdings bedarf das Protokoll der Ratifikation (Art. 15 Nr. 1) und tritt am Tag des Austausches der Ratifikationsurkunden in Kraft (Art. 15 Nr. 2) und ist auf Veranlagungszeiträume anzuwenden, die ab dem 1.1. des Kalenderjahrs erhoben werden, das auf das Jahr folgt, indem dieses Protokoll in Kraft getreten ist (Art. 15 Nr. 2 Buchst. a Doppelbuchst. bb und Buchst. b Doppelbuchst. bb. Da der Sachverhalt den Veranlagungszeitraum 2019 betrifft, ist ein Schiedsverfahren diesbezüglich noch ausgeschlossen.

3 https://www.bundesfinanzministerium.de/Content/DE/Standardartikel/Themen/Steuern/Internationales_Steuerrecht/Staatenbezogene_Informationen/Laender_A_Z/Singapur/2019 - 12 - 09-Singapur-Abkommen-DBA-Gesetz-Aenderung-deutsche-Version.pdf? blob=publicationFile&v=2, letzter Abruf: 26.12.2019.

Streitvermeidung. Den Verständigungs- und Schiedsverfahren ist gemein, dass sie bereits verwirklichte Sachverhalte betreffen (Streitbeilegung). Um Rechtssicherheit bereits im Vorhinein zu erlangen (Streitvermeidung), besteht die Möglichkeit der Durchführung eines sog. **Vorabverständigungsverfahrens** (*Advance Pricing Agreements*; **APA**). Hierdurch soll eine Einigung über eine konsistente Besteuerung zwischen betroffenen Staaten bereits im Voraus getroffen werden. Dabei wird international unterschieden zwischen uni-, bi- und multilateralen Vorabverständigungsvereinbarungen.

Tabelle 57: Übersicht über APA

Unilaterale APA	**Bilaterale APA**	**Multilaterale APA**
Betreffen nur den Steuerpflichtigen und die Steuerverwaltung des Landes, in dem Steuern aufgrund der entsprechenden Steuerpflichtigkeit gezahlt werden müssen. In Deutschland sind hierfür § 89 und § 204 AO maßgebend. Die Anwendung auf Verrechnungspreissachverhalte ist dabei sehr eingeschränkt. Es handelt sich mithin aus deutscher Sicht nicht um Vorabverständigungsverfahren im eigentlichen Sinne.	Betreffen mind. zwei Steuerverwaltungen. **Ziel:** Vereinbarung der Anwendung einer einheitlichen Verrechnungspreismethode für den jeweiligen Sachverhalt. In Deutschland (und auch in anderen Staaten) werden diese Verfahren auf Basis des Art. 25 OECD-MA nachgebildeter Artikel geführt. Dabei handelte es sich bis zur Einführung des § 89a AO aber eher um eine Verwaltungspraxis.	Betreffen mehr als zwei Steuerverwaltungen **Ziel:** Vereinbarung der Anwendung einer einheitlichen Verrechnungspreismethode für den jeweiligen Sachverhalt. Technisch gesehen handelt es sich um mehrere bilaterale APA, welche miteinander verknüpft werden.

Bisher hat die deutsche Steuerverwaltung auf Basis eines Merkblattes (BMF-Merkblatt für bilaterale oder multilaterale Vorabverständigungsverfahren auf der Grundlage der Doppelbesteuerungsabkommen zur Erteilung verbindlicher Vorabzusagen über Verrechnungspreise zwischen international verbundenen Unternehmen (sog. „Advance Pricing Agreements" – APAs) vom 5.10.2006 (IV B 4 – S 1341 - 38/06)) unter Berufung auf Art. 25 OECD-MA nachgebildeter Artikel im jeweiligen DBA Vorabverständigungsverfahren mit anderen Staaten geführt (**Verwaltungspraxis**), wenn u. a. eine abkommenswidrige Besteuerung drohen konnte. Nunmehr wurde mit § **89a AO** eine eigenständige Rechtsgrundlage für Vorabverständigungsverfahren eingeführt. Da die Einleitung eines Vorabverständigungsverfahrens immer auch abhängig von dem anderen beteiligten Staat ist, besteht kein Rechtsanspruch des Steuerpflichtigen auf Durchführung eines Vorabverständigungsverfahren. Die Ablehnung der Durchführung und die entsprechende Mitteilung stellt keinen Verwaltungsakt dar, weshalb sie nicht Gegenstand eines außergerichtlichen Rechtsbehelfsverfahrens sein kann. Weiterhin kann ein Vorabverständigungsverfahren nur eingeleitet werden, wenn dem zu würdigenden Sachverhalt ein DBA zugrunde liegt und anwendbar ist.

Für die Einleitung eines Vorabverständigungsverfahren sind ein Antrag des Steuerpflichtigen und die Entrichtung einer Gebühr (§ 89a Abs. 7 AO) erforderlich. Dem **förmlichen Antrag**, der schriftlich beim BZSt zu stellen ist, sind zahlreiche Unterlagen beizufügen, die den relevanten Sachverhalt vorbehaltlos und in allen Einzelheiten darstellen, § 89a Abs. 2 AO. Vor der Antragsstellung sollte beim BZSt ein Vorgespräch (sog. *Prefiling*) durchgeführt werden. In diesem wird über Form, Inhalt, die drohende Doppelbesteuerung, erforderliche Unterlagen, Erfolgsaussichten sowie einen Zeitplan für das Vorabverständigungsverfahren gesprochen. Das BZSt entscheidet über die Einleitung des Vorabverständigungsverfahrens. Auch hier sind die zuständigen Behörden der jeweiligen betroffenen Staaten Verfahrensbeteiligte

Im DBA SGP ist die Möglichkeit zur Durchführung eines Vorabverständigungsverfahrens unter Heranziehung des BMF-Merkblattes angelegt bzw. wurde nun mittels § 89a AO eindeutig geregelt. Da die Betriebsprüfung auch ankündigte, den Zinssatz für den Rest der Laufzeit des Darlehens (bis zum Ende des Jahres 2024) anzusetzen, erscheint es nicht abwegig, seitens der Zeitgaist GmbH ein Vorabverständigungsverfahren gem. § 89a AO in Erwägung ziehen. Eine verbindliche Auskunft nach § 89 AO oder eine verbindliche Zusage nach § 204 AO scheidet hingegen grundsätzlich aus (Tz. 1.2 BMF-Merkblatt 2006). An solche rein unilateralen „Vorwegauskünfte" müsste sich Singapur auch nicht gebunden fühlen, weswegen eine Doppelbesteuerung nicht zwangsläufig vermieden würde.

Umsetzung der Vorabverständigungsvereinbarung. Da es sich bei den unter einem Vorabverständigungsverfahren geregelten Sachverhalten grundsätzlich um solche handeln sollte, die noch nicht verwirklicht wurden, werden sog. **Gültigkeitsbedingungen** vereinbart. Die Einhaltung dieser Bedingungen muss der Steuerpflichtige nachweisen. Wenn diese nicht erfüllt werden, sind die beteiligten Behörden an die Würdigung des Sachverhaltes unter der Vorabverständigungsvereinbarung nicht mehr gebunden. Mithin führt dieses Verfahren zu einer **zeitnahen Außenprüfung**.

Die Vorabverständigungsvereinbarung kann auch auf Vorjahre angewendet werden (sog. *Roll-Back*). Da Vorjahre formell nicht von dem Vorabverständigungsverfahren erfasst werden, ist eine inhaltliche Rückbeziehung der Vorabverständigungsvereinbarung, z. B. durch ein zusätzlich einzuleitendes Verständigungsverfahren nach Art. 25 Abs. 1 OECD-MA, möglich, welches auch gemeinsam mit dem Vorabverständigungsverfahren geführt werden kann; auch § 89a Abs. 6 Satz 2 AO sieht diese Möglichkeit vor.

Fazit. Der Zeitgaist GmbH stehen sowohl ein nationaler Rechtsweg als auch internationale Streitbeilegungsverfahren zur Verfügung, um die Doppelbesteuerung zu vermeiden. Die Verfahren können parallel betrieben werden. Die Instrumente zur Streitbeilegung können nebeneinander anwendbar sein. In den meisten DBA ist geregelt, dass Verständigungsvereinbarungen unbeschadet der nationalen Rechtsmittel durchgeführt werden können. Zu beachten ist jedoch, dass das innerstaatliche Recht mancher Staaten es nicht zulässt, eine Verständigungsvereinbarung umzusetzen, die zu einem von der Entscheidung eines nationalen Gerichts abweichenden Ergebnis führt. In jedem Fall sollte geprüft werden, ob sich diese gegenseitig ausschließen.

Es besteht allerdings kein Anspruch darauf, dass die wirtschaftliche Doppelbesteuerung auch tatsächlich vermieden wird. Um etwaige Streitigkeiten im Vorhinein zu vermeiden, besteht bei Vorliegen bestimmter Voraussetzung, wie etwa dem Drohen eine Doppelbesteuerung, die Möglichkeit von zwischenstaatlichen Vorabverständigungsverfahren, die insbesondere dann sinnvoll erscheinen, wenn das Risiko der Doppelbesteuerung und der in Rede stehende Betrag hoch sind, um Rechtssicherheit im Vorhinein zu erlangen.

Woran ist noch zu denken. Multilaterales Instrument. Im Rahmen des BEPS-Projekts wurden Unzulänglichkeiten der vorhandenen Verständigungs- und Streitbeilegungsmechanismen (lange Verfahrensdauern, kein Einigungszwang) diskutiert. Aktionspunkt 14 des BEPS-Projekts umfasst daher Vorschläge zur Verbesserung und effizienteren Gestaltung dieser Verfahren. Als Ergebnis des BEPS-Projektes wurde das sog Multilaterale Instrument (MLI) erarbeitet, das am 7.6.2017 unterzeichnet wurde. Ziel des MLI ist es, durch dieses die bestehenden DBA schnell und flächendeckend im Hinblick auf die abkommensbezogenen Anti-BEPS-Maßnahmen – unter Umgehung langwieriger bilateraler Neuverhandlungen der einzelnen DBA – anzupassen. Das MLI sieht dabei in Teil VI eine fakultative Einführung eines obligatorischen Schiedsverfahrens vor.

Durch das MLI werden Vorschriften eines DBA aber nur dann geändert, wenn das betroffene DBA von beiden Vertragsstaaten als ein unter das Übereinkommen fallendes Steuerabkommen (*Covered Tax Agreement* – **CTA**) nach Art. 1 MLI benannt wurde. Deutschland hat sich nach Art. 18 MLI für die Anwendung des Teils VI des MLI entschieden. Ob das im jeweiligen Sachverhalt betroffene DBA ein CTA ist, ob und inwieweit die jeweiligen Vorschriften des MLI, ist für den jeweils zugrunde liegenden Sachverhalt immer separat zu prüfen. Das DBA SGP stellt aktuell kein CTA dar.

Möglichkeiten zur Streitbeilegung innerhalb der EU. Die sog. **EU-Schiedskonvention** (Übereinkommen über die Beseitigung der Doppelbesteuerung im Falle von Gewinnberichtigungen zwischen verbundenen Unternehmen [90/436/EWG]), hat das Ziel, Doppelbesteuerungen im Bereich der Verrechnungspreise durch ein mehrstufiges Verfahren zu vermeiden. Es handelt sich um ein obligatorisches Schiedsverfahren mit vorhergehendem

Verständigungsverfahren. Soweit ein Vorverfahren und ein Verständigungsverfahren nicht zu einer Einigung zwischen den beteiligten Finanzbehörden führt, wird der Streitfall letztendlich und bindend durch eine Schiedskommission (Beratender Ausschuss) beigelegt, die aus neutralen Personen für die beteiligten beiden Mitgliedsstaaten sowie einem Vorsitzenden aus einem dritten Staat zusammengesetzt wird. Die Doppelbesteuerung ist nach Art. 6 EU-Schiedskonvention zwingend endgültig zu beseitigen.

EU-Streitbeilegungsrichtlinie. Neben den bereits vorhandenen Verständigungs- und Schiedsverfahren nach DBA und der EU-Schiedskonvention ist eine weitere Möglichkeit zur Beseitigung einer Doppelbesteuerung vorgesehen. Sofern ein Sachverhalt zwischen EU-Mitgliedstaaten Streitgegenstand ist, könnte auch nach dem EU-Streitbeilegungsgesetz[4] ein Streitbeilegungsverfahren eingeleitet werden.

Mit dem EU-Streitbeilegungsgesetz wird **die EU-Streitbeilegungsrichtlinie**[5] umgesetzt. Das EU-Streitbeilegungsgesetz umfasst im Gegensatz zur EU-Schiedskonvention alle grenzüberschreitenden Sachverhalte, bei denen innerhalb der EU eine Doppelbesteuerung droht. Die Dauer des Schlichtungsverfahrens wird durch Vorgabe von einzuhaltenden Fristen begrenzt, wodurch das Verfahren schneller zu einem Ergebnis und damit schneller zu Rechtssicherheit für den Steuerpflichtigen führen kann. Durch das Streitbeilegungsgesetz wird nicht in die nationale Auslegung von Abkommensbegrifflichkeiten eingegriffen, sondern **ein dreistufiges Verfahren zur Beseitigung von Besteuerungskonflikten** etabliert:

In einem **ersten Schritt** wird die Streitbeilegungsbeschwerde durch die betroffene Person über eine Streitfrage bei den zuständigen Behörden der betroffenen Mitgliedstaaten eingereicht. Die zuständigen Behörden entscheiden über die Zulassung dieses Antrags. Entscheiden die zuständigen Behörden nicht einheitlich über die Zulassung des Antrags, kann ein Beratender Ausschuss über die Frage angerufen werden, ob die Streitbeilegungsbeschwerde zuzulassen oder zurückzuweisen ist.

Im **zweiten Schritt** versuchen die zuständigen Behörden der betroffenen Mitgliedstaaten eine einvernehmliche Lösung des Doppelbesteuerungssachverhalts zu erzielen, indem sie ganz oder anteilig auf ihre Besteuerungsrechte verzichten.

4 Gesetz zur Umsetzung der Richtlinie (EU) 2017/1852 des Rates vom 10. Oktober 2017 über Verfahren zur Beilegung von Besteuerungsstreitigkeiten in der Europäischen Union (EU-Doppelbesteuerungsabkommen-Streitbeilegungsgesetz – EU-DBA-SBG), BGBl. I 2019, 2103.

5 Richtlinie (EU) 2017/1852 des Rates vom 10. Oktober 2017 über Verfahren zur Beilegung von Besteuerungsstreitigkeiten in der Europäischen Union, Amtsbl. EU v. 14. 10. 2017, L 265/1.

In der Schiedsverfahrensphase, als **dritter Schritt**, wird die Streitfrage einem Beratenden Ausschuss zur Stellungnahme vorgelegt. Der Beratende Ausschuss gibt eine Stellungnahme dazu ab, wie die Streitfrage zu lösen ist. Das Streitbeilegungsverfahren endet mit der abschließenden Entscheidung der zuständigen Behörden darüber, wie die Streitfrage zu lösen ist. Die zuständigen Behörden können auch von der Stellungnahme des Beratenden Ausschusses abweichen. Können sich die zuständigen Behörden auch innerhalb von sechs Monaten nach Übermittlung der Stellungnahme nicht verständigen, so sind sie inhaltlich an die Stellungnahme gebunden. Stimmt der Steuerpflichtige der abschließenden Entscheidung über die Streitfrage zu und verzichtet er insofern auf Rechtsbehelfe, sind die entsprechenden Steuerbescheide des Steuerpflichtigen entsprechend zu ändern.

Konkurrenz der Streitbeilegungsmechanismen. Das MLI, die EU-Schiedskonvention und das EU-Streitbeilegungsgesetz enthalten sog. Vorrangregeln. Im MLI finden sich die Vorrangregeln in Art. 26 Abs. 2 und Art. 26 Abs. 3. Einerseits tritt das MLI zurück, falls nach einer anderen Rechtsgrundlage bereits ein Schiedsverfahren eingeleitet worden ist. Andererseits wird festgelegt, dass das MLI einer Erfüllung weiter reichender Verpflichtungen aus anderen Übereinkünften nicht entgegensteht.

Aufgrund ihrer Eigenschaft als völkerrechtlicher Vertrag steht die EU-Schiedskonvention mit sonstigen DBA auf einer Normenebene. Die EU-Schiedskonvention und die Schiedsklauseln nach DBA sind daher nebeneinander anwendbar. DBA-Schiedsverfahren haben keinen Vorrang vor der EU-Schiedskonvention und umgekehrt. Die EU-Schiedskonvention regelt in Artikel 15, dass die Erfüllung „weiter reichender Verpflichtungen aus anderen Übereinkünften" nicht entgegensteht. Während das MLI Verpflichtungen hinsichtlich von Schiedsverfahren nennt, umfasst Artikel 15 der EU-Schiedskonvention alle Verpflichtungen auf dem Gebiet der Beseitigung der Doppelbesteuerung im Falle von Gewinnberichtigungen zwischen verbundenen Unternehmen. Es sollte dann genau abgegrenzt und geprüft werden, welche Verpflichtungen weitreichender sind.

Nach § 4 Abs. 5 EU-Streitbeilegungsgesetz werden durch das Einreichen der Streitbeilegungsbeschwerde andere laufende Verfahren nach den Regelungen über Verständigungsverfahren oder Streitbeilegungsverfahren gemäß einem Abkommen oder Übereinkommen der Bundesrepublik Deutschland mit einem oder mehreren Mitgliedstaaten, das im Zusammenhang mit der Streitfrage steht, von Amts wegen beendet.

Anzeige- und Berichtigungspflicht, § 153 AO. Die Betriebsprüfung kündigte auch an, den angepassten Zinssatz für den Rest der Laufzeit des Darlehens (bis zum Ende des Jahres 2024) anzusetzen. Sofern Steuererklärungen für den Veranlagungszeitraum 2020 bereits erstellt wurden, sollte aufgrund der Feststellungen aus der Betriebsprüfung die Anzeige- und Berichtigungspflicht gem. § 153 AO geprüft werden, um steuerstrafrechtliche Konsequenzen zu vermeiden. Auch die sich hieraus ergebenden, möglichen Konsequenzen für zukünftige Verständigungsverfahren sollten eingehend geprüft werden. Mitunter verweigern bestimmte Staaten den Zugang zu Verständigungsverfahren, weil die Korrektur nicht auf einer Maßnahme eines Vertragsstaates beruht.

Koordinierte Außenprüfungen. Es besteht die verfahrensrechtliche Möglichkeit koordinierter Außenprüfungen. Das wesentliche Ziel koordinierter Außenprüfungen, das sind sowohl die gleichzeitige steuerliche Außenprüfung (**Simultanprüfung**) als auch die **gemeinsame steuerliche Außenprüfung**, besteht darin, während der Außenprüfungen unter Beteiligung ausländischer Bediensteter zu einer einvernehmlichen Feststellung des entscheidungserheblichen Sachverhalts zu gelangen. Dabei handelt es sich um eine besondere Form des Informationsaustauschs. Die deutschen Finanzbehörden haben die Möglichkeit, steuerliche Außenprüfungen insbesondere mit Steuerverwaltungen anderer Mitgliedstaaten der EU zeitgleich und gemeinsam durchzuführen. Die entsprechenden Rechtsgrundlagen hierfür finden sich im EU-Amtshilfegesetz (EUAHiG). Mit diesem EUAHiG wurde eine generelle Zusammenarbeit, insbesondere bezüglich des spontanen und automatischen Informationsaustauschs, zwischen den EU-Mitgliedstaaten vereinbart.

Hervorzugeben ist, dass **nicht eine gemeinsame steuerliche Außenprüfung** von mehreren Staaten, handelt. Demnach gilt auch für gemeinsame steuerliche Außenprüfungen, dass die jeweils beteiligten Steuerverwaltungen im jeweils eigenen Hoheitsgebiet eine eigenständige Außenprüfung nach dem jeweiligen nationalen Steuerverfahrensrecht durchführen.

Die rechtliche Würdigung des festgestellten Sachverhalts richtet sich jedoch nach dem jeweiligen nationalen Recht. Das bedeutet, dass lediglich die Sachverhaltsermittlung gemeinsam erfolgt, die sich hieran anschließenden rechtlichen Folgerungen erfolgen für jede beteiligte Finanzverwaltung entsprechend ihren nationalen Vorschriften. Daneben ist zu beachten, dass es sich bei gemeinsamen steuerlichen Außenprüfungen nicht um ein antizipiertes Verständigungsverfahren handelt, das mit einem Einigungszwang verbunden werden könnte, da weder das Verfahren hierauf angelegt ist, noch die für Verständigungsverfahren zuständigen Behörden die Außenprüfung durchführen.

17.3. Weiterführende Literatur und Rechtsprechung

Bär, Verständigungen über Verrechnungspreise verbundener Unternehmen im deutschen Steuerrecht, 2009.

Czakert, Informationsaustausch, in Schönfeld/Ditz (Hrsg.), Doppelbesteuerungsabkommen (DBA), 2. Aufl., Köln 2019.

Flüchter/Liebchen, Verständigungsverfahren, in Schönfeld/Ditz (Hrsg.), Doppelbesteuerungsabkommen (DBA), 2. Aufl., Köln 2019.

Geberth, Ein Plädoyer für mehr Anwendungssicherheit im Steuerrecht, IWB 2019 S. 838.

Gradl/Kiesewetter, Das Mehrseitige Übereinkommen (Multilateral Instrument) zur Umsetzung abkommensbezogener Maßnahmen aus dem OECD/G20-BEPS-Projekt und dessen voraussichtliche Auswirkungen auf die deutschen Doppelbesteuerungsabkommen, IStR 2018 S. 1.

Greil, Rechtssicherheit im Bereich der grenzüberschreitenden Gewinnabgrenzung, in Rödder/Wassermeyer/Ditz (Hrsg.), Festschrift für Hubertus Baumhoff, im Erscheinen.

Greil, Advance Pricing Agreements – Ein Instrument zur Steigerung der Rechtssicherheit bei grenzüberschreitenden Geschäftsvorfällen zwischen verbundenen Unternehmen?, ifst-Schrift 512.

Greil/Greil, Advance Pricing Agreements – Für und Wider der Veröffentlichung, StuW 2015 S. 269.

Lehner, in Vogel/Lehner, DBA, 6. Aufl., München 2015, Artikel 25 OECD-MA 2014.

Wenzel, Horizontal Monitoring in Österreich – ein Wegweiser für die Zukunft der deutschen Großbetriebsprüfung? ISR 2018 S. 378.

FG Köln, Urteile v. 14.4.2016 - 2 K 2402/13, 2 K 2809/13 und 2 K 1205/15.

Verordnungen, Verwaltungsanweisungen und internationale Empfehlungen

Siehe Ausführungen und Tabellen in Kapitel 1.

Weiterführende Informationen

Auslandsbeteiligungen	https://www.bzst.de/DE/Unternehmen/EUInternational/ErfassungAuslandsbeteiligungen/erfassungauslandsbeteiligungen_node.html
Country-by-Country Reporting	https://www.bzst.de/DE/Unternehmen/Intern_Informationsaustausch/CountryByCountryReporting/Country_by_Country_Reporting/cbcr.html https://www.oecd.org/tax/beps/guidance-on-country-by-country-reporting-beps-action-13.htm
Englische Übersetzungen als Arbeitshilfe im Bereich Verrechnungspreise	https://www.bundesfinanzministerium.de/Web/EN/Issues/Taxation/External-Tax-Relations/External-Tax-Relations.html
EU Joint Transfer Pricing Forum	https://ec.europa.eu/taxation_customs/business/company-tax/transfer-pricing-eu-context/joint-transfer-pricing-forum_en
Internationales Steuerrecht	https://www.bundesfinanzministerium.de/Web/DE/Themen/Steuern/Internationales_Steuerrecht/internationales_steuerrecht.html
Joint Tax Audits	https://www.bzst.de/DE/Unternehmen/Aussenpruefungen/JointAudit/jointaudit_node.html http://www.oecd.org/ctp/joint-audit-2019-enhancing-tax-co-operation-and-improving-tax-certainty-17bfa30d-en.htm
Transfer Pricing Country Profiles	https://www.oecd.org/tax/transfer-pricing/transfer-pricing-country-profiles.htm
Vereinte Nationen	https://www.un.org/esa/ffd/tax-committee/tc-subcommittee-article-9-transfer-pricing.html https://www.un.org/esa/ffd/documents/publications/ publications-tax-committee.html
Verrechnungspreise	https://www.oecd.org/tax/transfer-pricing/
Verständigungsverfahren	https://www.bzst.de/DE/Unternehmen/EUInternational/Verstaendigungsverfahren/verstaendigungsverfahren_node.html https://www.oecd.org/tax/dispute/
Vorabverständigungsverfahren (Advance Pricing Agreements)	https://www.bzst.de/DE/Unternehmen/EUInternational/AdvancePricingAgreements/advancepricingagreements_node.html